APPRENDRE À ENSEIGNER

L'ÉDUCATION PHYSIQUE

Daryl Siedentop

Traduction et adaptation de
M. Tousignant, P. Boudreau et A. Fortier

APPRENDRE À ENSEIGNER

L'ÉDUCATION PHYSIQUE

gaëtan morin
éditeur

Données de catalogage avant publication (Canada)

Siedentop, Daryl

  Apprendre à enseigner l'éducation physique

  Traduction de : Developing teaching skills in physical education.

  Comprend des réf. bibliogr. et un index.

  ISBN 2-89105-507-1

  1. Professeurs d'éducation physique – Formation – États-Unis. I. Titre.

GV363.S5314 2002   613.7'07   C94-096652-X

Tableau de la page couverture : ***Bourrasques***
Œuvre de **Gérard Castonguay**

Né à Montréal en 1933, Gérard Castonguay étudie à l'École du meuble de Montréal et complète sa formation en graphisme et en peinture à l'Académie des arts du Canada. Il travaille comme concepteur-graphiste-illustrateur et, depuis plus de vingt ans, il se consacre à la peinture.

Il obtient en 1987 le 2e prix au Grand Prix canadien de peinture et, en 1989, après avoir obtenu le 3e prix, il expose à New York. Il a été sélectionné pour la Biennale de la Société Nationale des Beaux-Arts à Paris en février 1993.

On trouve les œuvres de Gérard Castonguay à la Galerie Myrka Bégis, à Saint-Lambert

Révision linguistique : Danielle Guy

Consultez notre site,
www.groupemorin.com
Vous y trouverez du matériel complémentaire pour plusieurs de nos ouvrages.

Gaëtan Morin Éditeur ltée
171, boul. de Mortagne, Boucherville (Québec), Canada   J4B 6G4
Tél. : (450) 449-2369

Nous reconnaissons l'aide financière du gouvernement du Canada par l'entremise du Programme d'aide au développement de l'industrie de l'édition (PADIÉ) pour nos activités d'édition.

Cet ouvrage est la traduction et l'adaptation de
Developing Teaching Skills in Physical Education, 3rd edition
©Mayfield Publishing Company, 1991
All rights reserved

Imprimé au Canada   5 6 7 8   ITM   12 11 10 09

Dépôt légal 3e trimestre 1994 – Bibliothèque nationale du Québec – Bibliothèque nationale du Canada

Table des matières

Avant-propos   XIII
Avant-propos de l'édition anglaise   XV

PARTIE I
Comprendre et améliorer l'efficacité de l'enseignement   1

CHAPITRE 1
L'amélioration systématique des habiletés d'enseignement   3

Les objectifs du chapitre   4
Motivation, rétroaction et connaissances   4
Les postulats de base de l'approche systématique   6
La science et l'art d'enseigner   7
Enseignement, apprentissage et pédagogie   10
Améliorer les habiletés d'enseignement à l'aide d'une pratique
appropriée   11
Buts et rétroactions   13
Une approche basée sur des données d'observation pour acquérir
des habiletés d'enseignement   14
Les stades de développement des habiletés d'enseignement   15
  Stade 1 – L'inconfort initial   16
  Stade 2 – Apprendre une variété de techniques   17
  Stade 3 – Apprendre comment faire plus d'une chose à la fois . . .   17
  Stade 4 – Apprendre comment utiliser vos habiletés de façon plus
  appropriée   17
  Stade 5 – La confiance et l'anticipation   18
Les sources d'aide   18
L'examen de vos conceptions de l'enseignement de l'éducation
physique   19
Vers une définition de l'éducateur physique compétent   21
Résumé   23

CHAPITRE 2
L'apprentissage de l'élève est fonction des actions de l'enseignant   25

Les objectifs du chapitre   25
L'importance d'un enseignement efficace   26
De faux départs et des techniques inappropriées   27
Le point tournant : l'observation des enseignants pendant
qu'ils enseignent   29
La reconnaissance et l'observation des enseignants efficaces   31

L'apprentissage de l'élève est fonction de l'activité de l'enseignant. .   32
L'enseignement actif : un cadre de référence, pas une méthode.   35
L'organisation efficace : une condition essentielle mais insuffisante .   37
Apprentissage et attitude.   39
Les facteurs environnementaux qui influencent l'enseignement actif   40
    Le niveau scolaire   41
    Le statut socio-économique.   41
    Le niveau d'habileté des élèves   42
    Les objectifs d'enseignement.   42
    La matière enseignée.   43
L'élève a besoin de pratiquer pour apprendre.   43
Résumé.   45

CHAPITRE 3
L'efficacité de l'enseignement en éducation physique   47
Les objectifs du chapitre.   47
La toile de fond.   48
Les retombées positives de la recherche sur l'enseignement
en éducation physique   50
Que font les enseignants pendant les cours d'éducation physique ? .   51
Que font les élèves pendant les cours d'éducation physique ?   58
Les conclusions de la recherche sur l'amélioration des habiletés
d'enseignement et sur ses effets   63
L'efficacité de l'enseignement en éducation physique   65
Résumé.   68

CHAPITRE 4
Apprendre à faire de l'évaluation formative
pour améliorer l'enseignement.   71
Les objectifs du chapitre.   71
Le but et la nature de l'évaluation formative   73
Un modèle d'évaluation formative   77
L'évaluation de l'enseignement doit être reliée aux buts   81
L'évaluation en direct de l'enseignement   82
    Niveau 1 : Évaluer des comportements isolés de l'enseignant
    et des élèves   82
    Niveau 2 : Évaluer des épisodes d'enseignement   83
    Niveau 3 : Évaluer des variables-critères pendant le processus
    d'apprentissage   84
Les étapes du processus d'évaluation   86
Des exemples d'application du processus d'évaluation formative. . .   90
Résumé.   91

PARTIE II
La création de conditions efficaces
d'enseignement en éducation physique   93

CHAPITRE 5
L'écologie de l'éducation physique   95
Les objectifs du chapitre.   95

Les systèmes de tâches qui figurent dans l'écologie de l'éducation
physique.   97
Les tâches et leur développement   99
Les concepts importants dans le cadre de référence écologique.   100
La négociation à l'intérieur des systèmes de tâches   102
La négociation entre les systèmes de tâches.   105
Supervision et responsabilisation   106
Quelques résultats de la recherche sur les systèmes de tâches
en éducation physique   110
Vers une écologie centrée sur l'apprentissage.   113
Résumé.   114

CHAPITRE **6**
L'organisation préventive   117
Les objectifs du chapitre   117
Ne faites pas de postulats erronés au sujet de l'enseignement.   120
Routines et règles : le fondement du système de tâches
d'organisation   122
    Les routines et leur développement   123
    Les règles et leur développement   125
Le temps d'organisation : ce qu'il est et pourquoi il faut le réduire . .   128
Les stratégies les plus importantes pour l'organisation préventive . .   131
Évaluer le système de tâches d'organisation.   137
Résumé.   137

CHAPITRE **7**
Les techniques et les stratégies de discipline   139
Les objectifs du chapitre   139
Pourquoi la discipline est-elle importante ?   142
Définir le comportement approprié : éviter la discipline par défaut .   143
Stratégies de base pour développer et modifier un comportement . .   145
    Les stratégies pour augmenter les comportements appropriés . . .   148
    Les stratégies pour réduire les comportements non appropriés. . .   153
Donner un caractère formel aux stratégies de modification
du comportement   158
    Les proclamations de bonne conduite   160
    Les contrats de bonne conduite   161
    Les jeux de bonne conduite   162
    Les systèmes de gages   164
Le but ultime d'une stratégie de discipline   165
Résumé.   167

CHAPITRE **8**
**Les habiletés de relations interpersonnelles
dans l'enseignement de l'éducation physique**.   169
Les objectifs du chapitre   169
Les conclusions de la recherche en éducation physique.   171
Les messages du gymnase.   172

Les habiletés d'interaction entre l'enseignant et les élèves   174
    Soyez constant dans vos interactions   176
    Dirigez vos interactions vers des comportements significatifs   178
    Ajustez l'interaction à la tâche   178
    Parlez avec les élèves de sujets non reliés à l'école   180
    Maintenez un enthousiasme soutenu pour améliorer
    l'enseignement et les relations interpersonnelles   181
    N'ignorez pas les sentiments et les émotions des élèves   183
Établir des relations soutenues avec les élèves   186
Comment êtes-vous perçu par vos élèves ?   188
Aménager l'environnement physique pour favoriser
la communication   189
Les habiletés de communication efficace   191
    Les habiletés d'émetteur   191
    Les habiletés de récepteur   193
    Les barrières à la communication.   194
Composer efficacement avec le système d'interactions sociales
entre les élèves   195
Résumé   198

PARTIE III
L'enseignement efficace en éducation physique   201

CHAPITRE **9**
Vers une éducation physique humaniste : l'éthique
au gymnase

Vers une éducation physique humaniste : l'éthique
au gymnase.   203
Les objectifs du chapitre   203
Les questions juridiques et morales dans l'enseignement.   205
Promouvoir de bonnes relations humaines en éducation physique. .   211
    L'équité en matière de sexe.   212
    L'équité raciale   215
    L'équité en matière d'apprentissage   218
L'acquisition des habiletés des joueurs efficaces – la principale
contribution de l'éducation humaniste   220
Bâtir un sens de la communauté : esprit de groupe, fêtes et rituels . .   221
Promouvoir la croissance personnelle en éducation physique   223
    Adopter des attitudes positives envers soi-même   223
    Adopter et exprimer des attitudes positives envers les autres   224
    Apprendre à se comporter comme un membre responsable
    dans un groupe   225
    Apprendre à jouer avec loyauté   226
    Apprendre à respecter l'éthique en éducation physique   227
Les buts visant les apprentissages scolaires et ceux visant
le développement socio-affectif   228
Résumé   230

CHAPITRE **10**
Les stratégies d'élaboration des programmes

Les stratégies d'élaboration des programmes.   233
Les objectifs du chapitre   233

Le contexte professionnel de la planification   235
Les bienfaits attendus en éducation physique   236
L'élaboration d'un programme équitable   239
Les facteurs qui influencent la planification d'un programme   240
Le choix du contenu et la sélection des activités   242
L'élaboration du contenu en fonction des objectifs terminaux   245
Le développement de progressions pour atteindre les objectifs
terminaux   247
La cohérence dans les interventions   250
Les habiletés ouvertes et fermées.   253
Les stratégies d'évaluation régissent les tâches d'apprentissage   254
L'expansion du programme d'éducation physique en dehors
des périodes formelles   255
Résumé.   256

CHAPITRE **11**

Le développement d'unités d'enseignement efficaces   259

Les objectifs du chapitre   259
Les raisons pour lesquelles les enseignants planifient   260
La détermination des niveaux d'entrée et de sortie : le point de départ
de la planification d'une unité d'enseignement.   262
Les objectifs terminaux d'unités : un but et une cible
pour l'évaluation.   264
L'analyse de tâches pour développer des séquences de contenu   265
Les principaux facteurs à la planification d'une unité
d'enseignement   271
La construction des plans d'unité d'enseignement.   275
   L'élaboration du plan des leçons à partir du plan de l'unité   277
   L'anticipation des problèmes d'équité lors de la planification
   des unités d'enseignement   277
   L'attribution de points   279
La détermination et la formulation des buts et des objectifs
d'apprentissage   280
Résumé.   286

CHAPITRE **12**

Les stratégies générales d'enseignement   289

Les objectifs du chapitre   289
Enseignement et apprentissage.   290
Les leçons : des agencements de tâches.   293
Garantir des conditions d'apprentissage sécuritaires   293
Proposer des conditions d'apprentissage stimulantes sur le plan
intellectuel   295
Présenter les tâches efficacement   296
Utiliser l'environnement pour communiquer l'information pertinente
sur les tâches   298
Les pratiques guidées.   299
Les pratiques indépendantes.   300

Ne pas oublier d'enseigner pendant les tâches d'application.   303
Superviser les réponses.   305
La stratégie d'évaluation est étroitement reliée à la supervision   309
Les fonctions du bilan de fin de séance   310
Maintenir le rythme de la leçon   311
Résumé   312

CHAPITRE **13**
Des stratégies d'enseignement en éducation physique   315
Les objectifs du chapitre.   315
Adapter les stratégies d'enseignement aux conditions particulières .   316
L'enseignement actif   320
L'enseignement par tâches   321
L'enseignement à partir de questions   323
L'enseignement par les pairs   326
L'apprentissage coopératif.   331
Les stratégies d'auto-enseignement   332
Fournir un enseignement efficace aux personnes handicapées
intégrées dans les classes régulières.   336
Résumé   338

PARTIE **IV**
Devenir un enseignant professionnel   341

CHAPITRE **14**
**La nécessité d'une meilleure connaissance du système
scolaire pour faire la transition entre le statut d'étudiant
et celui d'enseignant**   343
Les objectifs du chapitre.   343
Les écoles en tant que systèmes   345
L'enseignant débutant.   346
Les débuts dans l'enseignement de l'éducation physique.   351
La perception des enseignants à l'égard de la vie dans les écoles . . .   353
Les caractéristiques des écoles efficaces   354
Persister dans le système   356
Offrir une éducation physique sécuritaire et qui inspire confiance . .   360
    Les tribunaux.   365
Comment et pourquoi les enseignants se regroupent-ils ?   365
Résumé   369

CHAPITRE **15**
Le maintien et l'amélioration de votre efficacité   373
Les objectifs du chapitre.   373
Persister et s'améliorer à l'école   375
Les obstacles à la poursuite de l'excellence   378
Composer avec les obstacles pour demeurer un enseignant
dynamique   384

Les façons de continuer à faire preuve de dynamisme et d'être
des enseignants efficaces 387
Les conflits de rôles 391
L'amélioration du système 397
Résumé. 400

CHAPITRE 16
Des instruments pour évaluer l'enseignement et ses effets 403

Les objectifs du chapitre 403
La fidélité des données d'observation 405
Des méthodes traditionnelles d'évaluation de l'enseignement 406
   Jugement intuitif. 406
   Observation globale 407
   Enregistrement d'anecdotes 407
   Liste de vérification et échelle d'appréciation 408
Des techniques d'observation systématique 409
   L'enregistrement d'événements 410
   L'enregistrement de la durée 411
   L'enregistrement par intervalle court. 412
   Le balayage visuel à la fin d'un intervalle long 413
L'auto-enregistrement pour recueillir et analyser des données
régulièrement. 414
Les systèmes d'observation conçus à l'aide de différentes techniques 415
Le développement d'un système d'observation : les décisions
importantes 417
   L'élaboration d'un système d'observation 419
   La réalisation des observations 423
   L'entraînement des observateurs 424
   Le calcul de la fidélité des données d'observation 425
Des exemples de systèmes d'observation 431
Résumé. 444

Bibliographie 447
Index 465

Avertissement

Dans cet ouvrage, le masculin est utilisé comme représentant des deux sexes, sans discrimination à l'égard des hommes et des femmes et dans le seul but d'alléger le texte.

Avant-propos

Mes collègues Pierre Boudreau, Alain Fortier et moi-même sommes particulièrement fiers de mettre à la disposition des professionnels en éducation physique une version française de la troisième édition du volume de Daryl Siedentop. Cet ouvrage est l'un des plus populaires dans le domaine de l'intervention en activité physique aux États-Unis et dans les autres pays anglophones. Les responsables de la formation initiale et continue des éducateurs physiques, ainsi que les praticiens eux-mêmes, apprécient l'information qu'ils y trouvent. En plus de s'être acquis une solide réputation auprès des praticiens, Daryl Siedentop figure parmi les membres les plus respectés de la communauté scientifique. Les nombreuses citations de ses travaux et les invitations qu'il reçoit à travers le monde en témoignent.

Dès que j'ai pris connaissance de la toute première version publiée en 1976, l'idée de traduire ce volume de pédagogie est née dans mon esprit. Ce petit volume rouge contenait déjà une foule de renseignements sur des principes pédagogiques pouvant guider les enseignants dans leur démarche d'amélioration de leur acte professionnel. Je tiens à souligner au passage que le contenu de cet ouvrage m'a incitée à aller poursuivre des études de doctorat sous la direction de Daryl Siedentop à l'Ohio State University et que cette aventure demeure l'une des plus déterminantes de ma vie professionnelle.

Les nombreuses révisions apportées lors des deux éditions subséquentes de cet ouvrage contribuent à le rendre encore plus intéressant : le contenu s'appuie de plus en plus sur les conclusions de la recherche en pédagogie, les concepts essentiels sont définis avec précision, les principes pédagogiques sont formulés clairement et les nombreuses suggestions d'hypothèses d'action sont très pertinentes. L'ensemble est organisé autour de grands thèmes qui correspondent bien aux besoins des intervenants en éducation physique et les multiples exemples facilitent la compréhension des concepts essentiels présentés.

En définitive, c'est un volume que j'aurais voulu écrire ! Inutile de dire que je ne me suis donc pas fait tirer l'oreille lorsque, à l'hiver 1991, Pierre et Alain m'ont proposé d'entreprendre sa traduction. Le moment était particulièrement bien choisi puisque Daryl venait de déposer le manuscrit de la troisième révision chez son éditeur.

Nous avons donc entrepris patiemment la tâche en ayant comme ligne de conduite de respecter le style et la structure du texte original, sans ajouter ou retrancher de matériel. Nous étions conscients des difficultés que pose une telle entreprise pour des personnes qui ne sont pas des professionnels de la traduction. Par contre, nous pensions que notre connaissance approfondie du vocabulaire propre à la pédagogie des activités physiques jouait en notre faveur.

Nous savions également que, même s'il s'agissait du « volume que nous aurions voulu écrire », cette entreprise comporterait sa part de frustrations. Ainsi, nous aurions souhaité que les thèmes abordés s'inscrivent davantage dans la perspective des professionnels en éducation physique œuvrant dans divers milieux auprès de clientèles variées, plutôt que d'être centrés essentiellement sur ce que vivent les éducateurs physiques et les entraîneurs en milieu scolaire. Nous sommes convaincus qu'une majorité des principes mentionnés dans ce volume s'appliquent à l'intervention de l'ensemble des professionnels qui utilisent des pratiques corporelles pour favoriser le développement intégral de la personne, qu'il s'agisse de conditionnement physique pour adultes, de l'activité physique en pleine nature ou d'éducation physique adaptée aux personnes ayant des besoins particuliers. De plus, il arrive à l'occasion que nous ne soyons pas totalement en accord avec l'organisation du contenu ; certaines répétitions nous apparaissent superflues alors qu'à notre point de vue certains thèmes auraient eu intérêt à être développés davantage. Malgré tout, nous avons préféré respecter le plus fidèlement possible les propos tenus par l'auteur, sans les modifier, les compléter ou les réorganiser.

Au terme de ce processus, nous constatons que la réalisation de cette tâche fut pour nous une expérience d'apprentissage. De plus, l'accueil réservé à ce projet par nos collègues en pédagogie fut particulièrement stimulant. Aussi, nous demeurons convaincus que l'ensemble des professionnels en activité physique, les intervenants en formation, ainsi que les formateurs-chercheurs trouveront ce volume riche d'informations pour alimenter leur réflexion et favoriser une meilleure compréhension de leur acte professionnel.

Bonne réflexion,

Marielle Tousignant
pour l'équipe de traduction

Avant-propos de l'édition anglaise

La principale cause d'échec de certains enseignants est-elle une connaissance insuffisante de la matière ou un manque d'habiletés pour enseigner ? Si vous posez cette question à des directeurs d'écoles ou à des responsables de commissions scolaires, c'est-à-dire à des personnes chargées d'évaluer les enseignants et de prendre les décisions concernant l'embauche ou le congédiement du personnel, ils vous diront presque toujours que le problème le plus aigu est le manque d'habiletés pour enseigner.

Nous avons acquis plus de connaissances sur l'enseignement au cours des vingt dernières années que pendant les cent années précédentes. Nous comprenons davantage ce qui rend l'enseignement efficace et nous savons aussi que les enseignants peuvent perfectionner leurs habiletés en participant à des programmes de formation et de perfectionnement.

L'enseignement est jugé efficace lorsque les élèves maîtrisent rapidement et efficacement la matière présentée, lorsqu'ils adoptent une attitude positive à l'égard de ce qu'ils ont appris et lorsque leur estime de soi s'améliore. Les habiletés nécessaires pour créer et maintenir un environnement favorisant l'apprentissage sont nombreuses et les multiples difficultés présentes dans les milieux scolaires rendent la tâche des enseignants fort complexe. Nous ne savons pas tout ce que nous devrions savoir sur ces habiletés ou leurs conditions d'application. Cependant, nous avons relevé un grand nombre d'habiletés de base et nous commençons à comprendre comment elles peuvent être appliquées efficacement. Ces habiletés et leurs applications constituent le sujet de ce volume.

LES ÉLÉMENTS CLÉS

Les habiletés et les stratégies préconisées dans ce volume ont été établies à partir des conclusions de la recherche ; elles ne représentent donc pas la vision d'une seule personne et elles ne véhiculent pas une conception idéalisée applicable à quelques individus exceptionnellement doués. Les recherches d'où ont émergé ces conclusions sur les pratiques d'enseignement furent réalisées dans une variété d'écoles, avec des enseignants et des élèves ordinaires.

Bien que plusieurs stratégies d'enseignement seront recommandées dans ce volume, je n'ai pas tenté de formuler ou de défendre une théorie particulière ou un style d'enseignement que je crois supérieur aux autres. J'ai toujours cru que les caractéristiques d'un enseignement efficace peuvent se retrouver dans différents styles. Cependant, l'utilisation d'une méthode particulière d'enseignement ne possédant pas ces caractéristiques risque sûrement de poser de sérieux problèmes.

Les habiletés d'enseignement s'acquièrent par la pratique. Il ne suffit pas de connaître l'enseignement efficace. Un enseignant doit pratiquer les habiletés appropriées dans un contexte d'application où il est supervisé et où il reçoit des rétroactions appropriées. Ce volume contient un ensemble de suggestions pour aider le lecteur à perfectionner ses habiletés.

Le lecteur intéressé à améliorer ses habiletés d'enseignement ou à mieux connaître l'effet de ses stratégies pédagogiques a besoin de recueillir et d'analyser des données d'observation sur une base régulière pour atteindre son but. L'expérimentation et l'évaluation basée sur des données valides et appropriées sont les éléments clés de ce volume ; le dernier chapitre est consacré entièrement aux stratégies d'observation pouvant servir à produire de telles données.

Les enseignants doivent réfléchir à leurs approches pédagogiques. Les données d'observation systématique contribuent à rendre cette réflexion plus significative. Ils ont cependant besoin d'un modèle pour comprendre le processus d'enseignement. Le modèle présenté au chapitre 5 servira de cadre de référence tout au long du volume. Étant donné que les fondements théoriques de ce modèle basé sur les systèmes de tâches ont émergé de l'observation de véritables situations d'enseignement, les enseignants peuvent en utiliser les composantes pour réfléchir sur leur acte pédagogique.

Finalement, les stratégies d'enseignement préconisées dans ce volume sont illustrées par de nombreux exemples.

ORGANISATION

Cet ouvrage est divisé en quatre parties. La première partie (chapitres 1 à 4) est centrée sur l'amélioration systématique des habiletés d'enseignement et elle contient une revue de la littérature sur l'efficacité de l'enseignement en éducation en général et en éducation physique en particulier. Cette section fournit aussi un modèle d'évaluation pour comprendre, expérimenter et raffiner les habiletés d'enseignement.

Dans la deuxième partie (chapitres 5 à 8), le modèle des systèmes de tâches est introduit (chapitre 5) ; ensuite, l'insistance est mise sur l'organisation préventive et la discipline. La plupart des experts en enseignement admettent maintenant qu'une organisation et une discipline efficaces constituent les fondements sur lesquels un enseignement efficace peut être construit et maintenu. Plusieurs personnes n'enseignent pas efficacement simplement parce qu'elles ne peuvent pas gérer les comportements des élèves. L'accent de la deuxième partie est mis sur l'organisation préventive et les pratiques qui réduisent la possibilité d'apparition de comportements non appropriés. De plus, dans cette partie, il est aussi question des habiletés de relations interpersonnelles que les enseignants doivent posséder pour atteindre leurs buts.

La troisième partie (chapitres 9 à 13) concerne l'enseignement efficace. Cette section débute par un chapitre sur l'établissement d'un environnement éducatif respectueux de la personne ; les enseignants ont besoin de réfléchir sur les implications humanistes de leur enseignement avant d'entreprendre la planification des unités et des leçons. Les chapitres 10 et 11 fournissent des stratégies pour aider à créer efficacement des contenus et à élaborer d'excellentes unités d'enseignement. Le chapitre 12 est centré sur les éléments généraux qui caractérisent les stratégies d'enseignement pouvant être utilisées pour atteindre divers buts.

La quatrième partie (chapitres 14 à 16) concerne les problèmes et les notions que les futurs enseignants doivent comprendre s'ils veulent que la transition entre leur vie d'étudiant et celle de professionnel enseignant se fasse en douceur. Le chapitre 14 porte sur les problèmes du milieu scolaire, tels que la responsabilité légale et les organisations d'enseignants. Le chapitre 15 décrit des stratégies qui visent à maintenir et à améliorer l'efficacité d'un enseignant. Le dernier chapitre propose des stratégies d'observation que les enseignants peuvent utiliser pour améliorer leur efficacité.

REMERCIEMENTS

La recherche scientifique réalisée en milieu réel d'enseignement ne se fait pas de façon isolée ; elle requiert un effort d'équipe. Dans le programme de recherche sur la pédagogie des sports de l'Ohio State University, j'ai eu l'occasion de travailler avec des collègues, des personnes inscrites dans des programmes de maîtrise et de doctorat, des étudiants du premier cycle et des éducateurs physiques provenant de différentes écoles locales. Ces personnes m'ont permis de réaliser une série d'études scientifiques visant à améliorer notre compréhension de la complexité de l'enseignement et de l'entraînement sportif. Je tiens à leur témoigner mon appréciation puisqu'une grande partie de ces travaux est incluse dans ce volume.

Mes étudiants au doctorat continuent d'être une source majeure de satisfaction professionnelle. Ils ont grandement contribué à l'élaboration des idées et méthodes présentées dans ce volume. Grâce à leur travail à l'Ohio State University et dans leurs institutions, ils continuent à étendre les frontières de notre travail et à améliorer la qualité des résultats de la recherche.

Je suis reconnaissant à mes collègues de la School of Health, Physical Education and Recreation pour leur appui ainsi que pour la stimulation intellectuelle qu'ils me fournissent continuellement. Je suis particulièrement reconnaissant envers mes collègues du programme de pédagogie des sports qui partagent le 309, Pomerene Hall, avec moi : Shan Baumgarner, Jackie Herkowitz, Mary O'Sullivan, Sandra Stroot, Jim Sweeney et Deborah Tannehill. Je veux aussi remercier mes collègues qui ont révisé le manuscrit : Roy Clumpner de la Western Washington University ; Hubert Hoffman de la University of South Florida ; Larry Locke de la University of Massachusetts, à Amherst ; Melissa Parker de la University of North Dakota et Deborah Tannehill de l'Ohio State University.

Enfin, mon épouse Bobbie est éducatrice physique à la Maryland Avenue School de Bexley, dans l'État d'Ohio. Lorsque je suis arrivé en Ohio en 1970, j'ai eu la chance de la connaître parce que j'étais intéressé à l'enseignement efficace et qu'elle était reconnue comme la meilleure spécialiste de la région de Columbus. Ceux qui m'ont donné cette information avaient raison. Le travail de Bobbie et ses efforts constants pour bien enseigner ont enrichi et inspiré mon propre travail. Elle et moi partageons fondamentalement les mêmes buts. Pour moi, la recherche en enseignement n'est pas une fin en soi ; de même, Bobbie ne cherche pas à améliorer son enseignement et ses programmes pour le seul plaisir de le faire. Nous sommes tous les deux intéressés à faire en sorte que les élèves des écoles de notre société aient de meilleurs cours d'éducation physique, qu'ils vivent des expériences plus positives, qu'ils obtiennent plus de succès, qu'ils deviennent plus habiles et qu'ils entretiennent le désir d'utiliser régulièrement ces habiletés. En fait, ces buts pourraient être partagés par l'ensemble des professionnels en éducation physique.

Daryl Siedentop
Columbus, Ohio

Comprendre et améliorer l'efficacité de l'enseignement

CHAPITRE 1   L'amélioration systématique des habiletés d'enseignement

CHAPITRE 2   L'apprentissage de l'élève est fonction de l'activité de l'enseignant

CHAPITRE 3   L'efficacité de l'enseignement en éducation physique

CHAPITRE 4   Apprendre à faire de l'évaluation formative pour améliorer l'enseignement

Les enseignants sont efficaces quand les élèves atteignent des buts importants et que, par la même occasion, ils deviennent des êtres humains plus productifs. Les enseignants efficaces représentent une des ressources nationales les plus importantes pour notre futur collectif. Les chapitres de cette première partie fournissent des informations de base pour comprendre ce que représente l'efficacité en matière d'enseignement. Ils présentent aussi les conclusions de la recherche sur les caractéristiques et les comportements des enseignants les plus efficaces ainsi que sur les stratégies et les techniques qui peuvent être utilisées pour aider les futurs enseignants et leurs formateurs à améliorer leur acte pédagogique.

Lorsque vous aurez maîtrisé le contenu de ces chapitres, vous devriez être en mesure de discuter sur le concept d'enseignement efficace, de citer et d'utiliser des conclusions de la recherche sur l'efficacité de l'enseignement dans vos discussions et de comprendre quelles stratégies devraient être utilisées pour améliorer votre enseignement.

CHAPITRE 1

L'amélioration systématique des habiletés d'enseignement

Le but premier de la formation initiale et du perfectionnement des enseignants devra être d'acquérir des compétences nécessaires à un enseignement efficace. Selon les conclusions de la recherche, cet enseignement efficace est caractérisé par la création et le maintien d'un environnement propice à l'apprentissage, à l'engagement des élèves dans des activités reliées aux objectifs poursuivis et à l'implantation de ce type d'enseignement. Par le passé, les formateurs d'enseignants n'ont pas cru que les conclusions de la recherche sur l'efficacité de l'enseignement fournissaient des informations sur des stratégies que les enseignants auraient avantage à appliquer.

Donald Medley
The effectiveness of teachers (1979)

LES OBJECTIFS DU CHAPITRE

- Valoriser le rôle de la motivation et de la pratique pour apprendre à enseigner efficacement ;
- Différencier entre une conception de l'enseignement fondée sur la maîtrise d'habiletés et une conception qui repose sur l'art d'enseigner ;
- Différencier enseignement, apprentissage et pédagogie ;
- Comprendre le rôle d'une pratique appropriée suivie de rétroactions dans l'acquisition des habiletés d'enseignement ;

- Expliquer l'approche fondée sur des données d'observation pour acquérir des habiletés d'enseignement ;
- Différencier les stades de développement des habiletés d'enseignement ;
- Comprendre comment vos propres croyances influencent votre vision de l'enseignement ;
- Expliquer la différence entre efficacité et compétence.

MOTIVATION, RÉTROACTION ET CONNAISSANCES

Mes trois buts en écrivant ce volume sont de vous aider à mieux comprendre ce qui caractérise un enseignement efficace en matière d'activités physiques, à accroître vos habiletés et vous motiver à améliorer votre manière d'enseigner actuelle et future. La motivation est le fondement de l'ensemble du processus. L'enseignant « inefficace » nuit moins à l'éducation physique que « celui qui refuse d'enseigner » (Locke, 1975). Les enseignants qui n'ont pas acquis les habiletés de base ne peuvent pas enseigner efficacement même s'ils y consacrent beaucoup d'efforts ; cependant, s'ils continuent à essayer et s'ils reçoivent de l'aide, ils s'amélioreront rapidement. La situation est cependant plus difficile et plus inquiétante lorsque des enseignants savent enseigner de façon appropriée, mais ne sont pas motivés pour le faire.

Les enseignants motivés peuvent accroître leurs habiletés en les pratiquant dans des conditions appropriées. Une fois comprises, les habiletés de base peuvent être pratiquées et raffinées. Des habiletés de haut niveau peuvent être maîtrisées graduellement et, avec l'expérience, il est possible de devenir un enseignant efficace. Quand vous aurez l'occasion d'enseigner dans des milieux variés, vos habiletés deviendront plus solides et votre efficacité se généralisera. Un enseignant efficace dirige ses élèves de façon à diminuer les perturbations et à augmenter le temps consacré à l'apprentissage. Il propose des activités qui correspondent au degré d'habileté des élèves afin de favoriser un taux optimal d'apprentissage. Il importe de bien comprendre le **postulat** qui sous-tend cette définition de l'efficacité de l'enseignement fondée sur les apprentissages des élèves ! **L'enseignant part avec une intention de provoquer des changements chez les participants** à la suite de leur contact avec un environnement éducatif, c'est-à-dire avec l'intention **de les faire apprendre**.

Si l'enseignant n'a pas l'intention que ses élèves apprennent, son rôle consiste alors, au mieux, à être un organisateur d'activités et, au pire, un « gardien d'enfants » bien payé qui essaie de faire en sorte que ses élèves s'amusent sans trop déranger. Ne vous y trompez pas ! Il existe des enseignants en éducation physique qui sont satisfaits quand leurs élèves se comportent de façon appropriée et qu'ils ont du plaisir à pratiquer une activité. Ces enseignants ont donc peu d'attentes concernant l'acquisition d'habiletés, l'utilisation efficace de stratégies, le développement de la condition physique, l'acquisition de connaissances sur le sport et le conditionnement physique. Les buts visés par ces enseignants sont essentiellement de garder les élèves occupés, heureux et obéissants (Placek, 1983).

Le « véritable » professionnel en éducation physique désire que ses élèves apprennent et, en conséquence, il enseigne efficacement pour réaliser cet objectif. Ce volume est écrit en faisant le postulat que vous désirez être ce type d'enseignant. Si vous avez la motivation de devenir un enseignant efficace et que vous persévérez dans cette recherche d'amélioration pendant vos premières années d'enseignement, vous pourrez atteindre un niveau qui fera de vous un éducateur compétent et professionnel. L'enseignant habile et expérimenté orchestre un répertoire d'habiletés raffinées pour répondre aux exigences toujours variables des situations d'apprentissage. Il existe peu de spectacles plus agréables à regarder que celui d'un enseignant motivé et habile qui maîtrise entièrement une situation dans laquelle les élèves non seulement apprennent, mais éprouvent manifestement du plaisir à apprendre.

Ce volume porte sur l'efficacité de l'enseignement de l'éducation physique, non seulement en matière de connaissances, mais aussi en matière de moyens ! Les enseignants apprennent à enseigner efficacement en réalisant des expériences et en recevant des rétroactions appropriées au sujet de leur résultat et de celui de leurs élèves. Plusieurs enseignants expérimentés sont devenus efficaces 1) en étant motivés ; 2) en ayant l'intention que leurs élèves apprennent ; 3) en portant attention aux rétroactions qu'ils pouvaient obtenir sur eux-mêmes et sur leurs élèves. Ils ont réellement appris à travers leur expérience même s'ils possédaient peu de connaissances sur l'efficacité de l'enseignement et s'ils avaient peu d'occasions d'obtenir des rétroactions pertinentes venant d'un observateur informé. Heureusement, comme il sera démontré aux chapitres 2 et 3, la recherche nous a beaucoup appris sur l'efficacité de l'enseignement au cours des vingt dernières années. Des stratégies d'enseignement efficace sont décrites en détail dans ce volume. La connaissance de ces stratégies est importante mais insuffisante puisque ces stratégies doivent aussi être expérimentées dans des conditions permettant d'obtenir des rétroactions pertinentes et précises.

La façon la plus rapide de perfectionner des habiletés consiste à pratiquer ces habiletés et à obtenir des rétroactions appropriées. Nous savons depuis longtemps comment développer des habiletés motrices ; il semble que la même stratégie s'applique pour les habiletés d'enseignement. Une des principales caractéristiques de ce volume consiste à proposer une approche systématique pour développer des habiletés d'enseignement. Les habiletés elles-mêmes et les situations dans lesquelles elles peuvent être utilisées y sont expliquées clairement de même que les méthodes pour évaluer ces habiletés et leurs effets sur les élèves. De plus, les façons d'utiliser des données d'observation pour améliorer les résultats sont bien connues. Il importe de souligner que vous ne pourrez pas échouer lors de votre apprentissage pour devenir un enseignant efficace ; vous ferez des expériences au cours desquelles vous tenterez de faire de votre mieux et pour lesquelles vous recevrez des rétroactions précises que vous pourrez utiliser pour apporter des changements et continuer de vous améliorer.

Le principal but du premier chapitre est d'attirer votre attention sur les postulats à la base de cette approche systématique de développement d'habiletés d'enseignement, sur les données qui peuvent être recueillies et sur la façon dont ces données peuvent être utilisées pour améliorer vos habiletés.

LES POSTULATS DE BASE DE L'APPROCHE SYSTÉMATIQUE

Toute approche d'enseignement est fondée sur des postulats. Le fait de les énoncer de façon explicite peut soulever des discussions et conduire à une meilleure compréhension de certaines stratégies. Un examen de ces postulats permet aussi de juger de la congruence entre les postulats et la façon d'enseigner d'une personne. Pour être vraiment systématique, une approche doit comporter une collecte régulière de données. De plus, une approche d'apprentissage fondée sur l'expérience du futur enseignant doit fournir une quantité substantielle de véritables pratiques d'enseignement.

Il se peut que vous ne soyez pas d'accord avec tous les postulats énoncés dans ce chapitre. Les opinions différentes en formation des enseignants sont bienvenues, et ce, même si les objectifs généraux sont unanimement reconnus. Quelles sont les habiletés importantes pour enseigner ? Comment peuvent-elles être apprises et perfectionnées ? J'espère que cette section soulèvera des discussions entre vous, vos élèves et vos formateurs. Une des meilleures façons de former ses opinions sur l'enseignement est d'expliquer et de défendre ses postulats à cet égard.

LA SCIENCE ET L'ART D'ENSEIGNER

Le développement des stratégies d'enseignement, tel que présenté dans ce volume, est considéré comme une science, c'est-à-dire qu'il peut être évalué systématiquement et divisé en habiletés distinctes susceptibles d'être exécutées avec maîtrise. Cependant, l'enseignement ne peut et ne doit pas être perçu comme une tâche mécanique. En effet, l'enseignement efficace laisse place aux styles personnels, à l'improvisation et à l'intuition. Les enseignants efficaces orchestrent de façon artistique un ensemble d'habiletés bien maîtrisées afin de satisfaire les exigences particulières des situations d'apprentissage.

Cependant, certaines personnes voient l'enseignement uniquement comme un art. Elles croient que les habiletés d'enseignement ne peuvent pas être apprises, qu'elles sont innées et qu'il n'est pas possible de devenir un bon enseignant sans être né avec certaines aptitudes. Cette conception implique que les conclusions de la recherche en enseignement ne peuvent pas être transmises aux enseignants en formation. Il semble évident, que si l'on naît enseignant et qu'on ne le devient pas, des sommes astronomiques sont gaspillées dans les programmes de formation des enseignants.

Une autre vision de l'enseignement est fondée sur le postulat qu'il suffit d'une forte motivation à aider les élèves et d'une bonne connaissance de la matière enseignée. Plusieurs profanes prétendent en effet qu'ils pourraient enseigner une matière qu'ils connaissent bien. Bien sûr, la motivation est cruciale, mais la motivation et une bonne connaissance de la matière peuvent-elles suffire pour enseigner efficacement dans les écoles d'aujourd'hui ? Non, les résultats de la recherche ne soutiennent pas cette façon de voir, même si elle a largement cours. La corrélation entre la connaissance que possède un enseignant de la matière enseignée et le succès de ses élèves demeure très faible (Berliner, 1985). Ces résultats amènent à conclure sans hésitation qu'une bonne connaissance de la matière ne garantit pas que vous enseignerez efficacement cette matière (Evertson, Hawley et Zlotnik, 1984, p. 30). L'élément manquant dans cette conception de l'enseignement est, bien entendu, la reconnaissance de l'importance primordiale des habiletés d'enseignement. Une bonne connaissance de votre matière est essentielle, mais elle sera peu utile si vous ne

Encadré 1.1 : La réalité et l'espoir !

Est-ce que les choses s'améliorent naturellement en tout temps ? Devons-nous agir pour qu'il y ait amélioration ? John Goodlad est un éducateur américain reconnu qui a suggéré, il y a plus de dix ans, que notre société n'était peut-être pas prête à faire les améliorations nécessaires pour hausser l'éducation au-dessus de sa stagnation vieille d'un quart de siècle (Goodlad, 1969). En effet, dit-il, il est possible que l'école se détériore et que l'insatisfaction et le mécontentement de la population continuent d'augmenter.

Fait : Des sondages faits aux États-Unis ont démontré qu'au cours des vingt-cinq dernières années les parents ont sans cesse indiqué qu'ils ne voulaient pas que leurs enfants deviennent des enseignants.

Fait : Trop d'enseignants démontrent des faiblesses aux tests d'alphabétisation ou de connaissances générales.

Fait : Les agressions faites par les élèves à l'endroit des enseignants augmentent chaque année. Les enseignants ne cessent de demander de l'aide pour gérer leur stress et composer avec les risques d'épuisement professionnel.

Fait : Le pourcentage d'analphabètes aux États-Unis est trois fois plus élevé qu'en Union soviétique.

Fait : Il semble que l'amélioration de la moyenne nationale aux tests de connaissances générales est principalement due à l'augmentation du taux d'abandon scolaire.

Fait : Même si, au cours des dix dernières années, la réforme de l'éducation fait la « une » des journaux, l'école et l'enseignement ne semblent pas avoir changé beaucoup.

Fait : Toutes les fois qu'un problème social apparaît, le milieu scolaire doit réagir (éducation et problèmes de drogues, éducation et sida) ; cependant, les améliorations dans ce que l'on appelle communément les « matières de base » ne sont pas toujours perceptibles.

Quel est le moyen le plus rapide et le plus efficace d'améliorer l'image de l'école ? L'influence de l'école sur chaque enfant dépend en grande partie de son enseignant. Les coûts engendrés par le personnel enseignant représentent une large part du budget total consacré à l'éducation et le plus grand espoir de rentabiliser cet investissement repose sur l'amélioration de l'efficacité des enseignants.

Donald Medley
professeur d'éducation, University of Virginia (1979)

pouvez pas la transmettre par un enseignement efficace qui réponde aux besoins précis des élèves dans un milieu particulier.

Les personnes qui adoptent une conception artistique de l'enseignement et refusent l'approche scientifique soulèvent un faux problème. En effet, tous les artistes, qu'ils soient musiciens, peintres ou danseurs, comprennent qu'ils doivent maîtriser des habiletés de base et qu'ils peuvent les acquérir grâce à une approche scientifique. La pratique jumelée à des rétroactions systématiques sont les ingrédients nécessaires pour devenir un meilleur artiste. Quand les habiletés de base sont maîtrisées, grâce à une pratique répétée, de nouvelles habiletés plus complexes peuvent être ajoutées au répertoire de l'artiste.

Le fait de percevoir une prestation de cette façon ne lui enlève rien de sa dimension artistique, pas plus qu'elle ne déshumanise la personne qui l'accomplit. Les réalisations des artistes varient même si ces derniers ont reçu une formation similaire. Les façons d'enseigner varient aussi, même si les enseignants ont appris des habiletés semblables.

La majeure partie de l'information contenue dans ce volume a été recueillie à partir des résultats d'études systématiques d'enseignants efficaces réalisées au cours des vingt-cinq dernières années. La poursuite et le raffinement de ces efforts de recherche permettront d'accroître notre compréhension. Les habiletés décrites dans ce volume peuvent être considérées comme la base de l'enseignement efficace. Cependant, je ne vais pas essayer de tenir compte de tous les styles personnels des enseignants efficaces. Aucune tentative ne sera faite pour inclure tous les enseignants dans un même moule ou pour dénigrer des styles personnels d'enseignement, à moins que ces styles soient nuisibles à l'apprentissage et à la réussite des élèves.

Reportons-nous au basket-ball. Je ne peux pas expliquer les styles individuels d'un Michael Jordan, d'un Larry Bird ou d'un Magic Johnson, pas plus qu'imposer un de ces styles à deux jeunes joueurs. Je peux leur enseigner les habiletés essentielles (dribbler, passer, lancer, etc.) et les tactiques de base (défensive de zone, contre-attaque, etc.). Je peux aussi prévoir des mises en situation où ces habiletés et tactiques pourront être apprises et raffinées. Les joueurs finiront par acquérir leur style individuel, même s'ils pratiquent les mêmes habiletés et tactiques. Ce constat pour l'apprentissage du basket-ball s'applique également pour l'apprentissage de l'enseignement.

Le contenu de ce volume ne vous confinera pas à un modèle préfabriqué suggérant que tous les enseignants devraient fonctionner de la même façon. Il vise plutôt à vous aider à améliorer vos habiletés d'enseignant, à comprendre l'efficacité de l'enseignement et à perfectionner vos habiletés et stratégies grâce à des expériences dans des conditions appropriées. Éventuellement, votre style individuel émergera et l'influence que vous aurez sur vos élèves ou vos athlètes sera unique et propre à vous.

ENSEIGNEMENT, APPRENTISSAGE ET PÉDAGOGIE

Le rôle de l'enseignant consiste à aider les participants à apprendre et à se développer, à leur proposer des expériences d'apprentissage où ils pourront perfectionner leurs habiletés, leur compréhension et leurs attitudes, tout en ayant du plaisir à apprendre et en aimant la matière enseignée. Les transformations observées chez les apprenants représentent la façon la plus appropriée de juger l'enseignement. Il ne devrait pas être possible d'affirmer qu'une personne a enseigné si ses élèves n'ont pas appris. L'enseignement devrait être évalué en fonction de son influence sur les élèves. Sans une telle évaluation, on ne peut connaître l'efficacité réelle des activités d'enseignement.

L'enseignement peut être défini généralement comme les comportements des enseignants durant leur travail professionnel. Ainsi, ils planifient, expliquent, présentent, questionnent, corrigent et fournissent des rétroactions et tous ces comportements sont faits dans le but d'aider les élèves à apprendre et à se développer. Ces habiletés et stratégies peuvent être exercées et améliorées. Il est intéressant de noter que ces comportements sont également adoptés par un ensemble de personnes autres que les enseignants certifiés, tels les mères, les pères, les employeurs ou les amis.

L'apprentissage est le changement dans un comportement résultant d'une expérience et non pas du développement génétique. Il va sans dire que tous les apprentissages ne sont pas le fruit d'un enseignement. Les gens peuvent apprendre de leurs erreurs et, même quand ils sont troublés ou blessés, ils peuvent tirer de véritables leçons de leurs expériences. Bien sûr, personne n'ira jusqu'à suggérer la mise en place de situations potentiellement dangereuses dans le but de permettre à des élèves d'en tirer des leçons. Il importe d'établir le lien entre ce que fait l'enseignant et les apprentissages ou le développement des élèves. La pédagogie est le concept qui semble correspondre à ce but.

La pédagogie peut être définie comme l'organisation judicieuse d'un environnement afin de permettre à des participants de réaliser les apprentissages précis escomptés. La pédagogie fait le lien entre les actions de l'enseignant et les objectifs visés. Certains objectifs doivent donc être atteints pour permettre de dire qu'il y a un acte pédagogique. Sans atteinte d'objectifs, pas de pédagogie !

Si la pédagogie est principalement définie en fonction du résultat obtenu chez les élèves, il est alors nécessaire d'observer les changements afin d'évaluer la pédagogie utilisée. Décrire ce que font l'enseignant et les élèves fait partie de cette estimation. Cependant, une estimation complète doit établir le lien entre les activités de l'enseignant et celles des élèves. La stratégie employée tout au long de ce volume consiste à faire le lien entre les activités de l'enseignant et leur effet sur les apprenants.

La façon la plus utile d'évaluer votre enseignement consiste donc à examiner ce que font les participants. Lorsque vous observez un autre enseignant, vous devriez passer la majeure partie de votre temps à regarder ce que font ses élèves parce qu'une observation centrée uniquement sur l'enseignant risquerait de vous jouer des tours. Ce que font les enseignants et comment ils le font est très important, mais la façon dont les enseignants influencent les élèves révèle la véritable qualité de la pédagogie. Par exemple, une démonstration élégante accompagnée d'une explication de la manchette au volley-ball peut sembler être un bon enseignement, mais ce ne sera pas le cas si les élèves n'écoutent pas et qu'ils se lancent dans une folle partie de ballon prisonnier dès que l'explication est terminée.

AMÉLIORER LES HABILETÉS D'ENSEIGNEMENT À L'AIDE D'UNE PRATIQUE APPROPRIÉE

La meilleure façon d'améliorer ses habiletés d'enseignement consiste à faire des expériences dans des conditions où il est possible d'obtenir des informations sur le degré d'atteinte de buts précis. Bien que cette idée ne soit pas révolutionnaire, de telles conditions demeurent absentes d'un grand nombre de programmes de formation d'enseignants. En effet, les futurs enseignants ont peu d'occasions d'améliorer leurs habiletés d'enseignement avant leurs stages dans des écoles. Certains programmes de formation offrent des occasions d'enseigner à l'université, mais les objectifs de ces expériences sont souvent imprécis et les rétroactions sont relativement peu nombreuses.

Il est important d'acquérir des connaissances sur l'enseignement grâce à des exposés, des lectures, des films ou des vidéo-cassettes, mais de telles activités ne remplacent pas les expériences pratiques. On apprend à enseigner comme on apprend à jouer au tennis. Vous pouvez acquérir des connaissances sur le tennis à l'aide de livres, de films éducatifs, d'observation de matchs télévisés ou des joueurs

---

Encadré 1.2 : Le National Board définit des critères essentiels en matière d'enseignement

Le National Board for Professional Teaching Standards aux États-Unis a été créé en 1989. Cet organisme a proposé un système de certification nationale devant être en vigueur dès 1993 et ayant pour objectifs de reconnaître et de récompenser les enseignants efficaces. Les enseignants pourront postuler au National Board. Certaines régions et quelques États ont exprimé leur intention d'offrir de meilleurs salaires aux enseignants satisfaisant les standards de cet organisme. Bien que la nature exacte du processus de certification n'ait pas encore été claire-ment définie, on a déterminé cinq critères essentiels pour évaluer l'efficacité de l'enseignement.

1. Les enseignants se consacrent aux élèves et à leur apprentis-sage.

2. Les enseignants connaissent la matière qu'ils enseignent, de même que la façon de l'enseigner.

3. Les enseignants sont responsables de l'organisation et de la supervision active de l'apprentissage des élèves.

4. Les enseignants analysent systématiquement leur pratique et apprennent de leurs expériences.

5. Les enseignants sont membres d'organismes visant l'amélio-ration des connaissances.

L'image dépeinte par ces critères essentiels diffère considérable-ment du stéréotype de l'éducateur physique qui « donne un ballon » à ses élèves pour qu'ils s'amusent pendant qu'il prépare sa séance d'entraînement sportif de fin de journée. Cette appro-che proposant des standards élevés pour évaluer l'acte profes-sionnel des enseignants portera-t-elle ses fruits ?

---

locaux. Ces activités peuvent être agréables et stimulantes ; elles peuvent même vous permettre de devenir un expert analyste en tennis. Par contre, elles ne vous aideront pas à améliorer votre revers ou à donner plus d'effet à votre service.

La seule façon d'améliorer vos habiletés en tennis consiste à jouer au tennis. Non seulement vous devez jouer, mais vous devez jouer contre quelqu'un de meilleur que vous ou encore recevoir des directives de quelqu'un pouvant vous aider à améliorer vos habiletés au fur et à mesure que vous jouez. Les livres, les films et toutes les informations sont utiles ; ils constituent des supports à l'acquisition d'habiletés, mais ils ne peuvent pas remplacer l'exercice de l'habileté elle-même.

Comme celles du tennis, les habiletés d'enseignement peuvent être définies même si elles sont plus complexes. Vous pouvez provoquer des situations pour exercer votre revers ou votre volée ; de la même façon, vous pouvez créer des occasions pour exercer vos habiletés pour organiser un groupe ou pour expliquer une tâche. Cependant, tout comme au tennis, vous devez avoir des objectifs précis et recevoir des rétroactions fréquentes sur votre prestation.

BUTS ET RÉTROACTIONS

Une rétroaction peut être définie comme une information concernant une réponse qui sera utilisée pour modifier la réponse suivante. La rétroaction est nécessaire pour apprendre. Pensez par exemple à la manière dont vous pouvez apprendre à tracer une ligne d'une longueur de quarante-trois centimètres. Vous tracez une ligne, mais vous ne recevez aucune rétroaction. Vous faites alors une deuxième tentative, votre ligne est légèrement plus longue ; mais vous ne recevez toujours pas de rétroaction. Votre deuxième tentative est-elle plus près ou plus loin du but ? Si quelqu'un vous avait dit qu'elle était « trop longue » ou « trop courte » après chaque tentative, en peu de temps, vous auriez été capable de tracer votre ligne correctement. Si quelqu'un vous avait dit : « quatre centimètres trop longue » ou « deux centimètres trop courte », vous auriez alors été capable de tracer une ligne ayant la bonne longueur encore plus rapidement. La rétroaction est nécessaire à l'apprentissage ; plus elle est précise, plus elle permet d'apprendre rapidement.

L'exercice décrit précédemment aurait été encore plus difficile si on vous avait dit seulement de « tracer une ligne courte ». Que signifie « courte » ? Les buts doivent être précis pour conduire à des expériences profitables d'apprentissage.

Les habiletés d'enseignement peuvent aussi être formulées avec précision. Les actes d'enseignement reliés à ces buts peuvent être observés et l'information peut être utilisée pour donner des rétroactions précises afin d'aider l'enseignant à s'améliorer. Par exemple, il est bien connu que les enseignants ne répartissent pas toujours leur attention équitablement selon les niveaux d'habileté de leurs élèves. Ce pourrait donc être le but que vous vous fixez. Une observation systématique vous fournira des renseignements qui peuvent vous aider à comprendre où vous vous situez par rapport à ce but. À partir de là, vous pourrez déterminer ce que vous devez faire pour atteindre votre but pleinement.

Trop souvent, on conseille aux enseignants « d'être plus fermes avec les élèves », « de s'ajuster à leur niveau » ou « de leur donner des directives plus claires ». Ces buts vagues sont souvent suivis de rétroactions peu précises telles que : « Beaucoup mieux », « D'accord » ou « Ce n'est pas tout à fait cela ». La méthode habituellement utilisée pour enregistrer le résultat obtenu par l'enseignant et les élèves dans de tels cas est ce que j'appelle l'« observation globale ». Le superviseur s'assoit, observe un cours et fait un ou deux commentaires. Dans de telles conditions, il n'est pas surprenant que les habiletés de l'enseignant se détériorent au lieu de s'améliorer.

Le fait de se fixer des objectifs ne garantit pas un enseignement efficace à l'enseignant, pas plus qu'une pratique excellente au joueur de tennis. Cependant, s'ils ont des buts précis et s'ils reçoivent des rétroactions, l'enseignant comme le joueur de tennis ont de fortes chances de s'améliorer. Même si certains aspects de l'efficacité de l'enseignement sont encore mal compris, même s'il est difficile de formuler des objectifs concrets et de donner des rétroactions précises sur des habiletés complexes, il importe de faire tout ce qui est possible pour améliorer l'enseignement.

UNE APPROCHE BASÉE SUR DES DONNÉES D'OBSERVATION POUR ACQUÉRIR DES HABILETÉS D'ENSEIGNEMENT

La plupart des suggestions présentées dans ce volume pour améliorer les habiletés d'enseignement requièrent une collecte de données d'observation sur la durée ou la fréquence de certains comportements. Par exemple, vous pourrez apprendre que votre leçon comportait neuf épisodes d'organisation, que le temps total consacré à l'organisation était de douze minutes quarante secondes et que la durée moyenne de ces épisodes était d'une minute vingt-quatre secondes. Votre superviseur et vous pourrez conclure que le temps consacré aux transitions est trop long et vous chercherez alors des solutions pour les rendre plus efficaces. Vous pourrez ainsi apprendre que vous avez donné trente-six rétroactions reliées aux habiletés, mais que seulement seize de ces réactions étaient précises, les autres étant générales. En analysant la même situation sous un autre angle, vous apprendrez par exemple que vingt-six de vos réactions s'adressaient à des garçons et seulement dix à des filles. Ces données peuvent vous suggérer de porter une attention particulière à l'amélioration de la précision de vos rétroactions et à une meilleure répartition de vos rétroactions entre les garçons et les filles.

Les techniques d'observation et de rétroactions sont relativement faciles à maîtriser. Une fois que vous aurez appris à observer de façon fiable, vous pourrez aider vos collègues à s'améliorer en les observant et vous pourrez aussi commencer à vous formuler des buts et à réaliser vos propres expériences.

Même si ce volume est basé sur une stratégie de collecte de données, vous devriez aussi profiter de toutes les occasions d'apprendre, comme les conversations informelles avec des pairs, des superviseurs universitaires ou des maîtres de stage. La stratégie de collecte de données fournit une base pour l'acquisition des habiletés d'enseignement. Elle ne remplace cependant pas ce qu'un enseignant d'expérience peut vous apprendre sur les subtilités et les nuances d'une habileté. Aussi, il est important d'exploiter toutes les occasions qui vous sont offertes de discuter ouvertement et franchement avec vos collègues. Des informations appropriées sur la vie personnelle des élèves, un conseil à propos du placement de la voix ou sur l'organisation d'une activité peuvent vous aider énormément. Ce volume ne prétend pas améliorer tous les facteurs qui contribuent à l'efficacité de l'enseignement. Il propose une stratégie sur laquelle il est possible de s'appuyer pour acquérir des habiletés d'enseignement. L'efficacité de cette stratégie qui vise à vous permettre de poursuivre votre évolution professionnelle dépendra de la qualité des personnes avec lesquelles vous travaillerez.

LES STADES DE DÉVELOPPEMENT DES HABILETÉS D'ENSEIGNEMENT

Au cours des deux dernières décennies, nous avons expérimenté, dans nos projets de recherche, diverses façons d'améliorer les habiletés professionnelles des enseignants en formation initiale et en perfectionnement (Siedentop, 1981 ; Taggart, 1989). Même si ces enseignants ont expérimenté différentes habiletés d'enseignement dans une variété de contextes avec des élèves de différents âges, la plupart sont passés par des stades prévisibles de développement. Il est important que vous compreniez ces stades, car il est fort probable que vous les expérimenterez aussi, particulièrement pour des habiletés d'interaction telles que donner des rétroactions précises sur les habiletés, offrir des rétroactions positives ou questionner. Il est important que vous les reconnaissiez afin que votre progression d'un stade à l'autre puisse se faire rapidement.

**Encadré 1.3 : La pratique informelle d'habiletés
                  d'enseignement**

Avez-vous besoin d'une directive spéciale pour pratiquer des
habiletés d'enseignement ? Avez-vous besoin d'une situation de
micro-enseignement ou d'une visite dans une école ? Non ! Les
habiletés d'enseignement peuvent être exercées dans de
nombreux environnements ; en fait, elles peuvent être expérimentées dans presque toutes les circonstances où des personnes
interagissent.

Par exemple, apprendre à encourager efficacement peut se faire
avec ses frères, ses sœurs ou ses colocataires. Vous pouvez vous
exercer à des questions claires et appropriées dans d'autres
cours, lors d'une discussion informelle avec d'autres étudiants
ou en étant moniteur volontaire dans une association de jeunes.
Vous pouvez donner des rétroactions précises et informatives
dans un camp d'été, en tant que volontaire dans un YMCA ou
tout simplement en aidant un enfant du voisinage à sauter à la
corde dans sa cour arrière, un après-midi de fin de semaine.

Plusieurs habiletés d'enseignement importantes peuvent être
mises en pratique quotidiennement. Vous devez tout simplement choisir une habileté à la fois, essayer de l'améliorer et être
conscient de votre niveau de maîtrise. Quelques-unes des techniques d'auto-évaluation présentées plus loin dans ce volume
pourront être utiles lors de ces pratiques informelles.

Si vous voulez vous améliorer, faites des exercices par vous-
même.

Stade 1 – L'inconfort initial

Vous aurez probablement de la difficulté à utiliser des stratégies
nouvelles. Vous constaterez peut-être que votre vocabulaire est
restreint. Vous vous sentirez embarrassé d'utiliser de nouvelles expressions. Ce sentiment pourra être particulièrement vrai au moment de
féliciter les élèves puisque la plupart des gens n'ont pas appris
comment démontrer de la gentillesse envers les autres. L'enseignement à une personne ou à un petit groupe de pairs aide à dépasser
ce stade. Il est important de ne pas vous sentir mal à l'aise ou embarrassé quand vous apprenez à vous comporter différemment ; il
semble que la plupart des futurs enseignants franchissent ce premier
stade assez rapidement.

Stade 2 – Apprendre une variété de techniques

Au début, quand vous apprendrez à féliciter, à donner des rétroactions précises ou à être plus enthousiaste, votre répertoire de comportements sera restreint. Vous aurez tendance à répéter les mêmes expressions et à adopter souvent les mêmes comportements. Quand vous essaierez de donner plus de rétroactions positives et de féliciter, vous réussirez probablement à interagir de plus en plus souvent avec les élèves, mais vous utiliserez un nombre limité de formules du type « C'est beau ». Il semble que la plupart des enseignants vivent ce stade. Ne vous inquiétez pas ! Si vous persistez et si vous obtenez des rétroactions systématiques sur cette habileté, vous apprendrez à maîtriser différentes façons d'être enthousiaste, de féliciter les élèves ou d'utiliser des comportements non verbaux.

Stade 3 – Apprendre comment faire plus d'une chose à la fois

Le stade suivant exige d'être en mesure de rester centré sur une habileté tout en cherchant à en améliorer d'autres. Ce stade est important, car il constitue un indice que vous avez progressé suffisamment pour acquérir des automatismes et que vous pouvez vous centrer sur d'autres aspects importants de l'enseignement. Par exemple, vous pouvez alors continuer à être conscient de vos rétroactions tout en portant attention à l'amélioration de vos habiletés d'organisation. Quand vous avez atteint ce stade, vous êtes en voie de devenir un enseignant habile !

Stade 4 – Apprendre comment utiliser vos habiletés de façon plus appropriée

C'est une chose que d'apprendre à donner des rétroactions, à utiliser certaines expressions et à varier les façons de le dire ; c'est autre chose que de donner la bonne rétroaction au moment propice. Les premières étapes d'apprentissage de ce type d'habiletés ressemblent à une situation où quelqu'un frappe une balle de base-ball sur un appui. Frapper une balle placée sur un appui est une bonne façon d'apprendre à produire un élan continu, à transférer le poids et à faire un bon convoyage à la fin du mouvement. Éventuellement, il faudra frapper une balle lancée ! Vous pouvez apprendre plusieurs bonnes techniques verbales et non verbales pour féliciter les élèves, mais il faut aussi apprendre à féliciter la bonne personne au moment approprié ;

en d'autres mots, il faut apprendre à utiliser vos habiletés efficacement. Les buts précis et les rétroactions vont contribuer à vos progrès pendant ce stade d'apprentissage.

Stade 5 – La confiance et l'anticipation

Finalement, l'enseignant est en mesure de constater les effets bénéfiques de ses habiletés en regardant les réactions de ses élèves et ses habiletés deviennent de bonnes habitudes. À mesure que vos habiletés et votre confiance s'amélioreront, vous acquerrez l'habileté d'anticiper ce qui passera dans la classe. Cette capacité d'anticipation vous permettra de maîtriser les événements et d'être prêt à utiliser la bonne stratégie d'enseignement au moment opportun. Il semble cependant que vous devrez franchir les autres stades avant d'atteindre celui-ci. Ayez confiance, vous pourrez y arriver.

LES SOURCES D'AIDE

Qu'il s'agisse d'une expérience en milieu réel ou d'une expérience simulée, il importe de répéter que l'expérience seule ne garantit pas l'amélioration de l'enseignement. Chaque expérience d'enseignement permet sans doute de faire quelques progrès. Cependant, il est possible d'y acquérir de bonnes comme de mauvaises habitudes. Une approche systématique du développement des habiletés d'enseignement maximise les chances d'acquérir de bonnes habitudes et minimise les risques d'en développer de mauvaises. Vous pouvez sans doute apprendre à enseigner par vous-même ; de même, vous pouvez apprendre à jouer au tennis sans entraîneur, mais vous pourriez devenir meilleur si quelqu'un vous donnait des conseils pendant le processus d'apprentissage. Quelles sont les stratégies que vous avez besoin d'apprendre et qui sont les personnes qui peuvent vous aider à les apprendre ?

Premièrement, il est possible d'utiliser une approche d'observation systématique. Peut-être que vous n'aimerez pas toujours vous fixer des buts précis et être observé continuellement pendant que vous enseignez. Peut-être que vous n'apprécierez pas toujours les rétroactions que vous recevez. Très peu d'entre nous apprécient être tenus responsables de l'atteinte de buts, même si de telles contraintes nous aident à nous améliorer. Les buts donnent à une expérience la précision nécessaire pour qu'elle soit utile ; il faut donc se fixer des buts précis et clairs. De la même façon, l'observation est la seule façon d'obtenir des rétroactions appropriées. L'observation est un outil indispensable pour vous améliorer et pour connaître votre niveau de maîtrise. Tout comme un joueur apprécie connaître les statistiques sur son rendement, les enseignants devraient connaître leur niveau de maîtrise de certaines habiletés de leur « jeu ». En d'autres mots, l'approche systématique est votre alliée et non votre ennemie.

Deuxièmement, vous pouvez vous aider vous-même en utilisant des enregistrements audio et vidéo. Troisièmement, votre maître de stage peut vous aider ; il n'est pas seulement un évaluateur. Si vous avez des buts précis à atteindre, votre maître de stage peut alors vous permettre de pratiquer et vous donner des rétroactions. Vous êtes des partenaires dans la formation d'enseignants puisque vous faites partie de la même équipe. Vous ne serez pas nécessairement toujours d'accord, mais il importe d'avoir à l'esprit que vous partagez le même but : devenir de meilleurs enseignants.

Vos pairs peuvent aussi vous aider à vous améliorer. Cela peut se faire par le biais de techniques précises telles que l'enseignement à des pairs et l'analyse réflexive. Un autre étudiant peut aussi vous observer et vous donner des rétroactions. Il importe de souligner que l'amélioration sera plus marquée si l'expérience se déroule dans une ambiance où règne une attitude professionnelle, où l'enseignement est pris au sérieux, où l'on discute, pose des questions et manifeste le désir de s'améliorer. Si vous et vos collègues n'êtes pas préoccupés par l'apprentissage de l'enseignement, il n'y aucune raison de croire que vous serez intéressés à vous améliorer une fois que vous aurez entrepris votre carrière.

Enfin, les éducateurs physiques travaillant dans les écoles peuvent vous aider à vous améliorer. D'abord, ils peuvent vous permettre de les observer, à la condition de faire de l'observation systématique avec un but précis. Apprendre par l'observation, c'est plus qu'admirer le paysage. Les enseignants peuvent aussi vous aider en discutant ouvertement sur ce qu'ils font dans certaines situations et sur la façon dont ils organisent leur classe. Un enseignant habile donne l'impression que certaines tâches se font sans effort ; ne vous y laissez pas prendre ! Quand vous parlerez sérieusement avec ce type d'enseignants, vous découvrirez très rapidement qu'ils ont travaillé très fort pour créer cette impression de facilité.

L'EXAMEN DE VOS CONCEPTIONS DE L'ENSEIGNEMENT DE L'ÉDUCATION PHYSIQUE

Au cours des dernières années, la recherche a montré que les croyances des enseignants sur l'apprentissage et l'enseignement influencent leur planification, leur comportement en classe et les conclusions qu'ils tirent de leurs expériences d'enseignement (Grossman, Wilson et Shulman, 1989). Les chercheurs font une distinction entre les croyances et les connaissances sur l'enseignement, même s'ils reconnaissent qu'elles sont inséparables dans l'esprit d'une personne donnée.

Les croyances au sujet de l'enseignement sont plus subjectives que les connaissances et elles peuvent engendrer plus d'émotions. Les croyances sont aussi généralement plus discutables que les connaissances et elles provoquent donc plus de débats. Malgré ces nuances, il est difficile de faire la distinction entre nos croyances et nos connaissances sur l'enseignement de l'éducation physique.

Il existe trois types de croyances reliées à l'enseignement. Le premier touche au contenu de l'éducation physique, c'est-à-dire à la matière enseignée. Qu'est-ce que l'éducation physique pour vous ? Est-ce du conditionnement physique ? Est-ce du sport ? Est-ce du développement social ? Est-ce l'acquisition de connaissances ? Ou tous ces éléments à la fois ? Quelle importance a-t-elle dans l'ensemble du programme scolaire ? L'éducation physique est-elle aussi importante que les arts plastiques ou la musique ? Est-elle aussi importante que la lecture et les mathématiques ?

Le second type de croyances concerne les orientations, c'est-à-dire ce que vous croyez important de faire apprendre aux élèves et comment ils devraient l'apprendre. Si vous croyez que le contenu est centré sur l'enseignement des sports, qu'est-ce qui s'avère important que les élèves apprennent et comment croyez-vous qu'ils doivent l'apprendre ? L'apprentissage d'habiletés est-il plus important ? Est-il plus important d'apprendre à jouer ? Comment vont-ils l'apprendre ? Par des présentations orales ? Par des pratiques nombreuses ? Par une expérience globale ?

Les croyances à propos de l'enseignement et de l'apprentissage représentent le troisième ensemble de croyances qui influence l'enseignement. Un enseignant devrait-il adopter un style direct ou indirect ? Certains élèves sont-ils des apprenants naturels et d'autres pas ? La plupart des élèves peuvent-ils apprendre ce qui est enseigné ? Les garçons et les filles apprennent-ils de la même façon ?

Les croyances sont importantes, car vous interpréterez les connaissances transmises dans votre programme de formation en utilisant votre système de croyances. En effet, vous aurez tendance à accueillir positivement les connaissances sur l'efficacité de l'enseignement qui sont conformes à vos valeurs et à mettre de côté celles qui sont contraires à vos croyances. Vous donnerez probablement l'impression d'avoir appris ces nouvelles connaissances lors de vos examens et vous démontrerez ces habiletés lors de vos expériences d'enseignement parce que vous devez jouer le jeu afin d'obtenir des notes. Cependant, ces connaissances et ces habiletés demeurent celles de vos professeurs et de vos superviseurs et, consciemment ou non, vous ne les aurez pas vraiment intégrées dans votre système de croyances et votre répertoire d'habiletés.

Il est donc important de reconnaître que vous possédez votre propre système de croyances puisqu'il guidera vos choix au cours de votre carrière d'enseignant ou d'entraîneur. Cependant, vous ne devriez pas craindre de mettre ce système à l'épreuve et de le modifier au besoin pour faire place à de nouvelles connaissances et habiletés qui peuvent vous aider à devenir meilleur. Vous risquez de ne pas pouvoir changer si vous n'avez pas examiné attentivement votre système de croyances et si vous ne l'avez pas comparé avec celui des autres stagiaires, de vos professeurs et de vos superviseurs.

VERS UNE DÉFINITION DE L'ÉDUCATEUR PHYSIQUE COMPÉTENT

L'éducation physique prendra de l'importance comme matière scolaire dans la mesure où les éducateurs physiques développeront leur efficacité et leur compétence. Plus les éducateurs physiques deviendront efficaces et compétents, plus ils susciteront le respect des parents et de la communauté et plus l'estime pour la profession d'enseignant, de même que leur salaire, seront rehaussés.

L'étude de la compétence de l'enseignant est un champ de recherche relativement nouveau (Berliner, 1986). Après avoir constaté qu'il était possible de déterminer les caractéristiques d'un enseignement efficace, il est tout à fait naturel d'essayer de faire la distinction entre l'efficacité et la compétence. Si les enseignants efficaces favorisent l'apprentissage et la croissance de leurs élèves, les enseignants compétents le font également, mais à un niveau plus élevé ; la différence est une différence de niveau et non de nature. Les enseignants compétents sont capables de planifier des contenus, de transmettre ces contenus et de motiver les apprenants de diverses façons qui vont au-delà de l'efficacité. S'il semble que ces enseignants connaissent bien leurs élèves et leur contexte d'apprentissage, il est tout à fait clair qu'ils connaissent aussi leur matière de façon plus complète que les enseignants efficaces.

Siedentop et Eldar (1989) ont utilisé la littérature sur la compétence pour étudier de façon exhaustive sept éducateurs physiques efficaces du primaire. Leurs conclusions furent les suivantes :

**Encadré 1.4 : Enseigner dans des écoles urbaines :
un exemple de croyances**

Pour la plupart des hommes et des femmes qui n'ont pas grandi dans des milieux urbains, une expérience d'enseignement dans une école d'un centre-ville peut fournir un contexte propice à l'examen de leur système de croyances sur l'éducation physique, l'enseignement et l'apprentissage. Un fort pourcentage des élèves aux États-Unis fréquentent des écoles urbaines. Voici quelques caractéristiques démographiques de ces écoles en l'an 2000 :

– Un tiers des élèves seront noirs ou hispaniques.

– Un sixième des élèves seront des enfants de mères adolescentes et plus que trois quarts de ces mères seront célibataires.

– Le quart des élèves proviendront de familles dont le revenu est en-dessous du seuil de pauvreté.

– Le taux de décrocheurs atteindra probablement quarante-cinq pour cent.

– Nous continuerons de dépenser progressivement moins pour les écoles urbaines et plus pour celles des banlieues ; cette tendance se maintient depuis vingt ans.

– Dans près du tiers des classes, l'enseignement sera dispensé par des enseignants non formés dans la matière concernée.

Voulez-vous enseigner dans des écoles urbaines ? Que pensez-vous des élèves dont les caractéristiques sont décrites plus haut ? L'éducation physique est-elle importante pour eux ?

---

1. La compétence est particulière au contexte et à la matière. Il est nécessaire de parler d'un expert en volley-ball au premier cycle du secondaire ou d'un enseignant compétent en gymnastique avec de jeunes enfants. La compétence démontrée pour une activité et pour un niveau n'est pas nécessairement généralisable à d'autres activités et à d'autres niveaux.

2. La compétence est orientée vers la réalisation. Les enseignants compétents n'arrivent pas souvent à expliquer leur propre compétence. On reconnaît celle-ci dans l'action et non dans l'explication.

3. L'expérience est une condition essentielle de la compétence, mais non une condition suffisante. La compétence s'acquiert sur une longue période de temps et de diverses façons parfois incompréhensibles. Par conséquent, il est peu probable qu'elle puisse être

enseignée de la même façon que les habiletés d'enseignement efficaces.

4. La compétence constitue la symbiose entre des habiletés exceptionnelles d'enseignement associées à une parfaite maîtrise d'une activité particulière, par exemple la gymnastique, le saut à la perche ou le basket-ball. La maîtrise complète d'une activité est une condition essentielle de la compétence. Une personne peut enseigner de façon efficace en ayant une connaissance limitée du sujet, mais pour enseigner avec compétence, elle doit connaître la matière en profondeur.

5. L'efficacité de l'enseignement est à la portée de la plupart des enseignants même les débutants. Les habiletés sont reconnaissables et peuvent être améliorées par l'exercice. La compétence prend plus de temps et les voies pour y arriver sont mal connues.

RÉSUMÉ

1. S'ils sont motivés, les enseignants peuvent apprendre à être efficaces grâce à des expériences réalisées dans des conditions appropriées.

2. L'enseignement efficace se fait de façon intentionnelle et il est réalisé quand les élèves atteignent les buts fixés par l'enseignant.

3. La façon la plus rapide d'acquérir des habiletés d'enseignement est d'avoir des occasions de pratiquer les habiletés pertinentes et d'obtenir des rétroactions systématiques.

4. L'enseignement efficace est l'orchestration artistique d'un répertoire d'habiletés qui peuvent être acquises par le biais d'une approche scientifique.

5. L'enseignement est l'ensemble des comportements professionnels émis par un enseignant pendant son travail alors que l'apprentissage est le changement de comportement qui résulte de l'expérience.

6. La pédagogie consiste à mettre en place habilement un environnement d'apprentissage afin que les apprentissages précis attendus soient réalisés par les élèves.

7. Pour apprendre à enseigner, vous devez vous fixer des buts précis à atteindre et obtenir des rétroactions systématiques en relation avec ces buts.

8. Une approche d'apprentissage des habiletés d'enseignement basée sur des données d'observation requiert une observation systématique et les rétroactions qui en découlent.

9. Pendant qu'ils vivent le processus d'acquisition des habiletés d'enseignement, les futurs enseignants passent par des stades prévisibles; les stades terminaux sont la confiance et l'anticipation.

10. Diverses sources d'aide peuvent être exploitées pour acquérir des habiletés d'enseignement : l'observation systématique, la pratique seul ou avec un pair, l'enseignement dans les écoles.

11. Vos croyances sur le contenu enseigné et le processus d'enseignement-apprentissage influencent la façon dont vous interprétez l'information sur l'enseignement efficace.

12. La compétence est différente de l'efficacité et combine à la fois un enseignement hautement efficace et une maîtrise de la matière.

13. La compétence semble être particulière à une matière et au contexte dans lequel elle est enseignée.

CHAPITRE 2

L'apprentissage de l'élève est fonction des actions de l'enseignant

Au cours des quinze dernières années, la recherche en enseignement a produit un ensemble de connaissances sur les liens entre les comportements de l'enseignant et les apprentissages des élèves. Même si ce n'est qu'un début, il s'agit d'une contribution majeure. Les connaissances issues de cette recherche peuvent aider à améliorer l'acte pédagogique des enseignants si elles sont utilisées en prêtant suffisamment d'attention à leurs limites. Certains critiques élitistes ont tendance à sous-estimer la valeur de l'enseignement et vont même jusqu'à suggérer que n'importe qui peut enseigner. Ceux qui sont capables d'accomplir ce qu'ils désirent le font ; ceux qui en sont incapables enseignent (Those who can, do ; those who can't, teach). Les données présentées ici réfutent ce mythe.

Jere Brophy et Thomas Good (1986)

LES OBJECTIFS DU CHAPITRE

- Expliquer l'importance de l'enseignement efficace ;
- Expliquer pourquoi les premiers efforts de recherche ont échoué ;
- Établir la distinction entre le climat de la classe, la gestion des comportements et la gestion de l'enseignement ;
- Décrire comment on reconnaît les enseignants efficaces et comment leur enseignement est étudié ;

- Décrire les principales limites des recherches actuelles;
- Décrire les principales conclusions de la recherche sur l'efficacité de l'enseignement;
- Expliquer le concept de « temps d'apprentissage »;
- Expliquer le concept d'« enseignant actif »;
- Décrire les composantes d'une organisation efficace de la classe;
- Décrire les relations entre les acquisitions en apprentissage et le développement des attitudes;
- Décrire l'influence de certains facteurs environnementaux sur l'enseignement actif;
- Décrire l'élève qui apprend.

L'IMPORTANCE D'UN ENSEIGNEMENT EFFICACE

Vous avez sans doute été en contact avec un enseignant vraiment exceptionnel pendant au moins un certain temps. Les enseignants et les entraîneurs jouent un rôle extrêmement important. Au primaire, un enseignant motivé peut améliorer considérablement les chances de croissance intellectuelle de ses élèves au cours d'une année. Au secondaire, un enseignant habile peut faire découvrir la richesse d'une matière à ses étudiants au cours d'un seul trimestre. De la même façon, un enseignant malhabile et peu soucieux de ses étudiants peut faire en sorte qu'une année ou même un trimestre semble interminable. Il peut être responsable de ce que John Dewey a nommé la déséducation (*miseducation*), c'est-à-dire l'arrêt de la croissance personnelle et intellectuelle des élèves.

Les éducateurs physiques doivent être efficaces s'ils veulent que leurs élèves cultivent l'habitude de la pratique régulière de l'activité physique et des sports. Si les élèves ne sont pas motivés par l'éducation physique pendant qu'ils sont à l'école, s'ils ne développent pas les habiletés nécessaires à cette pratique, il y a peu de chances qu'ils deviennent des personnes actives. Il ne suffit pas d'avoir du plaisir pendant les cours d'éducation physique; les élèves doivent aussi maîtriser des habiletés, acquérir des connaissances, apprendre à valoriser davantage la participation à des sports et l'importance de conserver une bonne condition physique toute sa vie.

L'éducation est notre industrie la plus importante. Il se dépense plus d'argent pour l'éducation que pour la défense nationale. Cette situation est sans doute un signe de sagesse puisqu'à long terme des citoyens instruits sont probablement la meilleure garantie de sécurité, de liberté et de prospérité durables. Au-delà de deux millions d'enseignants à temps complet enseignent dans les écoles aux États-unis et leur salaire représente la plus grande partie des dépenses en éducation. L'importance d'avoir des enseignants efficaces est, par conséquent, tout à fait fondée. Que ce soit du point de vue personnel, social ou économique, un enseignement plus efficace dans les écoles doit être une priorité nationale.

Les enseignants sont-ils importants? Oui! Sans aucun doute! En effet, la recherche sur l'efficacité de l'enseignement a progressé considérablement de 1960 à 1990. Les personnes qui prétendent que «n'importe qui peut enseigner» connaissent sans doute peu les conclusions de cette recherche et la réalité quotidienne dans les écoles d'aujourd'hui. Il existe une quantité importante de connaissances sur les stratégies d'enseignement efficaces. Le but de ce chapitre est de présenter les stratégies générales qui, selon les conclusions de cette recherche, procurent davantage d'acquisitions en matière d'apprentissage et de croissance personnelle.

DE FAUX DÉPARTS ET DES TECHNIQUES INAPPROPRIÉES

La recherche en enseignement ne jouit pas d'une très bonne réputation parce qu'elle a fait l'objet, au cours de son histoire, de questions mal posées, de techniques inappropriées et de résultats peu concluants. (Voir aussi le volume en français de Tousignant et Brunelle, 1982). La plupart des rapports qui ont émergé des travaux de recherche en enseignement entre les années 1900 et 1960 s'empoussièrent sur les rayons des bibliothèques des universités, et ce, avec raison d'ailleurs! Plusieurs chercheurs en enseignement ont tenté d'établir les profils de personnalité des enseignants à succès, mais leur approche de recherche présentait deux problèmes majeurs. Premièrement, le succès était souvent déterminé sur la base du jugement d'un superviseur, d'un directeur ou de collègues qui, dans certains cas, n'avaient jamais vu la personne en question enseigner. La validité et la fidélité des systèmes utilisés pour évaluer l'enseignant laissaient souvent à désirer; aussi, les résultats n'étaient donc pas de bons indicateurs de l'efficacité de l'enseignement. Le deuxième problème était relié au postulat à la base des études, à savoir que les traits de personnalité d'un enseignant avaient quelque chose à voir avec son efficacité. De plus, la personnalité était mesurée le plus souvent à l'aide de tests papier-crayon et il y avait peu de raisons de croire que les réponses à ces tests puissent révéler quoi que ce soit de valable sur l'enseignement. Aussi, les résultats de ces recherches ont indiqué que les enseignants avaient des personnalités différentes, mais que ces différences n'avaient pas d'effet sur leur succès en tant qu'enseignant.

Une autre stratégie de recherche avait pour but de déterminer la meilleure méthode d'enseignement. Le protocole de recherche consistait généralement à comparer une méthode favorite avec une approche qualifiée de traditionnelle ; par exemple, l'approche analytique par rapport à la méthode globale pour l'enseignement d'habiletés motrices. Ce type de recherche était fortement influencé par les valeurs des chercheurs et visait souvent à prouver que la méthode novatrice était la meilleure. La recherche concernant les méthodes d'enseignement n'a donc pas eu beaucoup plus de succès que celle portant sur les traits de personnalité des enseignants. En effet, la méthode considérée comme traditionnelle était souvent en fait une mauvaise stratégie d'enseignement. De plus, les méthodes expérimentées étaient souvent rigides et stéréotypées ; elles ressemblaient peu à celles que les enseignants ont tendance à utiliser pour atteindre différents buts. Les nouvelles méthodes sont souvent des modes qui vont et viennent alors que la stratégie habituelle d'un enseignant demeure pratiquement toujours la même. Les études sur les méthodes d'enseignement nous ont donc appris qu'il importe de demeurer sceptiques à l'égard des méthodes magiques pour améliorer l'efficacité de l'enseignement.

En fin de compte, les recherches sur l'enseignement faites avant 1960 sont loin de constituer des succès foudroyants. Au contraire, ces échecs répétés incitèrent plusieurs personnes à croire que les chercheurs ne pouvaient pas décrire, analyser et expliquer l'efficacité de l'enseignement. De plus, au cours des années 1960, plusieurs personnes ont cru que ces échecs répétés pouvaient être expliqués par l'absence d'influence réelle des enseignants sur les élèves. Selon elles, les enseignants n'exerçaient pas d'effet suffisant pour qu'une différence puisse être décelée dans les apprentissages ou la croissance des élèves. Nous savons maintenant qu'une telle attitude pessimiste n'est pas justifiée. Les enseignants sont importants. Grâce à la recherche sur l'enseignement, nous comprenons mieux comment ils peuvent exercer une influence positive sur l'éducation des élèves.

LE POINT TOURNANT : L'OBSERVATION
DES ENSEIGNANTS PENDANT QU'ILS ENSEIGNENT

Il est très intéressant de constater que le point tournant dans la recherche en enseignement, à savoir le passage de l'échec au succès, s'est produit avec le développement de stratégies d'observation des enseignants pendant qu'ils interagissent avec de vrais élèves dans de véritables écoles. L'observation systématique des enseignants à l'aide des diverses « lentilles » fournies par une panoplie de systèmes a finalement été la technique méthodologique grâce à laquelle les chercheurs ont pu commencer à comprendre l'efficacité de l'enseignement. Ils n'ont pas étudié des enseignants spéciaux ; ils ont choisi des personnes ordinaires, bien que qualifiées, que l'on peut comparer avec les enseignants de nos écoles.

Divers systèmes d'observation furent élaborés. Certains systèmes, comme le système d'analyse des interactions de Flanders, utilisent des ensembles de catégories qui valorisent explicitement un style d'enseignement par rapport à un autre. Ainsi, le système de Flanders valorise l'enseignement indirect ainsi que les interactions entreprises par les élèves. D'autres systèmes sont constitués de catégories qui ne véhiculent pas de valeurs. Les catégories décrivent, dans un langage ordinaire, les actions posées par les enseignants quand ils font leur travail quotidien ; par exemple, donner des directives, expliquer, réprimander, poser des questions. D'autres catégories, telles que le renforcement de comportements appropriés ou la punition des comportements inappropriés, correspondent à des événements familiers dans la vie des enseignants ; cependant, leurs appellations sont inspirées de la théorie de l'analyse du comportement humain.

Entre 1960 et 1975, de nombreux systèmes d'observation et des techniques permettant d'obtenir des données fidèles concernant le comportement des enseignants et des élèves ont été mis au point. Certains systèmes furent rapidement éliminés alors que d'autres survécurent. Les chercheurs ont appris comment observer et comment agir dans les classes pour éviter de provoquer des modifications à la vie habituelle. Ces données fiables sur l'enseignement ont conduit à une meilleure compréhension de la réalité et non pas à une vision romantique de ce que devrait être la vie dans la classe. Cette habileté à décrire les événements réels était un préalable nécessaire pour analyser l'efficacité de l'enseignement.

**Encadré 2.1 : Confusion entre le climat et la gestion
de la classe**

Les personnes non initiées et les enseignants eux-mêmes ont
tendance à confondre le climat émotionnel de la classe avec les
stratégies pour organiser les tâches d'apprentissage et gérer les
comportements des élèves. Le climat de la classe correspond à
l'attitude positive, neutre ou négative adoptée par l'enseignant et
les élèves. Les relations dans une classe peuvent être chaleureuses,
coopératives et enrichissantes. Elles peuvent aussi être essentiellement neutres et ne pas comporter de manifestations affectives.
Elles peuvent également être négatives, menaçantes et contrai-
gnantes.

Le climat d'une classe ne devrait pas être confondu avec la façon
dont les enseignants gèrent les comportements des élèves ou organisent les tâches d'apprentissage. La gestion des comportements
concerne la façon dont l'enseignant contrôle les déplacements des
élèves ainsi que leurs interactions. Les stratégies de gestion peuvent
être fermes et rigides ou souples et flexibles. La gestion des comportements est différente de l'organisation des tâches d'apprentissage,
c'est-à-dire la façon dont les tâches sont réalisées. Les stratégies de
contrôle de la classe peuvent être entièrement sous l'autorité de
l'enseignant ou laisser place à des prises de décisions par les élèves.

Une des principales sources de confusion consiste à assumer qu'un
enseignant qui exerce un contrôle ferme sur le comportement des
élèves créera en conséquence un climat négatif. La recherche
prétend l'inverse : les enseignants efficaces exercent un contrôle
ferme sur le comportement des élèves tout en maintenant un
climat chaleureux et enrichissant. Une deuxième source de confusion consiste à croire que les enseignants qui contrôlent directement le comportement des élèves doivent également contrôler la
réalisation des tâches d'apprentissage. Tel n'est pas le cas !
Plusieurs enseignants efficaces gèrent le comportement des élèves
de façon directe et ferme tout en leur accordant suffisamment de
latitude lors de la réalisation des tâches d'apprentissage.

Le maintien du climat de la classe, la gestion du comportement des
élèves ainsi que le contrôle des tâches d'apprentissage représentent
trois composantes indépendantes. Il n'est pas exact d'assumer que,
si un enseignant agit d'une façon dans une de ces activités, il
adoptera inévitablement un style similaire dans les autres tâches.
Comment pourriez-vous caractériser votre enseignement ? Quelle
combinaison de styles décrit adéquatement votre façon
d'enseigner ? Avez-vous tendance à être chaleureux, neutre ou
négatif ? Vos stratégies d'organisation sont-elles directes et fermes
ou sont-elles souples ? Quelle latitude laissez-vous à vos élèves lors
de la réalisation des tâches d'apprentissage ?

Sources : Soar et Soar (1979) ; Brophy et Good (1986).

LA RECONNAISSANCE ET L'OBSERVATION DES ENSEIGNANTS EFFICACES

Au cours de la dernière décennie, la recherche sur l'efficacité de l'enseignement a fait des progrès rapides, de sorte qu'un profil commence à émerger. Les études qui ont permis le développement de ces connaissances possèdent des caractéristiques similaires. Un grand nombre de classes sont choisies selon une stratégie d'échantillonnage incluant des facteurs tels que le niveau socio-économique des élèves, leur provenance géographique et leur appartenance ethnique. Les classes sélectionnées sont étudiées pendant une longue période, généralement une année scolaire complète. Au cours de l'année, les classes sont observées à l'aide de systèmes conçus pour analyser le comportement de l'enseignant et des élèves ainsi que différents aspects du processus d'enseignement. Des données relatives aux acquisitions en apprentissage des élèves sont recueillies à la fin de la période d'observation. Des stratégies d'évaluation élaborées en fonction des contenus spécifiques ont remplacé les tests standardisés qui ne permettaient pas de tenir compte de l'influence de l'enseignement. Des mesures du rendement initial sont également prises dans le but d'ajuster les résultats obtenus en fin de processus en fonction du niveau initial d'habileté des élèves. De plus, des mesures de croissance personnelle, d'attitudes, de créativité et de capacité à résoudre des problèmes sont souvent incluses dans les batteries de tests assurant ainsi le caractère multidimensionnel de l'évaluation des acquisitions en apprentissage.

Une fois que les mesures des acquisitions en apprentissage sont obtenues et ajustées en fonction du niveau initial d'habileté des élèves, les classes ayant réalisé le plus et le moins d'acquisitions en apprentissage sont identifiées. Les chercheurs sont alors en mesure d'examiner les résultats de l'observation des comportements de l'enseignant et des élèves pour découvrir les patrons d'interaction qui caractérisent les classes où les élèves ont fait plus de progrès et les classes où les élèves ont fait moins de progrès. Ces patrons d'enseignement, ainsi que les régularités dans le comportement des élèves observés dans les classes les plus performantes, deviennent les éléments à partir desquels émergent les stratégies d'enseignement efficaces. Des études semblables sont réalisées dans diverses parties du monde avec des étudiants différents. Étant donné que ces études fournissent des résultats similaires, il est possible de faire de plus en plus confiance au profil d'enseignement efficace qui émerge de ces travaux.

L'approche de recherche décrite précédemment, souvent appelée « processus-produit », met donc en relief les stratégies d'enseignement efficace. L'étape suivante consiste à vérifier expérimentalement la validité de ces conclusions. Ainsi, par exemple, un groupe d'enseignants est entraîné à débuter l'année scolaire en utilisant des stratégies d'organisation observées chez les enseignants les plus efficaces. Un autre groupe d'enseignants, aussi semblable que possible à celui du groupe expérimental, enseigne d'une manière traditionnelle. Les élèves dans les classes des deux groupes d'enseignants sont évalués au début et à la fin de l'année scolaire et les enseignants sont observés périodiquement pendant l'année. Ces observations permettent de vérifier si les enseignants entraînés à enseigner selon les stratégies dites plus efficaces ont vraiment utilisé ces stratégies. Les données relatives aux acquisitions en apprentissage permettent de savoir si les élèves des classes où les enseignants ont utilisé les stratégies présumées plus efficaces ont appris davantage et ont adopté des attitudes différentes envers la matière comparativement aux élèves des classes dites traditionnelles.

De telles recherches expérimentales furent réalisées à diverses occasions et les groupes expérimentaux d'enseignants ont généralement obtenu de meilleurs résultats. Ces conclusions indiquent que les enseignants peuvent apprendre à utiliser des stratégies d'enseignement plus efficaces et que, lorsqu'ils le font, les résultats obtenus par leurs élèves s'améliorent (Rosenshine et Stevens, 1986).

L'APPRENTISSAGE DE L'ÉLÈVE EST FONCTION DE L'ACTIVITÉ DE L'ENSEIGNANT

Le profil général qui émerge de trente années de recherche sur l'efficacité de l'enseignement peut se résumer ainsi : lorsque l'enseignant intervient activement, les élèves s'engagent de façon constante dans les tâches d'apprentissage. Dans les milieux éducatifs les plus efficaces, les élèves ne restent pas sans surveillance ou sans travail pendant de longues périodes (Brophy et Good, 1986). Les enseignants efficaces utilisent des stratégies d'interaction où ils s'adressent soit à l'ensemble de leur groupe, soit à des petits groupes bien organisés. Quand les élèves ont des tâches à faire par eux-mêmes, l'enseignant supervise attentivement leur travail. Dans une classe efficace, les élèves sont rarement passifs et ils ont souvent l'occasion de répondre à des questions. Les enseignants donnent des explications courtes et respectent le niveau d'habileté et de développement des élèves afin de permettre à ceux-ci de s'engager avec dynamisme et de réussir dans leurs tâches. Généralement, les élèves comprennent le message qui se dégage de cette façon d'enseigner et ils apprennent ainsi à travailler de façon autonome vers l'atteinte du but poursuivi. Voici

---

Encadré 2.2 : Les limites de notre compréhension actuelle

Les conclusions de la recherche sur l'efficacité de l'enseignement permettent d'être optimistes, car elles fournissent un début de compréhension de l'enseignement efficace, mais le tableau est loin d'être complet. Au moment où vous commencez à intégrer le matériel contenu dans ce chapitre, il est important de comprendre certaines limites inhérentes à ce domaine de recherche.

1. Un fort pourcentage de ces études ont été réalisées au primaire. Au secondaire, d'autres études sont nécessaires même si les quelques recherches qui existent tendent à confirmer de façon générale les résultats obtenus au primaire.

2. La plupart des études portent sur des matières de base comme la lecture, l'écriture et les mathématiques. Des études devraient être poursuivies dans différentes matières à l'aide d'une plus grande variété de critères pour mesurer les apprentissages. Cependant, ici encore, les quelques études faites sur d'autres matières tendent à confirmer plus qu'à infirmer les conclusions des études sur les matières de base.

3. Les chercheurs en efficacité de l'enseignement ont opté pour une vision plutôt conservatrice des buts de l'école. Dans la plupart de ces études, l'école est vue essentiellement comme un endroit pour acquérir des connaissances et développer des habiletés intellectuelles. Il est important de rappeler que toute recherche sur « l'efficacité » doit définir les critères qui mesurent cette efficacité ; des critères différents peuvent produire des profils d'enseignement ayant des caractéristiques particulières.

---

maintenant un bref résumé des principales conclusions de la recherche sur l'efficacité de l'enseignement (Smith, 1983 ; Brophy et Good, 1986 ; Rosenshine et Stevens, 1986 ; Evertson, 1989).

1. **Temps, occasions d'apprendre et contenu abordé.** Les enseignants efficaces ont l'intention de faire apprendre des contenus importants à leurs élèves. Ils allouent autant de temps que possible à des contenus précis et ils tentent de leur fournir de nombreuses occasions d'apprendre. D'autre part, ils réduisent le plus possible le temps consacré à des sujets ne touchant pas les apprentissages scolaires.

2. **Attentes et rôles.** Les véritables intentions des enseignants peuvent être détectées quand ils communiquent leurs attentes aux élèves.

Les enseignants efficaces ont des attentes élevées mais réalistes en matière d'acquisitions en apprentissage. Ils manifestent aussi des attentes positives élevées sur le plan des efforts à déployer. Les rôles joués par l'enseignant et les élèves dans le processus d'enseignement-apprentissage sont clairement définis et l'enseignant alloue du temps à l'apprentissage des rôles joués par les élèves.

3. **Organisation de la classe et engagement des élèves.** Les enseignants efficaces sont de bons organisateurs. Ils prennent le temps d'établir des routines au début de l'année scolaire et ils utilisent des structures organisationnelles bien élaborées tout au long de l'année. Ils ont recours à des stratégies positives de motivation pour faire respecter les règles. Une organisation efficace a pour effet d'augmenter le temps que les élèves consacrent à la réalisation de tâches en rapport avec les objectifs d'apprentissage. L'organisation de la classe est généralement faite dans un climat positif. Les comportements négatifs, punitifs ou cœrcitifs sont pratiquement absents des classes efficaces.

4. **Tâches appropriées et taux élevés de succès.** Les enseignants efficaces font en sorte que leurs élèves soient engagés dans des activités appropriées aux objectifs poursuivis. Le niveau de difficulté des tâches correspond au niveau d'habileté des élèves ; il présente un défi tout en permettant un taux élevé de succès.

5. **Rythme et continuité.** Les enseignants efficaces créent et maintiennent un bon rythme de travail tout au long d'une leçon et ils tentent de prévenir les événements qui viendraient interrompre cette continuité. Les tâches sont découpées en séries de sous-tâches graduées selon leur niveau de difficulté de manière à augmenter les chances d'obtenir un bon taux de réussite. De plus, les enseignants s'organisent pour que les élèves se déplacent rapidement d'une tâche à l'autre.

6. **Enseignement actif.** L'enseignant efficace a tendance à communiquer directement les tâches aux élèves plutôt que de compter sur du matériel didactique préfabriqué. Des démonstrations courtes et efficaces sont habituellement suivies par une période où les élèves participent activement et où l'enseignant peut vérifier rapidement leur compréhension des tâches.

7. **Supervision active.** Lorsque la période de participation active guidée par l'enseignant indique que les élèves ont compris les tâches et que leur taux d'erreur est relativement bas, ils sont invités à pratiquer les tâches de façon indépendante pendant que l'enseignant les supervise activement. Il vérifie si les élèves font des progrès, il maintient une ambiance de travail centrée sur les tâches proposées et il aide au besoin.

8. **Système d'évaluation et de responsabilisation.** Les enseignants rendent les élèves responsables de la façon dont ils réalisent leurs tâches en utilisant diverses stratégies pour les évaluer tout en maintenant un climat positif.

9. **Clarté, enthousiasme et chaleur.** Les enseignants efficaces présentent clairement les tâches. Ils ont tendance à démontrer de l'enthousiasme envers la matière enseignée et leurs élèves. Ils suscitent et maintiennent un climat suffisamment chaleureux pour favoriser une attitude positive de la part des élèves.

Les caractéristiques d'un milieu éducatif efficace comme nous venons de les décrire ici conviennent particulièrement bien pour : 1) l'enseignement aux enfants ; 2) l'enseignement aux élèves plus lents ou moins habiles ; 3) l'enseignement aux débutants de tous âges ; 4) l'enseignement de matières bien structurées où les nouveaux apprentissages se superposent aux acquis. Il importe de signaler que la plupart des situations auxquelles les éducateurs physiques doivent faire face quotidiennement correspondent à ce type de situations. Quel est le pourcentage des classes d'éducation physique caractérisé par un enseignement actif et dont les élèves sont engagés activement dans des tâches d'apprentissage ? Lorsque vous aurez comparé les informations présentées dans le chapitre 3 avec votre expérience, vous serez en mesure de répondre à cette question.

L'ENSEIGNEMENT ACTIF : UN CADRE DE RÉFÉRENCE, PAS UNE MÉTHODE

L'enseignement actif tel que décrit précédemment ne correspond pas à une méthode particulière ou à une formule que tous les enseignants devraient adopter. Il représente un cadre de référence qui laisse beaucoup de place aux styles individuels et aux différentes approches d'enseignement. Le cadre de référence désigné ici par le concept d'« enseignement actif » comporte aussi d'autres appellations : « enseignement direct », « enseignement systématique », « enseignement explicite » ou « enseignement efficace ». En effet, toutes les méthodes ou styles d'enseignement pouvant produire des taux élevés de temps d'apprentissage et des attitudes positives chez les élèves sont des modèles efficaces. La preuve de l'efficacité n'est pas démontrée dans la façon de faire de l'enseignant mais bien dans ce que l'élève fait en classe.

Au cours des vingt-cinq dernières années, la recherche a constamment indiqué que l'enseignement efficace est utilisé dans les classes où les élèves réussissent bien et développent de bonnes attitudes à

**Encadré 2.3 : L'enseignement actif conduit
à des taux d'apprentissage élevés**

Pourquoi l'enseignement actif est-il plus efficace ? Parce qu'il
produit davantage d'apprentissage ! Au cours des années 1970-
80, il est devenu clair que les enseignants n'exercent pas une
influence directe sur les apprentissages et les attitudes de leurs
élèves. Par contre, ils ont un effet direct sur le type d'activités
dans lequel ces derniers s'engagent. Puisque c'est la nature de
l'engagement des élèves qui détermine leur apprentissage et leur
attitude, la notion la plus utile pour comprendre cette distinction est le temps d'apprentissage (Berliner, 1979). Le temps
d'apprentissage correspond à une unité de temps pendant
laquelle les élèves sont engagés avec succès dans la réalisation
de tâches en rapport avec les objectifs poursuivis. Ceux qui
apprennent sont ceux qui s'engagent avec succès, d'une
manière constante.

En éducation physique, le temps d'apprentissage correspond
donc à une unité de temps pendant laquelle un élève est engagé
dans une tâche en rapport avec les objectifs où il a des chances
de réussir cette tâche motrice. Un taux de succès d'environ
quatre-vingts pour cent semble approprié. Le temps d'apprentissage est considéré comme une variable puissante pour évaluer
l'efficacité d'un enseignant. Dans une étude réalisée en éducation physique au cours de laquelle au-delà de cent leçons furent
évaluées, le professeur John McLeish (1981, p. 31) conclut que :

> Le plus impressionnant dans les résultats obtenus à l'aide du
> système d'évaluation du temps d'apprentissage est qu'ils
> fournissent le lien manquant, voire même la plus importante
> composante pour évaluer l'efficacité de l'enseignement de
> l'éducation physique. Quel que soit le nom que vous lui
> donnez, temps passé à faire une tâche, temps d'apprentis-
> sage, occasions d'apprendre, quelle que soit la façon de le
> mesurer, le temps d'apprentissage demeure la composante
> vitale de l'efficacité de l'enseignement en général.

Dans quelle proportion du temps de séance vos élèves sont-ils
engagés dans des activités où ils ont de bonnes chances de
réussir ?

---

l'égard de leur travail. Ces études ont également démontré que les
approches moins formelles et moins structurées ont tendance à produire moins d'apprentissage. La permissivité, la spontanéité,
l'absence de structures et la possibilité pour les élèves de choisir leurs
objectifs d'apprentissage sont tous des facteurs qui nuisent aux acqui-

sitions en apprentissage et aux attitudes positives. Il importe cependant de souligner que si ces modèles d'enseignement ne semblent pas très efficaces, c'est parce qu'ils ne produisent habituellement pas de taux élevés de temps d'apprentissage. La leçon semble claire! Les classes ouvertes, les modèles d'éducation informelle ou les méthodes d'éducation humaniste ne sont pas fondamentalement déficients; cependant, les tenants de ces approches d'enseignement doivent apprendre à les planifier et à les appliquer de manière à produire plus d'engagement actif et de taux de réussite élevés.

Dans la vie quotidienne complexe des écoles d'aujourd'hui, les techniques d'enseignement actif semblent être plus faciles à maîtriser et à utiliser que les méthodes d'enseignement plus sophistiquées et plus exotiques. La recherche fournit des preuves substantielles que les habiletés incluses dans l'enseignement actif peuvent être maîtrisées par les enseignants en formation et en perfectionnement (Siedentop, 1982; Roshenshine et Stevens, 1986). Aussi, vous pouvez avoir confiance dans votre capacité d'apprendre à être un enseignant actif qui planifie et implante une éducation physique où les élèves apprennent avec plaisir des contenus importants.

L'ORGANISATION EFFICACE: UNE CONDITION ESSENTIELLE MAIS INSUFFISANTE

Les conclusions de la recherche indiquent clairement que les enseignants efficaces sont d'abord et avant tout des organisateurs efficaces. Les stratégies utilisées par les experts en gestion du comportement des élèves sont bien connues. Les enseignants efficaces élaborent des structures et des routines claires. Dès le début de l'année, ils proposent ces apprentissages à leurs élèves. Par la suite, ils leur offrent suffisamment d'occasions d'exercer les habiletés reliées à ces apprentissages pour que les élèves intègrent ces routines d'organisation et s'y conforment tout au long de l'année. Voici quelques exemples de questions auxquelles il importe de répondre clairement: comment obtenir l'attention du professeur? Dans quelles circonstances est-il acceptable de parler avec mes camarades? Que faire si je n'ai pas le matériel qui convient? Que faire quand je termine une tâche rapidement?

Des règles sont établies et enseignées. Au début de l'année, les enseignants incitent leurs élèves à se comporter de façon à respecter ces règles. Un système d'évaluation leur est associé. Les élèves reçoivent aussi de fréquentes rétroactions, surtout lorsqu'ils se comportent de façon appropriée. Les élèves qui ne respectent pas les règles sont rapidement ramenés à l'ordre. Les organisateurs efficaces savent ce qui se passe dans leurs classes, ils possèdent ce que le chercheur Jacob Kounin (1970) appelle *with-it-ness*, une qualité qui fait en sorte que les élèves croient que l'enseignant a « des yeux tout le tour de la tête ».

Encadré 2.4 : Acquérir des habiletés par de parfaites occasions de pratique

Au département d'éducation physique du Adelaïde College à Adelaïde en Australie du Sud, l'expression *Plenty of Perfect Practice* est utilisée comme thème central du programme de formation des enseignants. Les occasions de pratique doivent posséder certaines caractéristiques pour permettre l'acquisition d'habiletés.

Être pertinentes : le contenu des leçons correspond aux habiletés, aux intérêts et aux expériences des élèves.

Être reliées aux objectifs d'apprentissage : les élèves sont centrés sur des tâches sécuritaires qui présentent des défis.

Être progressives : l'ordre des habiletés pratiquées est approprié et il conduit à des apprentissages significatifs.

Respecter les différents degrés d'apprentissage : les séries de tâches sont construites de façon à ce que la différence entre le degré de difficulté d'une tâche et celui de la tâche suivante soit suffisamment grande pour offrir un défi, tout en étant assez petite pour permettre aux élèves de réussir.

Offrir de nombreuses occasions de participer : le plus grand nombre possible d'élèves peuvent participer, et ce, le plus longtemps possible.

Il est intéressant de souligner que le thème *Plenty of Perfect Practice* est tout à fait conforme aux conclusions de la recherche sur l'efficacité de l'enseignement. En effet, un enseignant qui offre des occasions de pratique qui sont pertinentes, reliées aux objectifs d'apprentissage, où les progressions sont bien structurées et qui présentent de nombreuses possibilités de participation active sera efficace. Le programme du Adelaïde College n'avait pas été élaboré à partir de la recherche, mais à partir de l'expérience et du sens commun d'un groupe de formateurs en éducation physique. Ils ont certainement vu juste en s'engageant dans cette voie et ils méritent d'être imités.

Les enseignants efficaces ont tendance à utiliser des stratégies d'interaction positive pour développer et maintenir une bonne organisation. L'atmosphère de la classe est centrée sur les tâches, tout en étant chaleureuse et joyeuse. Les menaces, la cœrcition et les punitions majeures sont presque totalement absentes de ces milieux.

La qualité de l'organisation est un facteur important mais insuffisant pour produire des conditions d'apprentissage efficaces. Il est déplorable de constater que certains enseignants en éducation physique organisent leurs classes en utilisant des stratégies efficaces, sans pour autant enseigner véritablement quoi que ce soit à leurs élèves. Même si elles sont bien organisées, les activités qui se déroulent dans une cour de récréation ou dans un centre récréatif ne constituent pas à elles seules une éducation physique efficace.

L'organisation efficace vise deux buts importants. Premièrement, il importe de ne pas laisser des questions d'organisation et des problèmes de comportement ruiner sa vie d'enseignant. Les éducateurs physiques du primaire enseignent souvent de sept à douze périodes par jour et ceux du secondaire rencontrent généralement cinq à sept classes par jour. Le stress des enseignants est plus souvent associé à des problèmes d'organisation ou de discipline qu'à tout autre aspect. L'organisation efficace rend la vie dans le gymnase plus facile et moins stressante pour tout le monde. Le deuxième but de l'organisation efficace vise à consacrer une proportion optimale de temps à l'apprentissage. Les enseignants efficaces organisent bien leur classe de façon à offrir le plus possible de temps d'apprentissage à leurs élèves. Lorsque vous aurez plus d'expérience, vous constaterez qu'il est possible d'atteindre le premier but tout en négligeant le deuxième.

APPRENTISSAGE ET ATTITUDE

Quelle est la relation entre les acquisitions en apprentissage et les attitudes ? Vous croyez peut-être que des classes qui se concentrent sur les tâches peuvent produire des attitudes négatives même si elles obtiennent d'excellents résultats en matière d'apprentissage. Les conclusions de la recherche n'appuient pas cette croyance. Medley (1977) indique dans sa revue de littérature que les stratégies qui produisent le plus d'apprentissage sont aussi celles qui produisent les meilleures attitudes. Rosenshine (1979) arrive à la même conclusion dans sa revue de littérature et il propose quelques explications à ce phénomène.

Dans certaines classes, les élèves ne dépendent pas de l'autorité du professeur ; ils choisissent et planifient librement leurs activités et poursuivent leurs propres intérêts. On observe généralement de la turbulence dans ces classes. La permissivité, la spontanéité et l'absence d'autorité nuisent non seulement aux acquisitions en apprentissage, mais également au développement de la créativité, de l'habileté à résoudre des problèmes, de la capacité à écrire et de l'estime de soi (Rosenshine, 1979, p. 41).

Il semble logique de croire que les attitudes positives envers soi-même et la matière enseignée soient reliées au succès scolaire. Nous avons tendance à nous sentir mieux dans les domaines où nous pouvons faire preuve de nos compétences. La vie à l'école n'est pas différente. Les élèves ont de la difficulté à développer leur confiance en soi s'ils n'apprennent pas des habiletés valorisées par la société.

Les apprentissages se réalisent dans des milieux éducatifs centrés sur la matière. L'enseignant doit être un habile organisateur qui consacre le plus de temps possible à la matière. Les enseignants moins efficaces ont tendance à consacrer trop de temps à des activités qui ne sont pas reliées aux matières scolaires de base, telles que des discussions informelles. En éducation physique, par exemple, ils proposent soit des jeux libres, soit des activités non supervisées ou qui entraînent beaucoup de perte de temps, soit des échauffements qui n'ont pas d'objectifs éducatifs précis. Commencer en retard, finir plus tôt, faire de longues transitions, organiser des activités non reliées à l'activité physique sont des comportements qui réduisent le temps consacré à l'apprentissage de contenus spécifiques à l'éducation physique. L'enseignant doit valoriser l'apprentissage ; il doit s'attendre à ce que ses élèves s'améliorent par une pratique assidue. Il doit mettre en place des conditions d'apprentissage de l'éducation physique qui permettent d'accorder le maximum de temps à un apprentissage approprié pour tous les élèves. Enfin, ces conditions ne doivent pas produire une atmosphère négative ou punitive.

LES FACTEURS ENVIRONNEMENTAUX QUI INFLUENCENT L'ENSEIGNEMENT ACTIF

Le cadre de référence de l'enseignement actif décrit dans ce chapitre n'est pas une panacée et il ne peut pas être appliqué d'une manière identique dans tous les milieux. La recherche a constamment démontré que des influences puissantes venant de l'environnement modifient les conclusions majeures concernant l'enseignement actif (Rosenshine et Stevens, 1986). Cinq facteurs environnementaux sont suffisamment bien documentés pour mériter d'être considérés : 1) le niveau scolaire ; 2) le statut socio-économique de l'élève ; 3) son niveau d'aptitude ou d'habileté ; 4) les objectifs ou les intentions de l'enseignant ; 5) la matière enseignée.

Le niveau scolaire

Il est clair que la nature de l'enseignement efficace varie en fonction de l'âge des élèves. La mise en place de routines d'organisation explicites occupe habituellement plus de temps dans les classes de jeunes enfants que dans celles des plus âgés. Les jeunes élèves n'ont pas encore appris à s'engager avec constance dans les tâches, à ne pas être récompensés sur-le-champ ou à s'autodiscipliner. Les activités visant l'acquisition de ces habiletés de base doivent être structurées avec précision. Les élèves doivent avoir de nombreuses occasions de pratiquer ces activités et de recevoir des encouragements et des rétroactions précises. Dans les niveaux plus élevés, l'enseignant peut s'attaquer à des apprentissages plus complexes en recourant à des stratégies d'enseignement moins structurées. Avec les élèves plus âgés, il est important d'avoir des attentes claires associées à une délégation constante de responsabilités.

Le statut socio-économique

Un second facteur environnemental est le niveau socio-économique des étudiants et plus particulièrement de ceux qui sont désavantagés sur le plan éducatif. Il importe de reconnaître qu'un « désavantage éducatif » n'est pas de même nature qu'un « désavantage culturel ». Les élèves socio-économiquement faibles proviennent souvent de milieux possédant un riche héritage ethnique et racial où l'accent est mis sur la culture. Par contre, ils sont désavantagés sur le plan des habiletés et des comportements nécessaires pour réussir et se développer à l'école. Ils arrivent souvent à l'école avec moins d'habiletés de base, telles que la concentration, la persistance dans la réalisation d'une tâche et la patience avant de recevoir une gratification. De plus, ils ont généralement moins développé les habiletés en rapport avec l'utilisation de la langue de la culture dominante de la société. En plus de ces désavantages, ils adoptent souvent une attitude négative envers l'école et un faible niveau de confiance dans leurs habiletés à apprendre même si, pour d'autres aspects de leur vie, leur niveau d'estime de soi peut être élevé. Cette combinaison d'habiletés scolaires faibles ou peu développées, d'attitudes négatives et d'estime de soi peu élevée requiert un milieu éducatif très structuré qui offre plus de soutien. Pour progresser rapidement et obtenir des succès constants, les élèves désavantagés sur le plan éducatif ont besoin d'un climat émotionnel positif créé par des enseignants efficaces et d'un environnement très structuré qui exige beaucoup d'engagement de leur part.

Le niveau d'habileté des élèves

Un troisième facteur environnemental concerne l'aptitude ou le niveau d'habileté des élèves. Ceux qui possèdent un faible niveau d'aptitude ont tendance à apprendre mieux dans un milieu très structuré où ils doivent fournir de nombreuses réponses et où ils reçoivent fréquemment des rétroactions sur la tâche, et ce, dans un climat particulièrement encourageant. Les élèves plus doués peuvent profiter plus facilement et plus rapidement de stratégies qui leur offrent des possibilités d'individualisation. Bien entendu, l'aptitude est souvent spécifique à la matière enseignée. Par conséquent, un élève qui a peu d'aptitudes en lecture peut bénéficier davantage d'un environnement très contrôlé et d'un modèle d'enseignement direct. Le même élève peut avoir de bonnes aptitudes en mathématiques ou en éducation physique ; il sera alors plus apte à profiter de stratégies d'enseignement qui respectent ses aptitudes et lui permettent de progresser aussi rapidement que possible.

Les objectifs d'enseignement

Le quatrième facteur environnemental porte sur les objectifs que l'enseignant essaie d'atteindre. Évidemment, ce qui caractérise un enseignement efficace varie selon les objectifs de l'enseignant. L'atteinte d'objectifs spécifiques, tels que l'acquisition d'habiletés sportives, s'accommode de l'enseignement actif : explications et démonstrations claires, pratique guidée suivie de nombreuses occasions de pratiquer avec succès des activités appropriées. Cependant, si l'enseignant veut sensibiliser ses élèves aux habiletés requises pour pratiquer un sport plutôt que de développer des habiletés, une autre approche d'enseignement sera plus appropriée. De même, si l'enseignant veut permettre aux élèves d'explorer des dimensions en rapport avec l'éthique d'une activité sportive, une approche moins structurée et moins centrée sur la pratique sera plus adéquate.

La matière enseignée

Le cinquième facteur environnemental est la matière enseignée. Comme il a été mentionné précédemment, l'enseignement actif est approprié pour les matières structurées où les apprentissages se construisent systématiquement dans un ordre hiérarchique. Par exemple, la plupart des connaissances sur l'enseignement actif ont été découvertes dans le domaine des mathématiques, une matière très structurée. Par contre, des résultats similaires ont été obtenus dans des matières comme la lecture et l'histoire. Comme vous pourrez le constater dans le prochain chapitre, une grande partie de la recherche sur l'efficacité de l'enseignant en éducation physique appuie les conclusions générales concernant l'enseignement actif.

L'ÉLÈVE A BESOIN DE PRATIQUER POUR APPRENDRE

Il a été démontré clairement que l'efficacité de l'enseignement est liée aux occasions de pratiquer qui sont fournies aux élèves. Comme le suggèrent nos amis australiens (voir l'encadré 2.4), les élèves doivent pratiquer leurs habiletés pour s'améliorer. Le type et la fréquence des questions posées par l'enseignant sont révélateurs de ce phénomène, particulièrement avec les jeunes enfants. Les enseignants efficaces posent fréquemment des questions simples en rapport avec des faits concrets et pour lesquelles il existe des réponses précises. Par conséquent, les élèves ont la possibilité de répondre correctement et fréquemment. Stallings et Kaskowitz (1974) nomment ce cycle d'enseignement « question factuelle, réponse de l'élève et rétroaction de l'enseignant ». Ils jugent que ce cycle est la composante la plus importante de l'enseignement efficace.

Cette stratégie a sans doute un corollaire en éducation physique. Rink (1985) parle du cycle « tâche motrice et réponse de l'élève ». Elle le décrit comme une unité fondamentale d'analyse pour comprendre l'enseignement de l'éducation physique. Ainsi, la réalisation d'une unité d'enseignement de volley-ball modifié représente un problème différent, peut-être même plus difficile, que la mise en place d'une unité d'enseignement sur les fractions en mathématiques. Néanmoins, la recherche est tout à fait claire : pour atteindre un but, il faut réussir une grande quantité d'exercices reliés à ce but.

Des exercices répétés sont nécessaires pour maîtriser une habileté, que ce soit pour l'apprentissage de fractions en mathématiques ou de la manchette en volley-ball. La répétition et la réussite d'activités pertinentes permettent d'atteindre les deux composantes essentielles d'un rendement adéquat : la précision et la rapidité. Bloom (1986) rappelle que les habiletés doivent être accomplies d'une manière automatique de façon à répondre rapidement et précisément aux demandes changeantes du contexte. Il semble que le niveau d'automatisme dont parle Bloom soit exactement le niveau que les enseignants en éducation physique ont besoin de développer chez leurs élèves s'ils veulent que ces derniers acquièrent l'habitude de la pratique de l'activité physique. L'enseignement actif semble être une stratégie appropriée pour atteindre ce but.

Cependant, l'enseignant n'a pas nécessairement besoin d'être l'élément central du processus pour diriger la pratique de l'activité physique des élèves. Ces derniers ont besoin d'apprendre à s'engager pour devenir des personnes qui savent apprendre et qui pratiquent activement tout au long de leur vie. Cet objectif peut être atteint dans le cadre de l'enseignement actif si l'enseignant y porte une attention systématique. Le cadre général de l'enseignement actif comprend d'abord des démonstrations et des explications de l'enseignant ainsi que des réponses des élèves. Vient ensuite une pratique guidée où l'enseignant motive ses élèves et leur donne des rétroactions suivie d'une pratique indépendante sous la supervision active de l'enseignant. Pendant la pratique indépendante, les élèves assument un rôle qui peut contribuer à faire d'eux des personnes capables d'apprendre tout au long de leur vie.

Même si plusieurs éducateurs ont pour but de former des élèves autonomes, peu de stratégies se sont avérées efficaces pour réaliser ce but. Néanmoins, le but en vaut la peine et il est partagé par plusieurs.

> Un des thèmes récurrents qui domine dans l'histoire des réformes scolaires concerne « l'efficacité » du système à faire en sorte que chaque élève devienne un apprenant autonome, capable d'assumer ses responsabilités et d'acquérir des connaissances et des habiletés, et qu'il conserve l'habitude d'apprendre par lui-même tout au long de sa vie (Wang et Palincsar, 1989, p.71).

Plusieurs stratégies ont été proposées pour développer des élèves autonomes, mais peu de recherches ont réussi à prouver qu'elles étaient valides. Il semble que la plus efficace d'entre elles soit la pratique coopérative (Slavin, 1980). Selon cette approche, les élèves apprennent à s'entraider pendant des séances de travail individuelles et, à l'occasion, ils sont évalués en fonction des productions de leur sous-groupe. La pratique coopérative semble développer le type d'habiletés et de prédispositions qui caractérisent les élèves capables d'autonomie.

RÉSUMÉ

1. L'enseignement efficace est important, non seulement parce qu'il favorise la condition physique et la participation dans les activités sportives, mais aussi parce que, sans cette efficacité, l'argent investi dans l'éducation serait dépensé inutilement.

2. Les premiers efforts de recherche ont échoué parce qu'ils étaient centrés sur la personnalité des enseignants et qu'il n'y avait pas d'observation systématique des comportements des enseignants et des élèves.

3. Le climat de la classe, la gestion des comportements des élèves et l'organisation des activités d'apprentissage sont des composantes du milieu éducatif qui possèdent des caractéristiques particulières.

4. Le point tournant dans la compréhension de l'efficacité de l'enseignement fut l'observation systématique des enseignants et des élèves dans des classes régulières pendant de longues périodes.

5. Les conclusions actuelles de la recherche ont certaines limites : 1) trop peu d'accent sur le niveau secondaire ; 2) trop peu d'attention apportée à d'autres matières que la lecture et les mathématiques ; 3) la conception des buts visés est conservatrice.

6. L'enseignant efficace consacre le plus de temps possible à la matière. Il communique ses attentes et explique les rôles. Il s'organise pour permettre beaucoup de temps d'engagement aux élèves. Il planifie des tâches significatives qui présentent de bonnes chances de réussite et il donne un rythme rapide à la leçon. Il supervise activement le travail des élèves et met en place un système d'évaluation qu'il applique de façon constante. Il est clair, chaleureux et enthousiaste.

7. L'enseignement actif est un cadre de référence plutôt qu'une méthode à suivre par tous.

8. Le temps d'apprentissage correspond aux moments où les élèves sont engagés avec un bon taux de succès dans des tâches reliées aux objectifs d'apprentissage.

9. Les enseignants efficaces organisent leurs classes en mettant en place des routines et des règles qu'ils enseignent dès le début de l'année scolaire.

10. Les organisateurs efficaces réduisent les risques d'apparition de comportements dérangeants et augmentent le temps consacré à l'atteinte des objectifs d'apprentissage.

11. Les stratégies d'enseignement efficace favorisent à la fois les acquisitions en apprentissage et le développement d'attitudes positives.

12. Les facteurs environnementaux qui influencent les conditions d'utilisation de l'enseignement actif incluent le niveau scolaire des élèves, leur niveau socio-économique, leurs aptitudes, les objectifs des enseignants et la matière enseignée.

13. L'élève doit avoir suffisamment d'occasions de pratiquer ses habiletés pour que ses apprentissages deviennent automatiques.

14. Même si les enseignants jouent un rôle direct dans la classe, il est clair que les élèves doivent apprendre à participer de façon autonome.

CHAPITRE **3**

L'efficacité de l'enseignement en éducation physique

Tout le monde sait quelque chose sur l'enseignement ; aussi, la compétence est généralement définie en fonction des opinions des personnes concernées ; les dogmes ne sont pas remis en question et les styles personnels servent d'excuses aux comportements ennuyeux, inefficaces et inadéquats de certains enseignants. Divers concepts servent à désigner l'enseignement : enseignement, counseling, supervision, aide, intervention, assistance au changement ; en conséquence, une variété d'instruments ont été développés pour étudier ces différentes approches. Quelles que soient les variables étudiées, l'observation systématique fournit une stratégie permettant d'examiner minutieusement l'acte pédagogique, de l'analyser, de le critiquer et de le raffiner.

John Cheffers
Observing Teaching Systematically (1977)

LES OBJECTIFS DU CHAPITRE

- Décrire l'histoire du développement de la recherche en enseignement de l'éducation physique ;
- Décrire les principales retombées de la recherche faite dans les milieux habituels où des activités physiques sont enseignées ;
- Expliquer ce que dit la recherche sur les stratégies utilisées par les enseignants pour organiser les élèves ;

- Expliquer ce que dit la recherche sur les façons dont les enseignants donnent de l'information et interagissent avec les élèves ;
- Expliquer ce que dit la recherche sur la façon dont les enseignants utilisent leur temps ;
- Expliquer comment les élèves utilisent leur temps pendant les cours d'éducation physique ;
- Expliquer les résultats de la recherche sur le temps d'apprentissage en éducation physique ;
- Expliquer les résultats de la recherche sur les façons de répondre des élèves ;
- Expliquer les conclusions de la recherche sur le perfectionnement des enseignants en éducation physique ;
- Décrire les multiples facettes de l'efficacité de l'enseignement de l'éducation physique.

Les conclusions de la recherche sur les caractéristiques de l'enseignement efficace ont été résumées au chapitre 2. Cette information est issue de recherches réalisées dans de vraies écoles avec des élèves de classes régulières. Les informations contenues dans le chapitre 3 portent sur les conclusions de la recherche sur l'enseignement de l'éducation physique (REEP).

LA TOILE DE FOND

La recherche sur l'enseignement de l'éducation physique répertoriée dans ce chapitre inclut uniquement les études dont les données ont été obtenues par observation directe ou différée de séances d'enseignement se déroulant dans des contextes naturels (Locke, 1977). Cette définition exclut donc quelques avenues intéressantes telles que la recherche sur les antécédents et les croyances des enseignants en éducation physique.

La recherche sur l'enseignement de l'éducation physique basée sur l'observation de véritables enseignants et élèves est relativement récente. Elle a débuté il y a à peine vingt ans par des études descriptives d'enseignants et d'élèves pendant des cours d'éducation physique. Un prototype de ces études est la série de projets conduits à

Teachers College, sous la direction de William Anderson, Ph.D., dont les résultats sont publiés dans une monographie célèbre intitulée *What's going on in the gym?* (Anderson et Barrette, 1978). Ces études ont servi de modèles et stimulé la poursuite de nombreuses autres recherches et le développement d'un grand nombre d'instruments d'observation. Un instrument d'observation est un système de catégories permettant d'enregistrer le nombre ou la durée d'événements ; les événements étudiés étant des catégories de comportements d'enseignants et d'apprenants.

Le système d'analyse des interactions de Flanders adapté pour l'éducation physique par Cheffers figure parmi les instruments les plus fréquemment utilisés. En effet, le *Cheffers Adaptation of the Flanders Interaction Analysis System (CAFIAS)* a été utilisé dans un grand nombre d'études réalisées sous la direction de John Cheffers, Ph.D., à la Boston University. Une autre série d'études utilisant le *CAFIAS* a été réalisée par la suite au Ithaca College, sous la direction de Vic Mancini, Ph.D.

La plupart de ces premières études utilisaient des systèmes d'observation pour décrire sous différents angles ce que les enseignants et les élèves font et disent pendant les cours d'éducation physique. En plus de ces études descriptives, une série d'études expérimentales a été réalisée à l'Ohio State University dans le but d'améliorer les habiletés d'enseignement de stagiaires en utilisant diverses stratégies de supervision (Siedentop, 1981).

Au cours des années 1980, plusieurs chercheurs ont utilisé le système d'observation du temps d'apprentissage en éducation physique (*Academic Learning Time – Physical Education instrument – ALT-PE*) (Siedentop, Tousignant et Parker, 1982) pour collecter les données de leurs études descriptives et expérimentales. Le grand nombre de travaux de recherche sur ce thème entraîna la publication de deux revues de littérature : la première par Dodds et Rife (1983), dans une monographie publiée par le *Journal of Teaching in Physical Education (JTPE)*, et la seconde par Metzler (1989).

Les premières recherches descriptives et expérimentales étaient réalisées presque exclusivement avec des méthodes quantitatives. Au cours des années 1980, les méthodes qualitatives commencèrent à faire leur apparition. Elles furent progressivement reconnues comme approche alternative pour obtenir de l'information sur l'enseignement de l'éducation physique. Une série d'études qualitatives a été réalisée à la University of Massachusetts, sous la direction de Larry Locke, Ph.D., et de Pat Griffin, Ph.D. Les méthodes quantitatives utilisent des nombres, des statistiques et des graphiques pour décrire ce que font les enseignants et les élèves ; par exemple, elles étudient la fréquence des réactions de l'enseignant, la proportion des réactions adressées aux élèves moins habiles ou le temps consacré à l'organisation. Les méthodes qualitatives sont constituées de narrations décrivant en détail ce que font les enseignants et les élèves ; les chercheurs tentent de saisir la réalité à partir de la perspective des participants dans le processus d'enseignement-apprentissage. Les chercheurs qualitatifs présentent leurs résultats et leurs interprétations avec des mots plutôt qu'avec des nombres. Plusieurs personnes ont suggéré que les deux approches puissent être utilisées simultanément afin de contribuer à une meilleure compréhension de l'enseignement et de l'apprentissage en éducation physique.

LES RETOMBÉES POSITIVES DE LA RECHERCHE SUR L'ENSEIGNEMENT EN ÉDUCATION PHYSIQUE

Même s'il s'agit d'un champ d'études récent, les productions existantes ont définitivement eu des retombées positives (Locke, 1982 ; Siedentop, 1983 ; Graham, 1985). Un langage technique a été créé pour aider les chercheurs et les praticiens à mieux se comprendre et à coopérer. Des concepts tels que transitions, temps d'apprentissage, rappels à l'ordre, enregistrement par intervalles et « esquiveurs compétents » ont des significations précises qui sont comprises par les chercheurs et, de plus en plus, par les praticiens. Divers instruments d'observation valides et fiables ont été mis au point ; certains de ces systèmes sont généraux, d'autres sont plus précis. Ces instruments ont été catalogués dans un répertoire (Darst, Zakrajsek et Mancini, 1989) et sont de plus en plus utilisés en matière de formation des enseignants (voir les exemples du chapitre 16).

Après plus de vingt ans de recherche dans ce domaine, il existe une littérature américaine et internationale considérable. Un journal scientifique consacré exclusivement à la recherche sur l'enseignement en éducation physique (*Journal of Teaching in Physical Education*) est publié depuis 1980 et divers organismes internationaux s'intéressent à cette recherche. Leurs membres se rencontrent régulièrement et publient des ouvrages (voir, par exemple : Piéron et Cheffers, 1982 ; Williams, Almond et Sparkes, 1992). La littérature scientifique et les méthodologies deviennent graduellement plus sophistiquées et elles portent sur des questions de plus en plus complexes. Piéron (1993) fait une synthèse en français de cette littérature.

L'organisation de la classe et la discipline représentent les principaux centres d'intérêt de la recherche sur l'enseignement de l'éducation physique (Luke, 1989). Les résultats de cette recherche sur les stratégies d'organisation efficaces ont contribué à changer la façon dont l'éducation physique est enseignée dans certaines écoles. Des techniques, telles que la mise à l'écart et les contrats de comportements liés à des contingences, sont utilisées régulièrement avec des élèves dits normaux et des apprenants qui font face à des difficultés d'apprentissage (Jansma, French et Horvak, 1984 ; Wurzer et McKenzie, 1987).

Les conclusions de ces travaux de recherche ont permis de développer des outils pour la formation initiale et le perfectionnement des enseignants, tels que des manuels sur l'enseignement : (Anderson, 1980 ; Siedentop, 1983 ; Rink, 1985 ; Graham *et al.*, 1987 ; Siedentop, Herkowitz et Rink, 1984 ; Siedentop, Mand et Taggart, 1986 ; Gallahue, 1987). Divers autres types d'outils de formation d'enseignants ont également été produits dont, par exemple, le matériel sur l'équité mis au point sous la direction de Pat Griffin, Ph.D., de la University of Massachusetts.

Cette activité de recherche a également eu une influence sur les formateurs d'enseignants puisqu'un nouveau type de formateurs est apparu au cours des vingt dernières années. En effet, les nouveaux formateurs connaissent la littérature scientifique et ont recours à des stratégies qui en tiennent compte dans les programmes. Aussi, les enseignants nouvellement diplômés sont plus susceptibles de connaître et de maîtriser des habiletés nécessaires à l'organisation efficace de la classe, au maintien de la discipline et à la supervision active des participants que ceux formés il y a vingt ans. Ils ont aussi plus de chances d'avoir été observés systématiquement pendant leurs stages d'enseignement et d'avoir appris à utiliser les résultats de ces observations pour améliorer leur rendement.

S'il se produit autant de progrès pendant les vingt prochaines années qu'au cours des vingt dernières, nous pouvons envisager l'avenir avec enthousiasme et optimisme puisqu'il est possible d'espérer une meilleure compréhension de la complexité de l'enseignement en éducation physique dans le futur. Nous pouvons aussi nous attendre à l'arrivée d'une nouvelle génération d'éducateurs physiques qui, non seulement connaîtront davantage l'efficacité de l'enseignement, mais posséderont aussi des habiletés d'enseignement efficace au moment d'entreprendre leur première année d'enseignement.

QUE FONT LES ENSEIGNANTS PENDANT LES COURS D'ÉDUCATION PHYSIQUE ?

Combien de temps les enseignants consacrent-ils à leurs diverses activités ? Quels sont les comportements qu'ils adoptent ? Sur quoi portent-ils leur attention ? Les résultats d'un grand nombre d'études

Encadré 3.1 : L'enseignant vu comme un maître de piste

L'acte d'enseigner est indéniablement complexe. Pendant une leçon de gymnastique, une classe de trente-cinq élèves de quatrième année en pleine action représente une masse grouillante au sein de laquelle se produisent de nombreuses interactions humaines. Les événements se déroulent rapidement et à une fréquence élevée ; simultanément, on observe une multitude de comportements qui prennent des formes subtiles. Voici un exemple de ce qui a été observé pendant une séquence de deux minutes dans ce type d'environnement :

> L'enseignante travaille individuellement avec un élève qui démontre une déficience neurologique évidente. Elle veut qu'il s'assoie sur la poutre et qu'il soulève ses pieds du sol. Son comportement verbal comprend des renforcements, des directives, des rétroactions sur la tâche et des encouragements auxquels s'ajoute une assistance manuelle. Tout près, deux garçons sont perchés sur les barres asymétriques, empêchant ainsi un groupe de filles de les utiliser. L'enseignante remarque cette situation, mais poursuit son travail à la poutre. À l'autre bout du gymnase, un matelas est appuyé sur une table pour permettre aux élèves de faire des roulades à partir du dessus de cette table ; ce matelas glisse lentement et est sur le point de tomber. L'enseignante le remarque, mais elle continue son travail à la poutre. Elle répond aux questions posées par trois élèves qui passent près d'elle tout en poursuivant le même travail. Elle jette un coup d'œil à un petit groupe d'élèves qui joue à « imiter le leader » sur le cheval sautoir (il s'agit d'un comportement déviant). Au même moment, un élève entre dans le gymnase et dit à l'enseignante qu'il a oublié son argent lors de la période précédente ; elle lui fait signe d'aller le chercher dans son bureau. Elle laisse la poutre pour venir près des barres asymétriques ; les garçons qui s'y trouvent descendent immédiatement. L'enseignante demande à un élève d'aller replacer le matelas qui glisse. Elle note que l'intrus, argent en main, s'est arrêté pour parler à deux filles du groupe et, tout en le regardant, elle se déplace rapidement vers le cheval sautoir où elle pose une série de questions précises destinées à recentrer ce groupe d'élèves sur la tâche initiale.

Ce ne sont que cent vingt des dix-sept mille secondes vécues par cette enseignante au cours de la journée. Aucun descripteur n'illustre mieux cette complexité que celui de l'enseignant vu comme un maître de piste (*Ringmaster*, Smith et Geoffrey, 1969). Entouré d'un flot d'activités, le maître de piste dirige, contrôle, orchestre certaines activités, en arrête d'autres, modifie et ajuste les tâches pour favoriser l'atteinte des objectifs du programme, tout en se préoccupant du processus dans son ensemble.

Source : Locke, L., *The ecology of the gymnasium : What the tourists never see. Proceedings of SAPECW*, printemps 1975. (*ERIC Document Reproduction Service* n° ED 104 823).

tracent un portrait assez uniforme de l'enseignant en éducation physique. Trois fonctions majeures les occupent principalement : organiser les élèves, leur donner des directives et des informations, observer et superviser leur comportement pendant les périodes de pratique.

L'**organisation** fait référence aux comportements verbaux ou non verbaux émis dans le but de mettre en place ou de changer les activités, de donner des directives au sujet de l'équipement, des modes d'organisation, de la bonne marche des routines de la classe ainsi que des diverses autres activités non reliées à l'apprentissage, telles que la collecte des formules d'exemption ou la prise des présences. Les transitions sont des périodes d'organisation qui, pendant une leçon, servent au déplacement des élèves entre les activités d'apprentissage. La recherche démontre que quinze à trente-cinq pour cent du temps de la leçon est consacré à l'organisation (Luke, 1989 ; McLeish, 1985) avec une moyenne de vingt-cinq pour cent pour les classes du primaire et de vingt-deux pour cent pour celles du secondaire. Ces chiffres sont surprenants ! Les enseignants organisent les débuts et les fins de leçons, les transitions entre les activités, les déplacements d'équipement, etc. Il importe de noter que ces périodes d'organisation sont des moments où les élèves ne peuvent pas apprendre les tâches.

Le temps d'organisation est particulièrement élevé pendant certaines activités, comme les matchs en sports collectifs ou les leçons de gymnastique ; par contre, il est particulièrement réduit lors d'activités comme la danse aérobique. Les classes du niveau primaire nécessitent souvent plus de temps d'organisation, probablement parce qu'elles comportent plus d'activités différentes pendant une même leçon, ce qui entraîne un plus grand nombre de périodes de transition. Lorsqu'on compte le nombre de comportements de l'enseignant, et non pas leur durée, la recherche indique que soixante pour cent des comportements d'organisation sont consacrés à la mise en place des activités d'apprentissage tandis que quarante pour cent concernent des questions non reliées aux activités d'apprentissage, telles que la gestion des comportements sociaux ou l'établissement de règles de procédure.

La plupart des études indiquent que les comportements dérangeants sont peu fréquents pendant les cours d'éducation physique ; par contre, les déviances mineures sont plus nombreuses. Les éducateurs physiques semblent maîtriser ces comportements en utilisant essentiellement deux types de réprimandes (Stewart, 1980). Les réprimandes légères sont des rappels à l'ordre de faible intensité tels que « gardez cette rangée droite », « écoutez-moi là-bas », « John, reste tranquille » ou « chut ». Les réprimandes sévères sont punitives et elles sont accompagnées de manifestations de colère et de mauvaise humeur. Le ratio des réprimandes légères / réprimandes sévères est de 20:1 (Quarterman, 1977). Il importe de souligner que les réprimandes légères ne semblent pas avoir d'autre effet que de réduire momentanément les comportements déviants des élèves.

Une deuxième partie importante du temps en classe est utilisée par les enseignants pour **donner de l'information aux élèves.** Cette catégorie inclut les démonstrations, les explications, les rétroactions adressées à l'ensemble du groupe et les bilans en fin de leçon. Piéron (1980) indique que les enseignants consacrent un tiers du temps à organiser et un autre tiers à donner des informations. Nous devons souligner que, si ces données sont représentatives, cela veut dire que les élèves n'ont pas d'occasions de s'engager activement dans les tâches d'apprentissage proposées pendant les deux tiers du temps qu'ils sont en classe. La recherche démontre que la plupart des enseignants en éducation physique utilisent des styles d'enseignement direct, gardant ainsi le contrôle des fonctions d'organisation et d'information. Le temps consacré à donner de l'information varie entre dix et cinquante pour cent du temps de classe. Cette variation importante peut être expliquée par deux facteurs. D'abord, dans certaines matières, comme la danse aérobique, un minimum de temps est consacré à l'information. Le type d'activité influence donc le temps nécessaire pour donner les informations. Deuxièmement, le temps consacré aux explications varie au cours d'une unité (Metzler, 1979). Il est particulièrement élevé au début d'une unité et diminue vers la fin quand les élèves sont engagés dans des activités ayant pour but d'appliquer les habiletés apprises précédemment.

La troisième grande portion du temps d'enseignement est consacrée **à l'observation et à la supervision des élèves pendant les périodes de pratique des activités.** L'observation fait allusion aux moments où l'enseignant ne fait que regarder. La supervision fait référence aux comportements qui ont pour but de garder les étudiants centrés sur leurs tâches, comme se déplacer sur le plateau et faire de fréquents balayages. Pendant le temps de pratique, les enseignants donnent également des rétroactions aux élèves au sujet de leurs comportements sociaux et de leur rendement dans les tâches d'apprentissage.

Le temps d'observation et de supervision représente de vingt à quarante-cinq pour cent du temps de séance en éducation physique. Ces comportements d'observation et de supervision figurent parmi les aspects de l'enseignement qui sont les moins bien compris : comment les enseignants procèdent-ils et à quoi servent ces actes ? La recherche sur l'efficacité de l'enseignement a démontré que la supervision active des moments de pratique indépendante des élèves est essentielle pour produire des acquisitions en apprentissage. De toute évidence, lorsque les élèves savent que l'enseignant supervise leur pratique de très près, ils ont tendance à être centrés davantage sur leur tâche. La supervision active peut sans doute remplir cette importante fonction si elle est faite de façon appropriée. Cependant, les résultats de la recherche en éducation physique ne permettent pas de savoir si le temps de supervision est vraiment efficace ou s'il consiste essentiellement à regarder les élèves plus ou moins distraitement.

Les enseignants interagissent avec les élèves pendant les périodes d'observation et de supervision. Les **rétroactions** correspondent à l'ensemble des comportements des enseignants lorsqu'ils réagissent aux réponses des élèves. Les **rétroactions portant sur le comportement** font référence aux réactions des enseignants à l'égard du comportement social et de l'organisation des élèves. Les **rétroactions en rapport avec les habiletés pratiquées** sont celles qui ont pour objet de réagir au rendement des élèves dans les tâches d'apprentissage. Les rétroactions portant sur la tâche peuvent être générales ou spécifiques. Elles peuvent être positives, correctives ou négatives. De plus, les directives sont des interventions des enseignants faites dans le but de guider les élèves, mais elles ne sont pas faites en réaction à des réponses émises précédemment. La recherche descriptive fournit un profil général des rétroactions des enseignants en éducation physique.

1. On observe généralement de trente à soixante rétroactions par période de trente minutes (Quarterman, 1977 ; Fink et Siedentop, 1989).

2. Les rétroactions sont plus souvent générales que spécifiques.

3. Les rétroactions sont plus souvent correctives que positives ou négatives.

4. Les rétroactions sur le comportement social sont habituellement des réprimandes ; les remarques positives sont plutôt rares.

5. Les rétroactions sur les habiletés apparaissent plus fréquemment pendant les périodes de pratique d'habiletés isolées que pendant les matchs ou le jeu dirigé (Ormond, 1988). Les interventions durant les matchs et le jeu dirigé ont tendance à être constituées de courtes directives dans le but de guider les réponses motrices.

6. Les rétroactions sont habituellement dirigées vers un individu plutôt que vers un sous-groupe ou la classe entière (Fishman et Tobey, 1978).

7. En donnant des rétroactions, très peu d'enseignants suivent le modèle des interactions efficaces décrit par Brophy (1981).

Les rétroactions doivent être exactes pour être efficaces ; lorsqu'un enseignant dit à un élève ce qu'il fait bien et ce qu'il aurait avantage à modifier, il doit être en mesure de poser un diagnostic exact sur ce rendement (Hoffman, 1977). Peu de résultats de recherche concernent l'exactitude des rétroactions offertes par les éducateurs physiques. Cependant, nous savons que, pour donner des rétroactions appropriées, l'enseignant doit connaître suffisamment l'habileté en question pour déceler la présence ou l'absence de critères importants dans le rendement d'un élève. Par contre, les données de la recherche semblent indiquer que la plupart des enseignants ne possèdent pas cette capacité de discrimination (Biscan et Hoffman, 1976 ; Kniffen, 1985 ; Wilkinson, 1986 ; Halverson, 1987). Cette constatation suppose que la recherche concernant les rétroactions sur les tâches doit être interprétée avec prudence puisqu'il n'est pas possible de savoir quelle proportion des rétroactions sont appropriées.

Il existe peu de recherches sur les stratégies d'évaluation et de responsabilisation des élèves ; cependant, la recherche existante indique que les enseignants ont tendance à évaluer davantage les efforts des élèves que leurs habiletés motrices dans les activités sportives ou de conditionnement physique (Tousignant et Siedentop, 1983). Les éducateurs physiques exigent habituellement que les élèves soient présents au cours, qu'ils portent des vêtements appropriés et qu'ils ne dérangent pas ; par contre, ils ne vérifient pas s'ils ont appris la matière enseignée. Il semble que les élèves s'engagent davantage et répondent de façon plus adéquate lorsque le système d'évaluation est centré sur l'acquisition d'habiletés spécifiques (Alexander, 1982 ; Lund, 1990).

Il n'est pas facile de savoir qui, de l'enseignant ou des élèves, « donne le ton » ou détermine le **climat** qui règne dans une classe ; sans doute que les deux y contribuent. Cependant, il est possible d'affirmer que l'enseignant est le professionnel responsable de l'établissement d'un environnement d'apprentissage productif. La recherche sur l'enseignement en général montre qu'un climat positif ou neutre peut produire des apprentissages, mais qu'un climat négatif est peu productif (Soar et Soar, 1979). Les conclusions de la recherche en éducation physique indiquent que le climat n'est généralement pas négatif ; par contre, il n'est pas particulièrement positif. En effet, plusieurs chercheurs ont souligné le peu de réactions positives des éducateurs physiques dans les classes qu'ils ont observées.

> Si l'on compare l'ensemble des comportements observés, les enseignants n'utilisent pratiquement pas de comportements comme l'écoute active, l'acceptation des sentiments et des idées des élèves ; ils ne les félicitent pas souvent et ne les questionnent pas... De plus, les comportements qui démontrent de la sympathie et de l'empathie sont presque inexistants (Cheffers et Mancini, 1978, p. 46-47).

Après avoir analysé cent quatre leçons, l'impression générale de cet observateur est que les enseignants se préoccupent peu d'un principe d'apprentissage majeur selon lequel le renforcement positif (en premier lieu, celui venant d'une réussite et en deuxième lieu, les encouragements, les félicitations et le soutien de la part de l'enseignant) fournit une garantie que les comportements désirés seront maintenus. Il y a une absence notable de rétroactions positives dans ces leçons (McLeish, 1981, p. 30).

Dans sa recherche, McLeish a utilisé deux systèmes d'observation différents. Les pourcentages de comportements d'enseignant obtenus par chacun de ces systèmes sont présentés au tableau 3.1 pour illustrer le contraste entre les comportements qui créent un climat positif et ceux associés à un climat neutre. La plupart des enseignants en éducation physique ont l'impression d'être chaleureux et attentionnés. Cependant, peu d'indications appuient cette perception dans les conclusions de la recherche décrivant leur enseignement.

Tableau 3.1 : Les comportements des enseignants selon deux systèmes d'observation

Système de Flanders	%	Système de McLeish	%
Accepter les sentiments	1,5	Rétroactions positives	1,7
Féliciter	4,2	Rétroactions négatives	2,0
Accepter les idées	1,5		
Critiquer	0,6		
	par rapport à		
Expliquer	25,0	Commander	30,0
Diriger	25,0	Contrôler	22,0

En résumé, un éducateur physique typique consacre une grande partie de son temps et de ses comportements à organiser ses élèves, à leur présenter de l'information, à les observer et à les superviser pendant qu'ils pratiquent les tâches proposées. Les rétroactions sont habituellement courtes et correctives ; elles concernent les comportements sociaux, l'organisation ou les réponses motrices des élèves. Les conclusions indiquent que le climat émotionnel dans les gymnases n'est pas très positif, ni punitif ou cœrcitif ; il est principalement neutre et les interactions faites par l'enseignant ont habituellement pour but de corriger les réponses des élèves.

QUE FONT LES ÉLÈVES PENDANT LES COURS D'ÉDUCATION PHYSIQUE?

Deux types de conclusions scientifiques décrivent les comportements des élèves en éducation physique : celles sur la façon d'occuper leur temps et celles sur les réponses émises. L'aspect le plus surprenant de toute la recherche sur l'enseignement de l'éducation physique est probablement le faible pourcentage de temps que les élèves consacrent réellement à l'engagement dans des activités motrices pendant les cours. Évidemment, les élèves ne peuvent pas être actifs au plan moteur cent pour cent du temps. Il y a des tâches d'organisation à accomplir, de l'équipement à déplacer, des transitions à faire entre les activités et des informations à écouter. Cependant, on pourrait espérer que les élèves s'engagent dans des activités motrices dans une importante proportion du temps d'un cours. De fait, ils sont engagés dans des tâches motrices pendant environ trente pour cent du temps et la proportion de temps d'engagement moteur productif, c'est-à-dire du temps où ils obtiennent un bon taux de succès, est encore moindre. Que font-ils lorsqu'ils ne sont pas engagés dans la pratique d'une activité sportive ou de conditionnement physique ? Il y a de fortes chances qu'ils attendent que quelque chose survienne !

Le terme « **attente** » fait référence aux périodes de temps avant, pendant ou après des périodes d'organisation, d'information ou de pratique pendant lesquelles les participants ne sont pas engagés activement dans des activités et qu'ils attendent qu'un événement se produise. Lorsque les élèves sont « en attente », ils ne font rien qui puisse contribuer à l'atteinte des buts de la leçon et, trop souvent, ils peuvent être tentés de s'engager dans des comportements déviants, voire même dérangeants. Ils consacrent en moyenne vingt à trente pour cent de leur temps à attendre pendant les cours d'éducation physique. Cette quantité d'attente témoigne de l'incapacité des enseignants à organiser des conditions d'apprentissage qui permettent de maintenir l'engagement des apprenants dans leurs tâches. Ce problème fut décelé rapidement par les chercheurs et il refait surface de façon constante dans les conclusions de la recherche sur l'enseignement de l'éducation physique.

> Le manque d'habiletés des enseignants à organiser leurs classes contribue probablement au pourcentage élevé d'attente observé chez les élèves. Par exemple, lors de notre codage de trois cents heures d'enseignement, il est apparu clairement que certains enseignants avaient de la difficulté à organiser leurs groupes pour une activité, à utiliser l'équipement disponible au maximum ou à déplacer rapidement les groupes d'un endroit à un autre (Costello et Laubach, 1978, p. 18).

Pendant une leçon, les élèves consacrent aussi une grande partie de leur temps à **exécuter des tâches d'organisation**, par exemple, prendre les présences, s'organiser pour pratiquer, diviser les équipes, se déplacer d'un endroit à un autre, changer d'activités ou ranger l'équipement. L'organisation prend en moyenne entre quinze et vingt pour cent du temps d'une leçon. Il n'est pas facile d'organiser efficacement les cours d'éducation physique parce que les espaces sont vastes, les groupes sont nombreux et la nature même de l'activité nécessite de nombreux déplacements. Cependant, les tâches d'organisation ne constituent pas des obstacles insurmontables et les conclusions scientifiques soutiennent que les enseignants en éducation physique utilisent relativement peu les stratégies d'organisation reconnues comme efficaces.

Les élèves consacrent également une grande partie de leur temps à **recevoir des informations**. En effet, quinze à vingt pour cent du temps de séance est consacré à des consignes sur l'organisation, des descriptions des habiletés, des détails sur les déplacements, des exposés sur les mesures de sécurité et les comportements appropriés ou des explications d'un jeu. Une partie de ce temps est essentielle pour véhiculer une information juste, mais les enseignants consacrent souvent trop de temps à parler à leurs groupes et ils perdent ainsi de précieuses occasions de les engager activement dans la matière enseignée.

Une quatrième portion du temps de séance est consacrée par les participants à **l'engagement moteur dans la matière enseignée** : pratiquer des habiletés motrices, jouer dans des matchs ou faire des activités de conditionnement physique. Le temps pendant lequel les élèves sont engagés dans des comportements moteurs a été nommé de diverses façons : temps d'engagement, temps d'engagement moteur, temps actif d'apprentissage, temps d'engagement productif, temps valable d'apprentissage en éducation physique, *Academic Learning Time in Physical Education* ou *ALT-PE*.

Il importe de souligner que cette liste contient deux types d'engagement moteur et que la différence entre ces deux types est cruciale pour l'apprentissage. Un premier type d'engagement est désigné par les termes temps d'engagement, temps d'engagement moteur ou temps actif. Ce type d'engagement fait référence aux moments où un participant est actif physiquement pendant des activités d'apprentissage, peu importe la qualité de ses réponses. Le deuxième type de temps d'engagement désigné par le concept d'**engagement moteur productif** ou temps d'apprentissage moteur survient lorsqu'un élève est engagé dans des activités directement reliées aux objectifs d'apprentissage et qu'il réussit la tâche. Ce deuxième type de temps d'engagement est caractérisé par un bon taux de réussite et il est fortement associé aux acquisitions en apprentissage.

La recherche révèle que les taux d'engagement des participants peuvent être aussi bas que dix à quinze pour cent jusqu'à soixante-dix à quatre-vingts pour cent du temps de séance. Le temps d'engagement moteur moyen est de vingt-cinq à trente pour cent (Anderson, 1978; Piéron, 1980; Metzler, 1979; Rate, 1980). Cependant, le temps d'engagement réellement productif est toujours moins élevé et, à l'occasion, il est même vraiment plus bas. Les données se rapportant aux pourcentages de temps d'engagement moteur productif (TEMP)[1] révèlent qu'en moyenne les élèves n'obtiennent pas plus de dix à vingt pour cent de ce type d'apprentissage (Metzler, 1989). Voici les principales conclusions de la recherche au sujet du temps d'engagement moteur productif.

1. Le TEMP offert varie considérablement selon les activités pratiquées; ainsi, les activités de conditionnement physique et de danse produisent les taux les plus élevés alors que les pourcentages diminuent dans les sports individuels et les sports collectifs; la gymnastique vient au dernier rang.

2. Les élèves du primaire obtiennent plus de TEMP que ceux du secondaire.

3. Les filles obtiennent en moyenne la même quantité de TEMP que les garçons.

4. Les élèves dont le niveau d'habileté est faible obtiennent des taux de TEMP substantiellement moindres que ceux qui ont des niveaux d'habileté moyens ou élevés.

5. Les élèves en difficulté d'apprentissage qui sont intégrés dans des classes régulières obtiennent moins de TEMP que les élèves réguliers (Aufderheide, 1983).

6. Les élèves obtiennent plus de TEMP vers la fin d'une unité d'enseignement qu'au début.

7. Le TEMP peut être augmenté substantiellement par l'amélioration des stratégies d'organisation (Birdwell, 1980).

Une deuxième méthode utilisée pour étudier les comportements des participants pendant les leçons d'éducation physique consiste à observer chacune de leurs réponses pour en analyser la fréquence plutôt que la durée. Les recherches qui portent sur l'analyse de la fréquence des réponses sont moins nombreuses que celles portant sur l'analyse de leur durée; cependant, leurs conclusions tendent à confirmer celles sur la durée. La recherche sur les réponses est principa-

---

1. Les expressions « temps d'engagement productif » et « temps d'apprentissage » sont toutes deux utilisées pour traduire *Academic Learning Time in Physical Education*.

Encadré 3.2 : Le temps d'engagement des participants : effet d'entonnoir

Les enseignants espèrent que les élèves seront engagés pendant un certain temps dans les activités d'apprentissage qu'ils planifient. Ils souhaitent aussi que ce temps d'engagement sera productif, c'est-à-dire qu'il leur permettra vraiment d'apprendre. Cependant, la planification de l'enseignant ne se traduit pas toujours en temps d'apprentissage productif pour le participant. Les trois niveaux de pertes de temps illustrent ce que Metzler (1979) appelle l'« effet d'entonnoir ».

TEMPS ALLOUÉ
Temps où l'enseignant prévoit
que les élèves seront
engagés dans des
activités motrices

TEMPS D'ENGAGEMENT
Temps pendant lequel
un apprenant est réellement
engagé physiquement
dans les activités

TEMPS D'ENGAGEMENT
MOTEUR PRODUCTIF
(TEMP = ALT-PE)

Le temps d'engagement moteur productif situé au bas de l'entonnoir correspond à la proportion du temps essentielle à l'apprentissage. Un temps d'engagement beaucoup moindre que le temps alloué indique que l'enseignant fait face à des problèmes dans l'organisation de l'activité et du groupe. Lorsque le temps d'engagement moteur productif est largement inférieur au temps d'engagement, l'enseignant éprouve des problèmes à planifier des activités dans lesquelles les apprenants peuvent obtenir un bon taux de succès.

Source : Adapté de Metzler (1979).

lement centrée sur la **nature des réponses motrices** en rapport avec les tâches d'apprentissage réalisées par les élèves pendant des séances d'éducation physique et sur leur degré d'association avec les acquisitions en apprentissage réalisées à la fin d'un programme. Voici une synthèse des conclusions de ces recherches.

1. Généralement, les élèves dont le niveau d'habileté est faible produisent moins de réponses motrices par unité de temps que ceux dont les niveaux d'habileté sont moyens ou élevés et le pourcentage de réponses réussies par ces derniers est nettement supérieur.

2. Lors de l'évaluation de la qualité de la forme de la réponse ou du degré de réussite de l'activité dans les matchs, le résultat des élèves faibles est rarement satisfaisant (Parker, 1984 ; Brown, 1986).

3. Le taux de réponses est substantiellement plus élevé lorsque l'évaluation porte sur la qualité des prestations (Alexander, 1982 ; Lund, 1990).

4. Les élèves modifient souvent les tâches que les enseignants leur proposent dans le but de les rendre soit plus faciles soit plus stimulantes (Tousignant et Siedentop, 1983).

5. Les élèves apprennent mieux lorsqu'ils ont de nombreuses occasions de pratiquer des tâches qui ressemblent à celles pour lesquelles ils seront évalués (Piéron, 1983 ; Silverman, 1985).

6. Même si le produit est réussi, certaines personnes, particulièrement celles dont le niveau d'habileté est faible, risquent de fournir un rendement inapproprié sur le plan de la forme des réponses motrices (Son, 1989).

En résumé, pendant les cours d'éducation physique, les élèves consacrent la plupart de leur temps à attendre qu'une activité commence, à s'organiser et à écouter les informations données par l'enseignant. La quantité de temps consacrée à des activités motrices reliées aux objectifs d'apprentissage moteur est faible et la proportion de temps d'engagement productif l'est encore plus. Compte tenu des conditions de réalisation d'une tâche particulière, la forme des réponses motrices des élèves est souvent inappropriée, même lorsque la réponse semble réussie. Les élèves dont le niveau d'habileté motrice est faible réussissent rarement, à la fois sur les plans de la forme et du produit, particulièrement lors des matchs. Même si les éléments essentiels à une éducation physique réussie semblent être des réponses motrices réussies dont les formes sont appropriées – et il y a tout lieu de croire que tel est le cas – la REEP semble indiquer que ces éléments essentiels sont souvent absents des leçons d'éducation physique.

Encadré 3.3 : Les éléments essentiels à l'apprentissage en éducation physique

Les conclusions de la recherche indiquent que les réponses motrices réussies et ayant une forme appropriée sont celles qui contribuent le plus à l'apprentissage. Une «forme appropriée» ne signifie pas que les réponses sont techniquement parfaites, mais seulement que les éléments critiques d'un rendement acceptable sont présents et qu'aucune erreur majeure n'est commise. Il s'agit de ce que nous appelons «la forme potentielle», c'est-à-dire la forme qui, si elle est maintenue, conduira éventuellement à des progrès. La réussite doit toujours être jugée en fonction du contexte particulier dans lequel la tâche a été assignée par l'enseignant. Un exercice a toujours un but; s'il est atteint, il y a «réussite». Par exemple, lors d'un match, si une réponse permet de poursuivre le jeu ou de compter un point, la réponse est réussie.

Voici un exercice d'apprentissage intéressant et utile pour vous! Observez une classe d'éducation physique. Identifiez un élève ayant un faible niveau d'habileté et un autre dont le niveau est plus élevé. Observez chacune de leurs réponses motrices et jugez-les sur les plans de la justesse de la forme et de la réussite de la réponse. Ensuite, classez chaque réponse dans une des quatre catégories suivantes : 1) forme appropriée et réponse réussie; 2) forme appropriée et réponse non réussie; 3) forme non appropriée et réponse réussie; 4) forme non appropriée et réponse non réussie. Le nombre total de réponses classées dans la catégorie «forme appropriée et réponse réussie» vous donnera une indication de la valeur de ce cours pour les personnes observées et vous aidera à déterminer si elles reçoivent les éléments essentiels à l'apprentissage.

LES CONCLUSIONS DE LA RECHERCHE SUR L'AMÉLIORATION DES HABILETÉS D'ENSEIGNEMENT ET SUR SES EFFETS

Les résultats de la recherche décrivant les comportements des enseignants et des apprenants en éducation physique ne tracent pas un portrait très optimiste; par contre, les résultats portant sur l'amélioration de l'enseignement et sur ses effets sont plus encourageants. La preuve est faite que les enseignants peuvent développer des habiletés d'enseignement efficace (Siedentop, 1986). En effet, les conclusions de la recherche indiquent que les enseignants en exercice peuvent s'améliorer et que leurs élèves obtiennent alors substantiellement plus de temps d'apprentissage (Birdwell, 1980). Les enseignants en formation peuvent aussi s'améliorer sensiblement grâce à une supervision appropriée et leurs élèves obtiennent également plus de chances d'apprendre (Siedentop, 1981 ; Hutslar, 1977 ; Cramer, 1977 ; Randall et Imwold, 1989).

L'ensemble de ces résultats proposent les conclusions suivantes au sujet de l'amélioration de l'enseignement et des effets de cette amélioration sur les conditions d'apprentissage.

1. Les enseignants en formation peuvent développer des habiletés d'enseignement efficace s'ils ont des occasions de les pratiquer et s'ils reçoivent une supervision adéquate.

2. Les enseignants en exercice peuvent améliorer leurs habiletés d'enseignement et, lorsqu'ils le font, leurs élèves obtiennent plus de temps d'apprentissage.

3. Les enseignants en formation peuvent améliorer leurs habiletés à interagir et augmenter les comportements appropriés de leurs élèves (moins de temps d'organisation, plus de temps d'apprentissage, moins de déviance), s'ils reçoivent une supervision adéquate.

4. Les enseignants en formation, autant que les enseignants en exercice, peuvent développer des stratégies d'interaction positive.

5. Les enseignants en formation et les enseignants en exercice peuvent apprendre à donner des rétroactions qui sont plus spécifiques aux tâches.

6. Les enseignants en formation peuvent apprendre à discriminer les éléments critiques et les erreurs communes dans une variété d'habiletés motrices.

7. Les enseignants en formation et les enseignants en exercice peuvent réduire appréciablement le temps requis pour s'organiser.

8. Les enseignants en formation et les enseignants en exercice peuvent apprendre à intervenir avec plus d'enthousiasme (Rolider, Siedentop et Van Houten, 1984).

9. Une intervention dirigée vers l'augmentation du temps d'apprentissage avec des enseignants en formation peut conduire à des augmentations marquées de ce temps (Randall et Imwold, 1989).

Il semble évident que les personnes qui se préparent à devenir éducateurs physiques peuvent développer des habiletés d'enseignement efficace si elles ont les informations sur ces habiletés, des occasions de les pratiquer et des rétroactions systématiques sur leur progrès. Les conclusions de la recherche sur l'amélioration de l'enseignement proposent que le développement des habiletés commence au moment de la formation initiale et qu'il se poursuive tout au long de leur carrière. De toutes les conclusions de la recherche, celle-ci est certainement la plus encourageante.

L'EFFICACITÉ DE L'ENSEIGNEMENT EN ÉDUCATION PHYSIQUE

Une façon d'évaluer le niveau général d'efficacité de l'enseignement de l'éducation physique consiste à comparer le profil de l'enseignant actif et de l'élève qui apprend, décrit au chapitre 2, avec les résultats d'études descriptives présentés dans ce chapitre. Vous devinez que l'enseignement de l'éducation physique n'est pas très efficace.

1. **Le temps d'engagement et les occasions de pratiquer le contenu enseigné.** Les élèves en éducation physique n'obtiennent pas suffisamment d'occasions de pratiquer les tâches d'apprentissage et le style d'enseignement n'est pas suffisamment orienté vers la réussite.

2. **Le rôle des attentes.** Bien que les études sur le rôle des attentes en éducation physique soient peu nombreuses, l'image générale qui s'en dégage révèle que les enseignants ont des attentes peu élevées par rapport à ce que leurs élèves pourraient apprendre.

3. **L'organisation de la classe et l'engagement des participants.** Les enseignants en éducation physique consacrent beaucoup de temps à l'organisation et les élèves attendent beaucoup. Il en résulte un taux réduit d'engagement dans les activités d'apprentissage.

4. **Les tâches d'apprentissage appropriées et offrant un bon niveau de succès.** Autant lors des pratiques d'habiletés isolées que lors des matchs, les tâches sont souvent trop difficiles et les taux de réussite faibles, principalement pour les élèves ayant un niveau d'habileté faible.

5. **Le rythme et l'allure des leçons.** Les résultats de la recherche sur le temps d'attente des participants révèlent de façon constante que le rythme des cours d'éducation physique est lent et discontinu.

6. **L'enseignement actif.** Les enseignants en éducation physique ont tendance à structurer eux-mêmes leurs cours sans utiliser de matériel didactique préfabriqué ; cependant, ils ne semblent pas être très efficaces pour superviser la pratique des élèves et ils consacrent trop de temps à la présentation des tâches.

7. **La supervision active.** Les conclusions de la recherche laissent croire fortement que la pratique des élèves n'est pas supervisée

adéquatement et qu'ils sont laissés à eux-mêmes avant d'être en mesure de tirer profit de ce type de conditions d'apprentissage.

8. **Le système d'évaluation et de responsabilisation.** Il existe peu d'évidence que les élèves sont tenus responsables de leur degré d'atteinte des objectifs d'apprentissage (habiletés sportives, conditionnement physique ou autres) ; les résultats de la recherche indiquent que les exigences des éducateurs physiques portent principalement sur la présence au cours, le port d'un costume approprié et l'absence de comportements dérangeants.

9. **La clarté, l'enthousiasme et la chaleur.** Il existe peu d'études sur le degré de clarté des informations transmises par les éducateurs physiques et les quelques résultats sur le climat montrent qu'ils sont relativement peu enthousiastes et chaleureux pendant les cours.

Cette analyse pessimiste ne signifie pas que tous les éducateurs physiques sont inefficaces. Il importe aussi de reconnaître que plusieurs d'entre eux travaillent dans des conditions moins que favorables à leur efficacité. Cependant, nous ne pouvons ignorer les sous-entendus de la recherche descriptive concernant la qualité générale de l'enseignement en éducation physique. Heureusement, il existe aussi des études réalisées dans le but de décrire le travail d'éducateurs physiques efficaces dont les résultats sont beaucoup plus optimistes.

Les résultats des études sur l'efficacité de l'enseignement en éducation physique proviennent de quatre sources : la recherche sur l'amélioration de l'enseignement présentée précédemment, les recherches descriptives qui visent à évaluer l'efficacité de l'enseignement dans le contexte naturel des écoles (McLeish, 1981 ; Phillips et Carlisle, 1983), les mini-études qui cherchent à mesurer l'efficacité de l'enseignement en laboratoire (Piéron, 1981 ; DeKnop, 1983 et 1986 ; Silverman, 1985) et quelques études récentes visant à examiner le travail d'enseignants ayant été reconnus efficaces (Siedentop, 1989). Bien que cette littérature soit relativement peu volumineuse, les études complétées tendent à démontrer que les caractéristiques de l'enseignement efficace en éducation physique ressemblent à celles reconnues dans les classes régulières.

McLeish et ses collègues (Howe et Jackson, 1981) ont analysé cent quatre leçons d'éducation physique. Ils les ont catégorisées selon leur qualité : supérieure (N = 18), moyenne (N = 48) et faible (N = 38). Selon leur analyse, les principaux facteurs qui distinguent les meilleures leçons des moins bonnes sont le taux plus élevé de temps d'engagement productif et le taux plus faible de temps d'attente. Le temps utilisé pour la transmission de connaissances ne permettait pas de discriminer entre les trois groupes. McLeish conclut :

La base théorique du temps d'apprentissage fait référence à certains principes théoriques sur l'apprentissage qui sont généralement acceptés : 1) l'apprentissage est maximisé en proportion directe avec le nombre et le type d'occasions d'apprendre ; 2) l'apprentissage d'habiletés motrices, cognitives ou psychomotrices est maximisé par la pratique ; 3) l'observation de quelqu'un qui exécute cette habileté contribue à favoriser l'apprentissage ; 4) il n'est pas avantageux de pratiquer une habileté où l'on obtient un taux d'échec supérieur à dix pour cent. Enseigner efficacement signifie donc structurer les leçons pour augmenter au maximum la quantité de temps consacré par chaque individu à la pratique active, avec un niveau de réussite assurant le progrès continu vers l'apprentissage de l'habileté en cause, en faisant un nombre minimal d'erreurs (McLeish, 1981, p. 29).

Ces conclusions ressemblent à celles de la recherche réalisée en classes régulières. Philips et Carlisle (1983) ont étudié dix-huit enseignants et leurs élèves ; ils ont conclu que, de façon spectaculaire, les acquisitions en apprentissage étaient associées au taux d'engagement moteur pendant la pratique d'activités directement reliées aux objectifs poursuivis, c'est-à-dire pendant le temps d'engagement moteur productif et spécifique. En effet, dans les classes les plus efficaces, le taux de réussite était trois fois plus élevé.

Des résultats similaires ont été obtenus dans des études à petite échelle élaborées pour évaluer expérimentalement l'efficacité de l'enseignement. Piéron (1983) a trouvé que les étudiants apprennent plus lorsqu'ils ont plus d'occasions de pratiquer les tâches pour lesquelles ils seront évalués. Des tâches reliées à la tâche critériée, même si elles ne sont pas précisément celles qui seront évaluées, contribuent également à favoriser l'apprentissage. Silverman (1985) conclut que le nombre d'essais réussis est encore plus fortement relié à l'apprentissage que la quantité de temps où les élèves sont engagés dans la pratique de l'habileté à apprendre.

Un groupe de professeurs et d'étudiants de l'Ohio State University ont étudié sept spécialistes en éducation physique au primaire reconnus pour leur efficacité (Siedentop, 1989). Ils les ont observés tout au long d'une année scolaire. Ils ont constaté que les pratiques pédagogiques de ces sept éducateurs physiques étaient remarquablement semblables à celles où l'enseignant est actif et où l'élève apprend, décrites au chapitre 2. Ces enseignants entretenaient des attentes précises concernant ce que leurs élèves devaient apprendre pendant leurs cours et ils communiquaient clairement ces intentions, en particulier par la façon dont ils organisaient les élèves et leur fournissaient une quantité substantielle de temps d'engagement productif.

En effet, la moyenne de temps d'apprentissage dans leurs classes était supérieure à quarante-cinq pour cent, donc à peu près trois fois plus élevée que la moyenne obtenue dans les recherches descriptives (Eldar, Siedentop et Jones, 1989). Ces enseignants prenaient le temps de développer des routines pour le gymnase dès le début de l'année scolaire, puis ils les utilisaient pour maintenir un fonctionnement efficace et en douceur tout au long de l'année. Il faut noter qu'il s'agit là d'une autre caractéristique commune aux enseignants efficaces (Fink et Siedentop, 1989). La pratique des élèves était toujours supervisée de près et, habituellement, des mécanismes d'évaluation formelle étaient mis en place pour vérifier leur apprentissage des habiletés enseignées.

En bref, la recherche sur l'enseignement efficace en éducation physique confirme que les stratégies qui produisent des acquisitions en apprentissage appréciablement plus élevées dans les classes régulières le font aussi dans le gymnase. Il serait vraiment utile de poursuivre ce type de recherche dans le futur afin d'obtenir plus de détails sur la façon dont les éducateurs physiques efficaces se débrouillent pour résoudre les nombreux problèmes auxquels ils font face quotidiennement dans leur travail.

RÉSUMÉ

1. La recherche sur l'enseignement de l'éducation physique a débuté il y a à peine vingt ans, mais elle a déjà produit une quantité substantielle de connaissances issues des études descriptives, expérimentales et qualitatives.

2. Les retombées positives de cette recherche incluent la création d'un langage technique, une littérature grandissante, un ensemble de stratégies d'organisation, des volumes basés sur cette recherche, du matériel pédagogique et diverses approches pour la formation et le perfectionnement des enseignants ainsi qu'une nouvelle inspiration pour les formateurs d'intervenants.

3. Les enseignants utilisent une portion substantielle du temps d'une leçon pour organiser les élèves, une portion un peu moindre pour leur donner des informations et une autre portion majeure pour superviser leur pratique.

4. Le climat émotionnel en éducation physique est habituellement neutre et les réactions positives semblent peu fréquentes.

5. Les rétroactions fournies par les enseignants sont abondantes, elles sont plutôt générales que spécifiques, plutôt correctives que positives et elles sont habituellement dirigées plutôt vers les individus que vers le groupe.

6. Des conclusions indirectes laissent croire qu'une grande proportion des rétroactions sur les habiletés motrices ne sont peut-être pas exactes.

7. Les élèves occupent la plus grande partie du temps d'une leçon à attendre, une seconde portion de leur temps est consacrée à des tâches d'organisation et ils pratiquent les activités d'apprentissage pendant la plus petite portion du temps.

8. Le temps d'engagement productif est encore moindre que le temps d'engagement; il est habituellement plus bas pour les participants qui présentent soit des difficultés d'apprentissage soit un niveau d'habileté faible.

9. La recherche sur l'analyse des réponses des élèves confirme ces conclusions; ceux qui ont un niveau d'habileté faible émettent plus rarement des réponses réussies et techniquement appropriées.

10. Les enseignants en formation peuvent améliorer leurs habiletés à la condition d'avoir des occasions de pratiquer et une supervision adéquate.

11. Les enseignants en exercice peuvent améliorer leurs habiletés et, lorsqu'ils le font, leurs élèves tendent à obtenir des taux plus élevés de temps d'apprentissage.

12. Autant les stagiaires que les enseignants en exercice peuvent améliorer leurs habiletés d'organisation, de transmission d'information et d'interaction; ils peuvent aussi devenir plus enthousiastes pendant leur enseignement.

13. La recherche descriptive sur l'enseignement en éducation physique fournit un profil qui s'éloigne considérablement des caractéristiques de l'enseignement efficace.

14. La recherche sur l'enseignement indique que l'efficacité en éducation physique est semblable à l'efficacité dans les classes régulières. Les enseignants efficaces créent un environnement bien organisé et centré sur l'apprentissage.

CHAPITRE 4

Apprendre à faire de l'évaluation formative pour améliorer l'enseignement

L'enseignant a une influence limitée sur les apprenants ; cette influence n'est pas magique. L'enseignement est vital puisqu'il est le seul facteur sur lequel nous pouvons avoir un effet à court terme. Il est impossible de modifier l'hérédité d'un élève ; de même, les conditions socio-économiques évoluent lentement et seulement d'une génération à l'autre. Par contre, la qualité de l'enseignement exerce une influence immédiate... Une portion limitée mais substantielle des réussites des élèves dans le gymnase est une conséquence de ce que les enseignants font. Il est maintenant possible de reconnaître les comportements efficaces et d'expliquer comment ils interviennent, donc d'apprendre en analysant l'enseignement.

Larry Locke (1979)

LES OBJECTIFS DU CHAPITRE

- Différencier l'évaluation formative et le concept plus général d'évaluation ;
- Expliquer comment faire de l'évaluation formative valide et fidèle ;
- Différencier l'utilisation de variables du processus d'enseignement associées aux comportements des enseignants et des élèves et le recours à des variables reliées aux résultats des élèves pour faire l'évaluation formative de l'enseignement ;

- Décrire comment utiliser un modèle de base pour faire de l'évaluation formative ;
- Expliquer pourquoi et comment l'évaluation formative doit être reliée aux buts poursuivis ;
- Faire la distinction entre les comportements isolés des enseignants et des élèves, les épisodes d'enseignement et les variables-critères pendant le processus d'enseignement ;
- Faire la distinction entre le temps d'apprentissage et les occasions de répondre comme critères pour évaluer le processus d'enseignement ;
- Répondre aux questions habituelles concernant l'évaluation formative de l'enseignement ;
- Décrire et distinguer les étapes du processus d'évaluation formative.

Le premier chapitre met l'accent sur la distinction entre les connaissances et les habiletés pour enseigner efficacement. Il y est également question du rôle joué par le désir de bien enseigner et la motivation à s'améliorer. Les informations contenues dans les chapitres 2 et 3 fournissent une vue d'ensemble des conclusions de la recherche sur les stratégies utilisées par les enseignants efficaces, de même qu'une revue de la littérature sur l'enseignement de l'éducation physique. La recherche sur l'efficacité de l'enseignement fournit un cadre de référence et des critères pour vous évaluer. Le chapitre 4 est centré sur des concepts et des stratégies pour analyser votre enseignement, en faire l'évaluation formative et l'améliorer.

Plus l'information que vous obtiendrez au sujet de vos comportements et de ceux de vos élèves sera abondante et pertinente, plus il vous sera facile de vous améliorer. Les entraîneurs sportifs savent depuis longtemps que les joueurs ont besoin d'une évaluation formative régulière pour s'améliorer. Les joueurs aussi le comprennent et ils cherchent à obtenir de l'information sur leur rendement. Par exemple, les entraîneurs de basket-ball évaluent régulièrement les résultats pendant les entraînements et les matchs : pourcentages de lancers, de contre-attaques, de rebonds, d'interceptions, d'assistances, etc. Ils peuvent également utiliser des enregistrements sur vidéo pour évaluer le rendement de chaque joueur à la défensive ou pour estimer comment l'équipe exécute les stratégies offensives. Ces informations aident les joueurs à savoir sur quels aspects ils doivent travailler pour améliorer leur jeu. Elles leur permettent aussi de se comparer avec leurs coéquipiers ou les autres joueurs. Même si l'enseignement n'est pas une activité où il y a des gagnants et des perdants, il est clair que l'information concernant ce qui se passe pendant les cours peut aider un enseignant à mieux comprendre son action et à l'améliorer afin que les élèves apprennent plus, tout en ayant plus de plaisir.

LE BUT ET LA NATURE DE L'ÉVALUATION FORMATIVE

Une partie de ce chapitre est consacrée aux concepts et aux stratégies d'évaluation formative. Malheureusement, pour la plupart d'entre nous, évaluer signifie trop souvent comparer avec d'autres dans le but d'attribuer des notes. Mon intention est de vous amener à considérer l'évaluation dans le sens d'une collecte d'informations fiables et valides ayant pour but d'améliorer un rendement. Aussi, je fais une distinction entre le concept d'évaluation formative et celui d'évaluation pris dans son sens général, c'est-à-dire porter un jugement sur la valeur d'une prestation. Une bonne évaluation formative doit être faite régulièrement tout au long de la carrière d'un enseignant. Une évaluation sommative doit également avoir lieu dans le but d'attribuer des notes. L'information recueillie à des fins d'évaluation formative peut finalement faire partie intégrante de l'évaluation sommative. Cependant, la différence réside dans le fait que le but premier de l'évaluation formative est d'aider la personne à s'améliorer.

Vous devez d'abord être dans une situation où vous enseignez réellement pour évaluer vos habiletés d'enseignement. Même si cette remarque peut sembler simpliste, il y a encore des personnes qui persistent à croire que les résultats de tests portant sur des connaissances en efficacité de l'enseignement peuvent être considérés comme une évaluation de l'enseignement proprement dit. Les connaissances sur l'enseignement efficace sont importantes, mais une évaluation écrite sous forme d'examen ne fournit pas d'information sur votre capacité à bien enseigner, pas plus qu'un test écrit en basket-ball ne fournit une évaluation de vos habiletés comme joueur.

De plus, aucune stratégie d'évaluation de l'enseignement ne peut à elle seule donner une image complète. De même, il n'y a pas une donnée statistique en basket-ball qui fournisse une évaluation globale du jeu et les statistiques provenant d'un seul match ne donnent pas une image satisfaisante des habiletés d'un joueur. Des informations sur plusieurs indicateurs d'efficacité sont nécessaires pour qu'un profil plus complet commence à apparaître. Plusieurs évaluations sont également nécessaires pendant une certaine période de temps pour fournir une image juste et exacte de l'efficacité d'un contexte éducatif.

Pour qu'une évaluation soit utile, l'information recueillie doit être bonne. Premièrement, elle doit être **fidèle**, c'est-à-dire qu'elle doit fournir l'assurance que ce qui est rapporté s'est effectivement produit ! Par exemple, si un collègue étudiant ou un enseignant observe votre enseignement dans le but de mesurer le nombre et la durée des épisodes d'organisation, vous voulez être certain que, lorsque l'observation sera terminée, les mesures de la durée et du nombre d'épisodes représenteront des estimations fidèles de ce qui s'est vraiment passé pendant le cours. Si l'observateur oublie une ou deux unités ou code la durée de façon inexacte, l'information obtenue ne sera pas fidèle. Le chapitre 16 fournit des méthodes pour s'assurer que les données d'observation sont fidèles.

Une bonne information doit aussi être **valide**, c'est-à-dire que les instruments choisis pour faire l'observation représentent vraiment le concept ou l'habileté que vous voulez évaluer. Par exemple, que choisiriez-vous d'observer pour savoir si le climat d'une classe est positif, neutre ou négatif ? Coderiez-vous les encouragements donnés par l'enseignant, ses réprimandes et ses critiques sévères ? Compteriez-vous les occasions où l'enseignant sourit et fait des farces avec ses élèves ? Donneriez-vous aux élèves un petit questionnaire pour obtenir leur perception sur le climat de la classe ? Quel type de mesure vous donnerait de l'information valide sur le climat qui règne dans votre classe ? Les réponses à ces questions sont loin d'être simples et un débat important pourrait avoir lieu sur ce qui constitue des mesures valides du climat de la classe.

Évidemment, plus un concept est défini de façon précise et sous la forme de comportements, plus sa mesure aura une validité évidente. Si vous désirez évaluer la fréquence des rétroactions correctives et que vous comptez le nombre de fois que l'enseignant observe un élève réaliser une tâche et lui donner une information spécifique sur une erreur qu'il a faite pendant sa pratique, votre évaluation des rétroactions correctives contiendra un haut degré de validité. D'autre part, si vous voulez une évaluation valide de la qualité des rétroactions correctives, vous devez faire davantage que compter simplement le nombre de fois qu'un tel événement se produit. Vous devrez aussi porter un jugement sur le degré d'exactitude de l'information donnée par l'enseignant, en tenant compte du rendement de l'élève.

L'enseignement efficace nécessite l'utilisation d'un répertoire d'habiletés et la capacité d'appliquer celles-ci à l'environnement changeant et imprévisible qui caractérise un milieu éducatif. Il n'est pas encore possible d'évaluer complètement l'ensemble des habiletés requises pour obtenir un résultat efficace. Cependant, ce n'est pas une raison valable pour ne pas évaluer des habiletés précises quand vous le pouvez. Plus vous obtiendrez d'informations valables sur votre enseignement, plus vous le comprendrez. Plus l'information sera précise, plus vous pourrez vous améliorer.

**Encadré 4.1 : Superviser l'enseignement :
bien plus qu'une simple visite touristique**

Traditionnellement, la supervision de l'enseignement ne consistait guère plus qu'à faire quelques visites occasionnelles à l'école, à regarder le stagiaire enseigner pendant une brève période et à lui faire quelques commentaires peu précis suivis d'une courte conversation souvent banale et insignifiante pour conclure la visite. Cette méthode de supervision, si vous voulez appeler cela une méthode, est ce que j'appelle l'observation globale. Cette méthode est non appropriée même pour ceux qui ont beaucoup d'expérience et une grande capacité à porter des jugements intuitifs sur l'enseignement. Une bonne observation requiert la collecte de certaines données ; notre sens inné de ce qui se passe dans le gymnase n'est généralement pas suffisamment spécifique ou précis pour permettre de fournir des rétroactions utiles à l'enseignant. L'enseignant fait des efforts, le superviseur doit donc en faire aussi.

Les descriptions détaillées d'événements marquants, les échelles d'appréciation et les listes de vérification peuvent être utiles. Les échelles d'appréciation et les listes de vérification sont faciles à utiliser, mais les informations qu'elles fournissent sont peu précises et souvent insuffisamment spécifiques pour aider l'enseignant à s'améliorer de séance en séance.

Les meilleures données d'observation sont obtenues à l'aide de systèmes d'observation développés en fonction des buts spécifiques visés lors d'une période d'enseignement. Ils impliquent l'enregistrement de la durée ou de la fréquence d'apparition de comportements et d'événements faisant l'objet de l'analyse. Plusieurs systèmes d'observation sont décrits au chapitre 16. L'observation peut être faite par des pairs, par un autre enseignant, par un maître de stage ou même par la personne qui enseigne, si celle-ci enregistre l'enseignement sur vidéo. Aimeriez-vous savoir ce que vous faites de façon spécifique quand vous enseignez ? Sans de telles informations, vous avez beaucoup moins de chances de vous améliorer.

**Encadré 4.2 : Quels sont les indicateurs de succès
à long terme qui permettent d'évaluer
le degré d'atteinte des objectifs
par les élèves ?**

Les éducateurs sont habituellement convaincus de l'utilité de mesurer le degré d'atteinte des objectifs à court terme. Les examens, les tests de conditionnement physique, les mesures d'habiletés motrices, les estimations de la qualité du jeu ou du comportement social sont utilisés pour évaluer les élèves et, plus souvent, dans le but de leur attribuer une note. De plus, les éducateurs se disent souvent préoccupés par les objectifs à long terme, mais ils prennent rarement le temps de réfléchir sur le lien entre ces objectifs et la façon dont les cours devraient être planifiés et réalisés.

Supposons que vous êtes un enseignant en éducation physique de premier cycle au secondaire et que vous désirez évaluer les résultats à long terme des trois années au cours desquelles les élèves seront à votre école. Comment procéderiez-vous ? Quels indicateurs choisiriez-vous pour démontrer leur succès dans votre programme d'éducation physique ? Parmi les éléments suivants, quels sont ceux qui correspondent et ceux qui ne cadrent pas avec votre conception des succès à long terme ?

– Les élèves participent à des activités parascolaires de conditionnement physique cardiovasculaire ;

– Les élèves s'inscrivent à des compétitions sportives intrascolaires ;

– Les élèves veulent faire partie d'équipes sportives interscolaires ;

– Les élèves profitent des possibilités de participer à des programmes de sports offerts par les organismes communautaires ;

– Les élèves regardent moins la télévision ;

– Les élèves adoptent et maintiennent des habitudes alimentaires saines ;

– Les élèves assistent plus souvent à des compétitions sportives ;

– Les élèves sont des spectateurs avertis ;

– Les élèves adoptent des comportements appropriés lorsqu'ils participent à des compétitions sportives.

Dans cette liste, y a-t-il des indicateurs avec lesquels vous êtes en désaccord ? Y a-t-il des indicateurs que vous voudriez ajouter ? Comment vos choix influenceront-ils la planification de votre programme ?

UN MODÈLE D'ÉVALUATION FORMATIVE

Trois catégories de mesures sont suggérées ici. La première catégorie consiste à mesurer des **variables du processus d'enseignement associées aux comportements des enseignants.** Ces variables incluent des habiletés d'enseignement, telles que donner des informations, questionner, donner des rétroactions, arrêter les comportements déviants et encourager l'émission de comportements appropriés. Elles incluent également les stratégies pour organiser le groupe, gérer les comportements, aider les élèves pendant les phases de transitions et s'occuper des événements perturbateurs au cours du déroulement des activités. Ces variables du processus d'enseignement associées aux comportements des enseignants sont mesurées en observant les enseignants pendant qu'ils enseignent.

Une deuxième catégorie de **variables du processus d'apprentissage** pouvant faire l'objet de l'évaluation formative porte sur les **comportements des élèves**. Ces variables amènent à détourner l'attention de ce que fait l'enseignant et à la diriger vers les comportements des apprenants. Les variables du processus d'apprentissage associées aux comportements des élèves concernent les actions des participants qui peuvent soit contribuer soit nuire à leur apprentissage. Des exemples de ces variables incluent la quantité de temps que les élèves prennent pour se déplacer d'un endroit à un autre, le taux de déviance pendant une leçon, la quantité de temps d'engagement productif pendant un cours d'éducation physique de quarante minutes, le nombre de fois que les membres d'un sous-groupe réalisent une habileté donnée pendant une leçon de volley-ball, le pourcentage de temps pendant lequel une classe est centrée sur la tâche faisant l'objet de la leçon et la quantité de temps que les élèves consacrent à écouter des informations. Ces variables du processus d'apprentissage associées aux comportements des élèves sont mesurées par l'observation directe des élèves pendant qu'ils sont en classe.

Une troisième catégorie de variables concerne les variables de produit, c'est-à-dire les **acquisitions réalisées par les élèves.** Ces variables sont en rapport avec les changements survenus chez les apprenants et elles peuvent être considérées comme des indicateurs d'apprentissage et de développement. De façon générale, ces variables sont mieux connues des éducateurs physiques que les deux autres groupes de variables mentionnées précédemment puisqu'elles concernent l'amélioration des habiletés motrices ou la capacité à participer à des activités compétitives, une meilleure condition physique, une amélioration des connaissances sur la matière ou l'attitude envers la pratique de l'activité physique. Ces variables sont évaluées le plus souvent à l'aide de tests ou d'autres instruments d'évaluation

qui sont habituellement appliqués à la fin d'une unité d'enseignement. Il importe cependant de noter qu'il existe d'autres formes
d'évaluation des résultats : le degré d'atteinte des objectifs, la présence de critères prédéterminés de réussite dans les réponses émises et
l'observation directe du rendement sur une base régulière pendant les
cours.

Il est utile de considérer les différences entre l'évaluation des
objectifs à court et à long termes. Les mesures d'objectifs à long terme
sont beaucoup plus difficiles à obtenir, mais elles peuvent fournir des
informations valables concernant l'atteinte des buts d'un programme. Les éducateurs physiques ont toujours été sensibles aux buts
ayant des répercussions qui vont au-delà des objectifs immédiats, tels
que le développement d'une bonne condition physique, l'acquisition
de l'habitude de la pratique régulière d'activités de loisirs ou l'amélioration de l'esprit d'équipe. Plusieurs de ces buts ne peuvent pas être
évalués de façon adéquate à court terme puisque seules des mesures
à long terme peuvent fournir des informations sur leur degré
d'atteinte.

Un modèle de base pour faire de l'évaluation formative est présenté à la figure 4.1. Ce modèle suggère que les variables des processus d'enseignement et d'apprentissage associées aux comportements
de l'enseignant et à ceux des élèves s'influencent les unes les autres
et qu'elles agissent finalement sur les variables de produit, autant à
court terme qu'à long terme. Ce modèle indique qu'il existe deux
sources de rétroactions. La première source utilise l'information provenant des élèves pendant le processus pour changer le comportement de l'enseignant et les stratégies d'enseignement. Par exemple,
une évaluation qui indiquerait un faible taux de temps d'engagement pendant un cours de gymnastique (une variable associée aux
comportements des apprenants) pourrait conduire à l'utilisation

Figure 4.1 : Le modèle d'évaluation formative

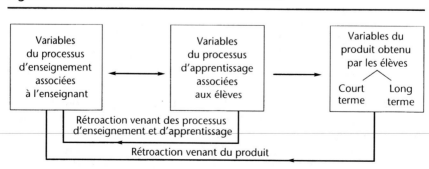

d'une autre stratégie d'enseignement qui viserait à augmenter le temps d'engagement. La seconde source de rétroaction utilise l'information relative aux apprentissages des élèves pour modifier les stratégies d'enseignement. Ainsi, des données provenant d'un test de conditionnement physique qui indiqueraient une faiblesse musculaire des membres supérieurs (une variable de produit) pourraient inciter l'enseignant à consacrer plus de temps à des activités qui favorisent le développement de la force des membres supérieurs. Les résultats d'un test en volley-ball indiquant un faible taux de réussite des services pourraient inciter l'enseignant à intensifier l'enseignement de cette habileté technique et à y consacrer plus de temps de pratique.

Il importe de noter que les variables associées au comportement de l'enseignant et des élèves sont reliées par une flèche allant dans les deux directions. Trop souvent, nous assumons que l'enseignant exerce une influence à sens unique. En fait, les enseignants sont influencés de façon très directe par leurs élèves. Dans certains cas, il est difficile de dire quels sont ceux qui, des élèves ou des enseignants, exercent la plus forte influence sur la direction que prend un cours. Si cette influence bidirectionnelle n'est pas comprise, l'enseignant risque de faire des erreurs en interprétant les événements qui surviennent en classe. Par exemple, la recherche semble indiquer que l'enthousiasme de l'enseignant est associé à la réussite des élèves ; il importe cependant de ne pas assumer automatiquement que les manifestations d'enthousiasme de l'enseignant causent la réussite des élèves. Une telle supposition représente une vision unidirectionnelle de l'influence qui s'exerce entre l'enseignant et les élèves. Il ne fait pas de doute qu'un enseignant enthousiaste peut influencer les apprentissages, mais il est également vrai que lorsque les élèves réussissent particulièrement bien, ils peuvent encourager l'enseignant à démontrer plus d'enthousiasme. Cette influence bidirectionnelle sera examinée de plus près dans le chapitre 5.

Le modèle d'évaluation présenté ici comprend une **variable médiatrice**. Le postulat qui sous-tend ce modèle est basé sur le fait que l'enseignant et les élèves interagissent entre eux pour influencer ce que les élèves font pendant les cours. Cependant, ce que les élèves font représente la variable qui influence réellement les résultats à court et à long termes. Autrement dit, les enseignants n'influencent pas directement la condition physique de leurs élèves, leur degré d'habileté ou leur estime de soi. Cependant, les enseignants exercent une influence sur ce que les élèves font pendant les cours d'éducation physique ; la nature de ce que ces derniers font représente la variable qui aura finalement une influence sur leur condition physique, leur habileté ou leur estime de soi. Le point central de ce modèle est donc l'activité des élèves. Écoutent-ils ? S'engagent-ils de façon constante ?

Dans quelles conditions ? Sont-ils motivés ? Aiment-ils ce qu'ils font ? S'entraident-ils ? Les réponses à ce type de questions fournissent des informations significatives sur les résultats obtenus par les élèves.

Encadré 4.3 : Aider les élèves à aimer et à valoriser la matière qu'ils apprennent : un objectif universel

Les enseignants en éducation physique essaient d'atteindre un grand nombre d'objectifs différents : la condition physique, les habiletés motrices, les stratégies de jeu, les connaissances, le développement affectif et social. Des débats houleux tentent de déterminer quels sont les buts les plus importants en éducation physique et il y a de la place pour accueillir des points de vue différents à l'intérieur de ces débats. Cependant, peu importe les principaux buts visés par un enseignant, il est possible d'affirmer que tous devraient essayer d'enseigner de manière à aider les élèves à aimer et à valoriser l'activité physique.

Robert Mager a écrit que l'objectif universel de tous les enseignants devrait viser à aider les apprenants à aimer ce qu'ils apprennent et à aimer le processus d'apprentissage. Mager a montré que les élèves apprennent aussi à aimer ou à détester la matière pendant qu'ils l'apprennent.

Le but de cette présentation est de discuter de l'importance de proposer des expériences d'apprentissage qui n'enseignent pas aux élèves à détester les notions qu'ils sont en train d'apprendre. Le but de cette présentation est de suggérer que toutes les séquences d'enseignement, toutes les situations d'apprentissage, tous les exposés, tous les programmes devraient avoir comme objectif premier de faire en sorte que l'apprenant sorte d'une situation d'apprentissage avec le goût d'y revenir et que son intérêt pour cette matière soit au moins égal, sinon plus grand qu'au moment où il est arrivé (Mager, 1973, p. 3).

Les élèves qui vivent habituellement dans des environnements éducatifs négatifs et cœrcitifs ou qui font régulièrement l'expérience de l'échec apprennent à détester la matière enseignée et, finalement, à détester apprendre. Les expériences positives et réussies en matière d'apprentissage aident les élèves à aimer et à valoriser la matière et, par le fait même, à aimer et à valoriser l'apprentissage. Le but sous-jacent de tous les enseignants devrait donc viser le développement d'une attitude positive envers la matière enseignée et l'acte d'apprendre de manière à ce que les élèves aiment et valorisent la matière.

L'ÉVALUATION DE L'ENSEIGNEMENT DOIT ÊTRE RELIÉE AUX BUTS

Supposons que vous enseignez une unité de volley-ball à une classe de secondaire I ; vous décidez que votre principal but est d'enseigner des stratégies de jeu. Vous voulez que les élèves se déplacent de façon appropriée sur le terrain et qu'ils réagissent aux jeux offensifs et défensifs de l'autre équipe en choisissant des stratégies bien adaptées. Vous savez que leurs techniques individuelles (service, manchette, passe, smash, bloc) ne progresseront peut-être pas aussi rapidement puisque vous avez choisi de mettre l'accent sur les stratégies. Si les résultats d'une observation systématique de votre enseignement indiquent que vous avez consacré peu de temps à la pratique des habiletés techniques et qu'à la suite de cette évaluation formative votre superviseur vous suggère d'y consacrer plus de temps, est-ce que cette observation et cette évaluation peuvent être considérées appropriées ? Sont-elles utiles pour vous ? Il semble bien que ce n'est pas le cas parce qu'il n'a pas tenu compte de votre but.

L'évaluation de l'enseignement doit prendre en considération les buts visés par l'enseignant. Les buts des éducateurs physiques diffèrent considérablement. Certains orientent leur enseignement vers le développement de la condition physique. D'autres mettent davantage l'accent sur l'acquisition d'habiletés motrices. Certains sont centrés sur les stratégies de jeu. D'autres sont plus intéressés par l'atteinte de buts dans le domaine du développement affectif, tels que le concept de soi, la créativité ou la confiance en soi. Certains éducateurs sont essentiellement centrés sur des objectifs de développement social, tels que le sens des responsabilités, l'honnêteté, le partage et l'entraide. Étant donné qu'ils visent des buts variés, les enseignants ont des façons fort différentes de planifier et d'enseigner. Leur choix d'activités, leurs stratégies d'organisation, la fréquence et les objectifs de leurs interactions avec les élèves ainsi que le type d'information qu'ils leur donnent varient selon les buts qu'ils cherchent à atteindre. Une évaluation formative valide doit donc tenir compte de ces buts. Cette remarque semble évidente lorsqu'il est question de la mesure des résultats obtenus par les élèves. Elle est tout aussi vraie, même si cela ne semble pas aussi évident, lors de l'observation de l'enseignant et des élèves pour faire l'évaluation formative du processus d'enseignement-apprentissage.

L'ÉVALUATION EN DIRECT DE L'ENSEIGNEMENT

L'enseignement doit être évalué en fonction des résultats obtenus à court et à long termes. Les élèves sont-ils en meilleure condition physique ? Sont-ils plus habiles ? Jouent-ils mieux ? Cherchent-ils par eux-mêmes à participer à des activités physiques ? L'encadré 4.2 fournit des exemples de résultats à long terme que les éducateurs physiques pourraient utiliser pour mesurer et évaluer la réussite de leurs efforts. Cependant, quand vous voulez apprendre à enseigner, vous ne pouvez pas attendre d'avoir de tels résultats (pas même des données sur les apprentissages à court terme) pour obtenir des rétroactions et améliorer votre enseignement. Lorsque vous enseignez, vous voulez savoir rapidement dans quelle mesure vous avez réussi et comment vous pourriez vous améliorer. Aussi, vous avez besoin d'une évaluation en direct pour vous améliorer sur une base quotidienne.

Trois niveaux d'évaluation en direct sont utiles pour l'amélioration de l'enseignement : 1) l'évaluation des comportements de l'enseignant et des élèves ; 2) l'évaluation des épisodes d'enseignement ; 3) l'évaluation de variables-critères pendant le processus d'enseignement-apprentissage. Ces trois niveaux fournissent un cadre de référence utile pour examiner l'enseignement, que ce soit dans des situations de micro-enseignement se déroulant à l'université, pendant l'enseignement à des groupes réduits à l'école ou pendant un stage d'enseignement. Chacun de ces niveaux peut fournir des informations utilisables immédiatement pour aider les enseignants à s'améliorer et pour évaluer leur enseignement. Toutes ces informations sont obtenues par l'observation des enseignants et des élèves. Les informations recueillies doivent tenir compte des objectifs spécifiques visés lors d'une période d'enseignement donnée.

Niveau 1 : Évaluer des comportements isolés de l'enseignant et des élèves

Il est souvent utile de définir avec soin les comportements importants des enseignants et des élèves afin de mesurer leur degré d'apparition pendant une période d'enseignement. Ce type d'évaluation est particulièrement utile au début de la formation des enseignants lorsque les habiletés d'enseignement sont pratiquées dans des environnements où la complexité est réduite, comme pendant l'enseignement à des petits groupes ou à des pairs, ou encore en situation de micro-enseignement. Un **comportement isolé** est un comportement qui a un début et une fin facilement reconnaissables ; par exemple, les rétroactions de l'enseignant, les réponses motrices des élèves, les questions posées par l'enseignant ou les comportements déviants.

Les comportements isolés de l'enseignant ou des élèves peuvent être mesurés en calculant leur fréquence ou leur durée. On peut calculer la fréquence des comportements en comptant le nombre de comportements produits. Puis, en divisant cette fréquence par la durée, on convertit les résultats en un taux. Par exemple, vingt-quatre rétroactions pendant une période d'enseignement de six minutes donne un taux de quatre rétroactions par minute. Certains comportements sont plus significatifs si l'on mesure leur durée plutôt que leur fréquence. Par exemple, il serait important de savoir pendant combien de temps les élèves n'ont pas été impliqués directement dans une tâche d'apprentissage au cours d'une période d'enseignement de vingt minutes.

Parfois, le fait de savoir si les comportements isolés des enseignants sont justes ou appropriés constitue l'information la plus utile que nous puissions avoir. Nous pourrions alors observer chacune des rétroactions données par un enseignant dans le but de savoir si elles sont appropriées. L'information qui en résulterait pourrait être exprimée par le ratio du nombre de rétroactions jugées appropriées par rapport au nombre total de rétroactions émises.

Niveau 2 : Évaluer des épisodes d'enseignement

Souvent, les comportements isolés des enseignants ou des apprenants ne donnent pas une information suffisamment riche et complexe pour améliorer l'enseignement. Par exemple, le fait de savoir combien de comportements liés à l'organisation vous avez eus pendant une période de trente minutes ne fournit qu'une information limitée sur votre habileté à gérer le groupe. Pour obtenir une évaluation plus complète, il est utile de trouver des façons de combiner des variables associées aux comportements de l'enseignant et des élèves pendant des moments cruciaux. Les **épisodes d'enseignement** font référence à des combinaisons de variables qui concernent à la fois ce que font les enseignants et les élèves ; l'analyse des épisodes d'enseignement fournit des informations sur des éléments importants du processus éducatif.

Un exemple d'épisode d'enseignement dont l'utilité a été démontrée pour améliorer les habiletés est l'épisode d'organisation, c'est-à-dire la période de temps qui débute quand un enseignant donne une consigne d'organisation et qui se termine quand les élèves ont répondu à cette consigne et commencent l'apprentissage ou la pratique de l'activité suivante. Prenez par exemple une situation où quatre sous-groupes jouent deux matchs de volley-ball. Le moment est venu pour ces équipes de changer d'adversaires. L'enseignant commence cet épisode d'organisation en donnant un coup de sifflet pour arrêter le jeu. L'enseignant explique alors que l'équipe A jouera maintenant contre l'équipe D sur le terrain n° 2 et que l'équipe C jouera contre l'équipe B sur le terrain n° 1. Les équipes s'organisent alors pour débuter un nouveau match. Quand ces matchs commencent, l'épisode d'organisation est terminé. Le moment où l'enseignant a commencé cet épisode par un coup de sifflet jusqu'à ce que les nouveaux matchs débutent représente la durée totale de cet épisode d'organisation. Le nombre d'épisodes, leurs durées respectives, ainsi que la durée moyenne des épisodes d'organisation au cours d'une leçon fournissent des informations utiles pour les enseignants qui veulent améliorer leurs habiletés d'organisation.

Un autre type d'épisode d'enseignement utile pour l'évaluation formative concerne le cycle d'enseignement qui inclut une directive donnée par un enseignant, la réponse d'un élève et la rétroaction de l'enseignant. Il peut être analysé selon diverses perspectives. L'enseignant donne une brève directive concernant ce qu'il faut faire : « Gardez vos épaules au même niveau quand vous vous élancez. » Les élèves tentent un ajustement. L'enseignant évalue alors la réponse et donne une rétroaction : « Beaucoup mieux, elles sont presque au même niveau. »

Un autre type d'épisode d'enseignement concerne la séquence d'événements se produisant lorsqu'un enseignant informe les élèves au sujet de la tâche à accomplir et que ces derniers font leurs premiers essais pour réaliser cette tâche ; une telle séquence se produit régulièrement pendant un cours. Un enseignant présente une tâche d'apprentissage ; les élèves répondent ; l'enseignant réagit à ces réponses. Quelles étaient les caractéristiques de la tâche présentée ? Combien de temps les élèves ont-ils pris pour y répondre ? Ont-ils modifié la tâche lorsqu'ils ont répondu ? Comment l'enseignant a-t-il réagi ? Ce sont des exemples de questions utiles à poser lors de l'analyse de ce type d'unité.

Niveau 3 : Évaluer des variables-critères pendant le processus d'apprentissage

Les enseignants et ceux qui les supervisent ont souvent besoin d'information sur le degré d'apprentissage des élèves. Cependant, les données mesurant les apprentissages qu'ils réalisent ne peuvent pas être recueillies avant la fin d'une unité ou d'une étape. Aussi, il est nécessaire de recueillir des données fortement associées aux succès des élèves; celles-ci peuvent être obtenues en tout temps. Ce type de mesure est appelé variables-critères pendant le processus d'apprentissage; ce sont des variables associées au comportement des élèves qui fournissent des indications sur ce qu'ils font pendant qu'ils apprennent.

Je vous suggère d'observer deux variables-critères pour lesquelles il existe des conclusions de recherche indiquant qu'elles sont fortement associées aux acquisitions en apprentissage: le temps d'apprentissage (TA) (voir l'encadré 2.3) et les occasions de répondre (ODR). Ces variables peuvent être considérées comme des substituts des variables de produit ou comme des mesures directes de l'apprentissage. Le TA et les ODR sont des façons différentes de mesurer le même phénomène, c'est-à-dire le taux d'engagement des élèves dans des activités pouvant conduire à des apprentissages. L'observation du temps d'apprentissage fournit une mesure de la quantité de temps pendant lequel les élèves sont engagés dans des activités reliées aux objectifs et pour lesquelles ils obtiennent un bon taux de succès. L'observation des occasions de répondre indique le nombre de réponses motrices appropriées faites par un élève pendant une leçon donnée. Au chapitre 3, on signale que le temps d'apprentissage est généralement faible dans les cours d'éducation physique et que, dans plusieurs situations, les élèves ont peu d'occasions de répondre (voir p. 61-62).

Ces deux variables, le TA et les ODR, fournissent aux enseignants de bonnes estimations du degré d'apprentissage susceptible de se produire dans leurs cours. Elles ont aussi l'avantage de fournir immédiatement une estimation de l'apprentissage sans que vous ayez à attendre que des mesures de résultat soient prises à la fin du processus. Le TA et les ODR sont aussi des instruments utiles pour faire le diagnostic et l'évaluation d'autres aspects de l'enseignement. Par exemple, ils peuvent indiquer qu'avec des unités d'organisation moins nombreuses et plus courtes, il se produit une augmentation du temps d'apprentissage. Vous pourriez observer qu'avec une amélioration de la supervision active des enseignants pendant la pratique des élèves, il se produit une augmentation du nombre d'occasions de répondre. Une diminution du temps d'attente pourrait permettre aux élèves de s'engager activement plus longtemps et d'obtenir plus de temps d'apprentissage et plus d'occasions de répondre de façon appropriée. Cependant, il est aussi possible que les élèves soient engagés pendant de longues périodes de temps et qu'ils donnent un grand nombre de réponses, mais qu'une grande partie de ce temps soit consacrée à des activités trop difficiles, ou encore qu'un grand nombre de ces réponses ne soient pas appropriées. Cette comparaison entre le temps d'engagement et le temps d'apprentissage ou entre le nombre total de réponses et la proportion de réponses appropriées fournit une information extrêmement valable pour les enseignants.

Cette approche d'évaluation formative de l'apprentissage qui mesure le taux d'engagement des élèves à l'aide de variables-critères est cohérente avec notre définition de l'enseignement efficace : l'enseignement est efficace quand les enseignants s'organisent de façon à ce que les élèves soient fréquemment engagés, avec un bon taux de succès, dans des activités reliées aux buts poursuivis. Ainsi, l'enseignement est évalué en faisant référence à ce que les élèves font vraiment pendant les cours ! L'amélioration de votre capacité à donner des informations claires, à augmenter la fréquence de vos rétroactions et à poser de bonnes questions sont toutes des habiletés importantes ; elles devraient cependant se traduire par une augmentation du temps valable d'apprentissage et des occasions de répondre.

LES ÉTAPES DU PROCESSUS D'ÉVALUATION

Le fait de procéder à une évaluation régulière est crucial pour améliorer l'enseignement. Certaines évaluations peuvent être faites par l'enseignant pendant qu'il enseigne, même sans l'aide d'observations systématiques. Si les enseignants peuvent surveiller attentivement la présence ou l'absence de certains événements pendant un épisode d'enseignement, ils peuvent obtenir des informations sur ce qu'ils font. Cependant, pour que l'enseignement s'améliore rapidement et de façon marquée pendant une courte période de temps, il est nécessaire de procéder à une évaluation plus systématique, comme celle que vous pourriez faire pendant un stage d'enseignement faisant partie d'un programme de formation. Voici les étapes importantes du processus d'évaluation.

1. **Déterminer les objectifs d'apprentissage visés.** L'enseignement est une activité orientée vers des buts. Il n'est pas possible de mesurer si un élève bénéficie du temps valable d'apprentissage ou s'il obtient des occasions de répondre appropriées sans connaître les buts que l'enseignant essaie d'atteindre. Plus l'enseignant aura défini ses buts d'une manière spécifique, plus il sera facile d'évaluer l'efficacité de son enseignement.

2. **Reformuler les buts de l'enseignement et de l'apprentissage sous la forme de comportements.** Si le but est de se comporter en joueur honnête, quels sont les comportements appropriés ou non appropriés par rapport à ce but ? Que faut-il observer lorsqu'un enseignant veut améliorer son enthousiasme ? Si le leadership des

---

**Encadré 4.4 : Mesurer l'enseignement et l'apprentissage :
est-ce possible ?**

Avez-vous entendu certaines personnes dire : « Les choses vraiment importantes ne peuvent pas être mesurées » ou « Je ne mesure pas l'enseignement parce que c'est déshumanisant » ? Ces objections doivent être prises au sérieux.

Certaines choses sont plus difficiles que d'autres à mesurer. L'enthousiasme des enseignants ou la coopération des élèves sont plus difficiles à mesurer que la justesse des rétroactions ou la qualité des occasions de répondre. Le problème n'est pas vraiment une question de mesure mais plutôt de définition. Si la coopération ou l'enthousiasme peuvent être définis de façon appropriée, ils peuvent aussi être mesurés de façon fiable. S'ils ne peuvent pas être définis adéquatement, comment pouvons-nous prétendre aider les enseignants à devenir plus enthousiastes ou les élèves à être plus coopératifs ?

La problématique de la mesure est souvent mal comprise. Quand un enseignant termine son cours en disant : « Nous avons vraiment eu du plaisir aujourd'hui », il vient de faire une évaluation. La mesure n'est pas très précise et l'enseignant n'est pas tout à fait conscient des bases de son jugement, mais le fait qu'il ait prononcé cette phrase implique qu'un aspect du cours fut mesuré d'une certaine façon. Nous mesurons fréquemment les choses de façon imprécise. La question n'est pas vraiment de savoir si les phénomènes éducatifs importants peuvent être mesurés, mais plutôt de savoir si nous pouvons les définir de façon adéquate afin de les mesurer de façon fiable. Lorsque les notions relatives à l'enseignement ou à l'apprentissage sont mal définies ou de façon non spécifique, elles deviennent vulnérables aux biais des observateurs qui tentent de les mesurer. Si certains phénomènes associés à l'enseignement et à l'apprentissage sont considérés importants, tous les efforts doivent alors être faits pour atteindre un consensus concernant leur signification spécifique. Une fois qu'une telle entente existe, il est alors possible de mesurer ces phénomènes de façon fiable.

élèves représente un objectif important pour le développement social, comment savoir si une personne a fait preuve de leadership ? Pour répondre à ces questions, les buts doivent être reformulés sous une forme comportementale. Le mot « comportemental » fait référence à des actions qui peuvent être observées directement par une autre personne. Certains phénomènes importants comme les sentiments ne peuvent être observés que par la

personne qui les vit. Par contre, lorsque c'est possible, il est nécessaire de définir les buts sous une forme comportementale, non
seulement pour être capable de faire des observations valides et
fidèles, mais aussi pour aider les enseignants qui ont besoin de
déterminer précisément ce qu'ils veulent enseigner à leurs élèves.

3. **Évaluer l'enseignement de façon précise.** Il est possible d'évaluer
un ou plusieurs objectifs visés par l'enseignant. Cependant, quel
que soit le nombre de buts choisis, ils doivent être formulés de
façon précise afin d'être évalués correctement. Il y a deux façons
d'atteindre une telle spécificité. Premièrement, l'objet d'évaluation
doit être précis. Il ne suffit pas de dire : « améliorer les habiletés
d'organisation » ; il est préférable de s'entendre par exemple pour
« réduire le temps consacré à l'organisation », pour « réduire la
durée moyenne des épisodes d'organisation », pour « réduire le
nombre et la durée des épisodes de transition » ou pour « passer
moins de temps à ranger l'équipement ». Le deuxième aspect de
la spécificité concerne la précision de critères pour juger du degré
d'atteinte du but visé ; par exemple, « réduire le temps total
d'organisation à moins de dix minutes » ou « réduire la durée
moyenne des transitions à moins d'une minute ». Le critère doit
être réaliste et présenter un niveau de difficulté suffisamment
élevé pour susciter le progrès, tout en étant suffisamment bas pour
être réalisable.

4. **Utiliser des données de base pour établir les critères.** Pour savoir
jusqu'à quel point vous vous êtes améliorés, vous devez savoir
où vous avez démarré ! Lors de l'évaluation et de l'amélioration
de l'enseignement, il est important d'obtenir une information
complète sur vos résultats actuels, soit votre niveau de base,
puisque ces mesures servent de comparaison de base pour les
données futures. Les mesures descriptives du niveau de base de
votre enseignement sont utilisées pour déterminer les buts,
établir des critères et faire des comparaisons sur le plan de
l'amélioration. Il est préférable si possible d'obtenir des données
sur plus d'une période d'enseignement pour déterminer le
niveau de base. Les données du niveau de base révèlent vos
forces et vos faiblesses, ainsi que ce qui devrait faire l'objet
d'attention prioritaire pour améliorer votre enseignement. Vous
pouvez obtenir un bon temps d'organisation lors des débuts et
des fins de séances, mais un temps de transition trop élevé. Vous
pouvez donner de bonnes explications et faire des démonstrations appropriées, mais le temps d'apprentissage de vos élèves
peut être bas. Les données du niveau de base aideront également à établir des critères d'amélioration. Si votre temps d'organisation correspond à trente-sept pour cent du temps de séance,

un critère de départ de vingt-cinq pour cent serait réaliste. À la longue, vous devriez être capable de vous organiser suffisamment bien pour atteindre dix ou quinze pour cent.

5. **Atteindre les buts en utilisant des stratégies spécifiques et des mesures régulières.** Que ce soit en matière d'enseignement ou de pratique sportive, pour vous améliorer, vous devez être centrés sur quelques aspects précis, avoir des occasions de les pratiquer et obtenir des mesures régulières sur la qualité de vos résultats. Les différents chapitres de ce volume contiennent des suggestions pour l'organisation de la classe, le maintien de la discipline, la présentation des tâches et la supervision du temps de pratique. Il est important de vouloir s'améliorer et aussi d'avoir des stratégies précises pour vous aider. La mise en application de ces stratégies vous permettra de vous améliorer. Par exemple, la réduction du temps d'organisation peut se faire : 1) en organisant une activité initiale ; 2) en utilisant un signal pour obtenir l'attention des élèves ; ou 3) en utilisant un jeu d'organisation (voir p. 132-135). L'exécution appropriée de ces stratégies réduira le temps d'organisation de façon significative.

6. **Maintenir les acquis tout en acquérant de nouvelles habiletés.** Le maintien des acquis signifie que vous continuez à obtenir un bon niveau de rendement dans un domaine qui a été développé pendant que vous cherchiez à atteindre de nouveaux buts pour améliorer votre enseignement. Par exemple, pouvez-vous maintenir un bon taux de rétroactions reliées aux tâches pendant que vous essayez d'améliorer vos interactions se rapportant aux comportements des élèves. Des observations occasionnelles sont de nature à favoriser le maintien des acquis. À la longue, quand vous serez habitués à utiliser de façon appropriée diverses habiletés d'enseignement, vous aurez développé un acte pédagogique vraiment efficace.

7. **Prendre la responsabilité de votre enseignement.** Vous atteindrez la dernière étape du processus d'évaluation quand vous prendrez vraiment la responsabilité de votre enseignement. Les enseignants qui travaillent à temps complet n'ont pas l'assistance d'une équipe de supervision. Ils sont évalués périodiquement par leur directeur ou un conseiller pédagogique, mais ces évaluations sont souvent peu efficaces et relativement peu utiles pour améliorer ou maintenir des habiletés d'enseignement. Les enseignants peuvent utiliser le processus d'évaluation formative décrit dans ce chapitre pour maintenir et continuer à développer leur compétence. Vous pouvez trouver des façons d'observer votre enseignement : enregistrement sur magnétophone, auto-observation du nombre ou de la durée de certains événements et, à l'occasion, enregistrement sur magnétos-

cope. Des objectifs spécifiques peuvent être évalués à l'aide de mesures fiables. Vous atteignez l'apogée d'un bon enseignement lorsque vous prenez la responsabilité d'évaluer vous-même ce qui se passe dans votre gymnase.

DES EXEMPLES D'APPLICATION DU PROCESSUS D'ÉVALUATION FORMATIVE

Robert est étudiant dans un programme de formation d'enseignants en éducation physique. Un des principaux buts de ce programme est d'apprendre à donner des rétroactions spécifiques au rendement des apprenants. Il s'agit d'un but valable. En effet, les rétroactions spécifiques à la tâche sont importantes et les conclusions de la recherche indiquent que les éducateurs physiques n'en donnent pas suffisamment. Robert participe à un stage d'enseignement de quatorze jours dans une école secondaire. Un de ses pairs, étudiant dans le même programme, observe chacune des leçons qu'il enseigne. Les données recueillies lors des deux premiers jours servent à établir son niveau de base pour diverses habiletés d'enseignement, incluant les rétroactions spécifiques à la tâche. Après la période de prélèvement du niveau de base, Robert et son superviseur décident qu'il essaiera de donner au moins trois rétroactions spécifiques par minute pendant les périodes de pratique et la proportion de rétroactions spécifiques par rapport aux rétroactions générales devra être de cinquante pour cent. Ils discutent des moyens à prendre pour donner une plus grande quantité de rétroactions liées aux tâches enseignées. Son collègue-étudiant continue de l'observer pendant trois séances. Robert constate qu'il a été en mesure d'atteindre son objectif-critère et qu'il l'a même dépassé sensiblement lors de sa troisième leçon. Une nouvelle habileté d'enseignement pourrait alors être choisie, mais Robert décide qu'il essaiera de maintenir son habileté à donner au moins trois rétroactions spécifiques par minute de pratique.

Denise est une enseignante d'expérience en éducation physique au primaire. Elle a lu récemment un article au sujet de l'importance pour les enseignants de bien répartir leur attention entre les garçons et les filles, ainsi qu'entre les élèves dont les niveaux d'habileté sont différents. L'article soutenait que les éducateurs physiques ont tendance à interagir plus fréquemment avec les garçons qu'avec les filles et aussi qu'ils s'occupent plus souvent des élèves les plus habiles que de ceux qui sont faibles ou dans la moyenne. Cet article a piqué la curiosité de Denise au sujet de son profil de répartition d'attention lorsqu'elle enseigne. Pendant quelques jours, elle transporte un carnet où elle enregistre le nombre d'échanges avec les garçons et les filles ainsi que les occasions où elle s'adresse aux élèves ayant divers niveaux d'habiletés pendant ses cours. Ces données lui fournissent son niveau de base. Elle est contente de constater qu'elle répartit son attention de façon équitable entre les groupes de différents niveaux d'habileté, mais elle est surprise et insatisfaite de réaliser qu'elle parle plus souvent aux garçons qu'aux filles. Elle décide de changer cette situation et se fixe comme objectif d'avoir un pourcentage équitable d'interactions en fonction des sexes. Elle continue de surveiller son rendement à l'aide des données inscrites dans son carnet jusqu'à ce qu'elle ait atteint son objectif. Deux semaines plus tard, elle vérifie à nouveau ; elle profite alors de la présence d'un étudiant universitaire dans sa classe pour lui demander d'observer le nombre de fois où elle parle aux garçons et aux filles. Les résultats continuent de montrer une répartition équitable de son attention.

Ces habiletés ne sont pas difficiles à apprendre ou à faire. Des informations sur les façons de vérifier la fiabilité des données d'observation ainsi que des exemples de systèmes d'observation sont présentés au chapitre 16. (Voir aussi le volume en français de Brunelle, Drouin, Godbout et Tousignant, 1988.)

RÉSUMÉ

1. L'évaluation formative consiste à recueillir des informations dans le but d'améliorer un rendement alors que l'évaluation en général vise essentiellement à juger de la valeur d'un rendement.

2. L'évaluation formative nécessite de bonnes informations, c'est-à-dire des informations fidèles et valides.

3. Les variables du processus d'enseignement associées aux comportements des enseignants décrivent ce que fait l'enseignant pendant les cours, alors que les variables du processus d'apprentissage associées aux comportements des élèves décrivent ce que font les participants. Les variables de produit d'apprentissage décrivent les résultats des apprenants à la fin d'une unité d'enseignement ou les changements survenus dans leurs comportements à la suite de leur expérience d'apprentissage.

4. Le modèle de base pour l'évaluation formative indique que les enseignants et les élèves s'influencent mutuellement et que cette interaction exerce un effet sur ce que font les élèves ; enfin, les comportements des élèves influencent directement les résultats à court et à long termes.

5. L'évaluation, pour être juste, doit être reliée aux buts visés dans une situation d'apprentissage donnée.

6. Un objectif universel de tous les enseignants est de favoriser chez les participants une attitude positive envers la pratique de l'activité physique.

7. L'évaluation en direct de l'enseignement peut être centrée sur des comportements isolés du processus d'enseignement-apprentissage, sur des unités d'enseignement ou sur des variables-critères pendant le processus d'apprentissage.

8. Les comportements isolés de l'enseignant ou des élèves ont un début et une fin clairement reconnaissables ; aussi, il est possible de calculer leur fréquence ou leur durée.

9. Les épisodes d'enseignement sont des combinaisons de variables associées à ce que font les enseignants ou les élèves ; ils fournissent des informations sur des éléments importants du processus éducatif.

10. Les variables-critères pendant le processus d'apprentissage sont des mesures du comportement des apprenants et elles fournissent des informations sur leur apprentissage.

11. Le temps d'apprentissage et les occasions de répondre sont deux variables-critères observables pendant le processus d'apprentissage. Le temps d'apprentissage est basé sur la durée alors que les occasions de répondre sont calculées sous forme de fréquence.

12. Les étapes importantes du processus d'évaluation formative sont les suivantes : déterminer les buts visés, reformuler ces buts sous la forme de comportements, déterminer des critères et des niveaux de réussite spécifiques, recueillir des données sur le niveau de base, atteindre les buts en utilisant des stratégies spécifiques et des mesures régulières, maintenir les habiletés une fois qu'elles sont acquises, assumer la responsabilité de son propre enseignement.

PARTIE **II**

La création de conditions efficaces d'enseignement en éducation physique

CHAPITRE 5   L'écologie de l'éducation physique

CHAPITRE 6   L'organisation préventive

CHAPITRE 7   Les techniques et les stratégies de discipline

CHAPITRE 8   Les habiletés de relations interpersonnelles dans l'enseignement de l'éducation physique

Certains enseignants possèdent des stratégies et des habiletés d'enseignement efficaces, facilement applicables. Cependant, plusieurs enseignants et formateurs d'enseignants considèrent depuis longtemps l'enseignement uniquement du point de vue des habiletés d'interaction et ils négligent les fonctions d'organisation et de maintien de la discipline. Les chapitres de la partie II fournissent un modèle pour comprendre les relations entre l'organisation de la classe, la discipline et l'enseignement proprement dit, les stratégies d'organisation les plus importantes pour prévenir les problèmes possibles de discipline, les techniques pour contrer les comportements dérangeants et le non-engagement dans les tâches d'apprentissage ainsi que les habiletés de relations interpersonnelles pour aider les enseignants à influencer positivement leurs élèves.

Quand vous maîtriserez le contenu de la partie II, vous serez capables de reconnaître et d'expliquer les relations entre les éléments qui constituent l'écologie de l'éducation physique, de décrire les habiletés d'organisation qui permettent de prévenir les comportements dérangeants ou l'absence d'engagement approprié dans les tâches d'apprentissage, de décrire l'influence des stratégies sur les comportements dérangeants et sur la façon d'établir des relations sociales avec les élèves.

CHAPITRE 5

L'écologie de l'éducation physique

Quelle est donc l'utilité pratique d'une approche écologique pour faire de la recherche en enseignement ? Un modèle écologique peut servir de cadre de référence pour comprendre le fonctionnement d'une classe. Une telle compréhension semble être particulièrement utile pour aider les enseignants à interpréter leurs problèmes et à produire des solutions qui tiennent compte des contingences spécifiques de leur milieu.

Walter Doyle (1979)

LES OBJECTIFS DU CHAPITRE

- Décrire les buts d'un modèle de référence écologique en enseignement ;

- Faire la différence entre les tâches d'organisation, les tâches d'apprentissage et les interactions sociales entre les élèves ;

- Distinguer entre les tâches telles que présentées, les tâches véritables et comprendre comment elles se développent ;

- Décrire comment les stratégies d'évaluation et de responsabilisation, l'ambiguïté et la clarté des tâches ainsi que le risque d'échec sont reliés aux systèmes de tâches ;

- Décrire le rôle de la négociation dans l'établissement des limites des tâches ;

- Décrire comment les systèmes de tâches interagissent entre eux pour produire l'écologie de la classe ;

- Décrire comment la supervision et la responsabilisation déterminent les véritables caractéristiques du système de tâches ;

- Expliquer les résultats de la recherche au sujet des systèmes de tâches en éducation physique ;
- Expliquer les composantes d'une écologie centrée sur l'apprentissage.

Ce volume est principalement centré sur l'utilisation des habiletés d'enseignement (isolées ou combinées) pour produire une éducation fiable et efficace en éducation physique. Ces habiletés ne devraient jamais être appliquées mécaniquement. L'enseignement efficace doit répondre aux demandes du contexte d'enseignement-apprentissage ainsi qu'aux besoins, intérêts et capacités des élèves. Cela veut dire que, pour être efficace, l'enseignant doit être sensible à l'environnement. Une prémisse importante de ce volume consiste à croire que les enseignants ont besoin de développer un niveau d'habileté qui leur permet d'atteindre les buts éducatifs qu'ils se sont fixés, même si l'environnement dans lequel ils travaillent est complexe et parfois très difficile. Comme je l'ai mentionné précédemment, l'enseignement et l'apprentissage sont souvent mal compris par les personnes qui présument que l'influence s'exerce dans une direction à sens unique, c'est-à-dire des enseignants vers les élèves. Bien que ce soit la responsabilité professionnelle des enseignants d'influencer les élèves de façon valable pour favoriser leur éducation, il est clair que les enseignants sont influencés par leurs élèves. Parfois, l'influence des élèves est même plus forte que celle des enseignants. Ainsi, la seule façon de bien comprendre l'enseignement consiste à examiner les influences bidirectionnelles entre les enseignants et les participants.

Le but de ce chapitre est de fournir une vue générale de l'enseignement de l'éducation physique sous la forme d'un cadre de référence grâce auquel les habiletés et les stratégies d'enseignement efficace peuvent être interprétées et comprises. On dit parfois que les gens ne peuvent pas voir la forêt parce qu'ils regardent uniquement les arbres. Ce chapitre fournit une vue de la forêt alors que les chapitres qui suivent mettent davantage l'accent sur les multiples espèces d'arbres qui y vivent.

Ce chapitre concerne l'écologie de l'éducation physique. Selon sa signification générale, le mot « **écologie** » fait référence à l'étude de l'habitat des êtres vivants, des relations entre ces organismes et leur environnement. Typiquement, une écologie est constituée d'un nombre de systèmes qui interagissent entre eux de telle façon qu'un changement dans un des systèmes influence ce qui se passe dans les autres. Souvent, les systèmes écologiques existent dans un équilibre délicat qui peut être bouleversé quand un ou plusieurs d'entre eux sont dérangés ou modifiés. Le processus d'enseignement-apprentissage en éducation physique peut être envisagé comme un système écologique, exactement de la même façon que l'environnement naturel dans lequel nous vivons.

Le cadre de référence écologique décrit dans ce chapitre a été élaboré à partir de recherches faites dans le contexte naturel de l'école. Ce modèle écologique prend son origine dans les travaux de Doyle (1979) et il fut appliqué en éducation physique pour la première fois par Tousignant et Siedentop (1983) et en français par Tousignant (1985). Depuis, notre compréhension s'est élargie grâce à une série d'études réalisées à l'Ohio State University (Alexander, 1982 ; Tinning et Siedentop, 1985 ; Marks, 1988 ; Jones, 1989 ; Son, 1989 ; Lund, 1990). L'information contenue dans ce chapitre vient donc du modèle écologique défini par Doyle et des études réalisées à l'aide de ce modèle dans le contexte de l'éducation physique.

LES SYSTÈMES DE TÂCHES QUI FIGURENT DANS L'ÉCOLOGIE DE L'ÉDUCATION PHYSIQUE

Le processus d'enseignement-apprentissage en éducation physique peut être vu comme une écologie composée de trois principaux systèmes ; chacun de ces systèmes se développant autour d'un ensemble de tâches à accomplir. Ces systèmes comprennent le système de tâches d'organisation, le système de tâches d'apprentissage et le système d'interactions sociales entre les élèves. Les interrelations entre ces trois systèmes de tâches forment l'écologie de l'éducation physique.

Une **tâche** est composée d'un but et d'une série d'opérations à réaliser pour atteindre ce but. Les tâches sont communiquées à travers « un ensemble de directives implicites ou explicites concernant ce qu'une personne devrait faire pour composer efficacement avec une situation » (Doyle, 1981, p. 2). Une **tâche d'organisation** est reliée à des aspects comportementaux et organisationnels de l'éducation physique, c'est-à-dire à toutes les fonctions qui ne sont pas directement reliées à la matière, mais qui sont nécessaires pour que l'enseignant et les élèves puissent « vivre ensemble » pendant une certaine période de temps. Par exemple, une tâche simple d'organisation est proposée lorsque l'enseignant dit : « Formez quatre équipes pour jouer au volley-ball en vous attribuant chacun un numéro de un à quatre » ! Une **tâche d'apprentissage** est une activité reliée directement à la matière enseignée en éducation physique, c'est-à-dire les apprentissages que l'enseignant a l'intention de faire réaliser aux élèves pendant leur participation aux activités proposées. Par exemple, une tâche d'apprentissage simple est proposée lorsque l'enseignant dit : « Travaillez deux par deux, à deux mètres de distance et conservez le ballon de volley-ball en jeu en faisant des manchettes. » Le système d'**interactions sociales entre les élèves** est différent en ce sens qu'il est mis au point et dirigé directement par les élèves plutôt que par l'enseignant. Il apparaît clairement que les élèves ont un projet social quand ils arrivent dans les cours d'éducation physique et que ces intentions peuvent être interprétées comme un système de tâches. Le système d'interactions sociales entre les élèves fait référence à leurs intentions d'entretenir des relations sociales avec les autres participants pendant les leçons d'éducation physique. Par exemple, les activités associées aux interactions sociales consistent à avoir du plaisir avec un ami tout en accomplissant de façon appropriée une tâche d'apprentissage au volley-ball comme celle décrite précédemment ou encore à se désengager complètement de la tâche d'apprentissage pour s'engager dans des comportements sociaux dérangeants et inacceptables du point de vue de l'enseignant. Les tâches d'interaction sociale ne sont pas annoncées publiquement et ne sont pas réalisées de la même façon que les tâches d'organisation ou d'apprentissage. Elles sont communiquées subtilement et souvent subrepticement entre les élèves. L'accomplissement de ces tâches interfère avec les autres systèmes de tâches et peut produire des problèmes pour l'enseignant.

Un **système de tâches** est un modèle pour accomplir les tâches. Il est composé principalement des tâches qui reviennent fréquemment en éducation physique. Ainsi, il existe un **système d'organisation** constitué des tâches habituelles de gestion : entrer au gymnase, prendre les présences, faire les transitions entre les activités, s'organiser pour écouter les explications, se disperser, sortir ou ranger le matériel, rester centré sur la tâche, obéir aux règles, terminer un cours, etc. Le **système de tâches d'apprentissage** est composé de toutes les activités éducatives que l'enseignant propose aux élèves, comme participer à des exercices, jouer un match, faire des activités de conditionnement physique, répondre à un test écrit ou participer à des activités dans le but de développer des attitudes ou des habiletés sociales. Le **système d'interactions sociales entre les élèves** est beaucoup plus difficile que les autres à définir parce qu'il est moins prévisible et plus difficile à observer. Il est composé de toutes les intentions de socialisation des individus et des sous-groupes qui viennent à un cours. Dans n'importe quelle classe de vingt-huit élèves, il peut y avoir un grand nombre de tâches sociales différentes selon les individus et les sous-groupes. Un sous-groupe peut chercher des façons de socialiser tout en respectant les limites du système de tâches d'apprentissage pendant qu'un autre groupe prend plaisir à perturber la réalisation des tâches d'apprentissage. Le système d'interactions sociales a tendance à être plus changeant que les systèmes de tâches d'organisation ou d'apprentissage. Par conséquent, il est plus difficile à analyser. Ne vous y trompez pas cependant! Le système d'interactions sociales entre les élèves est en opération et il influence ce qui se passe dans les deux autres systèmes.

LES TÂCHES ET LEUR DÉVELOPPEMENT

Pour comprendre l'écologie d'une classe d'éducation physique, vous devez être capables de voir comment les tâches se développent, c'est-à-dire comment les « véritables » systèmes prennent forme et comment ils s'influencent les uns les autres. Les tâches d'organisation et les tâches d'apprentissage pourraient demeurer telles que l'enseignant les a présentées aux élèves. Cependant, les véritables tâches d'organisation ou d'apprentissage se développent avec le temps. Elles sont essentiellement le résultat de la réaction des enseignants aux efforts des élèves pour accomplir les tâches proposées, plutôt que le fruit de leur description originale. Une véritable tâche tend à se développer selon la séquence suivante. L'enseignant présente une tâche. Les élèves répondent à cette demande. Leurs réponses peuvent être plus ou moins congruentes avec les spécifications de la tâche présentée par l'enseignant ; c'est-à-dire qu'ils peuvent faire la tâche telle qu'elle est présentée ou qu'ils peuvent la modifier de diverses façons. L'enseignant supervise les réponses des élèves et, à l'occasion, réagit à leurs efforts pour accomplir la tâche. Il s'agit d'un cycle allant de la tâche telle qu'elle est présentée à la réponse des élèves, puis à la supervision de l'enseignant ; donc, la réaction de l'enseignant sert finalement à définir la véritable tâche, ou ce qu'Alexander (1982) a décrit comme un système de tâches qui se développent en fonction des contingences. Le cycle qui détermine la véritable tâche est illustré à la figure 5.1. Décrire ce cycle comme un « système qui se développe en fonction des contingences » signifie que la variable clé est la réaction de l'enseignant à l'effort de l'élève pour accomplir la tâche. Il semble que la réaction de l'enseignant est aussi la variable clé dans l'établissement du type de socialisation entre les élèves pendant les cours d'éducation physique. En effet, même si le système d'interactions sociales entre les participants ne débute pas par un énoncé de tâche par l'enseignant, le modèle de développement de ces activités est semblable à celui des tâches d'organisation et d'apprentissage.

Figure 5.1 : Le processus de développement d'une tâche en fonction des contingences

---

Le processus de développement des véritables tâches

La tâche telle qu'elle est présentée par l'enseignant
Les réponses des élèves (congruentes ou modifiées)
La supervision de l'enseignant
Les réactions de l'enseignant à la suite des efforts des élèves pour accomplir la tâche
Le développement de la véritable tâche

Source : Adaptée de Alexander (1982)

Une fois que vous comprenez le cycle à travers lequel la tâche telle qu'elle est présentée devient la tâche véritable, un certain nombre de questions se posent. L'intervenant a-t-il présenté la tâche assez claire-ment ? Les véritables tâches sont-elles très différentes des tâches pré-sentées à l'origine ? Comment les élèves ont-ils modifié les tâches ? L'enseignant a-t-il bien supervisé l'accomplissement des tâches ? Com-ment l'enseignant a-t-il réagi aux modifications ? Comment les élèves obtiennent-ils les informations sur ce qui est acceptable et ce qui ne l'est pas dans l'un ou l'autre des trois systèmes de tâches ? Ce sont les questions que nous avons posées dans notre programme de recherche. Les réponses à ces questions constituent la base de ce qui sera traité dans le reste de ce chapitre.

LES CONCEPTS IMPORTANTS DANS LE CADRE DE RÉFÉRENCE ÉCOLOGIQUE

Quatre concepts interreliés aident à comprendre davantage comment les tâches se développent : 1) les stratégies d'évaluation et de responsabilisation ; 2) la clarté et l'ambiguïté des tâches ; 3) le risque d'échec ; 4) les limites des tâches. Les stratégies d'évaluation et de responsabilisation font référence aux moyens que les enseignants mettent en place pour évaluer et rendre les élèves responsables de leur bonne conduite, de leur engagement dans les tâches ou de leur degré d'atteinte des objectifs. Dans sa toute première version du modèle écologique, Doyle reconnaissait déjà que l'évaluation et la responsa-bilisation déterminent en grande partie les caractéristiques du système de tâches d'apprentissage. Il avait constaté qu'en l'absence de méca-nismes d'évaluation visant à responsabiliser les participants, le système de tâches devient très souple et peut même disparaître.

De plus, lorsqu'il n'y a pas d'évaluation, c'est-à-dire lorsqu'on n'exige pas de réponses ou si n'importe quelle réponse est acceptée, le système de tâches lui-même disparaît (Doyle, 1980, p. 103).

Naturellement, l'**évaluation** et la **responsabilisation** peuvent prendre différentes formes : des tests que les élèves doivent passer pour obtenir leurs notes, des rétroactions, des encouragements ou des réprimandes de l'enseignant, une supervision active, des défis et des compétitions, une reconnaissance publique d'une réussite ou divers moyens de cumuler des statistiques sur le rendement des participants.

La façon dont l'enseignant rend les élèves responsables de l'accomplissement des tâches d'apprentissage ou d'organisation en détermine la véritable nature. Le mécanisme d'évaluation établi par l'enseignant est également une variable clé lors de la réalisation des tâches du système d'interactions sociales entre les élèves. Cependant, la stratégie d'évaluation et de responsabilisation vise essentiellement à faire en sorte que les échanges entre les élèves respectent les limites définies dans les systèmes de tâches d'organisation et d'apprentissage. Quand les interactions entre les élèves commencent à menacer la stabilité de ces limites, les enseignants ont tendance à intervenir pour contrôler et réorienter les interactions sociales.

La **clarté** et l'**ambiguïté** des tâches sont deux concepts se rapportant à la définition plus ou moins explicite et cohérente des tâches. Ces deux concepts sont reliés à la description initiale d'une tâche (la tâche telle qu'elle est présentée) et à la tâche telle qu'elle se développe éventuellement (la véritable tâche). Une définition très explicite comprend des précisions sur les conditions dans lesquelles la tâche sera accomplie, la réponse attendue, les critères sur lesquels elle sera jugée et les conséquences de cette réalisation (Alexander, 1982). Voici un exemple de tâche d'organisation formulée explicitement : « Je veux que le sous-groupe n° 4 joue contre le n° 1 sur le terrain A et que le sous-groupe n° 2 joue contre le n° 3 sur le terrain B. Pour commencer, vous devez former des groupes de six. Les équipes dont les numéros sont impairs commencent à servir ; elles doivent le faire dans les quinze secondes qui suivent mon coup de sifflet. » Lorsqu'une tâche n'est pas suffisamment explicite, elle devient ambiguë, c'est-à-dire qu'il manque des informations sur la réponse attendue. Les élèves ne savent pas exactement quoi faire, comment le faire, quelle qualité doit avoir leur performance ou quelles seront les conséquences reliées à une bonne ou une mauvaise réalisation de la tâche.

La clarté et l'ambiguïté influencent également le cycle de développement d'une tâche. Ces concepts font alors référence à la constance dans les réactions de l'enseignant aux efforts des élèves pour réaliser les tâches. Si un type de réponses est accepté par l'enseignant à un moment donné mais ne l'est pas à un autre moment, la tâche devient ambiguë et les réponses des élèves sont susceptibles de varier considérablement.

La notion de **risque d'échec** résulte de l'interrelation entre l'ambiguïté de la tâche, sa difficulté et la nature de la stratégie d'évaluation qui est appliquée. Les tâches ambiguës présentent des risques pour les élèves jusqu'à ce qu'ils sachent que les tâches ne sont pas difficiles pour eux ou que leur degré de réussite de ces tâches ne sera pas évalué. Une tâche difficile avec un système d'évaluation sévère produit un risque élevé pour l'élève. Des tâches faciles et flexibles associées à un système souple d'évaluation du rendement présentent peu de risques pour les élèves. Risque et ambiguïté sont évidemment reliés, spécialement quand la responsabilisation est prise au sérieux. Si une tâche est ambiguë, elle présente alors des risques très importants pour l'élève qui ne sait pas quels sont les critères de réussite.

Les **limites des tâches** font référence à la façon dont le système d'évaluation est appliqué lors de la réalisation d'une tâche ainsi qu'à la clarté de la définition de cette tâche. Rappelons que la stratégie d'évaluation détermine en quelque sorte la véritable nature de la tâche. Ainsi, un système de tâches peut avoir des limites très strictes. Cela se produit lorsque les tâches sont définies de façon précise et que la stratégie d'évaluation est appliquée avec constance. Par contre, une stratégie d'évaluation souple ou inconstante a tendance à réduire les risques d'échec et à éliminer l'ambiguïté. En d'autres mots, lorsque les élèves savent qu'ils ne seront pas tenus responsables, ils n'ont pas à composer avec l'ambiguïté de la tâche ; celle-ci ne représente pas un véritable problème puisqu'ils ont peu de risques de se voir attribuer une mauvaise note.

Il va sans dire que le système d'interactions sociales entre les élèves est rarement aussi bien défini que le système de tâches d'organisation ou d'apprentissage, ce qui le rend encore plus ambigu et souvent plus risqué. Malgré tout, les élèves persistent généralement dans leur recherche de reconnaître des limites du système d'interactions sociales dans un cours donné.

LA NÉGOCIATION À L'INTÉRIEUR DES SYSTÈMES DE TÂCHES

Les élèves apprennent à reconnaître les limites d'une tâche. Certains enseignants expliquent avec soin les limites des tâches et ils tiennent leurs élèves responsables de leur réalisation rapide et cohérente sans

Encadré 5.1 : Les esquiveurs compétents

Dans son analyse des systèmes de tâches dans certaines classes d'éducation physique du niveau secondaire, Tousignant (1981) a signalé des stratégies utilisées par les élèves pour cacher leur non-participation dans les tâches d'apprentissage, tout en faisant en sorte que l'enseignant ne s'en aperçoive pas. Elle a nommé ceux qui utilisent de telles stratégies les «esquiveurs compétents».

Les participants les plus compétents à s'esquiver se comportent généralement bien quand il est question de réaliser des tâches d'organisation. Ils veulent que l'enseignant les considère comme des élèves obéissants. En même temps, ils évitent habilement de participer activement aux tâches d'apprentissage, sans que l'enseignant s'en aperçoive. Par exemple, un esquiveur compétent se place bien en ligne et se déplace de la quatrième à la troisième place, mais il recule pour éviter de se retrouver en première place et être obligé de faire la tâche à son tour. Dans un jeu d'équipe, il suit de près un joueur habile sachant que ce dernier fera le nécessaire pour bien couvrir le territoire quand le ballon arrivera. En basket-ball, les plus habiles s'esquivent en se déplaçant d'un bout à l'autre du terrain, tout en réussissant à ne pas toucher le ballon.

Il importe de se rappeler qu'il s'agit d'esquiveurs compétents. Lorsqu'on demande à l'enseignant ce qu'il pense de la participation de ces personnes, il répond généralement qu'elles se comportent bien et qu'elles s'engagent de façon appropriée dans les tâches. En effet, ces élèves sont généralement bien perçus puisqu'ils demeurent à l'intérieur des limites du système de tâches d'organisation.

La prochaine fois que vous observerez un cours d'éducation physique, essayez de voir s'il y a des esquiveurs compétents dans cette classe.

modifier les limites établies. D'autres enseignants expliquent les limites clairement, mais leurs élèves apprennent graduellement que ces limites se modifient progressivement, c'est-à-dire que les limites véritables du système se forment en fonction des contingences, selon un processus semblable à celui décrit antérieurement pour le développement de tâches isolées. D'autres enseignants n'expliquent pas les limites clairement ou complètement ; les élèves saisissent au fur et à mesure ce qu'ils doivent faire pour rester à l'intérieur de ces limites implicites et quels sont les comportements qui outrepassent ces limites. De plus, les élèves arrivent au cours d'éducation physique avec leurs intentions de socialiser. Ils doivent donc apprendre quelles sont les interactions sociales permises et dans quelles conditions elles le sont.

Dans une de ses conclusions initiales, Doyle avait indiqué la tendance des élèves à négocier les exigences des tâches afin de les amener à un niveau qu'ils jugeaient accessible et agréable, c'est-à-dire pour atteindre ce qu'il appelle « l'équilibre écologique » des systèmes de tâches. La **négociation** peut être définie comme une tentative des élèves de modifier les tâches, leurs conditions de réalisation ou les critères utilisés pour juger de leur réussite. La façon dont les enseignants réagissent aux tentatives des élèves de négocier les exigences des tâches constitue le principal facteur qui détermine l'équilibre écologique entre les systèmes de tâches (organisation, apprentissage et interactions sociales) dans une classe.

Dans les classes régulières, la négociation est souvent faite verbalement, particulièrement en ce qui concerne le système de tâches d'apprentissage. Un enseignant assigne une tâche d'apprentissage et les élèves cherchent à en réduire l'ambiguïté et le risque en négociant verbalement avec lui. Combien de pages le texte doit-il avoir ? Peut-on choisir un autre sujet que celui proposé ? Peut-on le remettre mardi au lieu de lundi ? Pour combien de points ce travail comptera-t-il sur le bulletin ? Est-ce que vous enlèverez des points pour les fautes d'orthographe ? Est-ce qu'il faut l'écrire à la machine à écrire ? Toutes ces questions servent à négocier les exigences d'une tâche particulière. La façon dont l'enseignant répond à ces questions ainsi que sa façon de réagir aux travaux déterminent la tâche véritable.

En éducation physique, les élèves négocient généralement les tâches en les modifiant pendant les périodes de pratique plutôt qu'en posant des questions au préalable. Lorsqu'un enseignant présente une tâche d'apprentissage, les élèves exécutent cette tâche, mais souvent ils la modifient de façon telle qu'elle devient différente de celle proposée par l'enseignant. Ils peuvent modifier la tâche en augmentant sa difficulté ou en la rendant plus facile à réussir. Quand l'enseignant supervise la pratique et qu'il réagit aux modifications d'une tâche, il contribue à définir la véritable nature de la tâche par la façon dont il accepte ou refuse les modifications. Avec le temps, les élèves apprennent dans quelle mesure ils peuvent modifier les tâches proposées tout en restant à l'intérieur des limites du système.

Par exemple, une enseignante demande à ses élèves de se placer deux par deux, à une distance de 2,5 mètres. La tâche consiste à s'échanger un ballon de volley-ball en faisant des manchettes, de façon à ce que le ballon passe plus haut que la tête chaque fois, sans toutefois aller plus haut qu'environ un mètre par-dessus leur tête. Quelques élèves font partie de l'équipe de volley-ball de l'école. Pour eux, cette tâche est facile ; ils la modifient donc en augmentant la distance entre eux et en faisant des passes plus hautes. Pour d'autres, la tâche est trop difficile ; alors, ils se rapprochent et ne font pas attention à la hauteur des passes. Quelques élèves font des touches à la place des manchettes lorsque le ballon arrive plus haut que leurs épaules. L'enseignante observe cette pratique. Sa façon de réagir à ces modifications va déterminer la tâche véritable dans ce cas particulier. Elle permettra aussi aux élèves de savoir dans quelle mesure ils peuvent modifier les tâches assignées tout en respectant les limites du système de tâches d'apprentissage. En d'autres termes, les élèves comprendront mieux comment ils peuvent modifier les tâches proposées sans que leur comportement soit jugé déviant.

Les élèves négocient les interactions sociales en cherchant par exemple à jouer avec un ami ou à choisir seulement ceux qu'ils souhaitent avoir dans leur équipe. De telles négociations sont souvent « cachées » à l'intérieur des tractations pour définir les tâches d'apprentissage, mais elles visent essentiellement à définir les conditions qui leur permettent d'interagir socialement.

LA NÉGOCIATION ENTRE LES SYSTÈMES DE TÂCHES

Des négociations se produisent également entre les trois systèmes de tâches qui composent l'écologie du gymnase. Il semble bien que le but initial et fondamental de l'intervention pour beaucoup d'enseignants consiste à obtenir et à maintenir la coopération des élèves (Doyle, 1981). Les enseignants sont tenus de dispenser plusieurs cours par jour. Les administrateurs s'attendent à ce qu'ils aient l'autorité sur leurs groupes. Aussi, il est compréhensible et on devrait s'attendre à ce qu'un enseignant soit d'abord préoccupé d'établir et de maintenir l'ordre dans sa classe, de manière à ce que ses élèves coopèrent en se comportant de façon appropriée, sans déranger constamment. La recherche révèle également que les enseignants tentent d'établir les limites du système de tâches d'organisation dès les premiers jours d'école (Brophy et Good, 1986).

Il va de soi que le système de tâches d'organisation doit être mis en place rapidement et les élèves doivent se conformer aux exigences de ce système pour que la classe fonctionne de façon paisible tout au long de l'année scolaire. Comment les enseignants négocient-ils avec les élèves pour obtenir rapidement et de façon constante le respect des exigences du système de tâches d'organisation ? Souvenez-vous que les enseignants doivent également développer un système de tâches d'apprentissage et que les élèves ont aussi leurs intentions de socialiser. De toute évidence, parmi les trois systèmes qui forment l'écologie de la classe, plusieurs types de négociations peuvent survenir. Ainsi, les enseignants peuvent réduire les exigences des tâches d'apprentissage pour obtenir la coopération des élèves dans les tâches d'organisation. Les enseignants peuvent aussi permettre certains types d'interactions sociales afin d'obtenir la coopération nécessaire à l'établissement des deux autres systèmes. Pour certains élèves, l'enseignant peut même suspendre les exigences du système de tâches d'apprentissage et leur permettre de s'engager dans des interactions sociales qui ne dérangent pas le reste de la classe. À la condition qu'ils se conforment aux exigences des tâches d'organisation, ces élèves ne seront pas tenus de fournir d'engagement dans les tâches d'apprentissage. Ces diverses formes de négociation produisent différents types d'équilibre écologique qui ont été signalés dans les recherches sur le sujet. Le type de négociation nécessaire pour produire la coopération souhaitée entre les élèves et l'enseignant est fonction des caractéristiques du milieu dans lequel l'enseignement se déroule, des intentions et des attentes de l'enseignant par rapport à l'apprentissage et au rendement ainsi que de l'efficacité des stratégies d'enseignement de l'intervenant.

Les interactions entre les systèmes de tâches d'organisation, d'apprentissage et d'interactions sociales ainsi que la façon dont ils s'influencent les uns les autres déterminent l'écologie du gymnase. **L'enseignant efficace** et sensible comprend la façon dont ces systèmes interagissent; il ne travaille pas à développer seulement une écologie dans laquelle les élèves coopèrent superficiellement, mais il cherche à établir une écologie orientée vers l'apprentissage où les exigences du système d'interactions sociales sont tout de même satisfaites. Il n'est pas facile de développer et de maintenir ce type d'écologie dans les écoles d'aujourd'hui. L'enseignant doit avoir de profondes intentions de construire ce type d'environnement éducatif et il doit posséder également les habiletés d'organisation et d'interaction pour le rendre possible.

SUPERVISION ET RESPONSABILISATION

Dès le début de ses études sur l'écologie de la classe, Doyle (1979) signale que la façon d'évaluer le rendement de l'élève régit les systèmes de tâches. Sans évaluation et sans responsabilisation, le système de tâches est suspendu et ce qui se passe est attribuable essentiellement à l'intérêt et à l'enthousiasme des élèves. Cette constatation est particulièrement vraie pour le système de tâches d'apprentissage.

**Encadré 5.2 : La dissimulation des interactions sociales
à l'intérieur des tâches d'apprentissage**

Lors d'une récente étude des systèmes de tâches en éducation physique réalisée dans des écoles secondaires en Corée, Son (1989) observa un modèle d'engagement particulièrement intéressant chez certains étudiants très habiles. L'enseignant présente une tâche d'apprentissage. Un participant habile fait la tâche exactement comme l'enseignant l'a décrite et il la réussit très bien. Il exécute de quatre à six répétitions. Un curieux changement se produit alors. Même s'il est très habile, cet étudiant modifie la tâche en la rendant plus facile et, intentionnellement, il ne la réussit pas. Qu'est-ce qui peut expliquer une telle modification de tâche et cet échec de la part d'un étudiant doué ?

De toute évidence, l'étudiant sait qu'il peut faire la tâche puisqu'il l'a réussie à quelques reprises ! Il décide alors de dissimuler des interactions sociales dans l'accomplissement de la tâche d'apprentissage. Il modifie donc la tâche de façon à la rendre plus facile tout en s'y engageant sans succès et détourne son attention pour échanger avec un camarade. Lorsque l'enseignant les voit, il constate qu'ils sont engagés dans la tâche, même s'ils la modifient légèrement et qu'ils n'ont pas beaucoup de succès. Si cette situation déclenche une rétroaction de la part de l'enseignant, elle sera probablement reliée à la nature de la réponse à la tâche d'apprentissage plutôt qu'aux comportements de socialisation. Étant donné que ces étudiants sont engagés dans la tâche, l'enseignant ne risque pas d'interrompre leurs échanges et ils auront réussi à cacher leur activité de socialisation dans le système de tâches d'apprentissage.

Les conclusions de la recherche laissent entendre que la façon dont une personne est évaluée représente une force aussi puissante dans l'écologie des classes d'éducation physique que dans les autres classes, même si l'écologie du gymnase fonctionne différemment. Dans les classes régulières, ce que Doyle (1979) appelle le « système d'échange de performance contre des notes dans le bulletin scolaire » tend à être le principal mécanisme de responsabilisation. Les élèves doivent accomplir des performances pour obtenir leurs notes : tests, devoirs scolaires, composition, etc. Les espaces sont plus petits que les gymnases ou les terrains extérieurs ; étant donné que les élèves occupent des places fixes dans les classes, il est plus facile de les superviser pendant qu'ils travaillent en groupe ou de façon individuelle. Les négociations dans les classes se font souvent verbalement par des élèves qui posent des questions ou font des demandes à l'enseignant dans le but de réduire le risque ou l'ambiguïté de la tâche assignée.

Dans les classes d'éducation physique, il est peu habituel de demander aux élèves de fournir, sur une base régulière, des prestations conduisant à l'obtention de notes. Plusieurs éducateurs physiques mesurent les habiletés ou les connaissances des élèves à la fin d'une unité ou d'une étape. Cependant, sur une base quotidienne, tout au long d'une étape, ils proposent rarement des tâches évaluatives qui influenceront le résultat scolaire. Les gymnases et les plateaux extérieurs sont souvent très grands et les élèves se déplacent de telle façon que la supervision est difficile. Les négociations de tâches en éducation physique se font généralement en modifiant les tâches plutôt qu'en posant des questions ou en présentant des demandes à l'enseignant. En conséquence, il est difficile de percevoir et de réagir à ces négociations. Ainsi, le contexte de l'enseignement de l'éducation physique rend la supervision et l'établissement d'un mécanisme d'évaluation fort complexe et plus difficile que dans les classes régulières.

La supervision et l'implantation d'un mécanisme d'évaluation sont peut-être les deux habiletés d'enseignement les plus importantes dans le répertoire de l'éducateur physique efficace. La supervision fut définie précédemment dans ce chapitre comme les pratiques que les enseignants utilisent pour établir et maintenir un système de responsabilisation des élèves par rapport à leur bonne conduite, leur engagement dans les tâches et leur degré d'atteinte des objectifs. Les enseignants peuvent utiliser différentes stratégies d'évaluation telles que la reconnaissance publique, l'interaction verbale, l'enregistrement de résultats, la formulation de défis et l'échange de prestations contre des notes. Ils doivent aussi superviser activement les élèves pour que ces mécanismes de responsabilisation fonctionnent. L'aspect le plus important de la supervision est l'observation active du travail des élèves. **Observer activement** signifie « surveiller, regarder, vérifier, avec un objectif précis » (traduction de la définition de *monitoring* dans le Webster's *New Collegiate Dictionary*, 1979, p. 737). Le but particulier de l'enseignant est de vérifier si le rendement de l'élève est conforme à la tâche telle qu'elle est décrite et assignée lors de l'établissement des systèmes de tâches d'organisation et d'apprentissage.

Voici un exemple typique. Jean enseigne le basket-ball en neuvième année. Il met l'accent sur une stratégie fondamentale de divers systèmes offensifs, comme les écrans et les virevoltes à deux. Il enseigne à l'ensemble du groupe. Il décrit et démontre les principaux points techniques des écrans et des virevoltes en se faisant aider par quelques étudiants. Il donne des explications claires et précises. Les démonstrations sont bien faites. Jean demande à celui qui fait la démonstration d'exécuter l'exercice correctement en respectant les principaux critères techniques et de montrer également les erreurs communes. Ensuite, Jean demande aux étudiants de faire ce que nous appellerons dans ce texte de la « pratique guidée » en marchant, pour s'assurer qu'ils ont compris les éléments essentiels. Il donne des rétroactions et répond aux questions.

Ensuite, Jean décrit clairement comment il veut que les groupes s'organisent pour pratiquer l'exercice des écrans et des virevoltes aux différents paniers du gymnase. Il utilise quatre étudiants pour démontrer comment la pratique de l'exercice devra être faite, sur quoi mettre l'accent et ce qu'il faut éviter. Ici encore, il donne des rétroactions et répond aux questions. Il dit alors aux étudiants de se disperser vers les divers paniers et donne le signal de commencer l'exercice, ce que nous appellerons plus tard la « pratique indépendante ». Jusqu'à maintenant, il semble que cette description corresponde à un excellent cours. Cependant, le point critique se situe au moment où les étudiants pratiquent les écrans et les virevoltes ; l'enseignant n'utilise pas les habiletés cruciales qui constituent à superviser et à rendre les étudiants responsables de leur rendement ? Lorsqu'ils commencent à pratiquer de façon indépendante, Jean prend quelques notes sur son cahier, puis il reste dans une extrémité du gymnase et surveille un des groupes sans faire de commentaires. Ensuite, il s'assoit et discute avec un étudiant malade qui n'a pas apporté son costume d'éducation physique pour le cours d'aujourd'hui. Huit minutes se sont écoulées depuis qu'il a dispersé les étudiants. Un des groupes joue du deux contre deux sans faire d'efforts pour pratiquer la tactique proposée. Un autre groupe fait l'exercice de façon incorrecte. Un troisième groupe exécute l'activité de la bonne façon, mais à chaque répétition il commet une erreur critique sur le plan technique. À l'autre extrémité du gymnase, un autre groupe a fait l'exercice pendant quelques minutes pour ensuite faire des lancers au panier.

Comment décririez-vous l'écologie de cette classe ? Jean connaît le basket-ball. Il explique et démontre bien. L'exercice qu'il a préparé semble être adapté au niveau d'habileté de ses étudiants. Cependant, après huit minutes de pratique, il ne se passe presque plus rien qui soit en rapport avec la réussite de la tâche assignée. À ce rythme, peu d'étudiants apprendront à faire correctement l'exercice tactique planifié. Par contre, personne ne dérange le déroulement de la pratique. Ils sont tous engagés dans des activités reliées au basket-ball, même si un très petit pourcentage d'entre eux fait réellement la tâche assignée et qu'un pourcentage encore plus faible la réussisse. Dans certaines parties du gymnase, les interactions sociales entre les étudiants dominent complètement, même si elles sont masquées par l'engagement moteur en basket-ball. De toute évidence, Jean ne supervise pas activement. Il n'observe pas attentivement la performance des étudiants. Il ne semble pas avoir de stratégies pour les rendre responsables de leur rendement sauf pour le sous-groupe qui pratique tout près de lui.

En conséquence, le système de tâches d'apprentissage n'est plus en place dans la classe de Jean. Si l'on en croit cette description, les étudiants semblent avoir compris qu'ils ne sont pas supervisés avec soin et qu'il n'y a pas d'évaluation du rendement. Ils ne sont pas déviants; alors on peut assumer qu'il existe une forme d'évaluation par rapport au respect des exigences du système de tâches d'organisation. Certains étudiants ont modifié les tâches pour avoir plus de plaisir; ils peuvent ainsi réaliser leur projet d'interactions sociales en modifiant la tâche d'apprentissage, sans toutefois se désengager complètement. Tous sont actifs physiquement, il est donc possible d'assumer que Jean s'attend à ce qu'ils s'engagent activement dans l'activité proposée. Un visiteur qui entrerait dans ce gymnase verrait des étudiants actifs et qui semblent avoir du plaisir. Tous les groupes travaillent aux différents paniers et font des activités légèrement différentes, mais compatibles avec le basket-ball. Ils ne donnent pas de signe de comportements déviants. Qu'est-ce que ce visiteur conclurait au sujet de cette classe et de son enseignant? Si vous analysez cette situation à la lumière du cadre de référence écologique, qu'est-ce que vous concluez?

QUELQUES RÉSULTATS DE LA RECHERCHE SUR LES SYSTÈMES DE TÂCHES EN ÉDUCATION PHYSIQUE

Si vous lisez attentivement la citation au début de ce chapitre, vous verrez que le modèle écologique fournit un cadre de référence au sein duquel les enseignants peuvent interpréter ce qui se passe dans leurs classes et trouver des solutions aux problèmes qui surgissent. Il aide les enseignants à comprendre les événements qui se déroulent dans leurs classes à travers un cadre d'analyse qui prend en considération l'influence bidirectionnelle qui agit entre eux et leurs élèves. Le principal but de ce chapitre est d'expliquer le modèle écologique avec lequel les éducateurs physiques peuvent interpréter diverses dimensions de leurs classes: l'organisation, l'apprentissage et les interactions sociales.

Le modèle écologique fut utilisé pour réaliser diverses études en éducation physique scolaire (Alexander, 1982 ; Tousignant et Siedentop, 1983 ; Marks, 1988 ; Fink et Siedentop, 1989 ; Jones, 1989 ; Son, 1989 ; Lund, 1990). Il importe de signaler que les conclusions résumées ici sont représentatives des résultats de ces études, mais il existe des variations d'un enseignant à l'autre. Loin de moi l'intention de suggérer que ces résultats reflètent typiquement de ce qui se passe dans toutes les classes d'éducation physique.

1. Les enseignants ont tendance à décrire le système de tâches d'organisation de façon plus explicite et à superviser avec plus de soin les tâches d'organisation que les tâches d'apprentissage. Le mécanisme d'évaluation et de responsabilisation qui touche le respect des tâches d'organisation est mis en place plus rapidement et il est appliqué avec plus de constance ; de plus, ses limites sont plus strictes et moins négociables que celles du système de tâches d'apprentissage.

2. Les véritables tâches d'apprentissage ont tendance à être développées en fonction des contingences et elles diffèrent souvent des « tâches telles qu'elles sont présentées ». Les élèves modifient les tâches pour les rendre plus ou moins faciles ou pour les rendre plus plaisantes. La façon dont les enseignants réagissent à ces modifications de tâches détermine les limites du système de tâches d'apprentissage ; par conséquent, celles-ci tendent à être moins constantes et plus flexibles que celles du système de tâches d'organisation.

3. La capacité de superviser constitue un préalable nécessaire pour réagir aux réponses des élèves. Quand les enseignants ne supervisent pas activement et ne surveillent pas les réponses des élèves, les tâches d'apprentissage deviennent souples, ce qui permet ainsi aux élèves de les modifier comme ils le veulent et, à l'occasion, de cesser complètement de s'y engager.

4. Les tâches d'apprentissage sont rarement présentées de façon très explicite. Les conditions dans lesquelles elles doivent être accomplies sont souvent décrites de façon incomplète et les critères utilisés pour juger les réponses ne sont pas précisés. Les élèves obtiennent des informations sur ces aspects de la tâche à travers la façon dont l'enseignant réagit à leurs réponses.

5. Certains élèves ne prêtent pas beaucoup attention aux explications lorsque l'enseignant présente une tâche d'apprentissage. Ils s'informent en questionnant leurs camarades pendant les périodes de transition entre les explications et la pratique ou en observant les premiers qui font la tâche. Les élèves apprennent rapidement dans quelle mesure ils doivent prêter attention aux explications des tâches.

6. Habituellement, les tâches d'organisation comprennent un ensemble de routines. Elles deviennent des structures établies et exigent moins d'attention de la part de l'intervenant, surtout dans les classes des enseignants les plus efficaces. Les élèves sont évalués et tenus responsables, ils doivent donc se conformer à ces routines. Les règles sont généralement claires et appliquées de façon constante. Les enseignants qui doivent intervenir fréquemment pour maintenir des comportements appropriés sont généralement des organisateurs moins efficaces parce qu'ils ne réussissent pas à établir des routines d'organisation.

7. Dans un système de tâches d'apprentissage bien supervisé, les élèves peuvent modifier les tâches pour les rendre plus stimulantes (modification vers le haut) ou pour les rendre plus faciles (modification vers le bas). Les enseignants ont tendance à fixer des limites aux modifications par leur façon de réagir aux réponses. Certains enseignants n'approuvent toutefois que les modifications qui correspondent à la manière dont la tâche a été présentée initialement.

8. Quand un système de tâches d'apprentissage est mal supervisé, les élèves peuvent modifier les tâches pour les raisons mentionnées précédemment, mais également pour s'engager dans des interactions sociales avec leurs pairs.

9. Pour certains enseignants, la coopération des élèves dans les tâches d'organisation semble être le principal but. Parfois, ils semblent atteindre ce but en échangeant la coopération dans les tâches d'organisation par des exigences réduites en matière de tâches d'apprentissage. Par exemple, si les élèves sont présents au cours, s'ils portent un costume approprié et s'ils se comportent de façon acceptable, ils peuvent obtenir de bonnes notes. Le premier but de l'enseignant, et parfois le seul, est alors de faire en sorte qu'ils se comportent comme ce que Tousignant appela « des personnes bien élevées ».

10. D'autres enseignants exigent non seulement que les élèves se comportent bien, mais également qu'ils fassent des efforts visibles pour s'engager dans les tâches d'apprentissage assignées. Dans ce type de système, l'évaluation est dirigée vers « l'effort » ; aussi, les élèves qui sont perçus comme étant engagés de façon constante dans les tâches d'apprentissage reçoivent de bonnes notes, peu importe leur rendement.

11. Quelquefois, nous avons observé des systèmes d'évaluation qui exigeaient que les élèves acquièrent des connaissances ou des habiletés motrices spécifiques pour obtenir des notes élevées ; cependant, de tels systèmes sont moins fréquents que ceux décrits aux points 9 et 10.

12. À quelques occasions, nous avons vu des enseignants qui présentaient des systèmes d'évaluation comportant des objectifs de performance, mais qui, dans les faits, exigeaient uniquement que les élèves se comportent de façon adéquate et fassent des efforts constants pour obtenir des notes élevées. Nous avons qualifié ces systèmes de « pseudo-systèmes d'évaluation et de responsabilisation ».

13. Certains élèves rusés dissimulent leur non-participation dans le système de tâches d'apprentissage. En effet, ils donnent l'impression de s'y engager sans le faire vraiment ; ce sont des « esquiveurs compétents » (voir l'encadré 5.1). D'autres élèves s'engagent dans le système de tâches d'apprentissage de façon appropriée pendant un court laps de temps ; puis, ils transforment leur engagement en une activité essentiellement sociale tout en ayant l'air d'être centrés sur la tâche (voir l'encadré 5.2).

14. Les systèmes de tâches d'apprentissage efficaces, c'est-à-dire qui présentent des taux élevés d'engagement et qui produisent le plus d'acquisitions en apprentissage, se caractérisent par l'application constante de stratégies d'évaluation. Il est important de noter que les éducateurs physiques attribuent rarement les notes des élèves en fonction de l'appréciation du rendement de ces derniers dans les tâches motrices. Cependant, certains enseignants efficaces rendent leurs élèves responsables en leur proposant des défis, en rendant leurs réussites publiques, en leur donnant fréquemment des rétroactions sur la tâche, en valorisant les comportements appropriés et, à l'occasion, en attribuant des notes sur leur performance dans les tâches. Au primaire, les éducateurs physiques utilisent également diverses stratégies de responsabilisation informelle, telles que les systèmes de pointage, l'affichage de résultats à des tests et les défis à relever.

15. La plupart des classes d'éducation physique sont hautement sociales. Les interactions entre les élèves peuvent se dérouler de façon à perturber ou même à interrompre le système de tâches d'apprentissage. Par contre, elles peuvent coexister avec l'accomplissement des tâches d'apprentissage si les enseignants trouvent des moyens de favoriser les interactions sociales en même temps que l'engagement approprié dans les tâches d'apprentissage.

VERS UNE ÉCOLOGIE CENTRÉE SUR L'APPRENTISSAGE

Il ne fait aucun doute que les enseignants et les élèves doivent coopérer pour rendre la vie dans les cours d'éducation physique plaisante pour toutes les personnes concernées. Il est clair également que les élèves arrivent au cours d'éducation physique en s'attendant à pouvoir échanger socialement avec leurs camarades. Par conséquent, les systèmes de tâches d'organisation et des interactions sociales entre les élèves sont au cœur de la compréhension de l'écologie de l'éducation physique. Il importe cependant de demeurer vigilant au sujet du système de tâches d'apprentissage. Les enseignants devraient-ils accepter une écologie dont le but principal consiste à ce que les élèves se comportent de façon appropriée et aient du plaisir ? Est-ce que l'éducation physique peut survivre comme matière scolaire si ses principaux objectifs visent simplement à produire des comportements acceptables et à offrir du bon temps ? Quelles sont les habiletés d'enseignement les plus importantes pour développer une écologie dans laquelle les élèves non seulement se comportent bien et ont du plaisir, mais apprennent aussi des habiletés importantes ? Ces habiletés d'enseignement représentent l'objet central du reste de ce volume.

RÉSUMÉ

1. L'enseignement et l'apprentissage ont besoin d'être compris en fonction de l'influence bidirectionnelle qui existe entre les enseignants et les élèves.

2. Une écologie se compose d'une série de systèmes interreliés dans lesquels les changements ou les interruptions d'un système influencent les autres systèmes.

3. Les systèmes de tâches d'organisation, d'apprentissage et d'interactions sociales entre les élèves composent l'écologie en éducation physique.

4. Les élèves commencent à exécuter la tâche de la manière dont elle a été présentée ; cependant, ils la modifient tout en tenant compte des réactions de l'enseignant à ces changements.

5. Les mécanismes pour évaluer et responsabiliser les élèves font référence aux pratiques utilisées par les enseignants pour établir et maintenir une écologie où les élèves sont tenus responsables de leurs comportements appropriés, de leur engagement dans les tâches et de leurs résultats.

6. La clarté et l'ambiguïté des tâches sont reliées à la façon plus ou moins explicite de définir les tâches et à la façon plus ou moins constante de juger leur accomplissement.

7. Le risque d'échec associé à la réalisation d'une tâche est déterminé par l'interaction entre l'ambiguïté et la difficulté d'une tâche ainsi que par la nature du système d'évaluation mis en place.

8. Les limites des tâches peuvent être rigides ou souples ; cela dépend du degré de clarté avec lequel la tâche a été définie, mais aussi de la façon dont l'évaluation et la responsabilisation des élèves sont appliquées.

9. De façon habituelle, les élèves négocient les exigences des tâches en les modifiant puis en observant comment l'enseignant réagit à ces modifications.

10. Étant donné que leur premier but est d'obtenir et de maintenir la coopération des élèves, certains enseignants marchandent les exigences des tâches d'apprentissage pour obtenir leur participation appliquée dans les tâches d'organisation.

11. La supervision active ainsi que le système d'évaluation et de responsabilisation sont les facteurs clés qui régissent les systèmes de tâches.

12. Lorsqu'il n'y a pas d'évaluation, les tâches d'apprentissage peuvent être suspendues et les événements qui se produisent dépendent des intérêts des élèves.

13. La recherche a révélé plusieurs caractéristiques de l'écologie en éducation physique, incluant la nature plus ou moins explicite des tâches, le processus de développement des tâches en fonction des contingences, l'établissement de routines, les modèles d'engagement et de modification des tâches, les diverses formes d'évaluation et la façon dont les systèmes interagissent pour produire une écologie.

CHAPITRE 6

L'organisation préventive

L'organisation efficace de la classe est composée des comportements de l'enseignant qui produisent des taux élevés d'engagement des élèves dans les activités proposées, une quantité minimale de comportements qui entravent le travail de l'enseignant et des autres élèves et une utilisation efficace du temps du cours. Ces critères ont l'avantage d'être observables.

Edmund Emmer et Carolyn Evertson
(1981)

LES OBJECTIFS DU CHAPITRE

- Expliquer la nature et le but de l'organisation préventive ;
- Expliquer l'importance d'un système efficace de tâches d'organisation ;
- Expliquer les postulats erronés au sujet de l'enseignement ;
- Expliquer la nature et le rôle des routines et des règles d'organisation ;
- Décrire des routines importantes et la façon dont elles se développent ;
- Décrire des règles importantes et la façon dont elles se développent ;
- Expliquer la notion de temps d'organisation et décrire comment il peut être réduit ;
- Décrire les habiletés et les stratégies importantes pour établir un système d'organisation préventive ;
- Décrire comment un système d'organisation peut être évalué.

Une organisation efficace dans les classes d'éducation physique ne peut pas se produire par hasard! Les classes qui fonctionnent bien, où les comportements dérangeants sont peu nombreux, où le temps disponible pour l'enseignement et la pratique est optimisé, sont le résultat d'un effort sérieux de la part d'un enseignant habile pour mettre en place et maintenir de bonnes conditions d'apprentissage. Un vieil adage nous dit : « Une once de prévention vaut une livre de soins. » Il n'y a pas d'endroit où cet adage se révèle plus pertinent que dans le processus de développement d'un système de tâches d'organisation qui maintient chez les élèves des comportements appropriés et qui leur fournit un taux optimal de temps d'apprentissage.

L'organisation préventive de la classe fait référence aux stratégies proactives (plutôt que réactives) que les enseignants utilisent pour créer et maintenir un climat positif centré sur les tâches, où un minimum de temps est consacré à des questions d'organisation. L'organisation préventive en éducation physique doit être planifiée et enseignée par l'intervenant, pour être ensuite mise en pratique par les élèves. Ainsi, les élèves apprennent à se conformer aux exigences des tâches d'organisation et d'apprentissage. Les enseignants sensibles et habiles tiennent également compte du fait que les élèves souhaitent interagir socialement entre eux ; aussi, ils enseignent des habiletés comportementales et organisationnelles favorisant un fonctionnement souple, efficace et positif dans leurs classes. De toutes les conclusions de la recherche sur l'efficacité des enseignants, aucune n'est aussi claire que celle-ci : l'efficacité des enseignants est fondée sur un système d'organisation préventive solide.

Le système de tâches d'organisation établit les structures à partir desquelles une classe d'éducation physique fonctionne de façon prévisible et souple. Le système détermine les limites des comportements acceptables ainsi que les attentes de l'enseignant. Un système de tâches d'organisation clairement défini n'est pas ambigu pour les élèves. Ils savent ce qu'ils ont à faire, comment le faire et à quel moment ainsi que les conséquences associées au non-respect des limites du système. Un système d'organisation bien construit libère l'enseignant, qui n'a plus à s'occuper constamment de ces détails d'organisation, et permet aux élèves d'agir de façon responsable à l'intérieur des limites de ce système.

Pourquoi le système de tâches d'organisation est-il important ? Il y a deux raisons. Premièrement, les enseignants et les élèves ont besoin de coexister pendant de longs moments. Les spécialistes au primaire peuvent rencontrer entre six et douze groupes par jour. Ceux du secondaire ont souvent six périodes de cours par jour. Cette situation se répète cinq jours par semaine, tout au long de l'année

---

Encadré 6.1 : Contrôler le comportement pour les bonnes raisons

Il ne fait pas de doute que les enseignants efficaces élaborent des structures d'organisation pour favoriser l'apparition de comportements appropriés, pour minimiser les dérangements et pour sauver du temps. Cependant, il est important d'éviter d'adopter une attitude de type « eux contre moi » au moment de l'implantation et du maintien du système de tâches d'organisation. Les enseignants efficaces ne maîtrisent pas leurs élèves pour le seul plaisir de « les mettre à leur main ». Le but de l'organisation efficace est de créer un climat favorable à l'apprentissage.

Quelles sont les caractéristiques d'un climat favorable à l'apprentissage en éducation physique ? Les définitions peuvent varier, mais l'essentiel est de faire l'expérience des satisfactions associées à la pratique active des sports, de la danse et du conditionnement physique. Devenir meilleur dans ces activités et connaître l'énorme satisfaction qui peut découler de la participation régulière dans ces activités font partie des bienfaits recherchés en activité physique.

Si le climat est autoritaire, rigide et dépourvu de joie et de spontanéité, ces bienfaits risquent de ne pas se faire sentir. Les sports, la danse et les activités de conditionnement physique sont des situations sociales par nature ; c'est d'ailleurs une des raisons pour lesquelles les gens sont incités à adopter ces pratiques, de façon volontaire, toute leur vie. Les enseignants efficaces développent des systèmes d'organisation pour que les gymnases et les autres espaces de jeux soient des endroits où se produisent des interactions saines, voire même joyeuses, entre les participants pendant qu'ils apprennent. Ils canalisent les intentions d'interactions sociales entre les participants de façon à ce qu'elles puissent coexister **à l'intérieur** des limites des systèmes de tâches d'organisation et d'apprentissage.

---

scolaire. Il est important que les enseignants et les élèves vivent en paix ! Aucun enseignant ne peut tolérer « un état de guerre » avec ses élèves sur une base quotidienne pendant toute une année scolaire. Une coopération doit être obtenue pour permettre aux enseignants de fonctionner efficacement. Il s'agit de la première et de la plus importante fonction du système de tâches d'organisation.

Un système efficace d'organisation est également important pour permettre de gagner du temps. Le temps est la plus précieuse ressource des enseignants parce qu'il est essentiel pour l'apprentissage.

Le but principal d'un enseignant qui veut que ses élèves fassent des progrès est de trouver le temps suffisant pour que ces apprentissages se produisent. Le temps passé à s'organiser et à réagir aux comportements dérangeants ne peut pas servir à l'apprentissage. Aussi, les stratégies qui visent à réduire le temps d'organisation et les comportements dérangeants permettent aux enseignants de consacrer plus de temps aux tâches d'apprentissage.

NE FAITES PAS DE POSTULATS ERRONÉS AU SUJET DE L'ENSEIGNEMENT

Les enseignants font souvent des postulats concernant la conduite d'une classe. Les stagiaires sont particulièrement enclins à entretenir des préconceptions injustifiées au sujet des comportements des élèves. Les enseignants en formation prennent le temps de planifier soigneusement leurs leçons et ils éprouvent une certaine anxiété à l'égard de leur expérience d'enseignement. Cependant, ils consacrent peu de temps à l'examen des postulats qui sous-tendent leur plan de cours.

Un postulat commun aux futurs enseignants consiste à croire que les élèves entreront dans le gymnase rapidement, qu'ils auront hâte de commencer la leçon, qu'ils seront attentifs aux explications et aux démonstrations, qu'ils tenteront de s'initier à ces démonstrations, qu'ils s'organiseront et changeront d'activité rapidement, qu'ils feront des efforts honnêtes pour s'engager dans les activités planifiées et qu'ils se comporteront d'une manière généralement compatible avec l'atteinte des buts visés. Dès qu'un de ces éléments s'avère faux, l'ensemble du rythme de la séance tend à être perturbé, même si celle-ci avait été bien planifiée. Lorsque plusieurs de ces facteurs sont absents, la leçon bien planifiée risque de s'avérer un échec. Cela se produit non pas parce que la leçon a été mal préparée ou mal présentée, mais parce que l'enseignant n'a pas accordé suffisamment d'attention à ses préconceptions concernant les comportements souhaitables des élèves pour que les conditions d'apprentissage soient positives. Trop souvent, ce type de situation crée des tensions entre les élèves et l'enseignant; aussi, lorsque de telles circonstances se produisent fréquemment, elles deviennent une source importante d'insatisfaction au travail. Plusieurs enseignants croient qu'ils ont été formés et qu'ils sont payés pour enseigner. Cependant, il arrive que leurs efforts honnêtes et sincères pour bien enseigner échouent parce que les élèves dérangent, ne portent pas attention ou refusent de faire l'effort de s'organiser ou de s'engager. Les conditions d'apprentissage peuvent alors se détériorer rapidement et la classe peut devenir un champ de bataille où les enseignants font la guerre aux élèves.

Traditionnellement, les enseignants comptaient sur les parents pour qu'ils élèvent leurs enfants, de telle sorte que ces derniers arrivent à l'école en ayant déjà adopté certains comportements et de bonnes dispositions solidement ancrées. Traditionnellement aussi, les enfants apprenaient à la maison comment être attentifs, répondre aux directives, respecter les adultes qui représentent des figures d'autorité et concevoir l'école comme un milieu où l'on s'attend à ce qu'ils adoptent de tels comportements. Non seulement les parents contribuaient à promouvoir ces comportements à la maison, mais ils s'assuraient également que leurs enfants les adoptent quand ils allaient à l'école. Si un enfant se comportait différemment à l'école, il était généralement assez facile de le menacer d'une punition ou de signaler qu'on allait demander à ses parents de venir discuter du problème. Dans plusieurs écoles, une telle situation existe encore dans une large mesure, mais dans plusieurs autres il est de plus en plus hasardeux de présumer que lorsque les enfants arrivent à l'école ils adoptent déjà les comportements attendus. En conséquence, l'organisation de la classe prend de plus en plus d'importance.

Une affirmation que l'on rencontre souvent dans la littérature en éducation est que la discipline fait partie intégrante d'un bon enseignement, c'est-à-dire que si vous enseignez bien, vous n'aurez pas de problèmes de discipline. Cette affirmation implique qu'un choix approprié d'activités, combiné avec une sélection adéquate de méthodes d'enseignement, produira automatiquement des apprenants qui se comportent bien et qui travaillent fort. Personne ne conteste que la discipline pose moins de problèmes quand les activités sont appropriées et bien enseignées, mais cela n'assure pas que tous les élèves deviennent des apprenants enthousiastes. Et, prétendre que le lien entre l'enseignement et la discipline est aussi direct serait à tout le moins simpliste. Les enseignants doivent faire des efforts pour améliorer leurs programmes et leurs méthodes d'enseignement, mais ils doivent également s'attaquer directement aux problèmes d'organisation dans la classe et le gymnase.

Les **habiletés d'organisation** de la classe sont essentielles à un bon enseignement dans toutes les classes et dans toutes les matières, que ce soit dans les classes ouvertes ou dans les classes où les enfants sont assis à des pupitres placés en ordre. Elles sont aussi indispensables dans le gymnase, la cour de récréation et tous les autres espaces de jeux. Une utilisation efficace de ces habiletés d'organisation permet aux élèves d'apprendre à s'organiser par eux-mêmes. Une fois qu'ils ont appris à s'auto-organiser, l'enseignant peut plus facilement utiliser efficacement ses stratégies d'enseignement. Il est erroné d'ignorer la fonction d'organisation ou de présumer que les élèves se comporteront nécessairement de façon à produire des conditions d'apprentissage positives et efficaces. Le but de ce chapitre est de vous informer sur les habiletés nécessaires pour organiser vos cours efficacement et positivement.

ROUTINES ET RÈGLES : LE FONDEMENT DU SYSTÈME DE TÂCHES D'ORGANISATION

Un système efficace de tâches d'organisation commence par la création de routines et l'établissement de règles concernant les comportements appropriés en classe. Une **routine** est une procédure qui vise à obtenir des comportements précis dans une classe ; elle est destinée aux comportements qui ont tendance à revenir fréquemment et qui, à moins qu'ils ne soient structurés, peuvent déranger ou retarder le déroulement d'une leçon. Les règles servent à préciser les attentes générales concernant les comportements à adopter dans une variété de situations. Les **règles** peuvent être formulées par la définition du comportement acceptable ; par exemple « être obéissant et être attentif quand l'enseignant parle ». Les règles peuvent aussi définir le comportement inacceptable ; par exemple « ne pas parler quand l'enseignant parle ». Ainsi, peu importe la façon dont elles sont formulées, les règles ont tendance à inclure à la fois les comportements acceptables et ceux qui sont considérés inacceptables.

Les conclusions de la recherche sur les enseignants efficaces indiquent que, pendant les premiers jours de l'année scolaire, leur principal centre d'intérêt consiste à établir des routines et des règles pour la classe (Brophy et Good, 1986 ; Fink et Siedentop, 1989). Pour les jeunes enfants, les routines sont enseignées comme s'il s'agissait du contenu d'une matière scolaire. Par exemple, la plupart des spécialistes en éducation physique utilisent une routine qui consiste à « être attentif et à rester tranquille ». Elle comporte un signal précis du professeur pour attirer l'attention des élèves ; il peut s'agir, par exemple, de siffler, de frapper dans les mains ou de dire « Arrêtez ». Ce signal signifie que les élèves doivent s'arrêter rapidement et se tourner vers l'enseignant. Dans notre étude sur des spécialistes efficaces (Fink et Siedentop, 1989), les enseignants ont utilisé une telle routine à trois cent quarante-six reprises pendant leurs premiers jours d'enseignement à des classes de première et de cinquième années. Ils avaient choisi des activités nécessitant de nombreux arrêts et départs, de manière à offrir plusieurs occasions de pratiquer cette routine. Les enfants savaient exactement ce que les professeurs attendaient d'eux et avaient de nombreuses occasions de le faire. Les comportements attendus furent décrits, rappelés au besoin et renforcés fréquemment. Après quelques leçons, la plupart des élèves se comportaient de façon appropriée

---

Encadré 6.2 : Partir du bon pied

La recherche indique clairement que les enseignants qui prennent le temps, au début de l'année scolaire, soit pendant les premières semaines, d'enseigner des routines précises à la classe et au gymnase, ont non seulement plus de facilité à organiser leur classe et à maintenir la discipline tout au long de l'année scolaire, mais leurs élèves apprennent plus. Les enseignants qui prennent le temps d'enseigner des routines précises ont moins de problèmes ; la façon d'entrer en contact avec le professeur, d'utiliser l'équipement et de circuler dans l'espace disponible. Ces routines deviennent parties intégrantes de ce qui est enseigné et les avantages qui en découlent valent la peine.

Hayman et Moskowitz (1975) ont observé qu'au secondaire les professeurs mettent l'accent, dès le premier jour sur l'établissement d'un mode de fonctionnement qui déterminera leur efficacité pour l'année. Avant que les modèles de comportements non appropriés apparaissent, les enseignants présentent ceux qui sont appropriés et établissent des règles de base de la coopération dans le gymnase. Selon Emmer et Evertson (1981), « Tous les systèmes d'organisation des classes, les bons, les mauvais et les médiocres, ont un commencement. La façon dont l'enseignant structure la première partie de l'année a des conséquences sur l'organisation de leur classe tout au long de l'année. »

---

quand on leur signalait d'être attentifs. Les quelques élèves qui ne se conformaient pas à cette exigence étaient réprimandés de façon discrète mais efficace. Cette routine qui consiste à « être attentif et à rester tranquille » était utilisée à chaque leçon tout au long de l'année. Le fait d'obtenir l'attention rapidement – habituellement en moins de trois secondes – et d'éviter ainsi les comportements dérangeants, facilite l'enseignement et le rend plus agréable ; de plus, il permet d'économiser du temps pour apprendre.

Les routines et leur développement

Des routines devraient être développées pour tous les aspects du comportement qui reviennent régulièrement et qui peuvent déranger ou retarder le déroulement d'une leçon. Rappelez-vous que les routines sont des façons précises d'accomplir certaines tâches pendant une leçon. Certaines routines utiles en éducation physique sont illustrées au tableau 6.1.

Tableau 6.1 :   Exemples de routines utilisées habituellement en éducation physique

Routine	Description
Entrée	Savoir quoi faire lors de l'arrivée au gymnase. Cette routine inclut souvent la pratique d'une activité initiale ou d'un exercice d'échauffement, ainsi que l'assignation d'un espace précis.
Échauffement	Une série d'exercices à faire sans directives ou surveillance du professeur.
Être attentif et rester tranquille	Le signal de l'enseignant demande aux élèves d'être attentifs et le groupe réagit à ce signal.
Attribuer un emplacement	L'enseignant demande à l'élève d'aller se placer à un endroit précis.
Attirer l'attention	La façon appropriée pour l'élève d'obtenir l'attention de l'enseignant.
Se rassembler	Une façon appropriée de se rassembler au centre du gymnase quand l'enseignant le demande.
Se disperser	Une façon appropriée de se disperser dans l'espace pour pratiquer une activité.
Équipement	Les stratégies pour sortir ou ranger l'équipement.
Récupération	Une façon appropriée de récupérer un ballon quand il roule dans le territoire des autres élèves pendant un jeu ou un exercice.
Débuter	Une procédure pour commencer à pratiquer rapidement une activité après le signal.
Limites	Les procédures particulières pour demeurer à l'intérieur de certains espaces dans le gymnase ou sur les autres terrains.
Terminer	Une procédure précise pour finir une leçon ; elle inclut habituellement le retour au calme et le bilan de la leçon.
Départ	Une procédure pour quitter le plateau de travail et retourner en classe ou aller au vestiaire.
Gestion diverse	Toutes les procédures au sujet de l'habillement, de l'utilisation des toilettes et des fontaines ainsi que les sorties du gymnase pendant un cours.

En plus des routines décrites au tableau 6.1, les enseignants doivent créer des routines spécifiques à leur programme et à leurs participants. Par exemple, les spécialistes du primaire enseignent souvent aux jeunes enfants des routines liées aux notions d'espace personnel et d'espace de groupe qui sont utilisées pendant les activités motrices. D'autres enseignants ajoutent certains éléments aux routines pour les rendre plus complètes. Par exemple, lorsque les élèves font des activités impliquant l'utilisation de ballons, certaines directives concernant l'équipement sont ajoutées à la routine qui consiste « à être attentif et à rester tranquille ». Ainsi, lorsque le signal est émis, les élèves doivent arrêter leur activité, déposer le ballon à leurs pieds pour ensuite se tourner vers le professeur et écouter. Les enseignants qui commencent leurs leçons dans le gymnase pour ensuite se déplacer à l'extérieur doivent développer une routine afin que cette transition se fasse rapidement et sans dérangement.

Les routines ont autant besoin d'être enseignées que le dribble ou les passes. Les comportements attendus dans les routines doivent être expliqués et démontrés ; par la suite, les élèves doivent avoir l'occasion de les pratiquer. Les enseignants donnent des directives additionnelles au besoin, offrent des rétroactions spécifiques, félicitent les élèves pour leur obéissance et réprimandent leurs manquements. Les directives, les rétroactions et les félicitations doivent être très fréquentes au début de l'enseignement de la routine et elles peuvent diminuer progressivement, à mesure que les élèves réalisent les routines vite et bien. Les réprimandes ont avantage à être évitées pendant que les élèves apprennent les routines, mais elles doivent être utilisées rapidement et fermement avec ceux qui ne se conforment pas aux exigences lorsque la plupart des membres du groupe le font.

Les règles et leur développement

Les règles définissent les attentes générales concernant des comportements à adopter dans diverses situations et les sanctions prévues en cas de manquement. Ces conséquences sont parfois présentées aux élèves et, à l'occasion, affichées sur le mur du gymnase. Les règles sont moins précises que les routines puisqu'elles portent sur des comportements qui se produisent dans une variété de situations. Cependant, les élèves ont également besoin que ces règles soient illustrées par des exemples de circonstances dans lesquelles elles sont tantôt respectées, tantôt violées. Lorsque les règles ne sont pas respectées, les comportements doivent être corrigés immédiatement et des sanctions appliquées. L'habitude de respecter les règles doit être renforcée chez les élèves. Ils doivent y être entraînés, et ce, pas seulement lorsqu'elles sont violées. Les règles sont efficaces quand elles sont formulées clairement et appliquées de façon constante.

Les règles diffèrent des routines parce qu'elles concernent des comportements généraux à adopter dans une variété de circonstances. Une règle comme celle qui dicte de « respecter vos camarades et l'équipement » fait référence à un ensemble de comportements différents d'une situation à une autre, mais dont l'effet est sensiblement le même. Voici les grandes lignes à suivre au moment d'établir des règles.

1. Les règles doivent être courtes et aller directement au but.

2. Les règles doivent être communiquées dans un langage et par des symboles qui s'adaptent à l'âge des participants.

3. En ce qui concerne les comportements importants, un maximum de cinq à huit règles devrait être communiqué aux participants, de façon à ce qu'ils les retiennent bien.

4. Quand c'est possible, les règles doivent être formulées de façon positive, mais il est nécessaire de donner à la fois des exemples de comportements appropriés et de manquements à ces règles.

5. Il faut s'assurer que les règles de la classe soient compatibles avec les règles de l'école.

6. Les sanctions doivent être appliquées de façon constante.

7. Il ne faut pas créer de règles que vous ne pourrez pas ou que vous ne voudrez pas faire respecter.

Les règles ne s'enseignent pas de la même façon que les routines. Les comportements associés à une règle, comme « être poli et aider », pourront varier d'une situation à une autre. Par conséquent, l'étendue des comportements acceptables et inacceptables doit être considérée. Les enseignants donnent fréquemment des directives concernant le respect des règles en mentionnant des exemples de circonstances où la règle est respectée, autant que des exemples de violations. Les règles ont besoin d'être rappelées régulièrement, pas uniquement quand une règle est violée. Une bonne façon d'estimer le degré de compréhension d'une règle consiste à questionner les élèves.

De plus, les élèves ont besoin de comprendre les raisons d'être des règles. Les longs exposés ne sont pas efficaces ; cependant, les élèves ont besoin de comprendre que la sécurité et la coopération entre les participants sont essentielles pour leur développement et le bien-être du groupe. La meilleure façon d'y arriver consiste à présenter des exemples concrets, donner des directives précises et à offrir des rétroactions lorsqu'ils respectent ou violent une règle. Quand une personne fait un usage impropre d'un équipement, on peut lui expliquer que, s'il continue, cet équipement ne durera pas très longtemps et qu'ils auront alors moins d'équipement adéquat à utiliser.

Presque tous les enseignants créent des règles à l'intention de leur classe. Cependant, ils ne les enseignent pas toujours bien et ne les appliquent pas de façon constante. Il importe de considérer sérieusement le degré de précision des sanctions associées à la violation des règles. Certains enseignants préfèrent déterminer les sanctions de façon précise et les afficher avec les règles. Dans ces cas, il existe une véritable hiérarchie de sanctions, comme le retrait de la situation pour une première violation, une punition plus sévère pour une deuxième violation et, peut-être, une visite chez le directeur lors d'une troisième violation. D'autres préfèrent ne pas préciser les sanctions, tout en essayant d'appliquer des règles de façon constante. Enfin, certaines personnes utilisent un système de pointage et d'enregistrement des résultats leur permettant d'utiliser un système de récompense et de punition associé au respect et à la violation des règles. De telles stratégies sont expliquées au chapitre 7.

Encadré 6.3 : Devez-vous utiliser des règles générales ou des règles particulières ?

Les enseignants décident du degré de précision des règles qu'ils formulent. Une règle générale, telle que « Soyez toujours respectueux envers les autres », devra être enseignée dans plusieurs situations différentes avant que les élèves comprennent clairement ce que signifie être « respectueux ». Une règle particulière, telle que « Levez la main avant de poser une question », peut être enseignée plus rapidement et mise en application plus facilement.

Il n'est pas possible de créer des règles particulières pour toutes les situations importantes qui se produisent dans les cours d'éducation physique : la liste serait trop longue. Vous devez choisir les comportements suffisamment cruciaux pour justifier la formulation d'une règle particulière ; par exemple, « Il faut toujours demander la permission avant d'utiliser une pièce d'équipement. » Par contre, les élèves peuvent apprendre la signification de concepts généraux, tels que le respect et la coopération, dans diverses situations pendant les cours d'éducation physique. L'enseignement de ces concepts généraux est plus long et demande beaucoup de constance dans la façon de réagir aux comportements des élèves. Cependant, les retombées à long terme valent la peine, autant pour les élèves que pour les enseignants.

Chaque règle particulière couvre habituellement une variété de comportements jugés importants pour l'efficacité de l'enseignement. Les règles en éducation physique se rapportent aux catégories suivantes :

1. **Sécurité**. Cette catégorie comprend les comportements appropriés pour utiliser l'équipement et pour interagir avec les autres élèves ; par exemple, demander la permission d'utiliser les appareils de

gymnastique, marcher à une bonne distance derrière un élève qui pratique avec un bâton de golf, porter les lunettes protectrices pour jouer au hockey sur le gazon.

2. **Respect des autres.** Cette catégorie comprend les comportements d'interaction avec l'enseignant et les autres élèves ; par exemple, les encourager, ne pas les insulter, ne pas répliquer.

3. **Respect de l'environnement.** Cette catégorie est en relation avec l'utilisation de l'équipement et des espaces physiques ; par exemple, ne pas s'asseoir sur les ballons, garder le gymnase propre, ranger le matériel utilisé.

4. **Entraide.** Cette catégorie concerne des comportements liés au partage et à l'assistance au groupe ; par exemple, partager l'équipement et l'espace, donner un conseil, « faire une parade » en gymnastique.

5. **Travail soutenu.** Cette catégorie implique une bonne utilisation du temps, une concentration sur la tâche et sur les efforts nécessaires ; par exemple, arriver à temps, s'engager dans les activités et faire de son mieux.

Les règles doivent être appliquées de façon honnête. L'enseignant doit composer avec elles de façon constante, jour après jour, et d'un élève à l'autre. La constance est particulièrement importante au moment d'appliquer des sanctions puisque le participant associe étroitement l'honnêteté à la façon dont les sanctions sont appliquées par les personnes en autorité. Les tâches d'organisation, et particulièrement les routines qui en définissent les fondements, sont des éléments cruciaux pour le succès d'une classe et la santé mentale de l'enseignant. Comme vous l'avez vu au chapitre 5, la supervision active des réponses des élèves est nécessaire pour s'assurer que leurs comportements sont en concordance avec les lignes de conduite établies dans les routines et les règles. Les limites du système seront testées par les élèves, à l'occasion par inadvertance, mais le plus souvent avec le but prédéterminé de vérifier la flexibilité des limites. La façon dont l'enseignant réagit à ces tests contribue, plus que toute autre chose, à déterminer l'efficacité du système d'organisation.

LE TEMPS D'ORGANISATION : CE QU'IL EST ET POURQUOI IL FAUT LE RÉDUIRE

Le **temps d'organisation** correspond au cumul du temps que les élèves consacrent aux transitions et à toutes les tâches non reliées directement à la matière. Il s'agit, par exemple, des moments où l'enseignant ne donne pas d'information sur les tâches d'apprentissage, ne fait pas de démonstration, ne demande pas de faire des activités d'apprentissage et n'observe pas le rendement des élèves. Ces moments n'offrent pas aux participants d'occasions d'apprendre la matière. Le temps d'organisation comprend des activités comme prendre les présences, sortir l'équipement, attendre que l'exercice commence, former des équipes, se déplacer d'une place à l'autre ou discuter d'un événement particulier qui aura lieu à l'école. Dans le chapitre 3, il a été mentionné que le temps d'organisation occupe habituellement une proportion importante des leçons d'éducation physique ; une proportion beaucoup trop importante selon la plupart des analystes. De plus, les conclusions de la recherche en enseignement soutiennent la croyance populaire qui veut que les comportements dérangeants des élèves soient plus susceptibles de se produire pendant les périodes d'organisation que pendant les explications ou les périodes de pratique. En conséquence, les efforts pour diminuer le temps d'organisation réduisent les probabilités de voir apparaître des comportements déviants, tout en offrant plus d'occasions d'apprendre.

Les **périodes d'organisation** sont importantes pour comprendre et réduire le temps d'organisation. Une période d'organisation débute habituellement par un comportement d'organisation ou un signal venant de l'enseignant et dure jusqu'au début d'une explication ou d'une pratique d'activité. Le temps total d'organisation pendant une leçon est composé du temps consacré à l'organisation et à l'attente. La concentration sur les périodes d'organisation permet de faire une analyse de l'efficacité d'une leçon et des raisons qui peuvent expliquer la durée de l'organisation. Voici quelques exemples de périodes d'organisation.

- Les élèves arrivent du vestiaire et attendent un signal de l'enseignant pour commencer la leçon (temps entre le début officiel de la période et le moment où la première directive est donnée).
- L'enseignant siffle et dit au groupe de se rassembler sur le côté du gymnase (temps allant du coup de sifflet jusqu'à ce que le groupe soit rassemblé et que les explications commencent).
- Après avoir expliqué un exercice, l'enseignant donne le signal aux élèves d'aller se placer à l'endroit qui leur a été assigné pour commencer l'exercice (temps allant du signal de dispersion jusqu'au moment où l'activité proprement dite commence).
- Dans le gymnase, un enseignant termine ses explications au sujet de l'activité et envoie les élèves dehors pour commencer cette activité (temps entre le signal de quitter le gymnase et le moment où l'activité commence à l'extérieur).
- Un enseignant prend les présences (temps entre le signal indiquant que la prise de présence commence jusqu'à ce que la prochaine explication ou activité d'apprentissage commence).

Une période d'organisation en particulier ne prend généralement pas beaucoup de temps, mais le cumul de l'ensemble de ces moments représente une grande proportion du temps d'un cours. Plusieurs enseignants sont surpris de constater le nombre de périodes d'organisation qui se produisent dans une classe et la durée totale de temps qui y est consacré. Cependant, ils sont heureux d'apprendre que le temps d'organisation peut également être réduit considérablement et assez facilement. Les données du tableau 6.2 proviennent d'une expérience ayant pour but de réduire le temps d'organisation dans les classes d'éducation physique de trois stagiaires. La durée totale du cours était de trente-cinq minutes.

Tableau 6.2 : La réduction du temps d'organisation

	Niveau de base	Intervention
St*-1 Temps total d'organisation par cours	10,37	1,46
Durée moyenne d'une période d'organisation	1,49	0,23
St-2 Temps total d'organisation par cours	11,36	2,03
Durée moyenne d'une période d'organisation	1,37	0,25
St-3 Temps total d'organisation par cours	13,33	1,23
Durée moyenne d'une période d'organisation	1,38	0,13

* St = Stagiaire

Source : Adapté de Siedentop, Rife et Bœhm (1974)

Les stagiaires participant à cette expérience ont gagné environ dix minutes par cours quand ils se sont centrés sur la réduction du temps d'organisation en utilisant un jeu à cet effet (voir page 136). Les conclusions de la recherche laissent entendre que les professeurs d'éducation physique consacrent trop de temps à l'organisation et que ce temps peut être réduit considérablement grâce à des techniques décrites dans ce chapitre.

La plupart des leçons d'éducation physique sont composées de plusieurs tâches d'apprentissage. Les enseignants doivent passer d'une tâche à l'autre ou même d'une variation de tâche à une autre. Une **transition** correspond à une période pendant laquelle l'enseignant change la tâche, les élèves se déplacent d'une tâche à une autre, les équipes changent de terrains, les substitutions se font pendant un match, etc. Dans les classes de jeunes enfants, dont la capacité d'attention est limitée, certains enseignants proposent jusqu'à quinze à vingt tâches différentes par leçon, chacune d'elles nécessitant une transition. Au niveau secondaire, le nombre de transitions est moindre, mais l'espace est plus vaste et le nombre d'étudiants à organiser est souvent plus élevé. Même si chaque transition ne prend pas tellement de temps, le cumul de ces transitions représente une proportion importante du temps d'un cours. Les enseignants efficaces établissent des routines pour gérer les aspects qui se répètent, comme la prise des présences et les changements de places. Les routines décrites précédemment dans ce chapitre, telles que « se rassembler », « se disperser » et « commencer », sont des éléments cruciaux qui permettent d'améliorer l'efficacité des transitions.

Quand un système d'organisation est bien établi, le temps d'organisation et les occasions d'émettre des comportements dérangeants sont réduits ; de plus, le rythme de travail est maintenu tout au long de la leçon. Un rythme rapide est un facteur important qui indique aux élèves qu'ils sont dans un environnement favorable aux apprentissages. Une leçon où le rythme rapide est maintenu grâce à un système d'organisation bien établi contribue plus que tout autre facteur à signaler aux élèves que l'enseignant a l'intention qu'ils apprennent et qu'ils s'améliorent. D'un autre côté, la recherche de Kounin (1970) a démontré que les ralentissements de rythme, les interruptions ou les autres événements causant des dérangements ont tendance à augmenter les comportements dérangeants et à diminuer le temps consacré à l'apprentissage.

Les **comportements d'organisation** font référence aux comportements verbaux et non verbaux de l'enseignant qui visent à créer et à maintenir le système d'organisation : frapper dans les mains pour attirer l'attention, siffler, donner des directives d'organisation ou réprimander les élèves qui se conduisent mal. Quand un enseignant a établi un système d'organisation efficace, un nombre limité de ces comportements d'organisation est nécessaire pour le maintenir. En effet, si vous assistez à une classe d'éducation physique et que vous voyez l'enseignant utiliser une grande quantité de comportements d'organisation (plus spécialement des directives et des réprimandes), vous êtes probablement en train d'observer une personne qui ne fait pas une gestion efficace. Dans un système efficace, les élèves savent s'organiser et n'ont pas besoin d'être rappelés à l'ordre continuellement par l'enseignant. Ils se conduisent bien et ils ne sont pas la cible de réprimandes fréquentes parce qu'ils se déplacent rapidement et qu'ils se comportent de façon acceptable.

LES STRATÉGIES LES PLUS IMPORTANTES POUR L'ORGANISATION PRÉVENTIVE

Le développement et le maintien d'un système d'organisation efficace s'accomplit en utilisant des **stratégies de base** et quelques **habiletés d'enseignement**. Le but de cette section est de décrire des

---

Encadré 6.4 : Vos élèves dépendent-ils de vous ?

Situation. Un enseignant donne une leçon d'éducation motrice à des élèves de deuxième année. La leçon implique la résolution de problèmes moteurs structurés autour d'une corde sur le plancher. Chaque élève a une corde et un espace assigné. L'enseignant demande aux élèves de s'asseoir en rangs. Ensuite, il se déplace et dépose les cordes au sol. Il demande alors aux enfants de se disperser et de se trouver un espace. Deux enfants se retrouvent sur la même corde à plus de six occasions. L'enseignant prend alors un des deux enfants et va le placer sur une corde libre. La leçon continue. Après la leçon, l'enseignant demande aux élèves de s'asseoir pendant qu'il range les cordes.

Résultat. Beaucoup trop de temps est consacré à l'organisation et l'enseignant utilise un taux élevé de comportements d'organisation.

Analyse. L'enseignant fait tout à la place des élèves ; en conséquence, ceux-ci n'apprennent pas à s'organiser dans le gymnase. Des élèves de deuxième année sont tout à fait capables d'apprendre à ranger l'équipement et à se trouver rapidement un espace sans être rappelés à l'ordre par l'enseignant. Si cette situation se poursuit, les élèves n'apprendront pas à s'organiser par eux-mêmes. Les conclusions de la recherche semblent indiquer que, dans de telles circonstances, le fait de « s'asseoir en rangs » présente des occasions de se comporter de façon non appropriée. Après tout, pourquoi un élève n'en profiterait-il pas puisqu'il n'y a rien à faire, sauf regarder l'enseignant se promener et placer des cordes sur le plancher !

Hypothèse d'action. Cette leçon offre l'occasion parfaite pour enseigner des habiletés d'auto-organisation, telles que placer l'équipement et se trouver un espace. Les élèves ont besoin de pratiquer ces habiletés, de recevoir des rétroactions, surtout des remarques positives quand ils réussissent. Il est tout à fait légitime, voire même important, d'enseigner ces habiletés comme des entités séparées et reconnaissables et pas simplement comme des aspects secondaires d'une leçon d'éducation physique.

---

habiletés et des stratégies qui permettent de développer un système favorisant l'auto-organisation des élèves. Ce système fait aussi en sorte que les élèves deviennent responsables, ce qui libère l'enseignant pour qu'il s'occupe d'apprentissage plutôt que d'organisation.

1. **Mettre en place une activité initiale.** Au moment de leur arrivée au gymnase, les élèves devraient avoir quelque chose à faire qui

contribue à l'atteinte des buts de la leçon, que ce soit un échauffement ou toute autre activité initiale. Les activités initiales peuvent être affichées sur un tableau indiquant l'endroit où l'élève doit être et ce qu'il doit faire. L'activité prescrite devrait être connue de manière à ce qu'elle puisse être réalisée avec succès, sans directives de la part de l'enseignant. Avec les jeunes enfants, il est possible d'utiliser des images et des diagrammes illustrant l'emplacement des ateliers de travail ainsi que les activités à réaliser. Si les élèves arrivent tôt au gymnase, ils peuvent s'engager de façon productive plutôt que d'attendre sans rien faire, ou pire encore, devenir déviants. Une routine bien établie permet de mettre en place une activité initiale sans avoir à rassembler les élèves pour l'organiser.

2. **Commencer la classe rapidement et à l'heure prévue.** Chaque classe devrait être ponctuelle et l'enseignant devrait, de façon constante, commencer à enseigner ou démarrer une activité à l'heure donnée. Débuter promptement donne le rythme à la classe et renforce l'importance des activités proposées dans les cours d'éducation physique.

3. **Utiliser une méthode qui économise du temps pour prendre les présences.** Si vous devez prendre les présences chaque jour, comme c'est le cas de plusieurs enseignants, vous avez besoin d'une routine qui vous permettra de remplir cette obligation sans faire attendre les élèves. Ces derniers peuvent signer leur nom sur une feuille de présences à leur arrivée au gymnase. Les conclusions de la recherche indiquent que le fait d'avoir à signer son nom publiquement diminue les retards (McKenzie et Rushall, 1973). Si une routine d'activité initiale est bien implantée et que les élèves ont des places assignées, vous pouvez en profiter pour prendre les présences à ce moment-là. Si vous utilisez une routine de type « chacun à sa place » (voir p. 124), il est facile de prendre les présences en notant les espaces vides.

4. **Enseigner les signaux et les routines pour attirer l'attention, se rassembler et se disperser.** Les situations qui nécessitent des routines sont fréquentes. Au début de l'année, il est important d'enseigner ces routines et de les faire pratiquer souvent. Les élèves doivent être tenus responsables de leurs comportements au moment de l'utilisation de ces routines. Il est plus facile de responsabiliser les élèves positivement que négativement. Des félicitations fréquentes et sincères pour des comportements appropriés sont utiles. Le fait de donner des rétroactions sur la quantité de temps économisé aide également. Avec les jeunes enfants, on peut jouer à économiser du temps.

5. **Utiliser un enseignement proactif en donnant des directives, des encouragements et en démontrant de l'enthousiasme.** Quand vous implantez des routines d'organisation pour la première fois, les comportements proactifs doivent être utilisés souvent. Il est utile d'animer les routines par des stimulations précises. Une stimulation est un type d'incitation qui vise à stimuler les élèves pour qu'ils répondent rapidement : « Allons-y », « Dépêchez-vous », « Plus vite maintenant ». On reconnaît l'enthousiasme d'un enseignant à travers plusieurs facettes de son comportement : voix forte, rythme enjoué pour donner les directives, sourire, modulation de la voix. Il n'est pas nécessaire d'agir comme une meneuse de claques pendant huit classes par jour, mais un niveau acceptable d'enthousiasme permet de transmettre des messages importants aux élèves.

6. **Communiquer des attentes élevées mais réalistes.** Une attente est une formulation par l'enseignant d'un processus ou d'un résultat attendu. Habituellement, les attentes décrivent un aspect du comportement pendant le processus (« Je m'attends à ce que vous vous déplaciez rapidement quand vous changez d'atelier ») ou un résultat (« Je crois que vous allez tous améliorer votre endurance si nous réussissons à économiser suffisamment de temps pour faire du conditionnement physique »). Il est important que les élèves comprennent ce que vous attendez d'eux. Il est encore plus important que votre rendement en tant qu'enseignant favorise cet aboutissement. Les élèves sauront rapidement si vous tenez ou non à ces attentes. Par exemple, si vous dites : « Je veux que vous vous dépêchiez entre les activités » et qu'après vous les laissez flâner pendant les transitions, ils apprendront rapidement que ce que vous dites n'est pas sérieux.

7. **Utiliser une grande quantité de rétroactions spécifiques et d'interactions positives.** Quand vous enseignez des routines pour la première fois, vous devriez donner de fréquentes rétroactions spécifiques et de nombreuses interactions positives aux élèves pendant la pratique qui suit. Une rétroaction spécifique contient de l'information concernant le comportement : « L'équipe n° 1 a changé de station et a commencé à travailler en seulement neuf secondes ! » Une rétroaction générale renforce un comportement, mais ne contient pas d'information précise : « C'est cela qu'il faut faire », « Bon travail ». Au début, les enseignants devraient faire un effort pour féliciter les élèves qui réussissent bien dans les routines. C'est souvent la meilleure façon de livrer le message aux élèves récalcitrants. De plus, il est important de féliciter les élèves plus âgés, bien que la façon de le faire doit être ajustée selon les groupes d'âge (voir le chapitre 8). À mesure que le système

d'organisation se développe, les rétroactions et les félicitations pourront diminuer, mais elles ne devraient jamais être éliminées totalement.

8. **Éviter les ralentissements et les interruptions.** Pendant une leçon, un bon rythme est important. Ainsi, il importe d'éviter les situations qui ont tendance à ralentir le rythme. Les interruptions qui brisent complètement le rythme d'une activité devraient être éliminées. Pour éviter les interruptions et les ralentissements, les enseignants ont besoin de composer avec les intrusions. Une intrusion est une situation non prévisible qui détourne l'attention de l'enseignant : un message de la direction, un élève qui se blesse légèrement, un jeune enfant qui commence à pleurer. Les enseignants doivent composer avec ces situations tout en maintenant le rythme de la leçon. Les ralentissements se produisent aussi quand les enseignants s'attardent sur des événements sans importance, parlent trop longtemps ou donnent trop de détails. Le rythme d'une activité est compromis quand, par exemple, un seul élève est actif alors que tout le groupe pourrait l'être.

9. **Afficher les résultats du rendement dans les tâches d'organisation.** Une approche plus formelle de rétroaction et de motivation consiste à prendre en note les temps de transition et à afficher les résultats dans le gymnase. Les chronomètres sont des outils faciles à utiliser. Les enseignants peuvent mesurer et noter la durée des périodes d'organisation pour ensuite afficher ces résultats sur un tableau. Ils peuvent fixer des buts précis et ensuite évaluer leur degré d'atteinte. Le rendement d'une classe peut être comparé à celui d'une autre.

10. **Utiliser un jeu d'organisation pour obtenir des résultats rapides.** Dans certaines situations, il peut être utile d'améliorer rapidement le rendement en matière d'organisation en motivant les élèves par un jeu. Un jeu d'organisation est une technique de modification du comportement où les élèves sont récompensés quand ils atteignent les buts fixés pour des tâches d'organisation. De façon habituelle, les jeux d'organisation sont utilisés surtout au primaire et au début du secondaire pour établir les routines et les règles. Lors de l'utilisation d'un jeu d'organisation, il faut diviser la classe en équipes de cinq à huit élèves. Des buts précis d'organisation doivent être établis (par exemple : prédéterminer l'heure du début, établir une durée optimale pour les transitions, obtenir l'attention des élèves en cinq secondes, etc.). Les jeux d'organisation sont plus faciles à administrer lorsqu'une contingence de groupe est utilisée et que chaque membre de l'équipe doit se comporter de façon appropriée pour que son équipe obtienne des points. Des points sont accordés

chaque fois qu'un but est atteint. Toutes les équipes peuvent gagner puisqu'elles sont en compétition dans le but d'atteindre un critère, c'est-à-dire un nombre de points à mériter pour obtenir des récompenses. Le temps libre est une forme de récompense facile à utiliser et qui ne coûte rien. Les équipes qui satisfont le critère quotidien peuvent accumuler du temps libre. Finalement, un match peut durer une semaine ou le temps d'une étape. L'encadré 6.5 décrit le jeu d'organisation qui a été utilisé avec succès pendant l'expérience dont les résultats sont présentés au tableau 6.2.

Encadré 6.5 : Jeu d'organisation et contingences de groupe

Trois stagiaires avaient de la difficulté à organiser leurs classes. Ils gaspillaient beaucoup de temps, ce qui entraînait de nombreux comportements dérangeants. Un jeu d'organisation simple fut proposé à la classe entière. La récompense consistait à accumuler des minutes de temps libre pendant lesquelles les élèves pouvaient faire des activités de leur choix en éducation physique. Pour que la classe puisse accumuler des minutes de temps libre, tous les élèves devaient satisfaire les critères pour chacun des trois buts d'organisation suivants.

1. Dès leur entrée dans le gymnase, tous devaient lire les informations concernant l'activité initiale affichée au mur, se rendre à la station qui leur était assignée et commencer à pratiquer l'activité dans les huit minutes suivant l'heure du début officiel de la période (deux minutes de temps libre étaient allouées chaque fois que la classe réussissait à satisfaire ce critère).

2. Chaque fois que l'enseignant sifflait pour attirer l'attention, la classe devait être attentive et calme en moins de cinq secondes (une minute de temps libre était accordée chaque fois que cette tâche était réussie).

3. Pendant les transitions d'une activité à une autre, le groupe devait avoir commencé la nouvelle activité en quinze secondes après le signal de départ (une minute de temps libre était accordée chaque fois que ce critère était atteint).

Les enseignants notaient les minutes de temps libre accumulées. Ces minutes étaient octroyées pendant la leçon du vendredi. Les élèves avaient alors le choix de faire de la gymnastique, du basket-ball ou de s'asseoir dans les gradins et discuter. L'utilisation de ce jeu d'organisation produisit les changements indiqués au tableau 6.2.

ÉVALUER LE SYSTÈME DE TÂCHES D'ORGANISATION

Il existe diverses façons de superviser l'efficacité du système d'organisation périodiquement afin de s'assurer que le système fonctionne aussi efficacement que possible. Le temps est un déterminant majeur pour réussir. Il est possible de vérifier la durée des périodes d'organisation en utilisant un chronomètre, de compter le nombre de directives et d'interactions liées à l'organisation. L'efficacité de routines particulières peut être évaluée. À l'occasion, il est possible d'observer des élèves cibles pour voir s'ils attendent fréquemment que l'activité commence. Les cas de comportements déviants peuvent aussi être notés. Toutes ces observations ne peuvent pas être obtenues pendant une seule leçon, mais il est possible de recueillir des données sur différents aspects de l'organisation au cours d'une semaine. Vous aurez ainsi de l'information pertinente sur le degré de succès de l'ensemble de votre système d'organisation.

Vous trouverez des informations plus précises sur les systèmes d'observation en général et sur l'observation de l'organisation en particulier dans le chapitre 16.

RÉSUMÉ

1. L'organisation préventive fait référence aux stratégies proactives utilisées par les enseignants pour créer et maintenir un climat positif centré sur la tâche.

2. Un système d'organisation efficace favorise la coopération entre les enseignants et les élèves et permet d'économiser du temps qui peut alors être utilisé pour l'apprentissage.

3. Les règles établissent les attentes générales en ce qui a trait aux comportements dans une variété de situations.

4. Les routines sont des procédures pour développer des comportements appropriés en classe, plus particulièrement pour ceux qui reviennent régulièrement.

5. Si l'on veut qu'elles deviennent une habitude, les routines doivent être bien enseignées, et ce, dès le début de l'année scolaire.

6. Les règles doivent être enseignées tout au long de l'année. Il importe de donner à la fois des exemples de comportements conformes et de manquements. Il faut aussi expliquer pourquoi ces règles sont importantes.

7. Les règles doivent être appliquées équitablement et de façon constante.

8. Le temps d'organisation correspond au cumul des périodes de temps que les élèves consacrent aux tâches d'organisation, aux transitions et aux autres tâches non reliées à la matière enseignée.

9. Les périodes d'organisation sont les moments consacrés à la mise en place des activités d'apprentissage.

10. Les transitions sont des périodes d'organisation qui se produisent entre la fin d'une activité et le début de l'explication de l'activité suivante.

11. Les interactions d'organisation sont les comportements verbaux et non verbaux nécessaires pour développer et maintenir le système de tâches d'organisation.

12. Des habiletés et des stratégies d'enseignement ont été établies pour développer et maintenir un système d'organisation efficace : la direction de l'activité initiale, l'heure du début, la prise des présences, les routines, l'enseignement enthousiaste, les attentes, les rétroactions spécifiques, l'affichage des résultats d'organisation et les jeux d'organisation.

13. Une façon d'évaluer le système d'organisation consiste à superviser la façon dont le temps est utilisé et à vérifier si les élèves sont habituellement centrés sur la tâche ou non.

CHAPITRE 7

Les techniques
et les stratégies de discipline

*La maîtrise des habiletés d'organisation en ensei-
gnement ne devrait pas être considérée comme
un but en soi. Ces techniques représentent cependant des outils essentiels puisque leur maîtrise
permet de varier les stratégies d'intervention et de
choisir celles qui conviennent le mieux en fonction des circonstances. L'absence de maîtrise de
ces habiletés constitue une barrière à l'atteinte
des buts visés.*
Jacob Kounin (1970)

LES OBJECTIFS DU CHAPITRE

- Indiquer les différentes façons de définir la discipline ;
- Expliquer l'importance de la discipline ;
- Définir la notion de comportement approprié et non approprié ;
- Expliquer et appliquer des stratégies pour modifier le comportement ;
- Expliquer et appliquer des stratégies qui visent à favoriser l'apparition des comportements appropriés ;
- Décrire des façons efficaces de féliciter et des stratégies d'interaction positive ;
- Expliquer et appliquer des stratégies pouvant décourager l'émission de comportements non appropriés ;
- Décrire d'autres moyens constructifs susceptibles de remplacer la punition ;
- Décrire des stratégies formelles de modification du comportement ;
- Expliquer le but ultime d'un système de discipline.

Le contenu de ce chapitre sur la discipline s'inscrit dans la perspective du système de tâches d'organisation décrit aux chapitres 5 et 6. Quel que soit le milieu éducatif, une bonne discipline repose sur un système d'organisation préventive que l'enseignant développe et maintient tout au long de l'année. La mise en place d'un système efficace d'organisation est la meilleure garantie contre les problèmes de discipline. Vos expériences d'enseignement vous permettront de constater que l'élément le plus important pour avoir une bonne discipline consiste à développer et à maintenir des comportements appropriés.

Les **comportements appropriés** sont les divers comportements des élèves qui sont cohérents avec les buts éducatifs d'un milieu scolaire donné. Les définitions de comportements appropriés peuvent varier selon les milieux, mais un pourcentage élevé de comportements appropriés est toujours nécessaire pour atteindre les buts visés. Je parlerai donc très peu des types de comportements d'apprenants qui devraient être considérés comme appropriés puisque cela dépendra de vous. Est-il approprié d'obliger le port d'un costume d'éducation physique prescrit ? En dernière analyse, les écoles, les départements et les enseignants prennent ces décisions en se basant sur leurs convictions et sur leurs interprétations des préoccupations des parents et des administrateurs locaux. Cependant, je présume que les enseignants recherchent généralement des taux élevés de comportements appropriés. J'ai bien sûr des opinions sur ce qui devrait être considéré approprié ; aussi, lorsque je les mentionne, c'est plutôt à titre d'exemples que comme des règles universelles qui dictent les choses « à faire » et « à ne pas faire ».

Les enseignants prennent chaque jour des décisions au sujet de ce qui est approprié ou non dans leur classe ou leur gymnase. Toutes les fois qu'une enseignante réprimande un élève, elle contribue à délimiter les frontières du comportement acceptable. Chaque milieu éducationnel possède des règles de comportement. Elles sont parfois présentées publiquement, mais la plupart du temps les élèves les apprennent en violant ces règles ou en recevant des rétroactions négatives. La plupart des règles non écrites sont négatives, c'est-à-dire qu'elles informent sur des choses à « ne pas faire » plutôt que sur celles « à faire ».

Le terme « **discipline** » a toujours été important dans le vocabulaire des enseignants. Dans les écoles d'aujourd'hui, beaucoup d'enseignants sont jugés principalement en fonction de leur habileté à maintenir une bonne discipline. La discipline est une composante importante de l'éducation qui peut être abordée positivement ou négativement. Si vous deviez définir les caractéristiques d'une classe disciplinée, plusieurs d'entre vous répondraient probablement par une définition semblable à celle utilisée ici pour caractériser la discipline centrée sur les comportements appropriés : l'émission de comportements cohérents avec les buts d'un système éducatif donné. Il s'agit d'une approche positive de la discipline.

Par contre, plusieurs personnes définissent la discipline par l'absence de comportements non appropriés ; pour eux, la discipline signifie « mettre les soldats au pas » et l'analogie militaire n'est pas sans raison. Bon nombre d'enseignants considèrent que le maintien de la discipline se fait dans une atmosphère rigide et militaire. Si vous valorisez ce type de climat, vous aurez beaucoup de difficulté à accepter l'approche positive de la discipline préconisée dans ce volume.

Le point central de la question de la discipline est exprimé dans les **deux définitions** suivantes : 1) entraînement pour apprendre à se comporter en accord avec les règles ; 2) punitions administrées pour éliminer les comportements non appropriés. La première définition correspond à une approche positive où les élèves apprennent à « se comporter en accord avec les règles » alors que la deuxième définition ne fait aucune place à une vision positive puisque « discipliner » implique essentiellement l'application de punitions.

Il importe que vous compreniez « ma » conception de la discipline. La punition est une technique de maîtrise du comportement et plusieurs techniques de punition seront discutées dans ce chapitre. La punition est utilisée dans les écoles et elle représente parfois une technique extrêmement valable dans l'ensemble du répertoire d'habiletés de gestion et d'organisation de l'enseignant. Cependant, le but de la punition devrait être de réorienter les comportements dérangeants ou non appropriés vers des formes de comportements plus utiles et plus productives. Les techniques de punition devraient être appliquées adroitement, sans décharge émotionnelle ou colère.

La **punition** est une stratégie disciplinaire souvent utilisée avec excès. Ses effets apparaissent habituellement à court terme et entraînent d'autres problèmes. Il y a trop de punitions dans les écoles ! Trop peu d'enseignants possèdent et utilisent les habiletés nécessaires au maintien d'une discipline basée sur des stratégies positives. Les comportements appropriés sont importants et ils ne consistent pas uniquement en l'absence de comportements non appropriés ! Le but principal de la discipline n'est pas seulement de réduire les comportements dérangeants ou déviants, mais aussi de développer des comportements acceptables permettant aux élèves d'apprendre et de s'améliorer.

POURQUOI LA DISCIPLINE EST-ELLE IMPORTANTE ?

La discipline est importante pour plusieurs raisons. Premièrement, les parents et les administrateurs s'attendent à ce que les classes soient bien organisées et que les élèves se comportent bien. Ils comprennent qu'un désordre peut survenir et qu'occasionnellement certains élèves peuvent présenter des problèmes sérieux de discipline, mais ils s'attendent toujours à ce qu'un enseignant compétent puisse composer avec ces dérangements. Pour chaque enseignant jugé habile à gérer habilement les comportements de ses élèves, il y en a probablement vingt-cinq qui sont considérés incapables de maintenir une discipline efficace ! Les enseignants aussi sont préoccupés par la discipline. Pendant plusieurs années, ils l'ont considérée comme le principal sujet à aborder au cours des activités de perfectionnement. Pourquoi ? Les problèmes de discipline sont communs à plusieurs écoles et la formation des enseignants est souvent inadéquate pour les aider à composer avec de tels problèmes. Rien n'est aussi fatigant et contraignant pour un enseignant que d'avoir à faire face continuellement avec des problèmes de discipline. Ainsi, pour votre santé mentale et votre bien-être, il est important que vous connaissiez aussi bien que possible l'organisation préventive de la classe et les stratégies de discipline.

De plus, la discipline est importante parce que les élèves apprennent mieux dans une classe disciplinée. Il n'y a aucun doute qu'un système d'organisation efficace ainsi que de bonnes stratégies disciplinaires créent une atmosphère dans laquelle il est plus facile d'apprendre. La recherche sur l'efficacité de l'enseignement a démontré que les classes où les élèves apprennent le plus sont aussi les mieux organisées (voir chapitre 2) et un plus faible taux d'apprentissage est observé dans les classes moins bien organisées. Je crois qu'une organisation efficace représente un préalable nécessaire à l'apprentissage. D'un autre côté, il est possible que les élèves apprennent peu dans des classes bien organisées. En d'autres mots, vous devez considérer qu'il est important de développer et de maintenir un système efficace d'organisation dans vos classes, mais vous ne pouvez pas présumer que cela va garantir un taux élevé d'apprentissage. Il y a beaucoup de gymnases dans ce pays où la discipline est adéquate, mais dans lesquels les participants réalisent peu d'apprentissage, qu'il s'agisse d'acquérir des habiletés et des stratégies ou d'améliorer leur condition physique. Une bonne organisation donne plus d'occasions d'apprendre, mais les enseignants doivent aussi fournir un bon enseignement et des occasions de pratiquer s'ils veulent atteindre leurs buts.

DÉFINIR LE COMPORTEMENT APPROPRIÉ : ÉVITER LA DISCIPLINE PAR DÉFAUT

Une discipline efficace implique une stratégie positive, proactive, centrée sur le développement et le maintien de comportements appropriés chez les élèves. Pour arriver à une discipline efficace, vous devez clarifier votre conception des comportements jugés appropriés chez vos élèves. Les définitions de comportements appropriés suggérées ci-dessous sont générales ! Je l'ai fait intentionnellement afin de vous forcer à définir les comportements spécifiques de vos élèves par rapport à ces catégories générales. Si vous n'y réfléchissez pas ou si vous ne cherchez pas à développer consciemment de tels comportements, vous ferez alors de la « **discipline par défaut** ». Si les élèves n'apprennent pas directement de façon spécifique ce qui est approprié et non approprié, ils devront l'apprendre par défaut. La seule façon d'apprendre les limites de ce que vous êtes prêts à tolérer sera de tester ces limites, ce qui risque de ne pas être agréable pour vous, ni pour les élèves.

Un comportement approprié n'est pas seulement l'absence de comportement non approprié. Les enseignants doivent composer rapidement avec un comportement non conforme, mais s'ils demeurent centrés sur l'élimination des comportements non appropriés, ils ne réussiront pas à développer une bonne discipline. Chaque fois qu'un comportement non approprié est éliminé, un comportement plus approprié devrait être acquis ; aussi, il est important de définir les comportements appropriés dans vos classes. Les enseignants qui font de la « discipline par défaut » comptent sur les punitions pour réduire ou éliminer les comportements non appropriés. L'atmosphère de la classe se définit alors par la punition et la menace de punition. Quand cette approche est poussée à l'extrême, les élèves refusent souvent de participer activement, ils sont réticents à répondre, ils se sentent humiliés devant leurs pairs et ils vont même jusqu'à se punir entre eux plus fréquemment. Il importe de rappeler qu'une des conclusions majeures de la recherche sur l'efficacité de l'enseignant indique que les classes caractérisées par des interactions négatives, telles que les humiliations, la ridiculisation et les punitions, sont celles où le succès scolaire est le plus bas et où le développement affectif est réprimé.

Les comportements appropriés et non appropriés ont besoin d'être définis. Les comportements appropriés sont ceux qui sont nécessaires pour réaliser ces buts. Les comportements non appropriés sont ceux qui nuisent à la réalisation des buts de la classe. Cette double approche est utile parce que la simple absence de comporte-

---

Encadré 7.1 : Les retards

Situation. Les retards sont un problème dans une classe d'éducation physique d'une école secondaire (premier cycle). Le professeur décide de faire courir deux tours de gymnase à chaque élève qui arrive après la cloche.

Résultat. Aucun changement. Les retards ne diminuent pas.

Analyse. La punition imposée n'est pas efficace ; elle ne diminue pas le taux de retards parce que les élèves ne considèrent pas cela comme une punition. De plus, il n'est pas très sage d'utiliser une activité motrice, telle que la course, comme punition alors que, habituellement, l'enseignant essaye de convaincre les élèves du bien-fondé de cette activité. Il est possible d'aborder le problème de deux façons : tenter d'éliminer les retards ou renforcer l'habitude d'arriver à l'heure. Le résultat serait le même, mais les méthodes seront radicalement différentes.

Hypothèse d'action. Y a-t-il des raisons positives pour les élèves d'arriver en classe à l'heure ? La première activité commence-t-elle immédiatement et est-elle agréable ? Les élèves qui arrivent à l'heure sont-ils complimentés à l'occasion ? La meilleure stratégie serait de ne pas prêter attention aux retardataires et de réagir positivement à ceux qui sont ponctuels. Il serait particulièrement important de remarquer les élèves qui sont souvent en retard et de les complimenter quand ils arrivent à temps. Une activité agréable qui commence dès le début de la période aiderait aussi. Les retards sévères ou chroniques peuvent nécessiter une punition, à la condition de trouver une véritable punition.

---

ments non conformes n'entraîne pas automatiquement le comportement nécessaire à l'atteinte des buts éducatifs. Williams et Anandam (1973) ont suggéré un système simple comportant quatre catégories pour définir les comportements appropriés et non appropriés des élèves.

1. Les **comportements associés à la réalisation des tâches** font référence à tous les comportements que les élèves doivent adopter pour participer avec succès à une leçon.

2. Les **interactions sociales** appropriées font référence aux échanges entre les élèves ainsi qu'à l'interaction enseignant/élèves.

3. Les **comportements hors tâche** font référence à toutes les formes de participation non appropriée et à la non-participation aux activités proposées en classe.

4. Les **comportements dérangeants** font référence aux comportements qui présentent un risque immédiat pour les élèves ou qui dérangent le déroulement de la leçon.

À votre avis, quelles seraient de bonnes définitions s'appliquant à chacune de ces catégories? Qu'est-ce qui est acceptable et qu'est-ce qui ne l'est pas pour vos élèves? Comment doivent-ils se comporter habituellement pour qu'une leçon se déroule bien? Quel niveau de désordre considérez-vous perturbant? Quels types de comportements êtes-vous prêt à tolérer pendant que les élèves s'améliorent? Certains comportements sont-ils appropriés dans certaines situations et pas dans d'autres? Les réponses à ces questions reflètent votre vision personnelle. Bien que les définitions soient laissées à votre discrétion, je serais négligent de ne pas indiquer qu'à mon avis un gymnase rempli d'élèves silencieux n'est pas cohérent avec les buts de l'éducation physique. Je ne crois pas à «la discipline pour la discipline» (voir l'encadré 6.1). Quand je donne une explication, je veux que les élèves soient complètement silencieux et attentifs. Cependant, quand ils font des exercices physiques ou des jeux, je veux qu'ils soient exubérants et excités. Les techniques et les stratégies présentées dans ce chapitre devraient permettre de réaliser ces deux objectifs avec vos élèves.

STRATÉGIES DE BASE POUR DÉVELOPPER ET MODIFIER UN COMPORTEMENT

Un comportement peut être modifié par l'application soignée et cohérente de contingences. Une **contingence** est la relation entre un comportement et une conséquence. Les contingences sont les raisons dont les élèves ont besoin pour apprendre des comportements nouveaux et plus appropriés. Éventuellement, ils peuvent se comporter de la bonne façon parce que c'est ce qui est «attendu», parce que «les autres le font», parce que c'est «la bonne chose à faire» ou par «fierté personnelle». Cependant, au début, ils ont besoin de raisons plus immédiates et concrètes pour changer leur comportement, telles que des conséquences puissantes reliées à des buts comportementaux précis.

Certaines stratégies de base s'appliquent à diverses situations de modification du comportement. Lorsque ces principes sont suivis soigneusement, ils forment la base du répertoire des habiletés de discipline d'un enseignant.

1. **Être précis.** Assurez-vous que vous et vos élèves comprenez quel comportement doit être changé. Ne vous attendez pas à ce que le

simple fait de dire « Arrêtez de faire des conneries » produira les résultats attendus, surtout si les élèves ne sont pas informés de la signification précise de votre remarque. Aussi, le fait de définir précisément la cible du changement de comportement attendu permet d'éviter d'en changer trop ou pas assez. Par exemple, vous voulez utiliser une technique de punition pour arrêter un comportement non approprié, mais vous ne voulez pas que la personne pense que vous ne l'aimez pas. De la même façon, vous voulez augmenter la probabilité que les élèves posent des questions, mais vous ne voulez pas créer une situation où ils posent des questions sans arrêt.

2. **Définir soigneusement la contingence du changement.** Une contingence est la reconnaissance d'une relation entre un comportement et une conséquence. Elle devrait être définie soigneusement ; par exemple, « Si vous faites X, alors Y surviendra. » « Si vous êtes encore en retard pour la classe, vous irez chez le directeur. » « Si vous faites cette tâche pendant vingt-cinq minutes, vous pourrez faire une activité de votre choix pendant les cinq dernières minutes de la classe. »

3. **Être modeste.** N'essayez pas de changer le monde en une journée ou la personnalité d'un élève en une semaine. Commencez avec un problème de comportement mineur mais significatif. Définissez le comportement déviant, choisissez soigneusement les sanctions qui s'y appliquent et observez le processus de changement avant de passer à un autre but.

4. **Avancer graduellement.** Soyez satisfaits des petites améliorations stables, spécialement si vous travaillez avec des récompenses et des punitions mineures. Si vous utilisez des sanctions plus importantes, vous pourrez progresser plus rapidement. Ne vous attendez pas à de grands changements avec des punitions ou des récompenses banales.

5. **Être constant.** Ne démordez pas de votre contingence et appliquez-la de la même façon chaque fois. Rien ne crée plus de confusion chez les élèves ou les rend plus méfiants que de voir les contingences changer de jour en jour sans informations préalables. Si vous voulez provoquer un changement persistant dans le comportement, établissez des contingences claires et tenez-y fermement. Vous obtiendrez seulement ce que vous avez planifié.

6. **Commencer là où l'élève se trouve.** Ne vous attendez pas à faire des miracles et à transformer en « bon citoyen » un élève qui cause des problèmes depuis des années. Définissez un problème immédiat. Changez-le. Ensuite, construisez graduellement sur les succès obtenus. Des progrès continus devraient vous permettre de modi-

fier des aspects plus importants du comportement à mesure que vous avancerez. Ainsi, vous devez vous assurer que les élèves assistent au cours avant de penser à leur enseigner. Vous devez faire en sorte qu'ils arrivent à l'heure et qu'ils participent avec application pour espérer qu'ils apprennent.

Les stratégies de base décrites ci-dessus visent à **diminuer les comportements non appropriés** et à les **remplacer par des comportements plus acceptables** en développant de nouvelles façons d'agir adéquatement. Des améliorations mineures et précises peuvent être réalisées en appliquant les contingences de façon constante, en utilisant des sanctions efficaces et en passant graduellement à des comportements plus importants. Quand le comportement devient une habitude, les contingences immédiates qui soutenaient son développement peuvent disparaître graduellement.

Encadré 7.2 : L'exhibitionniste

Situation. Un étudiant a tendance à s'exhiber. Il dérange juste assez pour obtenir l'attention et quelques rires de la part de la classe. L'enseignant essaie d'arrêter ce comportement par des réprimandes.

Résultat. Les comportements dérangeants continuent.

Analyse. Le modèle de comportement de l'étudiant est probablement encouragé par l'attention que lui accordent ses pairs. Si tel est le cas, la réaction de l'enseignant, qui pourrait être efficace dans une autre situation, ne le sera pas ici. Pour qu'une réaction de l'enseignant change ce comportement, elle devra être plus forte que l'attention accordée par les pairs.

Hypothèse d'action. Le choix est assez clair. Une réprimande très forte fera habituellement cesser ce genre de comportement ; cependant, elle ne remplacera pas les renforcements positifs fournis par l'attention des pairs (coups de coude, clins d'œil, ricanements). Lorsqu'une interaction négative est utilisée par l'enseignant, ce dernier doit trouver une façon pour que les pairs prêtent attention aux comportements plus appropriés de leur camarade. De toute façon, la coopération des pairs sera bénéfique, pourquoi ne pas alors l'utiliser dès le début ? L'enseignant peut choisir un moment où cette personne n'est pas présente dans le groupe pour demander aux autres de ne pas accorder d'attention aux comportements qu'il veut éliminer. Il peut également leur demander de réagir surtout quand elle adopte des comportements souhaitables.

Quand un élève se conduit mal, la tendance immédiate consiste à essayer d'éliminer ce comportement non approprié aussi vite que possible. Pourtant, il importe de rappeler que l'élève a une raison de se comporter ainsi, que ce soit l'approbation de ses pairs ou la reconnaissance du professeur. Aussi, il ne suffit pas d'éliminer rapidement le comportement non approprié, il faut également développer une forme plus appropriée de comportement grâce à laquelle l'élève pourra recevoir l'acceptation et la reconnaissance qu'il cherche et, par conséquent, atteindre les buts visés par la discipline à long terme.

Les stratégies pour augmenter les comportements appropriés

Un enseignant ne peut pas développer un comportement approprié sans être précis et systématique. Les enseignants ont tendance à peu se préoccuper de favoriser les comportements appropriés. Cette observation ne vient pas seulement de ma propre expérience dans les écoles, elle est bien soutenue par les conclusions de la recherche sur l'interaction dans les classes et les gymnases. La tendance habituelle des enseignants consiste à réagir négativement ou de façon corrective aux élèves qui se comportent de façon non appropriée. Les gymnases sont remplis de « Taisez-vous », « Faites attention à ceci », « Écoutez », « Cette rangée n'est pas droite », « Chut », et « C'est assez là-bas ». Il n'y a pas suffisamment de « Merci », « Jacques, tu as vraiment été très attentif aujourd'hui », « Vous avez commencé cet exercice rapidement », ou « Je suis content, vous avez travaillé très fort aujourd'hui ».

Ne vous attendez pas à créer des comportements appropriés et un climat chaleureux qui favorisent l'épanouissement sans mettre l'accent sur les comportements souhaitables et sans trouver des façons de les reconnaître et de les renforcer. La nature d'un enseignement efficace dans nos écoles aujourd'hui est suffisamment connue pour nous convaincre que des taux élevés de réussite et un comportement centré sur la tâche sont non seulement compatibles mais, de fait, pourraient être des éléments déterminants pour la création d'un climat chaleureux qui favorise la croissance des participants dans le gymnase.

Soyons clairs sur ce que dit la recherche et ce qui est préconisé dans ce volume. Les « promoteurs de la ligne dure » et les « tenants de la sévérité en tout » ne trouveront aucun réconfort dans ces pages puisque ces styles créent un climat sévère et punitif qui découle, la plupart du temps, d'une utilisation excessive de la punition ou de la menace de punition. Vous n'avez pas besoin d'être un bourreau détestable et entêté pour développer et maintenir une bonne discipline. Par contre, un enseignant qui pense que la principale condition pour instaurer une bonne discipline consiste à enseigner correctement la matière se prépare à subir un rude choc. À mon avis, le premier point de vue, c'est-à-dire l'attitude sévère, a tendance à être autosuffisant et souvent franchement cruel, alors que le dernier est naïf et romantique.

De plus, aucune de ces approches n'a de chances de favoriser l'atteinte de buts éducatifs importants. Les techniques décrites dans ce chapitre, comme celles relatives à l'organisation préventive décrites dans le chapitre 6, peuvent être apprises, perfectionnées et utilisées pour produire une bonne discipline, une proportion élevée de temps d'engagement productif et un climat favorisant l'apprentissage dans le gymnase.

Encadré 7.3 : Les élèves ne devraient-ils pas se comporter correctement sans attendre de récompenses ?

Il n'y a pas de bonnes réponses à cette question. Quand les enseignants utilisent des techniques de modification du comportement, ils sont souvent critiqués par les personnes qui présument que les élèves devraient se comporter correctement simplement parce que c'est ce que l'on attend d'eux et que c'est la bonne chose à faire. Cela peut suffire aux adultes matures qui se comportent conformément parce qu'ils ont appris à le faire et parce qu'ils accordent de l'importance à la reconnaissance sociale attachée à ces façons de se comporter. C'est rarement suffisant pour les élèves qui sont encore loin de l'âge adulte. Les enseignants ne devraient pas sentir qu'il n'est pas approprié d'utiliser des techniques conçues dans le but de modifier le comportement. Cependant, ils doivent les utiliser adroitement et sagement. Trop souvent, les enseignants utilisent des conséquences graves (récompenses et punitions) alors que des petites suffiraient largement. Un principe important dans les programmes de modification du comportement est appelé le « principe de la moindre intervention ». Cela veut simplement dire d'en faire le moins possible, mais suffisamment pour que le changement se produise ! Si vous pouvez enseigner à de jeunes enfants à se comporter adéquatement en utilisant des gratifications sociales et des rétroactions positives, les privilèges exceptionnels ou les récompenses matérielles ne sont pas nécessaires. Par contre, les privilèges et les récompenses sont beaucoup plus efficaces lorsque l'utilisation systématique de la gratification sociale n'est pas suffisante ou pas assez puissante. Finalement, les élèves devraient apprendre à bien se comporter sans nécessairement attendre des récompenses.

L'enseignant efficace possède une grande quantité de techniques positives pour développer et maintenir des comportements appropriés. Chaque technique peut être pratiquée et améliorée. Avec l'expérience, l'enseignant utilise ces techniques avec habileté ; on reconnaît cette habileté non seulement dans la capacité de l'enseignant de raffiner ses techniques, mais aussi dans sa capacité de discriminer celle qui convient le mieux à la situation ; par exemple, les caractéristiques des personnes impliquées, le contexte, le type de comportement, etc. Voici quelques techniques qui ont pour but d'influencer positivement le comportement approprié.

1. **Des règles et des directives claires et précises.** Il n'est pas suffisant pour les enseignants de formuler clairement les règles, ils doivent aussi rappeler fréquemment aux élèves quels sont les comportements attendus. Une **directive** est un comportement d'enseignant ou un stimulus de l'environnement qui rappelle aux élèves ce qu'ils doivent faire. Au début, ils ont besoin de directives fréquentes. Certains enseignants ont tendance à remarquer seulement l'apparition de comportements non conformes ; c'est une erreur de stratégie. Les directives auront tendance à être précises lorsque les règles le sont. Cependant, lorsque les règles sont générales (voir page 127), les directives devraient fournir aux élèves des lignes de conduite précises et des exemples concrets de comportements.

2. **Des attentes élevées mais réalistes.** Les enseignants doivent informer les élèves de ce qu'ils attendent d'eux. La plupart des directives concernant les attentes en matière de discipline visent des comportements à adopter pendant le processus d'enseignement-apprentissage, tels que se comporter de façon sécuritaire, courtoise, serviable et demeurer centré sur la tâche. Ces attentes devront être réalistes en fonction du milieu, tout en demeurant optimistes par rapport à ce que les élèves peuvent accomplir.

3. **Des renforcements fréquents et appropriés.** Les élèves peuvent être renforcés en groupe ou individuellement. Donner du renforcement est une habileté plus ou moins maîtrisée par les enseignants. La plus grande erreur technique semble être ce que Hughley (1973) appelle les « Ça va » pour regrouper les diverses expressions simples et répétitives comme « Bon travail » ou « C'est ça ». Une félicitation précise représente un renforcement pour l'élève, mais un compliment trop général a peu de chances de renforcer l'apparition de comportements appropriés. Quelques lignes de conduite pour féliciter efficacement sont énumérées à l'encadré 7.4. De plus, l'encadré 7.5 fournit des exemples d'interactions positives que les enseignants peuvent utiliser pour motiver les élèves à adopter des comportements appropriés.

Encadré 7.4 : Les lignes de conduite à suivre pour féliciter efficacement

Un compliment efficace :

- est exprimé immédiatement et de façon contingente, sans toutefois déranger le comportement relié à la tâche ;
- précise les aspects particuliers du comportement réalisé correctement ;
- indique pourquoi ce comportement est important ;
- est bien associé au comportement particulier qui est renforcé ;
- est rattaché à des critères standardisés ou à un résultat antérieur et ne vise pas à comparer les élèves entre eux ;
- attribue avec justesse le succès à l'effort et à l'habileté de la personne concernée ;
- inclut des attentes pour qu'il y ait continuité dans le succès et l'amélioration ;
- est sincère, enthousiaste et il varie selon les circonstances.

Les erreurs techniques majeures lorsque les enseignants félicitent :

- fournir seulement des réactions imprécises et générales ;
- ne pas donner suffisamment de précisions sur les aspects de la réponses qui sont particulièrement réussis ;
- comparer avec les pairs ;
- accorder trop ou pas assez d'importance à la prestation ;
- déranger le comportement relié à la tâche ;
- manquer de sincérité, d'enthousiasme et de couleur.

Source : Adapté de Brophy (1981)

---

4. **Des interactions non verbales efficaces et positives.** Selon plusieurs experts, l'interaction non verbale serait aussi puissante, sinon plus, que les commentaires verbaux faits aux élèves. Ces experts pensent que les indices non verbaux sont plus en harmonie avec ce que l'enseignant sent et pense ; ainsi, ceux qui perçoivent une contradiction entre le comportement verbal et non verbal du professeur semblent croire que le message non verbal est plus valide (Galloway, 1971, p.70).

Vous êtes sans doute familiers avec des réactions négatives non verbales, telles que le doigt sur les lèvres, l'enseignant debout avec les mains sur les hanches qui jette un regard sévère sur la classe

Encadré 7.5 : Motiver l'apparition de comportements appropriés par des interactions positives

Interactions positives générales ne contenant pas d'information précise

Oui	C'est bon	Bon travail	Excellent
C'est beau	Formidable	C'est bien ça	Bravo
Merci	C'est ça	Tu t'améliores	Fantastique
Épatant	Superbe	Bien fait	C'est bien

Interactions positives non verbales

Sourire	Acquiescer de la tête	Claquer des mains	Lever le pouce
Faire signe que ça va	Mettre les cinq doigts en l'air	Faire un clin d'œil	Applaudir

Interactions positives spécifiques qui peuvent être combinées avec des comportements non verbaux

L'équipe numéro 2 a réussi à s'organiser rapidement cette fois !

Merci d'écouter attentivement, Jacques !

Avez-vous tous vu comment Jocelyn a aidé Denise ?

Toute la classe a travaillé fort dans cet exercice !

Votre groupe s'est tu rapidement après mon signal !

Vous vous êtes préparés efficacement : cela vous a pris douze secondes !

J'apprécie ton aide pour ranger le matériel, Marie !

Interactions positives dont le contenu est relatif aux valeurs et qui décrivent pourquoi le comportement est important

C'est la bonne façon de s'organiser ; ça nous permet de commencer le match plus rapidement !

Merci Bill, quand tu fais un effort, les autres semblent en faire autant !

Anne, tu as fait du bon travail cette semaine et je suis certain que tu as eu plus de plaisir !

L'équipe numéro 3 a fait du bon travail pour sortir l'équipement ; nous pouvons donc commencer plus tôt !

Bravo ! Quand vous travaillez fort pendant les exercices, vous jouez mieux par la suite !

pour faire taire les élèves, le regard menaçant pour signifier qu'une action non appropriée s'est produite, ainsi que les indices plus subtils indiquant le mécontentement et la désapprobation. Les interactions positives non verbales peuvent aussi être puissantes, par exemple, mettre le pouce vers le haut, faire un cercle avec le pouce et l'index, lever le poing, pointer les cinq doigts en l'air et sourire sincèrement (voir l'encadré 7.5).

5. **Des communications publiques et privées.** Il n'y a pas de limites aux façons de communiquer son approbation aux élèves, en public et en privé. Des notes contenant un simple merci ou des mots d'encouragement peuvent être préparées, de sorte qu'il ne reste qu'à inscrire le nom de l'élève au besoin. Les élèves qui se comportent bien peuvent être invités à écrire leur nom sur un tableau d'honneur. Des étoiles peuvent être collées sur une liste d'élèves pour signaler la bonne conduite. Des certificats peuvent être distribués pour souligner le bon travail. Des résultats sur le respect des règles du gymnase par chaque classe peuvent être inscrits sur un tableau. Un petit mot témoignant de la bonne conduite de l'élève peut être envoyé à ses parents. Bien qu'il soit important de communiquer en tenant compte de l'âge des participants, il est aussi nécessaire d'éviter de présumer que ces stratégies fonctionnent seulement avec les jeunes enfants. Comment vous sentiriez-vous si vous receviez une note sincère d'un de vos professeurs exprimant son appréciation pour votre contribution ?

Les stratégies pour réduire les comportements non appropriés

Quand un comportement dérangeant se produit, il doit être arrêté rapidement avant qu'il ne s'amplifie et qu'il n'entrave la déroulement de la leçon. Les comportements dérangeants se produisent même si un système d'organisation solide est en place. Quand de telles situations arrivent, les enseignants doivent avoir recours à des choix pour composer avec elles ; de plus, ils doivent avoir des stratégies claires et efficaces pour réorienter le ou les élèves vers des modèles de comportement plus productifs. Souvenez-vous, il ne suffit pas d'éliminer le comportement dérangeant. Les stratégies pour éliminer un comportement déviant ont souvent besoin d'être combinées avec des moyens pour encourager l'émission de comportements appropriés. Les stratégies suivantes se sont révélées efficaces dans divers milieux scolaires.

1. **Utiliser des rappels à l'ordre efficaces.** La stratégie la plus commune pour composer avec un comportement dérangeant consiste à réprimander verbalement, c'est-à-dire rappeler à l'ordre. Faire

cesser verbalement une mauvaise conduite est une stratégie utile lorsqu'elle est appliquée efficacement et lorsqu'elle est combinée à un système d'organisation positif et préventif. En d'autres mots, cette stratégie ne doit pas être utilisée seule. La recherche de Kounin (1970) a démontré que certaines méthodes d'extinction sont meilleures que d'autres.

Un rappel à l'ordre devrait être clair et il devrait contenir un message précis informant l'élève sur ce qui ne va pas. Plutôt que de dire simplement « Arrête ça », une remarque claire serait : « Arrête de t'asseoir sur le ballon, cela le déforme. »

Une réprimande doit aussi être exprimée fermement. Le mot « fermeté » fait référence aux limites que l'enseignant impose à ceux qui ne respecteront pas les règles établies et pour lesquelles des réprimandes ont été prévues. Conserver le contact visuel pendant un moment représente une bonne façon de se faire comprendre. Se rapprocher du coupable est une autre façon de lui faire savoir que le rappel à l'ordre est sérieux. L'effet des réprimandes auxquelles on ne donne pas suite tend à disparaître rapidement et leur efficacité est limitée.

Un rappel à l'ordre efficace doit être fait au bon moment ; le comportement dérangeant doit être arrêté immédiatement, dès qu'il est perçu, de sorte qu'il ne peut s'amplifier. Le synchronisme est mauvais quand un comportement dérangeant se produit et prend de l'ampleur avant que l'enseignant le neutralise. De plus, les rappels à l'ordre efficaces visent juste lorsque la réprimande est dirigée vers le principal coupable et non vers un deuxième ou troisième participant à la mauvaise action. Des erreurs de cible apparaissent aussi quand un comportement très dérangeant n'est pas neutralisé, alors qu'une déviance de moindre importance l'est. Quand les élèves comprennent que votre synchronisme et votre capacité de reconnaître la bonne cible sont précis, ils savent aussi que vous êtes au courant de ce qui se passe dans la classe et que vous êtes bien présent comme si vous aviez des yeux tout le tour de la tête.

Pour être efficace, un rappel à l'ordre n'a pas besoin d'être punitif. En fait, la recherche démontre que la rudesse n'est pas productive et qu'elle n'aide pas vraiment à réduire les comportements indésirables. Une réprimande dure et sévère a pour effet de rendre tous les élèves inconfortables. Dans son programme de recherche, Kounin a trouvé que « les réprimandes sévères n'entraînaient pas une meilleure conduite de la part des enfants, mais qu'elles les bouleversaient tout simplement » (Kounin, 1970). Les rappels à l'ordre doivent être clairs, fermes, appliqués au bon moment et ils doivent viser juste. Ils ne devraient pas être durs ou trop sévères.

2. **Éliminer les comportements centrés sur la recherche d'attention.** L'attention de l'enseignant agit souvent comme un renforcement pour les élèves. Les plus jeunes vont essayer d'obtenir l'attention qu'ils recherchent en se comportant de façon non appropriée ou dérangeante. Lorsque vous y prêtez attention, le comportement non conforme risque d'être renforcé. L'**extinction** est une stratégie du comportement qui réduit le comportement non approprié par le retrait de la source de renforcement. Dans le cas présent, la source de renforcement est l'attention du professeur (voir l'encadré 7.6).

Ce type de renforcement essentiellement social venant du professeur encourage les comportements de recherche d'attention ; par exemple, regarder la personne, sourire, lui parler et même la réprimander légèrement. Pour éliminer ce comportement, vous devez aussi éliminer cette interaction sociale. La façon la plus simple de le faire consiste à vous éloigner de l'élève qui adopte ce type de comportement. Cette technique d'extinction doit être combinée avec un renforcement positif des comportements appropriés. Ainsi, vous devriez faire tous les efforts possibles pour porter attention quand l'élève se conduit bien. De cette façon, il aura l'attention dont il a besoin, mais cette attention sera contingente au comportement approprié plutôt qu'au comportement non approprié.

3. **Être constant quand vous choisissez d'ignorer un comportement tolérable.** Un comportement que vous jugez dérangeant ou dangereux devrait être éliminé immédiatement. Comme je l'ai mentionné plus tôt, chaque enseignant a une vision différente de la ligne de démarcation entre un comportement non approprié et un comportement tolérable. Les **comportements tolérables** font référence aux infractions mineures qui ne nuisent pas aux buts éducatifs (Wurzer et McKenzie, 1987). Chaque enseignant a une capacité de tolérer certains niveaux de dérangement qui lui est propre. Vous devez décider quel niveau de bruit ou quelles sortes d'interactions entre les élèves vous pouvez tolérer, tout en étant en mesure de continuer à enseigner efficacement. Il importe ici non seulement de savoir où vous tirez la ligne, mais de le faire de façon constante. Si votre seuil de tolérance change de jour en jour, les élèves auront de la difficulté à savoir ce que vous attendez d'eux à un moment précis. Si, pendant quelques jours, vous avez l'impression qu'ils se comportent de façon inconstante, commencez par vérifier si cette inconstance vient vraiment d'eux ou si elle est due à votre façon de réagir à leur comportement.

Les infractions mineures n'entraînent pas de réprimandes verbales ou de punitions. Les enseignants devraient plutôt composer avec les infractions tolérables en renforçant graduellement un compor-

Encadré 7.6 : La petite peste

Situation. Un garçon de deuxième année semble toujours être la cause de dérangements mineurs. Dans une activité de parachute, il fait souvent le contraire de ce qui est demandé. L'enseignant appelle par numéro ceux qui doivent courir sous le parachute et le garçon bouge à l'appel d'un numéro qui n'est pas le sien. L'enseignant dit : « Courez au-dessous » et le garçon rampe. L'enseignant dit : « Soulevez et retirez-vous » et le garçon soulève et plonge au-dessous. Après chacune de ces réponses, l'enseignant lance au garçon un regard qui veut dire : « Allons, toi », il fait un petit rappel à l'ordre ou remet le garçon à la bonne place tout en donnant d'autres instructions.

Résultat. Le garçon continue.

Analyse. Ce comportement est typique de l'enfant que la plupart des enseignants qualifieraient de « petite peste ». Il ne représente pas un vrai problème ; en fait, il est aimé du professeur et de ses pairs. Il veut de l'attention et il obtient tout ce qu'il désire. L'enseignant a présumé que les réactions négatives verbales et non verbales réduiraient ce comportement de petite peste quand, en fait, elles ne font que l'encourager. Il s'agit d'une stratégie dangereuse, non seulement parce que l'enseignant encourage involontairement un comportement non approprié, mais aussi parce que les autres enfants pourraient être tentés d'imiter ce type de comportement pour obtenir plus d'attention. L'enseignant présume qu'il donne une punition alors qu'en réalité il récompense l'enfant qui a grande envie d'attention.

Hypothèse d'action. Un tel type de comportements devrait être ignoré s'il ne présente pas de danger pour les autres enfants. Le garçon devrait recevoir de l'attention quand il se conduit de façon cohérente avec les buts poursuivis. On doit accorder de l'attention à ce genre d'enfant parce qu'il en a besoin, mais la question est de savoir quand lui en donner. Ignorer la mauvaise conduite sans prêter attention à une conduite plus appropriée aurait de grandes chances d'entraîner des éclats de colère. Ce genre d'enfant est habitué à recevoir de l'attention et il n'aime pas être ignoré. Lorsque l'on choisit d'ignorer un comportement déviant, il est important de donner de l'attention à l'enfant quand il se comporte bien.

tement plus approprié. Les stratégies pour composer positivement avec les infractions tolérables sont décrites au point 5 de cette section.

4. **Utiliser des stratégies de punition spécifiques et efficaces.** Par définition, le mot « **punition** » signifie réussir à diminuer un comportement particulier par l'application d'une conséquence à la suite de l'émission de ce comportement. La punition doit être utilisée avec prudence et habileté. Il a été démontré que les stratégies de modification du comportement qui suivent sont efficaces pour diminuer la mauvaise conduite dans le contexte de l'école.

   – Le **renforcement des omissions.** Cette stratégie consiste à récompenser l'élève lorsqu'il s'abstient de faire un comportement non approprié ; par exemple, remercier un élève qui n'a pas parlé pendant une explication, accorder un point à un enfant chaque fois qu'il ne se dispute pas avec ses pairs pendant un cours au gymnase et, quand il a accumulé cinq points, lui donner droit à un privilège, comme pratiquer son activité préférée.

   – La **pratique positive.** Lorsqu'un élève adopte un comportement non approprié, on lui demande d'émettre un nombre précis de comportements appropriés, les deux comportements étant opposés. Par exemple, un élève qui ne range pas adéquatement le matériel devra sortir le matériel et le ranger cinq fois ; en conséquence, la fréquence de mauvais rangement du matériel devrait diminuer.

   – La **mise à l'écart.** Cette stratégie implique que, lorsqu'il y a infraction, l'élève est privé d'une activité pendant une période de temps précise. Cette stratégie est efficace à la condition que la participation aux activités physiques soit gratifiante pour l'élève. La stratégie de « mise à l'écart » est analogue au banc de punition au hockey. Les retraits doivent être de courte durée, en général pas plus de deux minutes, et ils doivent être associés au manquement à un règlement précis. Le lieu où l'élève passera ce temps doit le priver de tout contact social avec ses pairs pendant la période de punition. La durée des mises à l'écart devrait être calculée à l'aide d'un chronomètre ou d'une horloge placée à la vue de l'élève.

   – La **perte de récompenses.** L'élève perd un privilège à la suite de sa mauvaise conduite. Par exemple, les élèves peuvent perdre des points déjà accumulés, des privilèges acquis ou l'accès à leurs activités préférées, comme les compétitions intrascolaires. La perte de récompenses est la forme la plus courante de punition dans notre société. Par exemple, les infractions au code de la circulation entraînent une perte d'argent.

Les punitions devraient toujours être adaptées de façon juste et équilibrée, à la nature de la mauvaise conduite. Les punitions trop sévères sont à éviter, de même que les récompenses trop importantes. Les infractions aux règles simples devraient entraîner des punitions mineures. Cette façon de penser reflète la tradition de notre société et elle correspond également au principe qui reconnaît l'importance d'utiliser une intervention aussi mineure que possible pour produire le changement attendu.

5. **Remplacer la punition par d'autres moyens constructifs.** Les enseignants peuvent utiliser trois moyens particuliers pour réduire les comportements non appropriés et développer des comportements plus appropriés, sans avoir recours à des stratégies punitives (Wurzer et McKenzie, 1987). Ces stratégies sont particulièrement pertinentes pour composer avec les infractions tolérables (voir le point 3 dans cette section). Renforcer un comportement alternatif est une stratégie par laquelle un enseignant renforce fréquemment et de façon spécifique un comportement qui n'est pas compatible avec le comportement non approprié; par exemple, se taire pendant les explications est incompatible avec le fait de parler pendant que l'enseignant donne des directives. Le renforcement de la diminution des infractions arrive quand l'enseignant félicite les élèves pour avoir fait moins de choses non appropriées. Dans la littérature sur les techniques de modification du comportement, cette stratégie est appelée le « renforcement différentiel du taux moins élevé de comportements non appropriés ». Renforcer l'absence ou la non-occurrence du comportement non approprié est une autre stratégie appelée « renforcement des omissions » (voir le point 4 dans cette section).

Des exemples de ces stratégies sont présentés au tableau 7.1. Les enseignants qui les utilisent devraient faire particulièrement attention aux lignes de conduite suggérées antérieurement dans ce chapitre. Vous devriez commencer là où se situe l'élève, progresser graduellement et utiliser de façon constante des interactions appropriées.

DONNER UN CARACTÈRE FORMEL AUX STRATÉGIES DE MODIFICATION DU COMPORTEMENT

Les enseignants peuvent établir et maintenir la bonne conduite en utilisant habilement et systématiquement des stratégies, telles qu'établir des règles dans la classe, encourager fréquemment les élèves, les motiver, les stimuler, utiliser surtout des interactions positives pour favoriser l'apparition de comportements appropriés, igno-

Tableau 7.1 : Les moyens constructifs susceptibles de remplacer la punition

Exemples de comportements non appropriés	Renforcer le comportement alternatif	Renforcer un taux moins élevé d'infractions	Renforcer l'absence ou la non-occurrence
Ne pas rester avec son groupe.	Renforcer le comportement approprié : « Merci Diane de rester en ligne ! »	Renforcer la diminution du comportement non approprié : « Diane, j'apprécie que tu sois restée plus souvent avec ton groupe. »	Renforcer la non-occurrence : « Tu n'es pas sortie du groupe une seule fois, Diane. Tu mérites deux points. »
Crier pour attirer l'attention.	Renforcer l'action de lever la main : « Oui Christine, tu avais la main levée ? »	Renforcer la diminution de ce comportement : « C'est bien Christine, tu as atteint ton but aujourd'hui. »	Renforcer le fait de ne pas avoir attiré l'attention pendant des périodes de plus en plus longues : « Christine, tu n'as pas crié une seule fois pendant cette discussion. Bravo ! »
Arriver en retard au cours.	Renforcer la ponctualité : « Je suis content de te voir avant la cloche, Patricia. »	Renforcer la diminution du comportement : « Tu es arrivée en retard seulement une fois cette semaine, Patricia. C'est beaucoup mieux. »	Renforcer l'absence de retard pour des durées de plus en plus longues : « Tu es arrivée à l'heure tous les jours cette semaine, Patricia ! Je suis vraiment content ! »
Corriger des erreurs techniques.	Renforcer l'exécution correcte de l'habileté : « C'est la bonne façon de terminer ton mouvement, Robert. »	Renforcer la diminution d'erreurs dans l'habileté : « Tu t'améliores, Robert, tu as réussi de bons convoyages à tous les coups, sauf deux. »	Renforcer l'absence d'erreurs pendant une période de temps prédéterminée : « Superbe Robert, pendant ce match, tu as bien terminé ton mouvement à tous les coups. »
Ne pas compléter les tâches.	Renforcer le fait de compléter la tâche : « Merci Julien d'avoir rangé les raquettes. »	Renforcer la diminution du nombre de tâches incomplètes : « Tu as bien rangé les raquettes aujourd'hui. C'est mieux qu'hier, Julien. »	Renforcer l'absence de tâches incomplètes : « Cette semaine, tu n'as pas oublié une seule fois de ranger les raquettes, Julien. C'est formidable. »

Source : Wurzer et McKenzie, 1987. Cette information est reproduite avec la permission de *Strategies*, 1987, 1(1), 7-9. *Strategies* est publiée par l'*American Alliance for Health, Physical Education, Recreation and Dance*, 1900 *Association Drive, Reston, VA*, 22091.

rer le comportement des « petites pestes » lorsqu'ils ne dérangent pas la classe et éliminer habilement les comportements non appropriés. Ces habiletés ont des chances d'améliorer et de maintenir la bonne conduite tout en créant un climat chaleureux et enrichissant.

Les intervenants font appel à des stratégies draconiennes lorsqu'ils ne maîtrisent pas certaines situations et que celles-ci demandent une attention spéciale et immédiate. Dans ces cas, il est utile de considérer l'utilisation de stratégies plus formelles de modification du comportement, de façon à ce que l'enseignant exerce un pouvoir plus direct auprès d'un élève coupable, d'un petit groupe ou même de la classe entière. Les stratégies formelles de modification du comportement qui suivent ont été expérimentées et elles ont produit des modifications importantes en ce qui a trait au comportement des élèves.

Les proclamations de bonne conduite

Une proclamation de bonne conduite est l'expression formelle des contingences qui pourraient être appliquées à un élève en particulier, à un groupe ou à une classe entière. La proclamation indique le comportement à réaliser et le comportement à éviter ainsi que les récompenses rattachées à la réalisation de ce qui est attendu. L'enseignant indique à la fois le nombre de comportements attendus et la nature de la récompense. Le comportement est supervisé fréquemment et la récompense est attribuée quand le comportement a été réalisé suffisamment souvent ou longtemps. Un exemple de proclamation de bonne conduite est présenté à la figure 7.1. Naturellement, la proclamation doit préciser clairement ce que les élèves doivent et ne doivent pas faire ainsi que la récompense. Celle-ci doit être suffisamment puissante pour motiver la bonne conduite.

Figure 7.1 : Exemple d'une proclamation de bonne conduite

BONNE CONDUITE

Denise Savard   doit   1) *participer à tous les matchs ;*

2) *éviter de se disputer avec les autres*

élèves de sa classe pendant quatre cours

d'éducation physique.

Pour cette bonne conduite, *Denise* pourra *aider Louise Tremblay après*

l'école pendant quinze minutes tous les jours pour deux semaines.

Louise Tremblay
Professeure d'éducation physique

Les contrats de bonne conduite

Un contrat de bonne conduite diffère d'une proclamation de bonne conduite parce que le ou les élèves ont dans ce cas-ci un rôle à jouer pour définir les comportements, décider d'une récompense et établir les contingences précises : combien de comportements, combien de temps, etc. Les enseignants ne devraient pas utiliser des contrats de bonne conduite s'ils ne sont pas prêts à négocier avec les élèves. Du point de vue de l'apprentissage et du développement, le contrat de bonne conduite représente un progrès important par rapport à la proclamation de bonne conduite puisqu'il place les élèves sur la voie de la maîtrise de soi. Les éléments du contrat sont les mêmes que ceux de la proclamation. Il est important que toutes les personnes impliquées signent le contrat. Plusieurs enseignants qui utilisent avec succès des contrats, les font également signer par une troisième personne, soulignant ainsi l'importance et le sérieux de respecter les clauses de la transaction. La figure 7.2 présente un exemple de contrat de bonne conduite rédigé à l'intention d'une élève en particulier. Il est important de souligner que les contrats peuvent aussi être écrits à l'intention d'un groupe.

Figure 7.2 : Exemple d'un contrat de bonne conduite

CONTRAT DE BONNE CONDUITE

Une entente entre *Suzie Caron* et *Michel Renaud*, éducateur physique, atteste que le contrat suivant sera en vigueur au cours des quatre prochaines semaines.

Date du début : *6 janvier*   Date de la fin : *3 février*

Suzie **devra** :

1. *Apporter son costume d'éducation physique à chaque cours* ;
2. *S'abstenir de déranger la classe en parlant ou en jouant avec Mélanie* ;
3. *Participer à toutes les activités et s'efforcer d'améliorer ses habiletés.*

Michel Renaud **devra** :

1. *Aider Suzie à la poutre* ;
2. *Marquer un point chaque jour où Suzie aura satisfait les trois critères cités plus haut* ;
3. *Permettre à Suzie de venir aider la classe de quatrième année pendant deux semaines lorsqu'elle aura accumulé sept points.*

Signé par : _____   (élève)

_____   (éducateur physique)

_____   (directeur)

Les jeux de bonne conduite

Une des façons les plus rapides de transformer un groupe d'élèves dont la conduite est généralement mauvaise consiste à utiliser un jeu de bonne conduite. Des jeux de comportement ont été utilisés avec succès dans plusieurs milieux d'éducation physique au primaire (Young, 1973 ; Huber, 1973 ; Siedentop, Rife et Bœhm, 1974 ; McKenzie, 1976). Différents types de jeux de comportement peuvent être développés. Voici une description du type de jeu utilisé le plus souvent pour réduire rapidement les comportements non appropriés.

1. Diviser la classe en quatre groupes. Les groupes peuvent choisir un nom pour identifier leur équipe.

2. Souligner que toutes les équipes peuvent gagner puisqu'elles compétitionnent dans le but de réussir un critère de comportement et non les unes contre les autres.

3. Quatre à six règles de comportement sont déterminées de façon précise (voir la section sur les règles dans ce chapitre).

4. Le groupe discute et détermine quelles seront les récompenses offertes.

5. Le jeu est expliqué. Des points seront accordés chaque fois qu'un signal se fera entendre ; cependant, les élèves ne savent pas à quel moment le signal sera déclenché. L'enseignant observera chaque groupe quand le signal sera déclenché. Si tous les membres de l'équipe se conduisent selon les règles, l'équipe marque un point. Si un membre de l'équipe enfreint l'une des règles, l'équipe n'obtient aucun point.

6. Une cassette audio peut être programmée à l'avance avec une sonnerie qui se fait entendre périodiquement : une simple cloche ou une minuterie feront très bien l'affaire. Huit signaux sont programmés et la durée des intervalles entre les signaux varie. Plusieurs cassettes doivent être préenregistrées. Quand la classe commence, l'enseignant met l'appareil en marche et ajuste le volume ; il ne sait généralement pas quand le signal se fera entendre.

7. Quand le signal retentit, l'enseignant jette un coup d'œil sur chaque équipe et porte un jugement sur leur comportement. Les équipes qui gagnent un point sont félicitées et informées de leur résultat. Les équipes ne recevant pas de point en connaissent les raisons. Après avoir utilisé cette stratégie pendant un ou deux jours, l'enseignant peut habituellement gérer ce type de jeu de

bonne conduite assez facilement, sans prendre plus de quinze à trente secondes pour noter et annoncer les points à chacun des signaux.

8. À la fin de la période, l'enseignant fait le total des points et affiche les scores de la journée.

9. À la fin d'une période particulière dont la durée peut s'échelonner sur une journée ou sur une période aussi longue que huit semaines, les récompenses sont remises à chaque équipe qui a satisfait les critères.

10. Si, pendant deux journées consécutives, un joueur d'une équipe perd plus de deux points pour son équipe, les membres de l'équipe se rencontrent et décident si ce joueur devrait s'abstenir de participer au cours d'éducation physique pendant une journée. Cette contingence du « jugement dernier » a très rarement besoin d'être utilisée.

11. Après chaque match, il est possible de réduire le nombre de signaux par période et d'augmenter la durée du match. Le jeu peut disparaître graduellement lorsque la bonne conduite fait partie intégrante de la classe.

Pour mériter une récompense, une équipe qui dispute, pendant trois semaines, deux fois par semaine, un match qui comporte huit vérifications par jour, pourrait devoir accumuler quarante-deux points sur quarante-huit. Le fait d'accorder aux élèves du temps supplémentaire pour qu'ils s'adonnent à leurs activités favorites constitue une motivation suffisamment puissante pour encourager la bonne conduite. Pour une classe particulièrement indisciplinée, la contingence pourrait consister en un jeu quotidien où la récompense serait cinq minutes de temps libre au gymnase à la fin de la période ; s'ils ne gagnent pas, ils retournent dans leur salle de classe cinq minutes plus tôt. Une fois que la bonne conduite est établie, les contingences du jeu peuvent être retirées.

Graduellement, les critères pour gagner un match peuvent aussi devenir plus rigoureux afin de permettre à l'enseignant d'obtenir de meilleurs comportements pour la même quantité de récompenses. Le nombre de vérifications du comportement prévu sur les cassettes peut être réduit graduellement afin de consacrer moins de temps à la gestion du jeu de bonne conduite.

Les jeux de comportement peuvent aussi être des « jeux d'organisation », où les résultats sont définis sous la forme de comportements d'organisation. Un exemple de jeu de gestion a été présenté à l'encadré 6.5.

Les systèmes de gages

Ce système de modification du comportement le plus complet et le plus formel est largement connu en anglais par l'expression *token economy*. Un système de gages est un programme formel, incluant des objectifs d'apprentissage et d'organisation combinés à un système d'échange dans lequel les élèves accumulent des gages qui peuvent être échangés contre des récompenses. Notre société fonctionne selon un tel système. Dans ce cas-ci, les gages sont les différentes monnaies ; les gens obtiennent de l'argent qu'ils échangent contre des biens et des services offerts par la société. Une version réduite de ce système peut être développée à l'intention d'un programme d'éducation physique ou d'une classe.

Pour développer un système de gages, les enseignants doivent définir très soigneusement tous les comportements qu'ils aimeraient inclure dans ce système ; ils peuvent aussi choisir d'en discuter avec les élèves. Ensuite, les récompenses sont établies. La meilleure façon de réaliser un tel système consiste à demander aux élèves de classer selon leur attrait, les différentes récompenses disponibles. La plus attirante (celle qui obtient la première place) est la récompense la plus puissante. Les récompenses moins attirantes ne produiront probablement pas de changements importants dans les comportements.

Les récompenses les plus utilisées en éducation physique sont : la reconnaissance publique (par exemple, inscrire sur un tableau d'affichage le nom du joueur de la semaine ou afficher une photo sur un babillard dans le corridor), la possibilité de choisir ses activités (instaurer une période de récompense où les élèves qui ont accumulé suffisamment de points peuvent choisir parmi des activités attrayantes), obtenir du temps supplémentaire en éducation physique, faire des sorties à l'extérieur (se rendre à une compétition universitaire ou professionnelle) ou obtenir des privilèges (par exemple, être l'assistant ou le tuteur dans une classe de plus jeunes). Une fois que les comportements et les récompenses sont définis, on entre dans la phase la plus importante où il s'agit de décider la quantité de comportements nécessaires pour obtenir des gages et la quantité de gages nécessaires pour obtenir les récompenses.

En éducation physique, il est préférable d'utiliser des points comme gages plutôt que des objets physiques, tels que des jetons ou de l'argent en papier. Un système de pointage définit alors le taux d'échange entre les comportements et l'obtention de gages. Lambdin (1981) a élaboré un système de gages pour récompenser les comportements appropriés et punir les comportements non appropriés. Chaque classe avait une liste de comportements établis pour une période d'au moins cinq cours d'éducation physique (hebdomadaire dans ce cas). Les noms des élèves étaient inscrits à gauche de la feuille. Un système simple de codage était utilisé pour désigner les comportements importants en classe : « E » pour écouter, « P » pour pratiquer, « S » pour suivre les instructions, « Es » pour esprit sportif, « Se » pour soins de l'équipement et « C » pour chaussures appropriées. Quand un élève dérangeait ou manquait à un règlement, l'enseignant lui enlevait un point. Par exemple, l'enseignante pouvait dire : « Jeanne, je t'enlève un point pour avoir parlé pendant que j'expliquais les règlements » et elle inscrivait un « E- » à côté de son nom. De même, les élèves recevaient des points quand ils travaillaient particulièrement bien. Par exemple, l'enseignante pouvait dire : « Louise, tu obtiens un point pour ta pratique soutenue. » Le fait de décerner publiquement les points tend à motiver et à informer les autres élèves. À la fin de la semaine (ou d'un temps prédéterminé), une « période extraordinaire » est offerte aux élèves pour qu'ils puissent pratiquer leurs activités préférées. Pendant cette période, ceux qui n'ont pas accumulé assez de points doivent, pour chaque point manquant, compenser en restant assis silencieusement et en retrait pendant cinq minutes. Les points sont également inscrits sur le bulletin scolaire remis périodiquement aux parents.

LE BUT ULTIME D'UNE STRATÉGIE DE DISCIPLINE

Les stratégies de discipline ont des buts à court et à long termes. À court terme, le principal but consiste à réduire le comportement non approprié, à empêcher les dérangements et à permettre l'atteinte des objectifs immédiats d'une leçon ou d'une unité. Les buts à long terme incluent (ou devraient inclure) le développement personnel, la maîtrise de soi et le sens des responsabilités. À long terme, l'éducation physique devrait contribuer à renforcer chez l'élève l'habileté à prendre des décisions sages, à se conduire de façon responsable envers ses pairs, à accepter la responsabilité de ses propres actions et à être capable de faire tout cela de façon constante, sans la supervision continuelle et les renforcements fréquents de l'intervenant.

En résumé, les buts à long terme devraient amener les élèves à établir une relation mature et responsable avec leurs pairs, la matière étudiée et l'école en tant que petite société. Il faut du temps, de la patience et un enseignement soucieux de favoriser l'acquisition d'habitudes importantes. Il est aussi possible que cela n'arrive jamais. Trop souvent, les élèves sont formés selon un modèle conformiste et ils ne sont pas incités à devenir plus matures et plus autonomes. Pour les amener au-delà du conformisme, les enseignants doivent leur donner graduellement plus de responsabilités et de liberté. Les élèves doivent être sevrés graduellement et soigneusement des appuis comportementaux que l'école leur fournit pendant qu'ils apprennent à devenir plus responsables. Les enseignants doivent prendre des risques s'ils veulent réaliser leurs buts à long terme. Les mêmes principes de spécificité, de constance et de changement graduel s'appliquent à la réalisation de ces buts, tout comme ils s'appliquaient à la réduction des comportements déviants et à l'augmentation des comportements coopératifs. Ils ne les atteindront pas s'ils ne s'y acharnent pas directement et systématiquement.

Encadré 7.7 : Faire des conneries

Situation. Deux étudiants du secondaire dérangent toute la classe en faisant des niaiseries ; ils ne participent donc pas aux activités pour favoriser l'apprentissage et le fonctionnement harmonieux du groupe. Ces deux étudiants se tiennent toujours ensemble et ils dérangent la classe la plupart du temps. Une série de réprimandes semble les décourager temporairement, sans les changer de façon permanente.

Résultat. Aucun changement à long terme ne survient et les deux étudiants ont tendance à devenir des ennemis de l'enseignant.

Analyse. Il est pratiquement impossible de savoir exactement pourquoi ce genre de comportement se produit. Les deux étudiants se donnent de l'attention l'un à l'autre, peu importe ce qui se passe dans la classe. Les séparer leur enlèverait leur source de plaisir et ne représenterait pas une solution. En fait, cela produirait probablement plus d'hostilité et aggraverait peut-être la mauvaise conduite.

Hypothèse d'action. Convoquer les étudiants à une petite réunion pour discuter de la situation, leur demander de cesser certains comportements et les encourager à avoir des comportements précis, différents de leurs comportements habituels. En classe, l'enseignant devrait interagir, souvent en privé, avec eux quand ils travaillent adéquatement. Si des améliorations surviennent, il faut les remercier en privé, à l'extérieur de la classe. Le lien entre cette paire étant respecté, leur façon de se comporter pourra alors se diriger vers des résultats plus positifs.

RÉSUMÉ

1. Une vision positive de la discipline vise le développement de comportements qui sont en concordance avec les règles. Une telle attitude devrait produire une approche éducative parmi les plus sûres.

2. La discipline est importante parce que les administrateurs et les parents s'attendent à ce que les classes soient disciplinées et parce que la vie dans les écoles est beaucoup plus agréable quand les problèmes de discipline sont minimaux.

3. Des classes disciplinées créent des conditions favorables à l'apprentissage ; cependant, pour qu'il y ait vraiment apprentissage, l'enseignant doit être efficace et en mesure de fournir aux élèves des occasions de participer activement.

4. Lorsque les élèves ne sont pas informés de façon précise des comportements appropriés ou non appropriés, ils l'apprennent « par défaut » et cette façon de faire entraîne un taux élevé de punitions.

5. Les stratégies de base qui visent à modifier le comportement doivent être précises : elles doivent définir soigneusement les contingences, commencer par des aspects mineurs mais significatifs, apporter les changements graduellement, être constantes et commencer au niveau où l'élève se trouve.

6. Les stratégies visant à augmenter les bons comportements incluent des règles claires et précises, des attentes élevées mais réalistes, des renforcements fréquents, des interactions non verbales efficaces, ainsi que des échanges publics et privés.

7. Le fait de féliciter efficacement exige d'adopter des lignes de conduite et d'éviter les erreurs techniques, tout en utilisant une variété de techniques.

8. Les stratégies qui visent à diminuer les comportements non appropriés incluent des techniques d'extinction conçues pour faire cesser les comportements dont le but est la recherche d'attention. Elles incluent aussi la technique qui consiste à ne pas appliquer de l'énergie aux comportements considérés comme tolérables, ainsi que la punition spécifique et efficace et les autres moyens constructifs susceptibles de remplacer la punition.

9. Les stratégies formelles de modification du comportement incluent les proclamations de bonne conduite, les contrats de bonne conduite, les jeux de bonne conduite et les systèmes de gages.

10. Le but ultime d'une stratégie de discipline est d'amener les élèves à entretenir des relations responsables et matures avec leurs pairs, la matière enseignée et l'école en tant que petite société.

Les habiletés de relations interpersonnelles dans l'enseignement de l'éducation physique

Ce qui caractérise les êtres humains, c'est leur façon de réagir les uns avec les autres. Lorsque les relations sont vraiment humaines, les individus sont attentifs et compatissants aux besoins des autres. Les relations sont qualifiées d'humaines lorsque les personnes s'engagent de façon positive les unes envers les autres. Il n'y a rien de plus important dans nos vies que les relations interpersonnelles; la qualité et la quantité de ces relations dépendent de nos habiletés interpersonnelles. Celles-ci sont nécessaires pour construire et maintenir des relations satisfaisantes et productives.

David W. Johnson (1981)

LES OBJECTIFS DU CHAPITRE

- Expliquer l'importance des bonnes relations interpersonnelles avec les élèves;
- Expliquer le danger d'être centré uniquement sur les relations interpersonnelles;
- Décrire les conclusions de la recherche concernant les modèles de relations interpersonnelles en éducation physique;
- Expliquer les types de messages qui peuvent être transmis aux élèves dans les cours d'éducation physique;

- Expliquer pourquoi les habiletés de relations interpersonnelles ont besoin d'être perfectionnées;
- Expliquer les caractéristiques des techniques permettant
  d'établir de bonnes relations;
- Expliquer comment les bonnes relations peuvent être développées et maintenues;
- Examiner comment vous êtes perçu par vos élèves;
- Décrire les façons d'aménager l'environnement physique
  pour qu'il soit propice à la communication de l'information, qu'il soit motivant et que les élèves s'y sentent
  reconnus;
- Décrire les habiletés de communication efficace;
- Expliquer pourquoi et comment l'enseignant peut coopérer
  avec ses élèves pour favoriser leurs interactions sociales.

Il va sans dire que votre vie comme enseignant a des chances d'être
plus agréable et plus satisfaisante si vous établissez et maintenez de
bonnes relations avec vos élèves. Les bonnes relations aident également à établir un environnement positif dans lequel les élèves
peuvent atteindre des buts éducatifs importants. La plupart des
personnes qui se préparent à devenir des enseignants veulent sincèrement construire de bonnes relations avec leurs élèves. Il leur manque
parfois les habiletés nécessaires pour établir de telles relations et ils
ont tendance à en sous-estimer l'importance. Selon mon expérience,
la plupart des hommes et des femmes qui souhaitent devenir des
enseignants désirent établir des relations qui favorisent la croissance
des élèves, mais ils n'ont pas toujours les habiletés nécessaires pour
transformer leur motivation en relations productives. Le but de ce
chapitre est de déterminer les habiletés interpersonnelles importantes
et de montrer comment elles peuvent être utilisées en éducation
physique.

Une mise en garde importante s'impose dès le début. Certains
enseignants confondent les bonnes relations interpersonnelles avec
l'atteinte des objectifs éducatifs (voir l'encadré 8.1). Les enseignants
et les élèves ont besoin de coopérer pour rendre la vie de l'école paisible et agréable. Cependant, les enseignants se leurrent quelquefois
quand ils croient qu'ils ont assumé leur responsabilité s'ils ont établi
de bonnes relations avec leurs élèves. La recherche sur l'efficacité de
l'enseignement a démontré que les enseignants efficaces cherchent à

favoriser l'apprentissage des matières de base tout en instaurant un climat chaleureux, enrichissant et en établissant de bonnes relations enseignant/élèves. Par contre, un tel climat ne constitue pas à lui seul une éducation efficace ; il ne fournit qu'un milieu favorable à l'atteinte des buts éducatifs.

LES CONCLUSIONS DE LA RECHERCHE EN ÉDUCATION PHYSIQUE

Les conclusions des recherches descriptives réalisées en éducation physique indiquent que des modèles d'enseignement positifs n'apparaissent pas fréquemment et leurs conclusions sont malheureusement assez tristes. Cheffers et Mancini (1978) utilisèrent un système d'observation des interactions pour examiner l'enseignement d'éducateurs physiques du niveau secondaire faisant partie de la banque de données sur vidéo de l'université de Columbia (Anderson, 1978). Ils conclurent que, pour l'ensemble des enseignants étudiés, les acceptations des idées et des sentiments des élèves, les encouragements et les questions étaient pratiquement absents. De plus, les manifestations de sympathie et d'empathie étaient presque inexistantes (p. 46-47). Ces données sont-elles dues à un accident ou à un hasard extraordinaire ? Il semble bien que non puisque ces données ressemblent à celles des autres chercheurs qui se sont intéressés au climat d'apprentissage en éducation physique.

Ainsi, Quarterman (1977) décrivit les comportements d'enseignement de vingt-quatre éducateurs physiques de classes de maternelle jusqu'à la huitième année. Il observa que quatre-vingt-cinq pour cent de toutes les rétroactions concernant le comportement étaient négatives ou correctives. Une rétroaction au sujet du comportement est une réaction de l'enseignant à ce que fait l'élève qui n'est pas en relation avec les tâches d'apprentissage. Des éducateurs physiques provenant d'une autre partie des États-Unis furent observés par Stewart (1980) ; il conclut : « si nous croyons qu'il est souhaitable qu'un enseignant obtienne des taux élevés de comportements positifs et des taux faibles de comportements négatifs, qu'il fasse de l'observation active et qu'il soit un bon organisateur, nous devons conclure que les enseignants observés dans cette étude n'avaient pas un très bon rendement » (p. 81). McLeish (1981) rapporta les résultats d'une vaste étude dans laquelle cent quatre périodes d'enseignement furent analysées sous différents angles, dont celui des relations interpersonnelles. Il se sentit obligé de conclure qu'il y avait « une absence notable d'affectivité positive dans ces leçons ».

Les conclusions des recherches en éducation physique sont cohérentes mais pas très encourageantes. Elles rendent les contenus de ce chapitre et du chapitre 9 particulièrement importants si nous voulons arriver un jour à changer l'image des éducateurs physiques véhiculée par la recherche en enseignement. Cette notion de changement permet cependant de terminer cette brève revue de la littérature sur une note d'espoir. Une série de recherches expérimentales conduites à la Ohio State University démontre que les enseignants en éducation physique et les stagiaires peuvent modifier leurs habiletés de relations interpersonnelles et peuvent aussi créer un environnement éducatif positif (Siedentop, 1981). Ils arrivent à être plus enthousiastes (Rolider, 1979) et à aider leurs élèves à mieux réagir entre eux (Westcott, 1977). Le fait d'avoir établi que les enseignants peuvent changer, souvent rapidement, est une conclusion très positive qui permet d'aborder le présent chapitre et le suivant sur une note d'espoir.

LES MESSAGES DU GYMNASE

Que vous enseigniez dans une salle à vocations multiples, un demigymnase trop petit, un grand terrain de jeu ou une installation d'éducation physique ultramoderne, vous devez concevoir cet espace comme un environnement d'apprentissage global. La tâche d'un enseignant est complexe et ceux qui proclament qu'il est facile d'enseigner ne se rendent pas compte des complexités inhérentes à cet acte professionnel. Les élèves apprennent la matière enseignée en même temps qu'ils enregistrent d'autres messages subtils de l'enseignant et de l'environnement. Ils développent des habiletés motrices, telles que le dribble, les appuis tendus renversés, les manchettes et ils arrivent à diminuer leur fréquence cardiaque à l'effort. Par ailleurs, il arrive que les élèves captent certains messages dont l'enseignant lui-même n'est pas vraiment conscient. En voici des exemples.

1. L'apprentissage en éducation physique est une expérience active ou passive.

2. Il est bon de prendre des risques ou il vaut mieux suivre les instructions et ne pas « faire de vagues ».

3. L'éducation physique est agréable ou lourde.

4. Les professeurs d'éducation physique sont des gens ouverts, constants et attentionnés ou des dictateurs rigides et sans cœur.

5. Aller à l'école peut être plaisant ou assommant.

6. L'activité physique est agréable ou une source de problèmes.

**Encadré 8.1 : Tension entre le bon enseignement
et les bonnes relations interpersonnelles**

Au cours d'une enquête, des élèves et des enseignants ont classé par ordre les aspects considérés comme importants dans leur expérience éducative (Cohen, 1970). Les enseignants devaient indiquer ce qu'ils pensaient que les élèves attendaient d'une expérience éducative et ces derniers avaient à classer les mêmes éléments selon ce qu'ils attendaient réellement. Les facteurs les plus importants choisis par les enseignants furent : l'engagement envers les élèves, l'habileté à communiquer et les relations étroites entre l'enseignant et les élèves. Ils ont classé les objectifs d'apprentissage en dernier alors que les élèves ont eu tendance à classer les objectifs d'apprentissage au premier rang et à mettre à la fin de leur liste les relations interpersonnelles. Alors que les enseignants pensaient qu'ils étaient centrés davantage sur les bonnes relations avec l'enseignant, le message des élèves a été clair : ils sont d'abord intéressés à apprendre. Cohen (1970) appelle cette contradiction le « culte de la personnalité dans l'enseignement » et il observe que les enseignants considèrent trop souvent que leur personnalité est la variable la plus importante dans l'environnement éducationnel.

Les enseignants sont responsables de l'apprentissage de leurs élèves. Les administrateurs, les parents et les contribuables s'attendent à ce que les enseignants fassent beaucoup plus qu'entretenir de bonnes relations avec leurs élèves. Il est important que les élèves vous respectent et vous aiment ! Le défi consiste donc à être à la fois respecté et apprécié.

Certains enseignants ont comme objectif majeur de « se faire aimer » et ils ont tendance à compter sur leur personnalité pour établir des liens avec les élèves. Ils réduisent parfois leurs attentes par rapport aux objectifs d'apprentissage pour augmenter leur popularité. À l'occasion, ils favorisent les interactions sociales entre les élèves aux dépens des buts éducatifs. Ces compromis ne se produisent pas en un jour, mais plutôt graduellement au fil des ans. Risquez-vous de suivre cette voie ?

Avez-vous déjà eu un professeur que tout le monde aimait, mais avec qui vous avez peu appris ? Qu'est-ce qui le différencie de ceux qui étaient respectés et aimés, tout en restant centrés sur leur matière ?

Vous pourriez facilement ajouter des éléments à cette liste de messages transmis subtilement aux élèves par votre façon d'enseigner. Vous devez donc analyser l'influence de ce que vous faites sur vos élèves. Deux enseignantes pourraient, à partir d'un plan de cours identique, enseigner la même unité de volley-ball, utiliser des méthodes semblables et arriver à des résultats différents parce que les messages cachés seraient entièrement différents. L'influence sur un groupe d'élèves pourrait être négatif alors que l'autre groupe pourrait être enchanté des habiletés motrices acquises.

Plusieurs techniques suggérées dans ce chapitre font référence à cette transmission de messages subtils à travers la façon d'enseigner. Les techniques préconisées visent à transmettre les messages suivants : l'éducation physique est agréable, apprendre est une source stimulante de plaisir, les éducateurs physiques sont attentionnés et l'école est un endroit où il fait bon vivre. Que vous soyez engagé dans la préparation de cours ou dans l'organisation de votre classe, vous devriez être conscient des messages cachés émanant de votre acte pédagogique.

Ce chapitre porte principalement sur des messages cachés qui me semblent particulièrement importants : votre façon de reconnaître la valeur personnelle de vos élèves, vos attentes concernant ce qu'ils peuvent accomplir en éducation physique et l'intérêt que vous portez à leur vie en dehors des cours. Les habiletés à développer en ce sens doivent être intégrées aux habiletés d'organisation et d'enseignement. En effet, ceux qui vous observent doivent réaliser que vous enseignez efficacement, tout en maintenant une bonne discipline. De plus, l'établissement de relations interpersonnelles solides devrait de toute évidence faire partie intégrante de votre enseignement.

LES HABILETÉS D'INTERACTION ENTRE L'ENSEIGNANT ET LES ÉLÈVES

Il peut vous sembler bizarre que les relations interpersonnelles avec les élèves soient abordées de la même façon que les autres habiletés d'enseignement qui consistent à donner des rétroactions ou établir des routines d'organisation. En effet, certaines personnes prétendent que la meilleure façon d'établir des relations interpersonnelles, c'est d'être soi-même. Ce conseil est basé sur le postulat que lorsque les gens sont eux-mêmes, ils ont accompli tout ce qui est en leur pouvoir pour améliorer leurs relations interpersonnelles.

Je mets ce postulat en question ainsi que le conseil qui en découle. Nos « moi » ne sont pas statiques puisque nous changeons lorsque nous vivons de nouvelles expériences. Les enseignants développent leur moi au cours de leurs premières années d'enseignement. Si vous n'avez pas encore commencé à enseigner à temps complet, vous n'êtes pas encore l'enseignant que vous deviendrez éventuellement. Les conclusions de la recherche laissent entendre que le genre d'école où vous enseignerez pour la première fois aura une forte influence sur votre développement. Même si vous cherchez simplement à être vous-même, il y a de fortes probabilités que des changements substantiels se produisent au cours de vos premières années d'enseignement.

Un deuxième problème vient des différences entre les perceptions que nous avons de nous-mêmes et notre comportement réel. Par exemple, il semble que les stagiaires en éducation physique croient qu'ils sont attentionnés et qu'ils encouragent les élèves alors que leurs modèles d'interaction sont plutôt neutres ou plus négatifs que positifs.

Un troisième problème survient quand une personne a très bien intégré sa personnalité, mais ne possède pas les habiletés pour aider positivement les élèves en processus de croissance. Il est essentiel de vouloir être attentionné, mais ces motivations ne donnent aucun résultat si la personne ne maîtrise pas suffisamment les habiletés pour manifester efficacement de l'attention à un groupe. Certaines habiletés sont nécessaires pour établir des relations interpersonnelles efficaces soit avec des élèves d'âge et de sexe différents, soit avec des personnes dont la race diffère de la vôtre ou encore avec des personnes handicapées.

Heureusement, la recherche démontre que les enseignants peuvent changer et ajuster leur comportement pour le rendre plus cohérent avec leur conception d'un enseignement attentionné et humain (Siedentop, 1986). Ils peuvent apprendre à être plus positifs, plus précis et plus enthousiastes. Vous devez vouloir développer ces habiletés, être observé pendant que vous enseignez et recevoir régulièrement des rétroactions sur vos changements et vos progrès pour réussir à changer rapidement.

Dans ce volume, les relations interpersonnelles sont abordées à partir du postulat que ces habiletés et ces techniques peuvent être apprises et qu'elles vont aider l'enseignant à être une personne plus efficace et plus attentionnée. Je ne prétends pas que les habiletés préconisées dans ce chapitre représentent tout ce qu'il faut savoir sur les relations interpersonnelles et je ne suggère pas non plus que la somme de ces habiletés produira nécessairement un enseignement efficace. Notre compréhension du caractère particulier des interactions humaines est encore trop limitée. Par exemple, nous venons tout juste de commencer à comprendre l'importance d'être plus sensible aux modèles d'interaction efficace selon les ethnies et les groupes raciaux. Quelques-uns des «trucs du métier» nécessaires pour améliorer les habiletés de base en relations interpersonnelles sont présentés ici. Le but est d'adopter des comportements sincères et attentionnés, d'éviter les comportements empruntés et peu respectueux et de faire en sorte qu'ils soient perçus comme tels par les élèves.

Soyez constant dans vos interactions

Supposons par exemple qu'un élève exécute une acrobatie comique dans une classe de gymnastique ou qu'il fasse un coup astucieux pendant une leçon de basket-ball et que vous témoignez votre approbation par un sourire et un ricanement. Si la même chose se produit le lendemain et que vous le réprimandez, quel message cet élève recevra-t-il? Comment vous percevra-t-il? L'inconstance est potentiellement dommageable pour vos relations avec les élèves. Très sensibles à la constance qu'ils relient à l'honnêteté, les élèves développent un système de valeurs où l'inconstance est considérée comme l'une des pires fautes que les adultes peuvent commettre.

Pour être constant, vous devez avant tout être très conscient des comportements que vous voulez développer chez les élèves, de ceux que vous voulez ignorer et de ceux que vous voulez faire cesser immédiatement (voir p. 155). Ensuite, vous devez analyser votre performance avec l'aide d'un observateur ou en enregistrant vos leçons.

La constance exige aussi de traiter les élèves de façon similaire et de ne pas avoir de favoris! Les garçons et les filles ont besoin de recevoir un traitement comparable. Les plus doués et les moins doués ont aussi besoin d'être traités de façon équitable. Ils ne seront pas traités de façon identique puisque certains de leurs besoins sont différents; aussi est-il préférable d'expliquer au groupe les raisons pour lesquelles un traitement particulier est nécessaire. Les élèves qui comprennent les raisons d'un traitement particulier consentent habituellement à l'accepter; par contre, s'ils croient que vous n'êtes pas honnête, vous ne pouvez pas vous attendre à ce que vos interactions soient efficaces.

Vous aimerez certaines personnes plus que d'autres et il y en aura que vous n'aimerez tout simplement pas! Cependant, votre responsabilité en tant qu'enseignant professionnel est de vous assurer que vos sentiments n'entrent pas en conflit avec les occasions d'apprendre offertes aux élèves; un observateur ne devrait pas être capable d'identifier ceux que vous aimez moins et ceux que vous appréciez plus sur la base de vos interactions.

Encadré 8.2 : « Professeur, quel est mon nom ? »

« Hé ! Toi, là-bas, retourne à ta place ! » Avez-vous déjà été appelé « Hé ! toi ? » Vous souvenez-vous comment vous vous sentiez quand un professeur que vous rencontriez jour après jour ne connaissait pas votre nom ? La reconnaissance personnelle dans les relations interpersonnelles exige au moins de savoir le nom de la personne à qui vous vous adressez.

Essayez d'utiliser les prénoms dans vos interactions avec les participants. Il n'existe pas de preuves que l'utilisation des prénoms entraîne des interactions plus efficaces, mais l'expérience et la logique laissent croire que les élèves ne perçoivent pas bien l'enseignant qui ne semble pas savoir qui ils sont. L'utilisation des prénoms ajoute une note personnelle à l'interaction. L'enregistrement d'événements marquants permet de mesurer facilement la portée de l'utilisation des prénoms dans les interactions.

Les stagiaires assument qu'à mesure que le temps passe, ils apprendront naturellement les noms des élèves et les utiliseront de plus en plus souvent. Malheureusement, ce postulat est faux ! La recherche indique que les stagiaires en éducation physique n'utilisent presque jamais les prénoms, que ce soit au cours de la première ou de la quatrième semaine d'un stage d'enseignement de dix semaines (Darst, 1974 ; Bœhm, 1974 ; Hamilton, 1974). Par contre, ces études expérimentales ont démontré que, lorsque les stagiaires avaient comme objectif terminal d'utiliser des prénoms dans cinquante pour cent de leurs interactions et qu'ils recevaient régulièrement des rétroactions, ils utilisaient tous les prénoms plus fréquemment. Ces habiletés d'interaction ont peu de chances de se développer sans la formulation d'un but précis et une quantité suffisante de rétroactions informant sur les progrès.

Certains stagiaires demandent aux élèves de porter des macarons pour les aider à apprendre leurs noms. D'autres demandent aux élèves de les aider en réagissant lorsqu'ils les appellent par leurs prénoms soit pour indiquer qu'ils ont utilisé le bon, soit pour les corriger au besoin. Un stagiaire qui enseigne à quatre groupes de trente élèves a donc cent vingt élèves et il n'est pas facile d'apprendre tous ces noms. Aussi, il est important de fournir un effort systématique et d'obtenir des rétroactions sur son rendement pour arriver à développer cette habileté.

Dirigez vos interactions vers des comportements significatifs

Une interaction démesurée à l'égard d'un aspect banal du comportement d'un élève peut sonner faux. Le développement de relations interpersonnelles est plus efficace si les interactions portent sur des aspects significatifs du comportement. La reconnaissance des comportements significatifs peut se faire en examinant les comportements les plus valorisés dans un milieu; par exemple, suivre les instructions, faire des efforts ou compléter une tâche difficile. Il importe cependant de ne pas baser cette décision uniquement sur votre vision et celle de votre institution d'enseignement. Il peut être nécessaire d'enseigner certaines valeurs aux élèves, mais l'établissement de bonnes relations interpersonnelles exige de tenir compte des points de vue des élèves. La meilleure façon d'entrer en relation avec eux sur une base personnelle consiste à leur parler de sujets qu'ils jugent importants. Le développement authentique de cette habileté exige un œil aiguisé et sensible. Il n'est pas question de deviner ce qui est important pour les élèves puisque vous pouvez l'apprendre en les observant et en les écoutant. Que font-ils au terrain de jeu ou pendant la pause du midi? Que lisent-ils quand ils sont laissés à eux-mêmes? De quoi aiment-ils parler? Qu'est-ce qui caractérise un groupe d'amis? Cette approche nécessite de rencontrer les élèves sur leur terrain et de parler de ce qui les intéresse le plus.

Lorsque vous échangez avec des élèves au sujet de leurs intérêts, vous commencez à développer de bonnes relations personnelles avec eux. Dès que vous aurez l'assurance qu'ils perçoivent la sincérité de vos efforts, il est ensuite possible d'étendre votre interaction à des domaines que vous considérez significatifs. Il n'est pas question de duper les élèves, mais de développer une relation à partir de leurs centres d'intérêt pour éventuellement leur faire prendre en considération ce que vous trouvez important dans l'environnement éducatif. Certains enseignants ne font pas d'effort pour échanger avec les élèves et découvrir ce qui est important pour eux à un stade particulier de leur développement, mais ils s'attendent à ce que les élèves adoptent les valeurs des adultes de l'institution d'enseignement. Un enseignant attentionné et sincère prend le temps de découvrir ce qui est important pour les élèves et de connaître leurs points de vue.

Ajustez l'interaction à la tâche

L'ajustement du comportement à la situation représente un autre aspect qui influence la qualité des relations interpersonnelles. Une interaction exagérée ou affectée à l'égard d'un comportement sans importance sonne faux, surtout si de tels excès se répètent régulièrement. Par exemple, le fait de dire à un élève que « C'est le meilleur appui renversé sur la tête que j'aie eu l'occasion de voir » va probablement sembler douteux, surtout s'il vous entend dire la même chose à une autre personne.

Il y a aussi des moments où une interaction minimale peut fausser la perception des élèves sur votre sincérité. Si un élève s'acharne longtemps à faire un exercice difficile et dangereux, comme le saut de mains, et qu'au moment où il le réussit enfin votre réaction se résume à dire « Ça va ! », il va se questionner sur l'importance que vous accordez à ses progrès.

Pour l'enseignant, acquérir des habiletés d'interaction efficaces est une tâche difficile et délicate. Il n'est pas facile non plus d'être perçu comme sincère et attentionné dans ses interactions avec les élèves ! Certaines personnes n'ont pas à développer ces habiletés parce qu'elles les maîtrisent déjà lorsqu'elles commencent à enseigner. Elles sont naturellement chanceuses et leur vécu leur a permis d'être positives et sensibles aux intérêts et aux valeurs des personnes avec qui elles travaillent. Par contre, plusieurs d'entre nous n'avons pas eu suffisamment d'occasions de développer ces habiletés.

La sensibilité envers les élèves représente le fil conducteur qui relie toutes les habiletés permettant d'établir des relations interpersonnelles. Savoir ce que les élèves jugent significatif permet de diriger les interactions vers des sujets importants. De même, il faut comprendre ce qu'ils pensent des tâches de façon à réagir en tenant compte de l'importance qu'ils leur accordent. L'imposition du système de valeurs des adultes peut aller à l'encontre du développement de relations interpersonnelles efficaces. Une tâche facile à vos yeux peut représenter une réalisation très significative pour un élève alors qu'un autre peut la trouver négligeable.

Des interactions contenant des informations précises sur les tâches constituent une bonne ligne directrice. Si vous dites : « C'est un bon appui renversé sur la tête, tes pieds sont vraiment bien pointés », vous ne risquez pas d'être excessif ou pas assez attentif. L'information précise à l'élève ce que vous appréciez dans sa réponse. Puisque vous avez noté un détail, l'élève constate que son rendement est assez important pour que vous preniez la peine de le regarder attentivement. Ce genre d'interaction combinée avec un comportement non verbal tel qu'un sourire ou une tape sur l'épaule est efficace sans être abusif.

Encadré 8.3 : L'enseignant élitiste ou « Ne me dérangez pas avec des élèves ordinaires »

Situation. Un enseignant interagit bien avec les élèves très doués, mais il s'occupe très peu des moins doués, sauf pour corriger leurs erreurs. Les observations indiquent que l'enseignant exprime des sentiments et traite de sujets non reliés à l'école seulement avec sept élèves très doués alors qu'ils sont vingt-six dans la classe. Les interactions dirigées vers ces sept élèves représentent soixante-trois pour cent de tous les comportements de l'enseignant.

Résultat. Les sept élèves jugent que l'enseignant est sincère et attentionné alors que les dix-neuf autres sont plutôt neutres à son égard ou doutent de sa sincérité. Ils ne ressentent pas le besoin d'établir une relation personnelle avec l'enseignant.

Analyse. Un déséquilibre s'est créé en concentrant les interactions autour d'un petit nombre d'élèves. L'enseignant est perçu comme quelqu'un qui n'a de temps pour personne, sauf pour les meilleurs, ou comme quelqu'un qui a des favoris. Les élèves moins doués ne réagissent pas favorablement à un tel enseignant et apprennent que l'éducation physique profite uniquement aux plus doués.

Hypothèse d'action. Le but devrait être de répartir l'attention à l'ensemble du groupe. Les interactions avec les élèves moins doués pourraient être plus positives et certaines devraient, à l'occasion, porter sur des sujets non reliés à l'école ainsi que sur des sentiments personnels.

Parlez avec les élèves de sujets non reliés à l'école

Le terme « interpersonnel » inclut le mot « personnel » et suggère que de bonnes relations interpersonnelles devraient être basées sur des facteurs personnels. Les enseignants ont besoin de connaître leurs élèves comme personnes et comme apprenants ; par conséquent, ils doivent traiter avec eux des sujets personnels aussi bien que scolaires. Par exemple, des commentaires sincères sur l'habillement, le travail dans les autres cours, les parents ou les événements communautaires peuvent souvent servir d'entrée en matière. Une fois que la relation a commencé à se développer, les sujets d'échanges deviennent naturellement plus personnels ; vous apprendrez à mieux connaître vos élèves et ils consentiront à s'ouvrir davantage. Ces échanges requièrent du temps et ne devraient pas être précipités.

Il importe de préciser cependant que la plus grande partie de ces interactions devraient avoir lieu en dehors du temps consacré aux activités scolaires. Des taux élevés de temps d'apprentissage et un intérêt marqué pour la tâche d'apprentissage sont les principaux indicateurs d'un enseignement efficace. Les interactions plus personnelles sont appropriées avant la classe, pendant les pauses ou après le cours.

Maintenez un enthousiasme soutenu pour améliorer l'enseignement et les relations interpersonnelles

L'enthousiasme est généralement reconnu comme un facteur important dans l'enseignement. L'enthousiasme qu'un enseignant manifeste à l'égard de ses élèves et de l'apprentissage est un véhicule important qui sert à communiquer plusieurs des messages énumérés plus tôt dans ce chapitre. Une personne peut enseigner le volley-ball tout en communiquant aux élèves soit que cette activité est ordinaire et ennuyeuse, soit que cette activité récréative est vraiment agréable ou que ce sport compétitif exige un haut niveau d'habileté. Une partie du message est communiquée directement par l'enseignant lorsqu'il parle de l'activité, mais une plus large part du message est transmise par son degré d'enthousiasme.

La recherche indique que l'enthousiasme est une qualité importante dans l'enseignement (Rosenshine, 1970). Les études ayant utilisé l'enthousiasme comme variable indépendante et celles qui ont étudié les liens entre son apparition naturelle et l'apprentissage ont démontré que l'enthousiasme est très souvent relié à la réussite des élèves. Selon Gage (1972), la recherche prouve que l'enthousiasme peut être classé parmi le petit nombre de caractéristiques de l'enseignement qui contribuent à favoriser l'apprentissage.

L'enthousiasme peut et devrait être dirigé vers trois domaines distincts. Premièrement, vous devriez être enthousiaste à l'égard de la matière enseignée, que ce soit le basket-ball, la gymnastique ou l'éducation motrice au primaire. Deuxièmement, vous devriez être enthousiaste à l'égard de l'apprentissage et de l'amélioration des habiletés que requiert l'activité. Troisièmement, vous devriez être enthousiaste à l'égard des élèves, qu'ils soient plus ou moins doués.

Il va sans dire qu'il est plus facile de faire valoir l'importance de l'enthousiasme que de décrire de façon précise cette qualité qui caractérise l'enseignement efficace. Un des problèmes majeurs de la recherche citée plus haut tient à ce qu'elle ne définit pas de façon univoque les caractéristiques de « l'enseignement enthousiaste ». Aussi, les divers moyens de démontrer de l'enthousiasme suggérés ici sont fondés à la fois sur les conclusions de la recherche et des points de vue généralement acceptés par les éducateurs physiques.

Un style d'enseignement positif représente un des aspects de l'enthousiasme : mettre l'accent sur les comportements appropriés, féliciter les élèves pour leurs efforts, donner des rétroactions positives et précises et communiquer des attentes optimistes en rapport avec ce qui peut être réalisé. Vous avez sûrement entendu un élève ou un athlète prétendre qu'une grande part de son succès était due à un professeur ou à un entraîneur qui « a cru en lui ». Quand vous leur demandez ce qu'ils veulent dire, ils énumèrent la plupart du temps les caractéristiques décrites ci-dessous.

Chacune de vos actions transmettent des messages à vos élèves. Êtes-vous en bonne condition physique ? Vous voient-ils faire de l'activité physique ? Aimez-vous jouer ? Comment prenez-vous vos responsabilités quotidiennes d'enseignant ? Êtes-vous généralement de bonne humeur quand ils arrivent au gymnase ? Parlez-vous du sport et de la condition physique en termes positifs ? Êtes-vous au courant de qui se passe dans l'école en matière de sport et de condition physique ? La perception que vos élèves auront de votre degré d'enthousiasme découlera des nombreux messages que vous leur livrez indirectement.

Un enseignement efficace se caractérise par un rythme rapide et entraînant (voir p. 34). La façon de diriger une leçon communique un degré d'enthousiasme. Les élèves attendent-ils souvent ? Les transitions se font-elles lentement ? Incitez-vous les élèves à se dépêcher et tentez-vous d'accélérer le rythme de la leçon ? Êtes-vous ponctuel ? Tous ces comportements indiquent aux élèves que vous êtes enthousiaste à leur égard et à l'égard de l'enseignement.

L'une des preuves les plus tangibles d'enthousiasme se manifeste par les attentes positives et optimistes que vous transmettez à vos élèves. Savent-ils que vous souhaitez qu'ils apprennent, qu'ils aient du plaisir à le faire et qu'ils s'améliorent ? Ces attentes sont-elles communiquées à tous les élèves ou seulement aux plus doués ? Savent-ils que vous croyez que l'apprentissage et l'amélioration résultent davantage de l'effort que du talent ? Ces croyances ont besoin d'être exprimées aux élèves de façon optimiste mais réaliste et elles doivent être répétées souvent pour maintenir une atmosphère enthousiaste.

Ces suggestions au sujet de l'enthousiasme ne visent pas à transmettre la notion que vous devez vous adresser à votre classe chaque jour comme si vous vendiez des autos usagées à la télévision ! Les élèves perçoivent rapidement un enthousiasme emprunté. Il est difficile de maintenir une approche exubérante pendant cinq à neuf périodes d'enseignement tous les jours, de semaine en semaine. Il est toujours possible d'exprimer de l'enthousiasme d'une manière simple et discrète.

Encadré 8.4 : Au sujet du sourire !

Les professeurs d'éducation physique sourient-ils souvent ? Est-ce important ? Les réponses semblent être : « Non, ils ne sourient pas beaucoup » et « Oui, il peut être très important de sourire ». Amos Rolider (1979) a étudié l'enthousiasme chez les professeurs d'éducation physique. Il a demandé à mille élèves, à plus de cent enseignants et à plusieurs experts en enseignement de faire la liste des principales caractéristiques que devraient posséder un éducateur physique enthousiaste. Les élèves ont indiqué que les enseignants enthousiastes sourient beaucoup.

Rolider fit ensuite une expérience avec des spécialistes en éducation physique. Au cours d'un atelier comprenant des discussions, des jeux de rôle et du visionnement de films. Les enseignants apprirent comment utiliser des comportements non verbaux pour communiquer avec enthousiasme et sourire plus souvent. Par la suite, ils essayèrent de les intégrer dans leur enseignement. L'observation systématique révéla qu'ils avaient amélioré leurs comportements non verbaux et qu'ils souriaient plus souvent. Est-ce que les élèves s'en aperçurent ? Oui, en effet. Un questionnaire comportant plusieurs questions sur l'enthousiasme fut présenté aux élèves et les enseignants qui souriaient davantage furent fréquemment jugés plus enthousiastes.

Il n'est pas si difficile de sourire, n'est-ce pas ? Il est possible qu'il vous manque juste quelques sourires pour communiquer efficacement aux élèves l'enthousiasme que vous éprouvez à leur égard et à l'égard de votre enseignement !

N'ignorez pas les sentiments et les émotions des élèves

Les bonnes relations interpersonnelles entre enseignants et élèves ne peuvent pas reposer uniquement sur les activités du programme régulier. À mon avis, l'apprentissage d'habiletés dans les sports, la gymnastique, la danse et les autres activités représente le principal but de l'éducation physique, mais ce ne doit pas être le seul but. Un enseignant peut influencer la vie entière de certains élèves à la condition qu'il établisse avec eux une relation personnelle durable fondée sur des sentiments sincères.

Plusieurs partisans du mouvement humaniste en éducation ont suggéré que les programmes centrés exclusivement sur les apprentissages moteurs soient modifiés de façon à mettre davantage l'accent sur les dimensions affectives (Weinstein et Fantini, 1971). Le contenu affectif de l'enseignement est habituellement tenu pour acquis. Il semble aller de soi que l'accent est mis sur les sentiments de l'élève lorsqu'un enseignant est sensible et empathique. Une étude indique cependant que des enseignants ont consacré moins de un demi de un pour cent de leur temps aux sentiments des élèves (Myrick, 1969).

Le but consiste à interagir avec les élèves pour leur permettre d'exprimer librement leurs sentiments et les amener à réaliser que vous y accordez réellement de l'importance. La principale habileté d'interaction à développer consiste à réagir positivement lorsque des élèves expriment leurs sentiments. Les émotions sont souvent exprimées de façon non verbale : un enfant excité saute continuellement, un regard de satisfaction se lit dans les yeux de ceux qui ont gagné un match, une personne manifeste son plaisir d'avoir fait un effort physique intense. Les enseignants doivent rechercher ces indices non verbaux et indiquer qu'ils approuvent les sentiments sous-jacents. Voici quelques exemples de telles interactions :

– Je suis content de voir que tu es satisfait de ton progrès !

– C'est plaisant de gagner, n'est-ce pas ?

– Je constate qu'il est heureux d'avoir réussi cet exercice !

– Je pense que c'est très bien d'être satisfait de son effort !

– Ça me plaît vraiment de voir que tu sembles heureux d'aider tes camarades !

Notez que, dans tous ces exemples, l'interaction est basée directement sur les émotions sous-jacentes au comportement en question ; elle fait référence indirectement au comportement puisque l'émotion est l'objet d'approbation.

Plusieurs élèves ont de la difficulté à verbaliser leurs émotions et ils ont besoin d'être encouragés à les exprimer. De plus, il est important de les aider à se centrer sur leurs sentiments positifs. Plus une personne apprend à exprimer ouvertement ses réactions émotives positives, plus elle en apprécie les retombées. Il est important aussi que les élèves apprennent à exprimer leurs émotions dans différentes situations. Quelqu'un peut exprimer facilement ses émotions en privé avec vous, mais il peut en même temps éprouver plus de difficulté à le faire devant ses pairs. Par conséquent, il importe de choisir la bonne réaction : « Je suis ravi que tu te sentes à l'aise de partager cela avec moi » ou « Je suis ravi que tu aies partagé ce sentiment avec nous ».

L'encouragement à l'ouverture favorise l'expression de sentiments aussi bien positifs que négatifs. Il est important de saisir que le fait d'accentuer l'expression des sentiments positifs ne signifie pas que tous les sentiments négatifs doivent disparaître. Ainsi, les élèves peuvent indiquer qu'ils ne se sentent pas bien quand ils perdent, qu'ils sont fâchés quand les autres font peu de cas d'eux ou qu'ils ont peur en exécutant une activité qui comporte des risques de blessure physique.

Le but visé par une centration sur les émotions positives est de tenter d'accroître les expériences vécues positivement et l'habileté à partager ses sentiments avec les autres. En composant avec des émotions négatives, il est possible d'en alléger la décharge émotive. Beaucoup d'élèves vivent de l'anxiété ou de la peur qu'ils ont de la difficulté à exprimer parce qu'ils ont vécu difficilement certaines expériences antérieures. Lorsque vous communiquez à vos élèves votre acceptation de leurs émotions négatives, vous les aidez à les surmonter.

Lorsque les sentiments négatifs sont reliés à des caractéristiques du contexte éducatif, les mises en situation d'apprentissage peuvent être organisées de telle sorte que les élèves apprivoisent graduellement les difficultés sans ressentir d'anxiété ou de peurs indues. Par-dessus tout, il est impératif de ne pas ridiculiser ou s'amuser aux dépens de quelqu'un qui a peur ou qui est anxieux. Il y a de fortes probabilités pour qu'une personne humiliée en vienne à détester le milieu où une telle punition a pris place, c'est-à-dire les cours d'éducation physique dans le cas qui nous préoccupe.

Il va sans dire que lorsque les élèves sont encouragés à exprimer ouvertement leurs sentiments et leurs émotions, il est possible que certains élèves aient tendance à exagérer et à manifester des sentiments superficiels, non pertinents ou inexacts pour attirer l'attention. Ce phénomène est assez fréquent chez les plus jeunes et il ne touche pas seulement l'expression des sentiments. Par exemple, si vous encouragez des enfants à s'entraider, il y aura inévitablement quelques enfants qui, pour attirer l'attention, vont chercher à aider même quand la situation ne s'y prête pas. Les élèves qui agissent avec excès ne devraient pas être punis ou traités négativement. Ils n'ont peut-être pas encore appris à reconnaître les situations où il est opportun d'aider ou d'exprimer ces sentiments. La meilleure stratégie consiste à ignorer les cas où vous sentez que l'expression des sentiments n'est pas appropriée (voir la discussion sur la stratégie d'extinction au

chapitre 7). Si vous encouragez l'expression appropriée de sentiments, les élèves apprendront rapidement à faire la différence. Par
contre, si vous réprimez l'expression non appropriée de sentiments en
vous moquant ou en utilisant toute autre forme de punition sociale,
il y a peu de chances que les élèves expriment quoi que ce soit dans
le futur.

ÉTABLIR DES RELATIONS SOUTENUES AVEC LES ÉLÈVES

L'établissement de bonnes relations avec un groupe d'élèves signifie
qu'ils vous font confiance, qu'ils vous respectent et qu'ils coopèrent
avec vous dans la réalisation des buts que vous avez fixés pour eux.
L'enseignement est plus agréable et moins stressant lorsque les
rapports sont bons et les apprentissages se produisent plus facilement. Comme vous l'avez vu au chapitre 5, on peut obtenir de bons
rapports avec un groupe en réduisant les exigences des tâches
d'apprentissage, en exigeant une coopération minimale dans les
tâches d'organisation et en permettant des interactions sociales entre
les élèves. Dans ces cas-là, les élèves se conduisent bien et ils perçoivent que l'éducation physique est agréable ; cependant, ils apprennent peu et valorisent rarement leur expérience. Quoi qu'il en soit,
votre but devrait être de développer de bons rapports avec vos groupes tout en maintenant un système de tâches d'apprentissage très
efficace.

   Une bonne relation se construit avec le temps et se maintient par
un suivi constant de ses diverses composantes (Jensen, 1988). Il est
utile et approprié de dire aux élèves que vous voulez créer une atmosphère favorable et productive ; cependant, vous saurez que vous y êtes
parvenu quand vous constaterez que les ingrédients importants d'une
bonne relation sont présents de façon continue dans vos classes.

1. **Connaissez vos élèves.** Quelle est leur situation familiale ? Ont-ils
   des frères et des sœurs ? Qu'est-ce qu'ils aiment ou n'aiment pas ?
   Faites-leur remplir des petites fiches pour obtenir ces informations
   importantes.

2. **Appréciez vos élèves.** Essayez de comprendre les pressions et les
   difficultés auxquelles ils font face et faites-leur part de votre
   compréhension. Qui, dans la classe, subit le plus de pressions de
   la part de ses pairs ? Qui fait face périodiquement à des situations
   familiales difficiles, à des problèmes physiques ou émotionnels ?

3. **Reconnaissez leurs efforts.** Prenez le temps de les féliciter de leurs
   efforts, non seulement dans la classe mais aussi par rapport à

d'autres événements. À l'occasion, écrivez-leur des messages, trouvez des façons variées et discrètes de leur faire savoir que vous les appréciez.

4. **Soyez un auditeur attentif.** Essayez de savoir ce qui leur arrive. S'ils vous perçoivent comme étant « à la fine pointe » des événements, vous aurez plus de chances d'attirer leurs confidences.

5. **Faites-les participer aux prises de décisions.** Commencez avec de petites décisions et à mesure que les élèves apprendront à être responsables, vous pourrez graduellement les faire participer à des prises de décision plus importantes au sujet de la classe. Pour les élèves, cette situation d'apprentissage majeure les amène à sentir qu'ils « participent » vraiment à ce qui se passe dans la classe.

6. **Faites des concessions au moment approprié.** Pourquoi ne laisseriez-vous pas les élèves choisir la musique qui accompagne les exercices aérobiques? Si vous organisez une « période libre » ou une « journée de jeu » pour les récompenser de leurs efforts et de leur bonne conduite, pourquoi ne pas les laisser choisir les activités?

7. **Témoignez-leur du respect.** Les comportements négatifs, tels que faire honte aux élèves, les ridiculiser, être sarcastique, ne sont pas appropriés chez les enseignants professionnels et ils détruisent les chances d'établir de bons rapports avec les élèves. Assurez-vous aussi que les élèves se respectent entre eux.

8. **Soyez honnête et intègre.** Ne manipulez pas les règlements. Faites respecter de façon constante les lignes de conduite. Soyez équitable quand vous récompensez et quand vous punissez.

9. **Développez le sens de la collectivité, le sentiment d'appartenance au groupe.** Utilisez un langage et des tactiques qui contribuent à créer un esprit de groupe. Remarquez les absences et informez-vous des raisons qui les motivent. Envoyez un petit mot de la part du groupe à un élève malade. Minimisez l'influence des sous-groupes à l'intérieur des classes en portant une attention particulière à la formation des équipes. Formulez des buts pour le groupe concernant les comportements et le rendement et donnez-leur des rétroactions sur le degré d'atteinte de ces buts.

Il importe d'analyser l'effet de vos efforts pour établir de bons rapports avec vos groupes. Une façon de le faire consiste à observer leurs réactions envers vos directives et vos activités. Font-ils les choses rapidement et avec enthousiasme ou se plaignent-ils? Questionnent-ils? Modifient-ils la tâche? Vous devriez aussi observer la façon dont ils se traitent entre eux. Partagent-ils et s'entraident-ils spontanément, le font-ils en rechignant ou seulement quand ils en sont forcés? Comment réagissent-ils envers vous? Cherchent-ils à connaître votre opinion ? Ont-ils tendance à vous poser des questions ou à vous éviter ? Que se passe-t-il avant et après la classe ? Les élèves arrivent-ils tôt et veulent-ils savoir ce qui est au programme ? Sont-ils déçus quand la classe prend fin ? Tous ces points peuvent servir d'indicateurs de votre succès à établir des relations positives et enthousiastes avec vos élèves.

COMMENT ÊTES-VOUS PERÇU PAR VOS ÉLÈVES ?

Il est important de déterminer comment vous êtes perçu par vos élèves, vos collègues enseignants, les administrateurs et les parents. Nous avons tous une idée de ce que les autres pensent de nous, mais ces impressions sont souvent basées sur une information imprécise. Comme enseignants, vous avez besoin de savoir comment vous êtes perçu pour être efficace et pour établir de bonnes relations avec vos élèves.

Un des aspects les plus faciles à modifier dans votre apparence est votre habillement et votre propreté. Bien qu'il ne soit pas nécessaire de toujours être habillé comme pour participer à un défilé de mode, je crois qu'il est important d'être propre et professionnel. Je n'ai pas la présomption de vous indiquer quel habillement athlétique vous donnera un air « professionnel », mais je crois qu'il y a des lignes directrices à suivre. Vos vêtements devraient être élégants et propres et ils ne devraient pas être confondus avec ceux que les élèves portent ! Des costumes discrets et professionnels sont probablement plus appropriés que des habits criards et excentriques. Vos vêtements devraient accentuer votre allure d'enseignant actif et en forme. Vos standards d'habillement devraient aussi être conformes à ceux de l'institution où vous enseignez, spécialement si vous êtes un stagiaire ou un nouvel enseignant. Lorsque vous êtes stagiaire, votre conception de l'habillement approprié provient de la sous-culture étudiante. Il est important que vous compariez ces idées avec ce qui est considéré approprié dans la culture professionnelle où vous vous insérez.

Avez-vous une façon particulière de vous déplacer ou des expressions faciales qui pourraient nuire à votre capacité de communiquer efficacement ? Vous tenez-vous droit ? Avez-vous des tics nerveux ? De quoi avez-vous l'air quand vous vous adressez à une classe ? Vos expressions faciales et les mouvements de votre corps sont-ils cohérents avec ce que vous dites ? Quelle première impression laissez-vous ? Il importe de la découvrir et d'apporter certains changements si nécessaire. Bien sûr, la seule façon d'y arriver consiste à vous observer sur vidéo. Un enregistrement vidéo est encore plus utile si vous prenez soin de porter un micro sans fil pour recueillir claire-ment votre discours. Si vous n'avez pas accès à ce type d'appareil, demandez à un ami de vous observer et de vous faire des commen-taires précis.

Finalement, quelle impression laissez-vous au plan sonore ? Parlez-vous rapidement ou lentement ? Vos explications sont-elles données à un bon rythme, tout en étant claires et compréhensibles ? Votre voix est-elle assez forte ? Quand vous essayez de parler plus fort, pouvez-vous maintenir une bonne tonalité ? Faites-vous des pauses, des changements de ton et de volume pour accentuer certains points de votre discours ? Parlez-vous de façon monotone ? Toutes ces carac-téristiques sont importantes pour un enseignant car vous communi-quez surtout en parlant aux élèves quand ils sont en groupe. De plus, il est important de vérifier si vous avez des tics nerveux sonores. Beaucoup d'enseignants qui débutent ont contracté de mauvaises habitudes comme d'ajouter des « OK » ou des « eh-h » à leurs phrases et, bien souvent, ils ne s'en rendent pas compte. Enregistrer une leçon permet de vérifier si c'est votre cas. Vous pouvez utiliser un petit magnéto sans même devoir porter un micro sans fil. Écoutez-vous. Si certaines expressions verbales se répètent, comptez-les ! Ensuite, essayez de les diminuer pour enfin les éliminer complètement de votre discours.

Votre allure, vos mouvements et votre discours sont les princi-paux facteurs qui déterminent la perception que les élèves ont de vous. Assurez-vous qu'ils jouent en votre faveur et non contre vous dans vos efforts pour être un enseignant et un communicateur effi-cace.

AMÉNAGER L'ENVIRONNEMENT PHYSIQUE POUR FAVORISER LA COMMUNICATION

L'environnement physique dans lequel vous enseignez chaque jour transmet aussi des messages aux élèves. Vous n'avez pas de maîtrise sur l'allure générale du gymnase, du plateau de travail à vocations multiples ou du terrain de jeu, mais vous pouvez faire en sorte que ces espaces soient agréables, instructifs et motivants. Par-dessus tout, l'espace où vous enseignez doit être plaisant et sécuritaire. Vous devez considérer les questions de sécurité pour chacune des activités que vous enseignez. Les questions de sécurité dans un gymnase se posent différemment selon les activités : par exemple, le volley-ball est rela-tivement sécuritaire, le soccer intérieur exige l'application de règle-ments stricts et la gymnastique doit être pratiquée en respectant les règles de sécurité qui s'appliquent à l'équipement. Le matériel non utilisé doit être rangé et seul le matériel dont vous avez besoin pour l'activité de la journée devrait être accessible.

La plupart du temps, vous remarquerez que les espaces pour l'éducation physique ne sont pas particulièrement attrayants. C'est à vous de les améliorer ! Les plateaux d'éducation physique devraient être plaisants et motivants pour faire de l'activité physique. Les affiches et les messages devraient être colorés et faciles à lire. Utilisez de gros caractères et des couleurs qui se démarquent bien de la couleur des murs. Il est aussi important d'établir une communication qui est à la fois motivante et informative. Voici quelques suggestions pour améliorer les plateaux d'enseignement.

1. **Un tableau d'affichage qui communique l'information quotidienne.** Les élèves doivent savoir où trouver les informations quotidiennes importantes : la première activité de la leçon, les messages particuliers, les événements prévus, les objets perdus, etc.

2. **Un tableau d'information au sujet de la matière enseignée.** Quelle que soit l'activité qu'ils pratiquent, les élèves doivent voir comment elle se fait, où elle se fait et par qui. Il est possible d'informer et de motiver les élèves en affichant des photos ou des illustrations de personnes de différents âges ou de champions s'adonnant à l'activité dans divers milieux. Ce peut aussi être une occasion de montrer que le sexe, l'âge ou le handicap physique n'empêchent pas la participation à ces activités.

3. **Des affiches illustrant les critères à observer au cours des activités motrices.** Chaque activité possède des habiletés à maîtriser qui contiennent des éléments techniques importants que les élèves doivent connaître et se souvenir quand ils pratiquent. Des affiches simples, colorées et bien en vue peuvent servir d'aide-mémoire pour cette information technique. Chaque affiche ne devrait pas contenir plus de quatre à six critères importants décrits par des mots clés bien choisis. Par exemple, une affiche sur le lancer au panier en basket-ball pourrait contenir les mots clés suivants : mains ouvertes, coudes à l'extérieur, ballon tenu haut, genoux fléchis, pousser avec les orteils.

4. **La liste des règlements du gymnase.** Comme vous l'avez vu au chapitre 6, les règlements du gymnase sont importants pour développer un système d'organisation efficace. Les règlements du gymnase devraient être écrits en gros caractères de couleur vive et affichés dans un endroit où il est facile de les voir. Encore une fois, il est préférable d'utiliser des mots clés plutôt que des phrases longues. Les règlements devraient être formulés positivement si possible.

5. **Les messages qui lancent des défis et qui motivent.** Des messages qui visent à stimuler les élèves peuvent devenir relativement permanents dans votre environnement. Parfois, il est même possible de les peindre sur les murs. Il est possible soit d'utiliser un ordinateur pour créer de grands messages, soit de dessiner ou d'acheter des affiches aux couleurs vives pour les coller aux murs. Ces messages doivent être simples, positifs et optimistes. Ils doivent encourager et lancer des défis aux élèves tout en mettant l'accent sur l'importance du sport, de la condition physique et de la danse.

LES HABILETÉS DE COMMUNICATION EFFICACE

Les connaissances issues des sciences de la communication offrent des perspectives très utiles pour analyser les habiletés d'interaction des enseignants. Au cours d'une communication, il y a toujours trois éléments principaux : premièrement, l'émetteur, c'est-à-dire, la personne qui communique le message ; deuxièmement, le récepteur, c'est-à-dire, la personne à qui le message s'adresse et qui y répondra plus tard ; troisièmement, la nature du message lui-même. Le message peut être envoyé à l'aide de mots, d'expressions, de gestes ou d'une combinaison de ces trois éléments. Il va de soi que l'enseignant doit être un communicateur efficace. Quand les messages ne sont pas émis clairement et que la communication est mauvaise, il en résulte de la confusion et une mauvaise compréhension. De telles situations entraînent souvent des problèmes à la fois pour les enseignants et les élèves.

Les objectifs spécifiques de ce chapitre visent à démontrer qu'il est important que les enseignants communiquent efficacement certains types de messages pour créer un environnement humanisant et éducatif. Des messages tels que « Tu as de la valeur en tant que personne », « Je veux que tu réussisses » et « Je t'accepte » sont cruciaux pour établir un climat humain. Si les enseignants ne prêtent pas attention à ces messages et ne sont pas conscients de leurs communications interpersonnelles, un tel climat a peu de chances de se développer. Une communication humaine et efficace ne se fait pas au hasard. Elle ne se fait pas non plus parce qu'un enseignant le veut. Elle implique des habiletés qui doivent être développées et utilisées de façon systématique.

Les habiletés d'émetteur

La communication est efficace quand l'auditeur interprète bien le message de l'émetteur. Les habiletés décrites dans cette section favorisent l'émission de messages clairs et précis.

1. **Appropriez-vous ce que vous dites.** Il est important de communiquer des messages qui font référence à l'émetteur. Des mots tels que «je», «moi», «mon», «ma», «mes», «le mien», «la mienne», «les miens» aident à établir la propriété du message. Commencer une phrase avec «Je pense», «Je sens» ou «J'ai besoin» démontre clairement à qui appartient l'idée, le sentiment ou le besoin exprimé dans le message. Il y a risque de confusion si une personne dit : «On pense que...» ou «Ne serait-il pas intéressant si nous...». Quand vous vous appropriez ce que vous dites, vous attirez la confiance et vous transmettez un sentiment d'ouverture à ceux qui reçoivent le message.

2. **Décrivez, ne jugez pas.** Les paroles prononcées devraient décrire clairement le contenu du message, sans juger. Le fait de porter un jugement étouffe la communication. Si vous persistez à juger vos élèves, il y a peu de chance pour que vous ayez une influence sur leur croissance personnelle. Par exemple, le fait de dire à une élève qu'elle joue mal à la défensive (un jugement) a un effet différent que de lui dire qu'elle a de la difficulté à appliquer les stratégies de défensive (une description).

3. **Essayez d'incorporer le point de vue de l'élève.** Nous avons tous une tendance à voir le monde selon une perspective limitée : la nôtre. Si vous essayez d'influencer la croissance personnelle de vos élèves, il est important de prendre en considération leur perspective lorsque vous leur envoyez des messages. À quoi sont-ils sensibles ? Comment réagissent-ils à certains événements ? Quel est leur comportement non verbal ? Quelles forces majeures influencent leurs perspectives ? Plus l'émetteur, c'est-à-dire l'enseignant, peut tenir compte de ces facteurs, plus il y a de chances que le message soit bien reçu.

4. **Soyez sensible aux sentiments.** Il est très utile d'être sensible aux sentiments, les vôtres et ceux du récepteur. Nous nous sentons tous différents d'une journée à l'autre et souvent nos sentiments changent au cours d'une même journée. Ces sentiments sont souvent exprimés dans nos messages, même s'ils n'ont rien à voir avec le contenu de la communication. Par exemple, lorsque vous subissez une déception et que vous entrez en contact avec des élèves, il est possible qu'ils perçoivent votre déception, même si elle n'a rien à voir avec le message qui s'adresse à eux ! Plus vous serez conscient de vos sentiments, moins il y a de chances qu'ils transparaissent dans vos messages. Vous devriez aussi appliquer ce type de sensibilité et de conscience pour décoder les messages de vos élèves, car ils éprouvent eux aussi des difficultés qui affectent leur vie et qui s'entremêlent à leurs messages.

5. **Soyez conscient de vos indices non verbaux.** Il est impossible de ne pas avoir un comportement non verbal et celui-ci fait partie intégrante du message transmis. Souvent, le récepteur réagit davantage aux dimensions non verbales du message qu'à ce qui est transmis par les mots eux-mêmes. Les communicateurs efficaces ont tendance à établir un contact avec les yeux. Ils regardent la personne à qui ils parlent. Leurs expressions faciales envoient des messages semblables à ceux exprimés par les mots prononcés. Les mouvements et l'alignement du corps communiquent aussi des informations. Il est possible d'être chaleureux en adoptant une position détendue et en se penchant légèrement vers l'auditeur. Une personne qui se tient de façon rigide a tendance à étouffer la communication. Trop peu d'entre nous sommes sensibles aux messages que nous envoyons par notre posture et par les mouvements de notre corps.

Les habiletés de récepteur

Nous aurions avantage à améliorer nos habiletés d'émetteur; néanmoins, il semble que ce soit sur le plan des habiletés de récepteur que la plupart d'entre nous avons vraiment besoin de pratique et d'amélioration. Il y a probablement plus de communications ruinées par l'écoute inadéquate que par de mauvais émetteurs. La plupart d'entre nous n'écoutons pas suffisamment. Pour devenir un communicateur doué, il faut s'exercer autant à écouter qu'à émettre un message. Voici quelques habiletés importantes pour améliorer vos qualités de récepteur.

1. **Paraphrasez afin de clarifier le message reçu.** Paraphraser signifie reformuler dans vos propres mots ce que l'émetteur vient de dire en incluant ce que vous percevez être le sens et le sentiment transmis dans ce message. Un enseignant peut, par exemple, dire à un élève : « Ai-je raison de penser que tu manques d'assurance en ce qui a trait aux habiletés de cette unité ? » Premièrement, le fait de paraphraser permet de clarifier le message. Deuxièmement, l'émetteur reçoit une rétroaction sur la clarté du message émis. Troisièmement, il est alors clair pour l'émetteur que vous avez écouté. Quatrièmement, en paraphrasant, vous essayez de percevoir le point de vue de l'émetteur pour mieux le comprendre.

2. **Utilisez efficacement des habiletés d'attention.** Lorsque vous écoutez quelqu'un, vous donnez divers indices ; le contact visuel, la posture, l'alignement du corps et les expressions faciales contribuent à indiquer si vous êtes attentif ou pas. Il est évident

que tous ces comportements démontrent à l'émetteur jusqu'à quel point vous êtes présent et il peut en déduire quel message vous intéresse.

3. **Soyez attentif aux indices non verbaux de l'émetteur.** Souvent, un message verbal doit être interprété à partir des indices non verbaux qui l'accompagnent. Ces indices en disent long sur le degré d'engagement de l'émetteur : est-il engagé émotivement, juge-t-il que c'est important, jusqu'à quel point est-il fâché ou heureux, etc.? Le simple fait d'écouter les mots et même le ton de la voix est parfois suffisant pour jauger la signification du message. Les indices non verbaux ajoutent une dimension supplémentaire et permettent d'interpréter de façon plus précise l'entière signification du message. Il se pourrait, par exemple, qu'un élève dise qu'il ne veut pas faire partie d'une équipe en particulier. L'émotion et le stress manifestés dans le message non verbal vous amèneront à considérer le message beaucoup plus sérieusement que lorsque aucune émotion n'est exprimée.

4. **Prenez en considération vos propres sentiments et leur influence sur votre message.** Si vous êtes nerveux ou préoccupé, il se peut que vous n'entendiez pas le message en entier. Si vous êtes fâché ou frustré par l'émetteur, il se peut que vous donniez au message une autre signification que celle communiquée. Quand un auditeur est impliqué émotivement dans la situation ou qu'il pense à autre chose, son interprétation risque d'être faussée. Le récepteur peut éviter ces embûches en étant sensible à ses propres sentiments et centré sur le message transmis. Si, par exemple, vous vivez une mauvaise journée, il se peut que vous vouliez paraphraser plus souvent pour vous assurer que vous répondez correctement aux messages de vos élèves plutôt que de réagir de façon non appropriée à cause de vos soucis personnels.

Les barrières à la communication

Les experts en communication et en counseling s'entendent pour dire que les efforts de communication sont souvent entravés ou contrecarrés par les réponses d'une des personnes et qu'elles ont tendance à produire des réactions négatives chez l'autre personne. L'intensité du blocage peut être telle que la communication est complètement coupée. Les blocages de moindre intensité ralentissent la communication et inhibent les personnes qui tentent de communiquer. Les enseignants ralentissent ou bloquent parfois la communication entre eux et leurs élèves sans même s'en rendre compte. Une sensibilisation

à ces blocages constitue le premier pas pour les éliminer de vos interactions. Voici quelques exemples de blocages fréquents (Johnson,
1981).

1. **Donner des ordres, commander et diriger.** « Arrêtez de vous
   plaindre et faites attention ! »

2. **Faire des menaces.** « Si vous n'arrêtez pas de vous énerver, je vais
   devoir vous envoyer chez le directeur ou avertir vos parents ! »

3. **Prêcher ou faire la morale.** « Vous devriez pourtant savoir que ce
   n'est pas une façon de se comporter ! », « A-t-on idée de se comporter de la sorte ! »

4. **Donner prématurément des conseils ou des solutions.** « Il va
   falloir que ta mère t'aide à préparer ton linge pour le gymnase ! »

5. **Juger, critiquer et blâmer.** « Tu es bien paresseux ! », « Vous deux,
   vous causez toujours des problèmes dans cette classe ! »

6. **Manifester des stéréotypes ou étiqueter.** « Ne te conduis pas
   comme un élève de quatrième année ! », « Tu te comportes comme
   un bébé ! »

7. **Questionner ou contre-interroger.** « Pour quelle raison as-tu fait
   ça ? », « Pourquoi ne m'as-tu pas demandé d'abord ? »

8. **Distraire ou détourner l'attention.** « Nous en parlerons une autre
   fois. », « Maintenant, ce n'est pas le moment d'en discuter. »

Nous avons sans doute tous bloqué la communication en répondant ainsi à des élèves. Si votre but est de communiquer plus clairement et plus efficacement et de trouver des solutions efficaces aux
problèmes, vous avez alors avantage à éviter de créer de tels blocages.
Il faut de la patience et de la sensibilité pour ne pas répondre de cette
façon et pour éliminer de telles réponses de votre modèle d'interaction.

COMPOSER EFFICACEMENT AVEC LE SYSTÈME
D'INTERACTIONS SOCIALES ENTRE LES ÉLÈVES

Le chapitre 5 décrit l'écologie de l'éducation physique comme un
ensemble d'interrelations entre le système de tâches d'organisation,
le système de tâches d'apprentissage et le système d'interactions
sociales entre les élèves. La plupart des enseignants s'efforcent de
développer un système d'organisation qui fera en sorte que les élèves
se conduisent bien et ne dérangent pas. Plusieurs enseignants
essaient aussi d'établir un système d'enseignement des tâches afin
que les élèves réalisent des apprentissages réels. Les systèmes de
tâches d'organisation et d'apprentissage ont plus de chances de
succès si les enseignants considèrent en même temps comment le

---

Encadré 8.5 : L'apprentissage des habiletés interpersonnelles ou « Vos habiletés d'écoute sont-elles aussi bonnes que vos habiletés à dribbler ? »

Les éducateurs physiques comprennent comment développer une habileté : comprendre ses composantes, la pratiquer, recevoir des rétroactions, continuer à pratiquer, réussir, etc. Les habiletés d'enseignement, telles que donner des rétroactions, renforcer les comportements appropriés et poser des questions adéquates, peuvent être apprises selon le même modèle. Est-il possible de concevoir les habiletés de relations interpersonnelles de la même façon ? Oui, je considère que c'est possible. C'est aussi l'opinion de David Johnson dont le livre *Reaching Out : Interpersonal Effectiveness and Self-Actualization* (1981) constitue un des plus importants livres en matière de développement des relations interpersonnelles. Johnson suggère les étapes suivantes pour apprendre et améliorer les habiletés interpersonnelles. Ces étapes vous sembleront familières parce qu'elles sont presque identiques aux étapes suggérées dans le chapitre 1.

1. Comprendre pourquoi l'habileté est importante et ce qu'elle peut vous rapporter.

2. Comprendre en quoi consiste l'habileté, les comportements qui y sont rattachés et ce que vous aurez à faire pour l'utiliser avec succès.

3. Trouver des situations où vous pourrez pratiquer l'habileté.

4. Trouver quelqu'un pour vous observer et commenter votre rendement.

5. Persévérer dans vos pratiques.

6. Visualiser des pratiques réussies.

7. Demander à des amis de vous encourager à utiliser l'habileté.

8. Pratiquer jusqu'à ce que l'habileté fasse partie intégrante de votre répertoire (Johnson, 1981, p. 11-12).

Le développement des habiletés de relations interpersonnelles n'est pas plus mystérieux que l'apprentissage du tennis. Les habiletés doivent être apprises, pratiquées et perfectionnées jusqu'à ce qu'elles deviennent automatiques.

---

système d'interactions sociales entre les élèves peut s'harmoniser avec les deux premiers systèmes.

Les interactions sociales entre les élèves sont importantes, quel que soit leur âge. Allen (1986) a démontré que la socialisation est une des premières intentions des élèves lorsqu'ils sont à l'école, c'est-à-dire qu'ils veulent avoir du plaisir en interagissant et en faisant des choses ensemble. Ils tiennent à ces interactions sociales! La façon dont les enseignants réagissent à cette exigence détermine en grande partie le climat de la classe et influence aussi les apprentissages réalisés. Ainsi, les enseignants peuvent soit ignorer le système d'interactions sociales entre les élèves, soit essayer de l'éliminer ou trouver des façons de l'insérer efficacement dans le système de tâches d'apprentissage.

Les enseignants qui choisissent d'ignorer le système d'interactions sociales entre les élèves le font souvent à leurs dépens. Les élèves trouvent alors des façons de socialiser qui risquent de déranger l'organisation et de rendre l'enseignement inefficace. Les enseignants, qui ne reconnaissent pas ce phénomène et qui n'ont pas de façons d'y répondre, s'aperçoivent souvent qu'ils réduisent malgré eux les exigences des tâches afin que les élèves puissent socialiser. À mon avis, le pire scénario se produit quand le système de tâches d'apprentissage est aboli et qu'il est remplacé par les interactions sociales entre les élèves; l'éducation physique devient alors une période libre, voire une récréation. Par exemple, certains enseignants laissent les élèves pratiquer une activité ayant peu de valeur pour l'apprentissage. Les élèves se conduisent bien, ils respectent les exigences du système d'organisation, ils ne créent pas de problèmes pour l'enseignant et ils coopèrent; cependant, il n'y a pas vraiment d'enseignement et peu d'apprentissage puisque la socialisation est devenue le principal but.

Une deuxième façon d'aborder le système d'interactions sociales entre les élèves consiste à vouloir l'éliminer en adoptant une approche autoritaire pour organiser la classe et pour enseigner dans un lieu où la peur de la punition domine. Tous les signes d'exubérance, de joie ou de plaisir venant des élèves sont interprétés comme une violation du système d'organisation. Certains élèves se soumettent, mais en agissant ainsi, ils développent probablement une aversion pour l'éducation physique. D'autres se soumettent en apparence mais cherchent les occasions de tester le système pour trouver les occasions d'échanger avec leurs camarades. Dans ce sens, on peut parler de clandestinité dans leur tentative de tester l'enseignant. Cela crée souvent des problèmes pour l'enseignant qui y répondra en augmentant les punitions et la rigidité.

La troisième approche semble plus productive pour l'enseignant et les élèves parce qu'elle reconnaît l'existence du système d'interactions sociales et qu'elle essaie de lui donner une place tout en enseignant la matière. Il est clair quand on regarde des enfants jouer ou des adultes s'adonner à leurs loisirs que le jeu, le sport et le conditionnement physique comportent de fortes composantes sociales. Le fait de faire partie d'une équipe peut améliorer les relations sociales. Faire du conditionnement physique en groupe peut comporter une composante sociale importante. On devrait pratiquer le sport, le conditionnement physique ou la danse de façon exubérante et joyeuse. Les professeurs d'éducation physique doivent canaliser les intentions sociales des élèves vers les intentions éducatives. Ils doivent leur fournir des façons appropriées d'interagir socialement à l'intérieur de l'activité. « Avoir du plaisir » devrait faire naturellement partie de la participation dans le sport, le conditionnement physique et la danse. Les élèves devraient connaître ce type d'expériences sociales et les valoriser dans leur vie. Quand les enseignants travaillent graduellement à la réalisation de ce but éducatif, ils s'aperçoivent que les élèves incluent de plus en plus leurs intentions de socialiser à l'intérieur de l'activité plutôt qu'à l'extérieur. Le système d'interactions sociales entre les élèves forme alors un tandem avec le système de tâches d'apprentissage et les deux s'en portent mieux.

RÉSUMÉ

1. De bonnes relations interpersonnelles avec les élèves rendent la vie plus agréable pour les enseignants et contribuent à créer un environnement plus favorable à l'apprentissage.

2. Les enseignants font parfois l'erreur de penser que leur premier rôle est d'établir de bonnes relations avec leurs élèves.

3. La recherche laisse entendre que les modèles d'interactions adoptés par les éducateurs physiques sont habituellement neutres ; il existe en fait plus d'interactions négatives que positives et peu de signes indicateurs d'un climat positif et favorisant la croissance.

4. Votre façon d'enseigner transmet aux élèves des messages importants pour le développement de relations interpersonnelles positives.

5. Les habiletés d'interaction ont besoin d'être développées comme toutes les autres habiletés ; il ne suffit pas de vouloir être soi-même.

6. Les aspects techniques des interactions avec les élèves incluent : être constant, mettre l'accent sur les comportements significatifs, adapter les interactions aux tâches, parler de sujets non reliés à l'école, maintenir son enthousiasme, mettre l'accent sur les sentiments et les émotions.

7. Les relations entre l'enseignant et le groupe sont bonnes quand les élèves respectent l'enseignant, lui font confiance et coopèrent avec lui pour atteindre les buts visés.

8. De telles relations se développent avec le temps, lorsque l'enseignant met l'accent sur les composantes principales : connaître les élèves, les apprécier, reconnaître leurs efforts, les écouter, les faire participer aux prises de décisions, faire des concessions, témoigner du respect, de l'honnêteté et de l'intégrité, ainsi que développer chez eux leur sentiment d'appartenance au groupe.

9. Votre habillement, votre façon de vous exprimer, votre comportement non verbal et votre posture sont des éléments qui contribuent à élaborer la perception que les élèves ont de vous.

10. L'environnement physique dans lequel vous enseignez peut être amélioré de façon à être plus informatif et plus motivant.

11. Les habiletés d'émetteur et de récepteur font partie d'une communication efficace, de même que la capacité à reconnaître les barrières à la communication.

12. Ignorer ou tenter d'éliminer le système d'interactions sociales entre les élèves risque de détériorer l'écologie de la classe. Il est préférable de composer avec ce besoin d'interactions sociales en trouvant des façons pour que les élèves socialisent, tout en réalisant des activités d'apprentissage.

L'enseignement efficace en éducation physique

CHAPITRE 9 Vers une éducation physique humaniste : l'éthique au gymnase

CHAPITRE 10 Les stratégies d'élaboration des programmes

CHAPITRE 11 Le développement d'unités d'enseignement efficaces

CHAPITRE 12 Les stratégies générales d'enseignement

CHAPITRE 13 Des stratégies d'enseignement en éducation physique

L'enseignement efficace doit favoriser la croissance personnelle des élèves en reconnaissant leur dignité et en développant leur potentiel. Cette troisième partie porte donc sur l'efficacité de l'enseignement, plus particulièrement sur les stratégies de développement personnel à implanter dans les programmes d'activité physique. Il ne suffit pas que les enseignants aient l'intention d'instaurer une éducation physique humaniste et de favoriser la croissance personnelle des individus. Ils doivent comprendre l'influence de leur matière et de leur comportement sur le degré de satisfaction de leurs élèves pour être en mesure de faire des choix judicieux sur le plan du contenu et des stratégies d'intervention. Les véritables professionnels de l'enseignement continuent de s'améliorer ; ils varient leurs interventions en fonction de leurs talents et des besoins des apprenants et en s'appuyant sur les leçons qu'ils dégagent de leurs expériences.

La maîtrise du contenu de cette section devrait vous permettre de discuter des buts et des caractéristiques d'une éducation physique humaniste et de comprendre comment préparer des unités d'enseignement efficaces. Vous devriez également pouvoir analyser diverses stratégies pouvant être utilisées dans une variété de situations d'enseignement.

CHAPITRE 9

Vers une éducation physique humaniste: l'éthique au gymnase

Les éducateurs physiques n'ont généralement pas l'intention de traiter leurs élèves de façon inéquitable. Cependant, ils le font souvent de façon non intentionnelle et ils se mettent des élèves à dos en utilisant des stéréotypes racistes ou sexistes. Certains enseignants ne prêtent pas attention aux modes d'organisation injustes ou ne s'occupent pas des élèves qui profèrent des injures. D'autres ne perçoivent pas les messages de colère, de frustration et de désespoir de certains élèves moins habiles, plus timides ou de ceux qui sont exclus par leurs pairs.
Griffin et Placek (1983)

LES OBJECTIFS DU CHAPITRE

- Distinguer entre les obligations légales et le but moral de l'enseignement ;
- Définir les caractéristiques d'une éducation physique humaniste ;
- Distinguer entre des buts visant les apprentissages scolaires et ceux visant le développement socio-affectif ;
- Décrire comment la principale contribution d'une éducation physique humaniste consiste à développer les habiletés propres aux personnes qui « savent jouer » ;
- Décrire des manifestations de sexisme, de racisme et d'élitisme sportif en éducation physique ;

- Décrire les stratégies pouvant être utilisées par les enseignants pour promouvoir l'équité par rapport au sexe, à la race et à l'habileté motrice ;
- Décrire comment développer le sens de la communauté, l'esprit de groupe et le sens du rituel ;
- Décrire comment l'éducation physique favorise la croissance personnelle.

Pendant une unité de volley-ball, Marcel Poitras désigne six personnes comme capitaines des équipes ; tous sont de race blanche. Un élève de race noire se plaint qu'aucun noir ne soit choisi. Marcel Poitras lui répond : « Attends à l'unité de basket-ball, vous serez alors tous capitaines. »

Sylvie Boucher permet à ses élèves de secondaire II de former leur propre équipe pour un tournoi de soccer. Les plus doués sont choisis en premier par les capitaines ; ces derniers discutent ensuite pour savoir quelles équipes doivent prendre les trois élèves les moins doués de la classe. Quand les équipes sont enfin divisées et que le jeu commence, les élèves les moins doués jouent moins longtemps et ils touchent rarement au ballon quand ils sont sur le terrain. Certains élèves moins habiles préfèrent qu'il en soit ainsi, mais deux d'entre eux se plaignent à Sylvie Boucher qu'ils n'ont pas de chances égales.

Jacques, un maigrelet de secondaire III, n'est pas très doué et il est très timide lorsqu'il joue. Durant un match de volley-ball, il n'essaie presque pas de toucher au ballon et, lorsqu'il le fait, il commet souvent des erreurs. Ses coéquipiers sont fatigués de son inaptitude et commencent à le critiquer. Un des garçons lui dit : « Tu joues comme une fée ! » Jacques est vexé. Sylvie Boivin est témoin de ce remous ; elle arrête le jeu et demande : « Qu'est-ce qui se passe ? » Le garçon répète son accusation : « Jacques joue comme une tapette ! »

Michelle Bédard intègre les garçons avec les filles au cours des entraînements et des matchs. Elle sait qu'un règlement exige une telle action et elle est convaincue que c'est la bonne chose à faire. Un étudiant d'une université voisine observe sa classe dans le cadre d'un projet de recherche sur l'équité. Quelques semaines plus tard, quand Michelle Bédard reçoit une copie du rapport d'observation, elle apprend que les garçons de sa classe étaient responsables de soixante-quatorze pour cent des contacts avec le ballon et de quatre-vingt-deux pour cent des lancers durant les matchs.

Julien souffre de problèmes graves de comportement. Il passe la majeure partie de sa journée dans une classe spéciale mais, en éducation physique, il est intégré à un groupe régulier de cinquième année. Chaque jour, Émilie Harvey choisit un élève qui doit aider Julien pendant la leçon. Les élèves sont très serviables, mais le jour où ils servent de tuteur, ils ne participent presque pas aux activités. Julien a de la difficulté avec la plupart des exercices, même s'ils ont été modifiés. Il ne peut pas participer aux matchs car cela pourrait être dangereux pour lui et pour les autres élèves. Plusieurs parents se sont plaints que les élèves ne recevaient pas l'attention et le temps d'activité qu'ils méritaient à cause de la présence de Julien. Certains élèves ont commencé à se plaindre lorsqu'on leur a demandé d'être tuteurs.

LES QUESTIONS JURIDIQUES ET MORALES DANS L'ENSEIGNEMENT

Les cinq cas décrits précédemment présentent différents exemples de problèmes complexes ayant tous des composantes juridiques ou morales et qui exigent des actions concrètes de la part de l'enseignant. Quelles actions suggéreriez-vous pour chacun de ces cas ? Vos réponses et les raisons invoquées pour les justifier en diront beaucoup sur votre vision des problèmes sociaux présents dans les écoles et dans la vie des enseignants. Par exemple, il peut s'agir de problèmes relatifs à l'instruction des personnes handicapées, aux stéréotypes racistes ou sexistes, aux critères d'attribution des notes, à l'orientation sexuelle et aux formes de punition appropriées. Il serait facile de présenter des exemples de cas différents pour souligner d'autres problèmes complexes comme les droits des élèves, les droits de l'enseignant ou la discrimination en faveur des plus habiles aux dépens des moins habiles.

Ce chapitre met l'accent sur le développement et le maintien d'une **éducation physique humaniste**. Il touche des questions délicates pour lesquelles il y a encore dans notre culture de la discrimination et des préjugés cruels et oppressifs. De plus, il existe des désaccords sérieux et profonds, même parmi les personnes de bonne volonté ayant des principes éthiques très élevés. Les enseignants ne peuvent pas fermer les yeux sur ces questions puisqu'elles sont présentes quotidiennement à l'école. Vous aurez à y faire face et à réagir ! La plus grande partie de la dimension éthique de votre vie d'enseignant sera tributaire des actions que vous poserez par rapport à ces questions. À l'occasion, vous serez placé dans des situations où vous aurez à exprimer votre opinion sur des litiges concernant la race, le sexe, l'orientation sexuelle, les handicaps et divers autres sujets délicats. La plupart des enseignants croient profondément en certaines valeurs et c'est légitime ; aussi, ils sont à la recherche d'occasions qui leur permettent d'exprimer leurs opinions. Il importe cependant que les opinions que vous émettrez sur des questions d'éthique concordent avec vos attitudes et vos comportements au cours d'événements concrets.

À mon avis, dans une **éducation physique humaniste**, les élèves : 1) ont des chances égales d'accroître leurs talents par rapport à la matière enseignée ; 2) ne reçoivent aucun traitement injuste de la part de leur professeur ou de leurs pairs par rapport à leur sexe, leur race, leur origine ethnique, leur religion, leur orientation sexuelle, leurs aptitudes motrices ou leur statut socio-économique ; 3) sont encouragés à devenir des personnes indépendantes, se respectant et respectant ceux et celles avec qui ils interagissent. Cette définition sous-entend que les enseignants sont responsables de leurs propres actions et de celles de leurs élèves, les uns envers les autres.

Ce chapitre comprend deux parties : premièrement, les contraintes éthiques et les obligations régissant la conduite de l'enseignant ; deuxièmement, la possibilité d'enrichir l'enseignement avec des préoccupations d'ordre moral. Diverses lois régissent les actions des enseignants concernant ces questions. Par exemple, aux États-Unis, il existe une loi régissant l'éducation des enfants handicapés. Cette loi exige qu'ils reçoivent une éducation gratuite et appropriée dans un environnement qui soit le moins restrictif possible. L'environnement le moins limitatif est souvent la classe régulière. Quand des personnes handicapées sont placées dans des classes régulières, nous parlons d'intégration. L'éducation physique est la seule matière directement touchée par cette loi puisque chaque élève handicapé doit avoir un programme d'éducation individualisé, approuvé par une équipe de professionnels et les parents de l'élève. Ce règlement illustre bien comment une loi établit des lignes de conduite qui stipulent ce qu'un enseignant peut et ne peut pas faire avec certaines personnes.

Les lois, les statuts, les règlements et la jurisprudence forment les bases juridiques des actions des enseignants. Ainsi, aux États-Unis, il existe une loi qui influence ce qu'ils font avec les personnes handicapées. De plus, un règlement a changé ce qui peut et ne peut pas se faire avec les filles et les femmes impliquées dans le sport et l'éducation physique ; le jugement rendu sur le cas de *Brown* contre *The Board of Education, Topeka, Kansas*, a changé la façon dont la ségrégation raciale peut ou ne peut pas être appliquée dans les écoles.

Il importe de souligner que les lignes de conduite dont il est question dans ce chapitre sont inspirées de lois en vigueur aux États-Unis.

Encadré 9.1 : Le code d'éthique de la National Education Association

Principe I : L'engagement envers l'élève

L'éducateur s'efforce d'aider chaque élève à développer son potentiel comme membre valable et actif de la société. Ainsi, l'éducateur cherche à stimuler la curiosité, la connaissance, la compréhension et la formulation réfléchie de buts valables. Pour remplir cette obligation envers l'élève, l'éducateur :

1. ne restreindra pas les occasions pour l'élève d'agir de façon autonome dans la poursuite des apprentissages ;

2. ne refusera pas, sans raison valable, à un élève l'accès à différents points de vue ;

3. ne supprimera pas ou ne modifiera pas délibérément le contenu d'une matière favorisant le progrès de l'élève ;

4. fera un effort raisonnable pour protéger l'élève de conditions pouvant nuire à son apprentissage, à sa santé ou à sa sécurité ;

5. n'exposera pas de façon intentionnelle l'élève à des humiliations ou à des dénigrements ;

6. ne devra pas, injustement, sur la base de la race, de la couleur, des principes, du sexe, de l'origine ethnique, du statut marital, des croyances politiques ou religieuses, des antécédents familiaux, sociaux ou culturels ou de l'orientation sexuelle, soit :

   a. exclure quelqu'un de la participation dans un programme,

   b. refuser des avantages,

   c. accorder des faveurs ;

7. ne se servira pas de ses relations professionnelles avec les élèves pour obtenir des avantages personnels ;

8. ne divulguera pas d'informations acquises au cours de services professionnels, à moins d'y être forcé ou que ce soit requis par la loi.

Une recherche pour trouver l'équivalent canadien ou québécois de ces lois a permis de constater que la *Charte des droits et libertés de la personne* du Québec (articles 10 et 40) ainsi que la *Charte canadienne des droits et libertés* (article 15) comportent des articles concernant l'interdiction de discrimination en fonction du sexe, de la race et du handicap. Ainsi, l'article 10 de la *Charte des droits et libertés de la personne* du Québec indique que :

Toute personne a droit à la reconnaissance et à l'exercice, en pleine égalité, des droits et libertés de la personne, sans distinction, exclusion ou préférence fondée sur la race, la couleur, le sexe, la grossesse, l'orientation sexuelle, l'état civil, l'âge sauf dans la mesure prévue par la loi, la religion, les convictions politiques, la langue, l'origine ethnique ou nationale, la condition sociale, le handicap ou l'utilisation d'un moyen pour pallier ce handicap (p. 3).

La *Charte canadienne des droits et libertés* jouit d'une primauté législative sur les lois entrées en vigueur après elle en matière d'égalité (Brun et Tremblay, 1987). La *Loi sur l'instruction publique* qui interdit également la discrimination envers le sexe, la race ou le handicap est soumise à la Charte canadienne. Les chartes des droits et libertés contiennent donc suffisamment d'indications pour guider les pratiques des professionnels œuvrant en milieu scolaire. Le volume de Leduc et Demassy (1988) intitulé *Pour mieux vivre ensemble* aide à interpréter la *Charte des droits et libertés de la personne* du Québec. Ce texte produit par la Commission des droits de la personne en collaboration avec le ministère de l'Éducation du Québec fournit des précisions sur les droits et les obligations des citoyens. Il est un outil précieux pour les jeunes et les adultes des milieux scolaires québécois. En effet, il explique chacun des motifs de discrimination et précise les stratégies de base lorsqu'une victime de discrimination décide d'intenter un recours pour assurer le respect de ses droits et libertés.

Peu importe où ils se trouvent, les enseignants sont liés par des principes éthiques qui vont au-delà des lois. Les questions d'éthique impliquent des fonctions, des obligations, des droits et des responsabilités. Quand nous parlons de questions d'éthique, nous avons tendance à utiliser des mots comme « faudrait », « devrait », « juste » et « bien ». Un comportement éthique demande un jugement qui va souvent au-delà des éléments de base d'un problème. Lorsque plusieurs droits entrent en conflit les uns avec les autres, des principes d'équité ou de justice doivent être appliqués. Aux États-Unis, les associations d'enseignants comme la National Education Association ont développé des codes d'éthique pour leurs membres (voir l'encadré 9.2).

Les informations obtenues concernant les codes d'éthique qui régissent l'acte professionnel des intervenants dans les écoles du Québec révèlent que la Centrale des enseignants du Québec (CEQ), l'organisme syndical qui regroupe la plus grande proportion des enseignantes et enseignants du Québec, n'a pas de code déontologique, contrairement au National Education Board aux États-Unis. Le ministère de l'Éducation pour sa part n'a pas véritablement le pouvoir de sanctionner les comportements discriminatoires des éducateurs. Il s'est donné des politiques, mais celles-ci constituent tout au

Encadré 9.2 : Code d'éthique de la National Education Association (suite)

Principe II : L'engagement envers la profession

Le public accorde sa confiance aux professionnels responsables de l'éducation et exige qu'ils adoptent des idéaux élevés.

Il croit que la qualité des services offerts par les éducateurs professionnels exerce une influence directe sur la nation et ses citoyens. Les éducateurs doivent donc s'efforcer de hausser leurs standards professionnels, de promouvoir l'évaluation de leurs services, de créer des conditions pour attirer des personnes dignes de confiance vers des carrières en éducation et de faire en sorte que des personnes non qualifiées ne s'y engagent pas.

L'éducateur qui veut remplir ses obligations professionnelles :

1. ne fera pas délibérément de fausses déclarations et n'omettra pas de révéler certains faits concernant sa compétence et ses qualifications lorsqu'il postule un emploi ;

2. ne modifiera pas ses qualifications professionnelles ;

3. n'aidera pas une personne à entrer dans la profession si elle ne possède pas les qualités personnelles ou les compétences professionnelles pertinentes ;

4. ne fera pas, en connaissance de cause, une fausse déclaration en ce qui a trait aux qualifications d'un ou d'une candidate pour un poste de professionnel ;

5. ne permettra pas qu'une personne non qualifiée enseigne sans autorisation ;

6. ne divulguera pas de renseignements concernant des collègues à moins d'une raison professionnelle ou que la loi l'exige ;

7. ne fera pas, en connaissance de cause, une déclaration fausse ou malveillante au sujet d'un collègue ;

8. n'acceptera aucune prime, cadeau ou faveur qui pourrait entraver ou influencer des décisions ou des actions professionnelles.

plus des suggestions qui n'ont pas force de loi. Certaines associations d'éducateurs physiques, comme l'Association canadienne pour la santé, l'éducation physique et le loisir ont un code d'éthique, mais il ne contient pas d'indication précise au sujet de la discrimination. La Confédération des éducateurs et éducatrices physiques, de même que l'Association québécoise des entraîneurs professionnels en sport, préparent actuellement des textes de codes déontologiques, mais les versions préliminaires de ces documents ne contiennent pas d'article concernant la discrimination.

Au-delà des lois, l'**éthique professionnelle** exige de faire ce qui doit être fait même dans des situations où quelqu'un pourrait vouloir faire quelque chose de différent. Par exemple, vous avez peut-être des croyances profondes au sujet des rôles des hommes et des femmes dans la société et ces croyances pourraient aller à l'encontre des statuts actuels et des codes relatifs à l'équité entre les sexes. Vous avez droit à vos croyances et aux valeurs qui en découlent. Cependant, vous n'avez pas le droit de laisser ces croyances nuire à votre façon d'organiser et d'implanter un programme d'éducation physique et à vos choix de stratégies pour enseigner aux garçons et aux filles. Les statuts exigent un accès égal à l'éducation physique et des principes d'équité régissent la conduite professionnelle des enseignants. Ainsi, un enseignant professionnel se doit de fournir un enseignement équitable à tous ses élèves.

Certains enseignants veulent dépasser leurs obligations légales et promouvoir activement certaines valeurs cruciales pour une société humaniste, telles que l'équité des sexes, l'harmonie raciale ou la sensibilité aux handicaps. Ils essaient d'attirer l'attention des élèves sur ces questions afin d'influencer leur vision et leur comportement: ils s'efforcent d'enseigner avec une intention morale. Cette distinction me semble importante. D'une part, la loi et l'éthique professionnelle obligent les enseignants à fournir une éducation juste et équitable quel que soit le sexe des élèves, une éducation qui ne fait pas de discrimination envers les filles et les femmes, une éducation qui offre des chances égales à tous. D'autre part, les enseignants ne sont pas obligés d'avoir des buts éducatifs précis en rapport avec l'équité, mais ils peuvent choisir de promouvoir activement l'équité entre les sexes dans leurs cours d'éducation physique. Ce type d'intention me semble parfaitement légitime et approprié et j'essaie de le faire dans mon enseignement. La distinction réside donc entre l'obligation légale de tous les enseignants et le choix individuel d'aller au-delà de cette obligation afin d'intégrer dans son enseignement des buts précis concernant l'éthique. Quelles que soient leurs croyances, les enseignants ne peuvent cependant pas aller à l'encontre des obligations légales.

Une personne qui se prépare à enseigner l'éducation physique ne peut pas s'acquitter de ses obligations légales relatives à l'équité si elle n'a pas examiné ses propres opinions. Cette démarche est difficile et elle conduit parfois à des conflits. S'il était facile d'obtenir l'équité

Encadré 9.3 : Les injustices individuelles et institutionnelles

Les individus et les institutions subissent parfois des injustices et les préjudices sont toujours regrettables. Étant donné que les institutions détiennent beaucoup de pouvoir, un traitement injuste de leur part est particulièrement destructeur. Vous trouverez ci-dessous quelques exemples d'injustices par rapport au sexe ou à la race.

Injustices individuelles	Injustices institutionnelles
Insulter une personne d'une autre race.	Une école fournit deux fois plus de soutien aux équipes masculines qu'aux équipes féminines.
Permettre à son fils de joindre une équipe sportive mais le refuser à sa fille.	Une organisation refuse d'accueillir les Noirs et les Hispaniques.
Traiter de « garçon manqué » une jeune fille qui aime les sports.	Le journal d'une école accorde plus d'espace aux sports masculins qu'aux sports féminins.
Rire des farces racistes ou sexistes.	Tous les administrateurs sportifs d'une institution sont des hommes blancs.

Trouvez d'autres exemples de traitements injustes infligés par des individus et des institutions. D'après vous, jusqu'à quel point est-ce fait intentionnellement ?

Source : Adapté de Griffin et Placek (1983)

---

dans notre société, ce but serait atteint depuis longtemps. L'histoire de notre société concernant les races, les sexes, les orientations sexuelles et les handicaps est cependant encore remplie de préjugés et de partis pris individuels et institutionnels (voir l'encadré 9.3).

PROMOUVOIR DE BONNES RELATIONS HUMAINES EN ÉDUCATION PHYSIQUE

Un climat pédagogique stimulant qui favorise la croissance personnelle représente une des caractéristiques fondamentales d'une éducation physique humaniste. Les éducateurs physiques peuvent recourir à diverses stratégies pour promouvoir de bonnes relations humaines et contribuer au développement des individus et de la société. Les apprentissages spécifiques à une matière représentent les buts premiers de l'enseignement, mais beaucoup d'autres leçons peuvent aussi être apprises dans les cours d'éducation physique. Plusieurs de ces leçons sont apprises indirectement. Elles sont le résultat de la façon dont l'enseignant interagit avec les élèves, de sa façon de leur permettre d'échanger entre eux et des stratégies qu'il utilise pour renforcer des valeurs ou des comportements à l'égard par exemple de l'équité des sexes et des races, du comportement éthique, de l'esprit sportif, du pluralisme culturel et de la qualité des relations humaines en général.

Comme vous l'avez vu au chapitre 8, le programme d'éducation physique et plus particulièrement les personnes qui enseignent émettent certains messages complémentaires. Ces messages sont parfois transmis en attirant directement l'attention des élèves sur une question particulière, mais ils sont plus souvent véhiculés indirectement par le comportement ou l'attitude des enseignants et leur façon de réagir aux actions des élèves. Ce chapitre vise, entre autres, à vous aider à reconnaître les messages que vous transmettez, plus particulièrement ceux qui contribuent au développement des individus et de la société. À mon avis, les buts portant sur ces dimensions humanistes doivent être abordés de façon aussi systématique que les buts reliés à la matière enseignée. Il se peut que vous soyez plus ou moins d'accord avec les exemples choisis pour illustrer une approche humaniste en éducation physique dans ce chapitre. Mon premier but est de vous aider à comprendre que vous transmettez des valeurs, que vous en soyez conscient ou non. Aussi, j'espère vous amener à reconnaître celles que vous véhiculez afin de rendre votre enseignement aussi congruent que possible avec ces valeurs.

L'équité en matière de sexe

Jusqu'à maintenant, les femmes n'ont pas été traitées équitablement dans les domaines du sport et de l'activité physique. Les filles acquièrent des stéréotypes sexistes aux terrains de jeux et dans les matchs. Pendant longtemps, les filles et les femmes se sont vu refuser systématiquement des occasions de participer à des activités sportives. Si de telles occasions existaient, elles étaient limitées à celles jugées appropriées. Les filles et les femmes qui ont osé s'aventurer au-delà de ce qui était considéré approprié l'ont fait à leurs risques.

> Il s'agit d'un risque associé à tout ce qui a trait aux concepts de féminité et de masculinité. Trop souvent, la masculinité veut dire solidité, revendication, fermeté alors que la féminité est

associée à la soumission, la docilité et la douceur. Les garçons jouent au football alors que les filles agissent comme meneuses de claques. Les rôles féminins sont caractérisés par l'assistance et l'absence de combat. Les filles qui dérogent de ces rôles prescrits font trop souvent l'objet de regards désobligeants et de commentaires osés et scabreux. Il en va de même pour un garçon qui pratique la danse (Siedentop, 1980, p. 213).

Aux États-Unis, la ségrégation des filles et des femmes dans le sport et l'éducation physique a été prohibée de façon précise dans un amendement à un règlement en 1972. Cependant, l'élimination de la ségrégation par rapport au sexe au moyen d'une loi n'abolit pas nécessairement les injustices. Griffin (1981) a évoqué plusieurs situations où l'injustice est apparente dans l'enseignement de l'éducation physique.

1. Dans les sports d'équipe, les garçons dominent le jeu, peu importe le niveau d'habileté des filles ;

2. Les enseignants regroupent souvent les élèves pour les matchs en faisant une sélection publique où les filles sont généralement choisies en dernier ;

3. Les enseignants ont tendance à donner plus de rétroactions au sujet de la tâche aux garçons qu'aux filles ;

4. Les enseignants choisissent habituellement des garçons comme chefs d'équipes ou pour faire des démonstrations ;

5. Les enseignants utilisent des stéréotypes sexistes : « Elle réussit bien pour une fille », « Les garçons vont ranger les tapis », « Les filles ne pourront pas réussir autant de *push-ups* que les garçons » ;

6. Les enseignants interviennent rarement pour corriger les remarques sexistes des élèves. Par exemple, si Robert trouve que Jeanne court « comme un garçon », il serait approprié de lui expliquer : « Elle ne court pas comme un garçon, elle court comme une fille habile qui a une longue pratique » ;

7. Souvent, par inadvertance, les enseignants reproduisent les stéréotypes sexistes qui caractérisent certaines activités sportives.

De tels événements se produisent régulièrement dans les gymnases. Ils pourraient de toute évidence être corrigés si les enseignants y prêtaient plus d'attention et s'ils travaillaient systématiquement à réaliser les buts reliés à l'équité en matière de sexe. Les enseignants doivent prendre conscience de leur façon de répartir leur attention. Ils doivent s'assurer que le temps de pratique est distribué également entre tous les élèves. Les enseignants doivent aussi être sensibles aux messages qu'ils transmettent et ils doivent éviter les stéréotypes sexistes. Par exemple, ils ne doivent pas étiqueter les activités destinées aux filles et d'autres aux garçons.

L'enseignant peut favoriser un climat plus humain s'il tente systématiquement de briser les stéréotypes sexistes en incitant les élèves à surveiller leur propre comportement, en réagissant aux événements discriminatoires et en proposant des modèles.

Une bonne façon de briser les stéréotypes et de promouvoir l'équité des sexes consiste à envoyer des messages clairs et constants dès que l'occasion se présente. Les enseignants n'ont cependant pas besoin d'attendre que des situations non appropriées surviennent. Ils peuvent prendre l'initiative de faire intentionnellement des commentaires qui ne sont pas sexistes ; par exemple, « Ronald, Ginette est la personne qui fait les meilleurs pivots de ton équipe. Tu devrais essayer de lui donner la balle aussi souvent que possible. » Diverses suggestions sont présentées dans l'encadré 9.4.

Encadré 9.4 : Éviter le langage sexiste dans l'enseignement et l'entraînement

Traditionnellement, le sport a été orienté vers les hommes et plusieurs termes communs utilisés dans le sport sont masculins. Il existe des alternatives et celles-ci devraient être utilisées.

Termes sexistes	Équivalents non sexistes
Surveille ton homme de près	Surveille ton adversaire de près
L'homme au deuxième but	Joueuse de deuxième but
Les équipes de trois hommes	Les équipes de trois personnes
Le troisième homme à la crosse	Troisième joueur
Les *push-ups* pour les garçons et ceux pour les filles	Les *push-ups* complets et ceux avec les genoux au sol
La défense homme à homme	La défense personne à personne

Trouvez d'autres exemples et des solutions de remplacement. Commettez-vous quelques-unes de ces erreurs de communication quand vous enseignez ou que vous entraînez ? Comment pouvez-vous les corriger ?

Source : Adapté de Griffin et Placek (1983)

Une deuxième stratégie consiste à intervenir pour corriger les interactions stéréotypées ou pour récompenser celles qui ne le sont pas. Par exemple, « Jacques, ne dis pas que Thomas lance comme une fille. Les filles peuvent apprendre à lancer aussi bien que les garçons. » « Les filles peuvent faire cette activité aussi bien que les garçons. » « Il n'y a pas de raisons pour que les filles ne soient pas capables de le faire. » « J'ai aimé la façon dont les garçons et les filles ont travaillé ensemble aujourd'hui. Cela montre que vous avez compris que les filles peuvent réussir aussi bien que les garçons. »

Une troisième stratégie consiste à proposer des modèles, c'est-à-dire à renforcer l'adoption de comportements précis afin d'encourager les autres élèves à incorporer des patrons similaires dans leur répertoire de comportements. Cette stratégie est très puissante pour réduire les comportements sexistes. Ainsi, une enseignante peut utiliser l'exemple d'un homme connu qui a du plaisir à pratiquer la danse folklorique ou d'une femme qui pratique des arts martiaux de haut niveau. Un professeur masculin peut partager avec ses élèves le plaisir qu'il éprouve à cuisiner, à jardiner ou à collectionner des antiquités, parler d'une enseignante qui conduit une moto, fait du jogging ou de la menuiserie. Tous ces modèles brisent les stéréotypes et, par conséquent, tendent à augmenter le potentiel de liberté pour la prochaine génération. Toutefois, il importe de souligner que lorsqu'un enseignant utilise des modèles qui ne sont pas cohérents avec les valeurs qu'il véhicule, il risque de mettre en danger sa crédibilité.

Il existe d'autres stratégies qui complètent l'utilisation de modèles. Par exemple, des photos d'athlètes féminines peuvent être utilisées pour démontrer des techniques ou pour décorer un tableau d'affichage. Des affiches représentant des hommes et des femmes qui pratiquent une activité ensemble peuvent aussi être utiles. Des éducateurs physiques masculins et féminins enseignant en équipe transmettront un message important, surtout si leurs comportements sont équitables. La combinaison de ces différentes stratégies maximalise les probabilités que les élèves adoptent et valorisent des attitudes et des comportements non sexistes.

L'équité raciale

Les exemples et les stratégies mentionnés dans la section précédente s'appliquent également à l'équité raciale. Il n'est pas nécessaire de décrire ou de cataloguer les nombreux problèmes que notre société a connus au cours des dernières décennies pour prendre conscience de la difficulté d'offrir des chances égales aux groupes minoritaires. Les préjugés et les stéréotypes dans ce domaine sont anciens et ils sont ancrés profondément. Ils ne sont pas faciles à vaincre, mais tous les petits progrès sont importants pour la santé ultime de la société et le respect des individus, indépendamment de leur race ou de leurs antécédents ethniques.

Malheureusement, les stéréotypes raciaux ont prédominé depuis beaucoup trop longtemps dans le sport. Par exemple, il est commun d'attribuer aux élèves noirs des habiletés à occuper certaines positions et à réussir dans certains sports. Les éducateurs physiques doivent combattre directement de tels stéréotypes et essayer de les abolir chez leurs élèves, en s'y attaquant directement dans les milieux où la déségrégation est accomplie ou indirectement si le milieu est ségrégationniste.

Une approche directe consiste à intervenir pour éliminer les échanges non appropriés, renforcer ceux qui sont appropriés et proposer des modèles adéquats. Les exemples d'événements où des personnes de différentes races coopèrent et travaillent ensemble vers un but commun peuvent être des modèles très efficaces. Lorsque les élèves n'ont jamais l'occasion de travailler de façon constructive avec des personnes de races différentes, il est possible d'agir indirectement, par exemple, en sélectionnant judicieusement le matériel visuel pour l'enseignement des habiletés et pour les tableaux d'affichage. (Voir les quelques autres suggestions dans l'encadré 9.5).

Barnes (1977) a signalé des comportements allant à l'encontre de l'équité raciale en éducation. Ces comportements se produisent souvent par inadvertance, puisque les enseignants n'ont pas l'intention d'offenser. Il va sans dire que ces comportements sont offensants, même s'ils ne sont pas intentionnels. Les exemples qui suivent vont à l'encontre des buts associés à l'équité raciale :

1. Étiqueter ou nommer des personnes en utilisant des expressions péjoratives telles que « désavantagés, ayant des carences culturelles, lents » ;

2. Émettre des commentaires généralisés concernant des groupes faisant l'objet de stéréotypes. Par exemple : « Vous, les gens de … » ou « Vous avez tous … » ;

3. Faire des remarques soulignant les différences en ce qui a trait à l'habillement, à l'apparence physique ou à des objets personnels ;

4. Traiter les élèves avec condescendance, être gentil à l'excès, adopter une attitude trop maternelle, paternaliste ou de supériorité ;

5. Raconter des farces racistes ou proférer des injures racistes, telles que « negro », « chinetoque » ou « métèque » ;

Encadré 9.5 : Que faire pour promouvoir une plus grande équité ?

Il y a toujours des choix à faire dans l'enseignement. Vous arrive-t-il souvent d'inclure l'équité parmi les critères que vous utilisez pour faire ces choix ? Plus vous penserez aux conséquences de ce que vous faites d'un point de vue éthique, plus vous serez apte à promouvoir l'équité dans votre milieu. Voici quelques suggestions pour promouvoir l'équité :

- Inclure des représentants de minorités et des personnes de sexe féminin dans les tableaux d'affichage ;
- Mentionner les athlètes féminins et ceux venant de minorités quand vous parlez de sport ;
- Ne pas raconter et ne pas rire des farces racistes ou sexistes ;
- Ne pas vous attendre à ce que les élèves venant de minorités se sentent naturellement à l'aise et agissent comme ceux de race blanche ;
- Organiser des activités ou des journées sportives à caractère multiculturel ;
- Organiser une semaine du sport féminin ;
- Ne pas permettre aux élèves les taquineries relatives au sexe, à la race, à l'orientation sexuelle ou au statut socio-économique ;
- Éviter les termes qui comportent des connotations péjoratives, tels que « fillette, pédé, tapette, garçon manqué, empoté » ;
- Faire en sorte que les élèves moins habiles ne soient pas choisis en dernier ou qu'on leur assigne des tâches qu'ils ne peuvent réussir.

Connaissez-vous d'autres moyens de promouvoir l'équité ?

Source: Adapté de Griffin et Placek (1983)

---

6. Éviter les contacts physiques ou être distants à l'égard des élèves venant de minorités ;

7. Critiquer, juger ou dévaloriser l'héritage culturel des groupes minoritaires ;

8. Appliquer des étiquettes aux individus sur la base de stéréotypes ethniques ou raciaux, tels que « les enfants japonais sont forts en sciences », « les Mexicains sont paresseux » ou « les Noirs ne sont pas responsables ».

Quand l'équité raciale devient un problème local important relativement aux politiques d'intégration d'une école, il peut s'avérer utile de considérer des techniques spéciales pour améliorer la compréhension et les comportements entre les élèves. Les enseignants peuvent tirer profit de stratégies qui consistent à visiter le foyer d'un élève venant d'une minorité ou des lieux où se pratiquent les jeux communautaires des minorités, à participer à des projets communautaires regroupant les groupes raciaux, à observer les enseignants appartenant à des minorités et, de façon générale, à s'informer personnellement sur le bagage culturel du groupe avec lequel ils sont en contact. Votre degré de compréhension se reflétera dans votre comportement et influencera vos élèves.

L'équité en matière d'apprentissage

L'élitisme sportif fait référence à la discrimination en faveur des personnes très habiles aux dépens des moins douées. Une telle discrimination est rarement intentionnelle de la part des enseignants. Par contre, les élèves peuvent souvent être cruels envers leurs compagnons moins doués, plus particulièrement lorsque, dans un match, les élèves moins habiles font des erreurs qui influencent le résultat de l'équipe. Que la discrimination soit intentionnelle ou non, elle réduit de façon substantielle les occasions d'apprendre pour les moins doués. Les chances d'apprendre doivent être équitables pour tous les élèves, peu importe leur niveau d'habileté. Voici quelques exemples de circonstances qui nuisent aux élèves moins habiles en éducation physique :

1. Ils ont moins d'occasions de répondre et moins de temps d'apprentissage que les élèves plus doués ;
2. Ils ont moins d'occasions de réussir parce que le niveau de difficulté des tâches proposées est souvent trop élevé pour eux ;
3. Pendant les matchs, les élèves moins habiles participent moins souvent que les autres et ils réussissent rarement ;
4. Les moins doués sont souvent critiqués et ridiculisés par leurs pairs pour leur rendement médiocre.

Il n'est pas facile d'enseigner à de grands groupes de personnes dont les niveaux d'habileté sont différents. L'enseignant doit proposer des tâches permettant aux moins doués de réussir, sinon l'éducation physique représentera un domaine dans lequel ils échoueront continuellement, ce qui aura une influence négative sur leur intérêt futur pour les activités physiques. L'enseignant doit donc offrir un éventail de tâches appropriées. Pour atteindre ce but, il peut proposer différents niveaux de difficulté pour une même tâche et permettre aux élèves de trouver celui qui leur convient ou les encourager à modifier la tâche présentée de façon à pouvoir la réussir. Les enseignants doivent aussi superviser les réponses des élèves afin de s'assurer que les moins doués ne se transforment pas en non-participants volontaires ou involontaires.

Les enseignants peuvent aussi aider les moins doués en mettant l'accent sur la relation entre l'effort et les progrès : « Tu vois, Jean, quand tu travailles fort, tu t'améliores vraiment ! » Une rétroaction à l'intention de toute la classe peut aussi sensibiliser le groupe à l'importance de respecter les différents niveaux d'habileté et inciter les élèves à s'entraider dans leurs efforts pour apprendre.

Quand les moins doués réussissent, il importe de le souligner. La proportion de compliments et de renforcements devrait être plus élevée pour les moins doués par rapport aux meilleurs, plus particulièrement lorsque des efforts sont faits pour maîtriser une habileté ou une combinaison d'habiletés. Si les élèves moins doués sont exclus des activités, les enseignants doivent intervenir immédiatement, soit pour insister sur l'importance de la participation de tous, soit pour changer les règles de l'activité afin de permettre une plus grande participation. Il faut aussi intervenir quand certains élèves critiquent, ridiculisent ou se moquent de leurs camarades moins doués. Ce comportement doit non seulement être éliminé immédiatement, il devrait aussi être remplacé par des comportements plus appropriés de respect et d'encouragement des efforts de tous les élèves.

Finalement, les modèles utilisés sont aussi importants que ceux touchant les autres questions d'équité. Les tableaux d'affichage sont-ils remplis d'athlètes superstar ou montrent-ils également des personnes ordinaires ? Les enseignants utilisent-ils seulement les élèves très doués pour faire les démonstrations ? Une personne moins habile pourrait démontrer une habileté qu'elle réussit particulièrement bien ; de plus, l'enseignant pourrait s'assurer que ses camarades comprennent l'effort que cela a exigé de sa part. Quand une élève moins douée maîtrise les rudiments d'une technique, sa démonstration est aussi valable que celle d'une autre plus habile.

Dans un programme d'éducation physique humaniste, les moins habiles peuvent aussi avoir le plaisir à apprendre et à réussir. L'enseignant doit donc s'assurer qu'il offre des chances égales, c'est-à-dire des occasions de répondre qui tiennent compte des divers niveaux d'habileté des participants. De plus, il importe d'enseigner aux élèves à se respecter les uns les autres et à s'entraider pour apprendre et réussir.

L'ACQUISITION DES HABILETÉS DES JOUEURS EFFICACES – LA PRINCIPALE CONTRIBUTION DE L'ÉDUCATION HUMANISTE

Il importe de ne jamais perdre de vue que la principale contribution de l'éducation physique à l'éducation humaniste consiste à développer les capacités requises pour la pratique de diverses activités physiques. Bien qu'à première vue ce ne soit pas évident, des arguments solides et sans équivoque permettent de soutenir que le développement des habiletés et des attitudes pour participer efficacement à des activités telles que le basket-ball, la gymnastique, l'escalade, le plongeon, le ski, la course et la danse sont des buts humanistes. Enseigner à jouer et développer le goût du jeu augmente le potentiel d'expériences humanisantes offertes aux participants d'un programme. Le fait de développer une société de personnes qui valorisent le jeu contribue à rendre cette culture plus civilisée et plus humaine. Dans *The Joy of Sports* (1976), Michael Novak présente un ensemble d'arguments pour faire valoir que les buts de l'éducation physique sont humanistes.

> En tant que produits manifestes de notre civilisation, les sports constituent la source d'expériences la plus accessible et la plus vivante pour les esprits civilisés. Les lois et les libertés sont nées avec le sport qui forme un réseau d'interrelations riches. Dans les sports, l'honnêteté et l'excellence sont présentes, capturées, entretenues et respectées par les générations futures. Sans règles, les sports n'existent pas. Sans limites, un sport ne peut même pas commencer à exister. La liberté prend forme à l'intérieur des règles et des limites. Le jeu est l'essence même de la liberté : le libre jeu des idées. Le jeu forme la structure fondamentale de l'esprit humain, ainsi que du corps. L'esprit et le corps qui jouent fournissent à nos imaginations les plus grandes réalisations esthétiques que la race humaine puisse atteindre (p. 43).

L'argument de base dérivé de cette analyse consiste à affirmer que l'éducation est humanisante si elle s'inscrit dans un contexte stimulant qui favorise la croissance et qui est dépourvu de menaces et de contraintes. Ainsi, un enseignant est engagé dans une éducation humanisante lorsque ses efforts visent l'atteinte d'apprentissages scolaires dans un climat chaleureux qui favorise également la croissance personnelle. Il en est peut-être de même pour l'enseignant dont les buts sont plus socio-affectifs que scolaires. Cependant, la tendance des dernières années a été d'étiqueter d'humanistes les orientations dirigées vers le développement socio-affectif et d'assumer que les buts humanistes ne pouvaient pas être réalisés dans des contextes où l'on vise essentiellement des apprentissages scolaires. Ce dernier argument ne tient pas lorsqu'on considère l'humanisme dans son sens le plus large, soit le développement d'un être humain fonctionnel.

Par conséquent, le point de vue général adopté ici consiste à croire que les éducateurs physiques contribuent à l'atteinte d'objectifs humanistes quand ils aident les élèves à développer des habiletés, à comprendre le sens du jeu et à accroître leur goût de pratiquer diverses activités, telles que les jeux, les sports et la danse. Si le climat pédagogique est stimulant et favorise la croissance, le caractère humaniste de l'enseignement sera alors davantage souligné et les enseignants pourront qualifier leur action d'éducation physique humaniste.

BÂTIR UN SENS DE LA COMMUNAUTÉ : ESPRIT DE GROUPE, FÊTES ET RITUELS

Les enseignants qui établissent une communauté d'apprentissage dans leurs classes et leur école atteignent les buts visés par l'éducation physique humaniste. Le sens de la communauté inclut l'aide aux autres, l'allégeance au groupe, le sentiment d'appartenance et de camaraderie et il augmente la motivation à participer (Jensen, 1988). Une communauté se crée lentement et elle est appuyée par l'attention accordée aux buts communs, par des communications appropriées, ainsi que par le soutien, le défi, la célébration et le plaisir.

Lorsqu'on parle de bâtir un esprit de groupe, on fait référence aux sentiments d'appartenance, au soutien et au but commun d'un groupe. Les élèves ont besoin de sentir qu'ils font partie d'une classe. L'enseignant peut développer un esprit de groupe en communiquant des buts aux élèves, en leur permettant de participer aux prises de décision, en célébrant les réussites individuelles et de groupe, ainsi qu'en lançant des défis individuels et de groupe. Les enseignants contribuent à l'esprit de groupe quand ils font des compliments et donnent des rétroactions, quand ils accordent des attentions spéciales qui révèlent leur intérêt pour les élèves. Il peut s'agir, par exemple, de conversations privées, de petites notes ou de privilèges spéciaux. L'esprit de groupe a plus de chances de se développer si les enseignants favorisent l'entraide et cherchent à bâtir un esprit d'équipe, par exemple, en entraînement sportif. Les enseignants y arriveront en encourageant les interactions appropriées, en donnant du renforcement quand les élèves s'encouragent et en citant en exemple les interactions appropriées.

Les fêtes et les rituels favorisent d'une manière fondamentale le développement et le maintien d'un sens de la communauté. Pensez un instant à la façon dont les groupes ethniques ou religieux se rassemblent et se soutiennent à travers les fêtes et les rituels. Un des

aspects les plus attirants et irrésistibles du sport est la célébration de
fêtes et l'utilisation de rituels. Pensez à n'importe quel concours ou
compétition importante et à l'esprit de fête qui l'entoure ainsi qu'à
l'importance du rituel qui y est rattaché. Malheureusement, les fêtes
et les rituels sont trop souvent absents de l'éducation physique, alors
qu'ils sont présents et importants dans le sport scolaire !

Les éducateurs physiques qui cherchent à créer un sentiment de
fête dans leurs programmes et à développer des rituels contribuent
grandement au sentiment de communauté dans leurs cours d'éducation physique et dans toute l'école. Par exemple, une spécialiste de
l'élémentaire a utilisé la chanson thème des Jeux olympiques lors
d'une Fête du printemps en athlétisme. Les enfants ont travaillé fort
pour apprendre les diverses épreuves du décathlon en athlétisme
afin d'accumuler les points et d'obtenir des prix décernés en fonction
de leurs prouesses individuelles ; chaque enfant a reçu un prix. À la
fin de la saison d'athlétisme, une compétition fut organisée pour
toutes les classes de la quatrième à la sixième année. Au même
moment, les élèves du premier cycle du primaire faisaient de l'exploration du mouvement dans une unité sur la gymnastique rythmique. Les enseignants des classes régulières consacrèrent du temps
pour parler des premiers jeux olympiques. Le spécialiste en arts
exploita l'art olympique dans les dessins et les sculptures. Toutes ces
activités se terminèrent par une « Fête olympique ». La journée
débuta par la cérémonie d'ouverture comportant une démonstration
de gymnastique rythmique. Les élèves de la quatrième jusqu'à la
sixième année participèrent au défilé des athlètes accompagnés de
la fanfare olympique. Vint ensuite la compétition d'athlétisme organisée avec l'aide de parents volontaires qui se déroula devant plusieurs spectateurs. La fête se termina par la remise des prix à chaque
enfant. Ce type d'expérience entraîne généralement des effets à long
terme.

Il existe plusieurs façons de créer des fêtes et des rituels en éducation physique. On peut décorer les gymnases de façon à les rendre
plus attrayants et plus colorés. Il est aussi possible de donner une
atmosphère de fête aux compétitions dans une classe. Les unités portant sur des sports peuvent être enseignées un peu plus comme un
sport et moins comme des séries d'habiletés isolées comportant un
match à la fin de l'unité (Siedentop, Mand et Taggart, 1986). Les
élèves peuvent faire partie de groupes où ils coopèrent à l'atteinte de
buts collectifs. Par exemple, ils peuvent s'inscrire dans des équipes
sportives ou comme membres de groupes coopératifs dans les unités
de conditionnement physique ou de danse. Si les enseignants ne rendent pas la participation en éducation physique « spéciale », les
élèves n'auront pas tendance à la considérer comme « spéciale ».

PROMOUVOIR LA CROISSANCE PERSONNELLE EN ÉDUCATION PHYSIQUE

La plupart des éducateurs physiques se sentent concernés par la croissance personnelle de leurs élèves et certains en font leur but premier. Cependant, la croissance personnelle est un concept assez vague et plus difficile à évaluer que l'amélioration de la force musculaire, du service en volley-ball ou de la technique de saut en hauteur. Bien que la croissance personnelle représente depuis longtemps un des buts majeurs en éducation physique, l'examen de la littérature présentée au chapitre 3 indique que ce but n'est pas très présent dans les programmes.

Une éducation physique humaniste doit considérer la croissance personnelle comme un sous-produit de la réussite dans les sports, le conditionnement physique et la danse et comme le résultat d'une participation dans un environnement favorable et juste. La croissance personnelle ne peut être considérée de façon isolée parce que les individus ne vivent pas en vase clos. Ils sont membres de groupes sociaux : la famille, le quartier, le groupe de pairs, l'équipe. Ainsi, le développement socio-affectif influence l'individu et l'aide à devenir membre d'un groupe. En éducation physique, la **croissance personnelle** doit donc permettre à chaque personne de devenir un membre plus productif dans son cours d'éducation physique.

Des habiletés associées à la croissance personnelle peuvent être acquises en même temps que les habiletés motrices. En effet, pendant qu'elle participe à des activités physiques, une personne peut aussi manifester des attitudes positives envers soi et les autres, se comporter de façon responsable en tant que membre du groupe, jouer honnêtement tout en respectant les préceptes éthiques.

Adopter des attitudes positives envers soi-même

Lorsque les élèves réussissent des activités physiques significatives dans un contexte d'apprentissage favorisant la croissance, ils améliorent leurs attitudes envers eux-mêmes, l'école et la matière enseignée. De plus, les enseignants peuvent promouvoir la croissance personnelle en favorisant l'engagement dans de nouvelles expériences d'apprentissage. Ils peuvent aussi aider les élèves à prendre des risques appropriés, à se voir comme des participants actifs, à percevoir leurs capacités de façon réaliste et positive, à jouer devant un public ; l'attitude sous-jacente à l'atteinte de ce but repose sur la croyance dans ses possibilités (voir d'autres suggestions à l'encadré 9.6). Diverses stratégies peuvent aider les élèves à bien vivre leurs expériences en éducation physique et à se percevoir positivement dans leur rôle de personnes physiquement actives. Par exemple, ces stratégies peuvent les inciter à avoir des attentes positives, à renforcer l'utilisation de remarques appropriées, les utiliser comme modèles et favoriser la reconnaissance publique du succès.

Encadré 9.6 : Habileté, effort et succès

Les élèves comprennent très bien que certains camarades sont meilleurs que d'autres. À quoi attribuent-ils ces différences ? À l'habileté naturelle ou à l'effort individuel ? La recherche de Hollaway (1988) démontre que la plupart des élèves américains croient que l'habileté naturelle explique la plus grande partie des différences dans la réussite. Par contre, au Japon, les élèves attribuent le succès aux efforts. Bien qu'il soit insensé de nier l'existence de talents naturels, il est encore plus insensé de prétendre que la réussite dans le sport est reliée davantage à l'hérédité qu'au travail acharné.

Un des plus importants concepts de croissance personnelle est le lien entre l'effort soutenu et la réussite. Les enseignants doivent aider les élèves à reconnaître ce lien. Des moyens tels que se fixer des buts, prendre note des petites améliorations, tracer la courbe de ses progrès, utiliser les efforts des autres élèves comme modèles, reconnaître l'effort soutenu et, de façon générale, créer une atmosphère d'apprentissage centré sur « Je peux » entraînera non seulement un plus grand succès, mais aidera à comprendre le lien entre l'effort soutenu et la réussite.

Adopter et exprimer des attitudes positives envers les autres

Le moi est toujours en relation avec les autres et il est déterminé en grande partie par les groupes d'appartenance et les échanges entre leurs membres. Les élèves ont besoin d'apprendre à être des membres productifs au sein de leurs groupes et une des habiletés consiste à manifester des attitudes positives envers les autres. Ce but n'est pas facile à atteindre. En effet, dans la plupart des groupes, il se forme des cliques dans lesquelles les membres se soutiennent entre eux, mais qui sont souvent très critiques envers les autres. Les enseignants peuvent aider leurs élèves à penser un peu plus aux autres, à les apprécier et à les complimenter en encourageant l'expression d'attitudes positives envers les autres, en donnant du renforcement positif lorsqu'ils le font et en donnant eux-mêmes l'exemple par leur comportement.

Par exemple, à la fin de la classe, on peut demander de signaler un geste positif posé par un compagnon. Les joueurs d'équipe peuvent être encouragés à reconnaître publiquement les contributions de leurs coéquipiers. Il est utile d'encourager les élèves à remercier ceux qui les ont aidés pour rendre ce genre de réponses plus courantes dans la classe. Westcott (1977) et Rolider (1979) indiquent que ce genre de comportement semble être contagieux dans les cours d'éducation physique. Les élèves qui ont dépassé le stade de la timidité inutile associée aux comportements de gentillesse envers les autres arrivent à aimer les compliments et à être plus portés à se féliciter les uns les autres. Cette volonté grandissante à ressentir et à exprimer des attitudes positives envers les autres conduit inévitablement à une tolérance et un respect plus grands envers les personnes ayant des antécédents ou des caractéristiques différentes.

Apprendre à se comporter comme un membre responsable dans un groupe

Un aspect important d'un moi mature consiste à être un membre responsable dans un groupe. Ce comportement dépasse le « simple engagement dans la tâche sans déranger », qui est le premier stade du processus de **responsabilisation**. La principale habileté consiste à maintenir un équilibre entre les droits et les obligations des individus et les buts du groupe, entre « prendre soin de soi » et être « un bon équipier ». Voici quelques habiletés spécifiques à ce domaine : apprendre à faire la différence entre des conséquences justes et injustes, accepter les conséquences justes avec maturité, être prêt à rapporter ses propres infractions, s'excuser quand son comportement a brimé les droits d'une personne, tenir les commandes aux moments appropriés tout en étant capable d'être un simple participant en temps opportun.

L'éducation physique fournit beaucoup d'occasions d'apprendre les habiletés associées à la prise de responsabilités. Les sports d'équipe exigent que les individus jouent des rôles qui requièrent un mélange d'affirmation individuelle et de coopération avec l'équipe. Les matchs sont régis par des règlements où les violations ont des conséquences. Plusieurs activités nécessitent la formation de groupes et l'exercice d'une autorité dans les groupes. Certaines activités comme le conditionnement physique demandent un engagement individuel. En éducation physique, le matériel et l'espace doivent presque toujours être partagés, ce qui favorise inévitablement les distractions et les dérangements. Ces situations offrent aux enseignants des occasions d'encourager l'apparition de comportements responsables. Si les enseignants les encouragent, les décrivent précisément, les renforcent quand ils se produisent, il y a plus de chances que ces comportements responsables apparaissent. Comme ces comportements ne se produisent généralement pas automatiquement, ils doivent être enseignés aussi spécifiquement que les manchettes, les roulades avant ou le marquage en double au basket-ball.

Apprendre à jouer avec loyauté

Comme je l'ai suggéré plus tôt dans ce chapitre, notre principale contribution à l'éducation humaniste est de stimuler les compétences de joueurs chez des individus. Apprendre à devenir un joueur loyal dans le contexte des sports et des jeux représente une expérience importante de croissance personnelle. Vous trouverez ci-dessous une liste de comportements qui différencie les joueurs loyaux et les joueurs déloyaux (Griffin et Placek, 1983).

Comportements de joueurs loyaux	Comportements de joueurs déloyaux
– Faire des efforts constants pour gagner	– Jouer sans conviction quand son équipe traîne de l'arrière
– Savoir reconnaître « sa » faute	– Blâmer ses coéquipiers pour les erreurs
– Respecter sa position et son rôle	– Accaparer l'espace ou le ballon
– Respecter les règles	– Chercher à contourner les règles
– Encourager ses coéquipiers	– Critiquer ou chercher à diriger ses coéquipiers
– Respecter les officiels même quand leur décision est discutable	– Injurier les officiels et les blâmer pour les problèmes de l'équipe
– Respecter les efforts des opposants	– Déprécier les opposants
– Accueillir les victoires et les défaites de façon appropriée	– Se défiler après une défaite et célébrer une victoire de façon abusive

Je suis certain que vous pourriez ajouter des exemples à cette liste. L'élève qui adopte habituellement des comportements loyaux fait preuve de maturité quand il joue. Les moments au cours desquels il a acquis ces comportements étaient des expériences importantes en matière de croissance personnelle. L'enseignement doit répondre à deux exigences importantes. Premièrement, les comportements eux-mêmes doivent être encouragés, renforcés, décrits précisément et illustrés. Deuxièmement, les élèves doivent comprendre et apprécier pourquoi ces comportements sont importants dans le sport et les jeux. Par exemple, ils ont besoin de comprendre qu'ils doivent non seulement offrir le maximum d'efforts compte tenu de leur habileté, mais que l'adversaire doit en faire autant pour qu'une victoire ait du sens. Lorsque l'adversaire joue avec beaucoup d'intensité en respectant les règlements et que vous gagnez, votre réussite est importante et significative. Dans cette équation, le rôle de l'adversaire est crucial et les adversaires doivent être respectés lorsqu'ils remplissent ce rôle au meilleur de leurs habiletés.

Apprendre à respecter l'éthique en éducation physique

Apprendre à être un joueur loyal constitue un ingrédient important du climat éthique d'une classe d'éducation physique. Les préceptes d'éthiques vont au-delà du sport et des jeux et l'éducation physique est remplie de situations où ces principes peuvent être appris. Voici **quatre préceptes éthiques** que je considère comme importants : faire la différence entre la vérité et le mensonge, analyser son comportement et signaler ses propres infractions, ne pas s'engager dans des comportements non appropriés, même quand l'occasion se présente, et respecter les normes d'honnêteté au cours des compétitions. Vous pourriez ajouter vos propres exemples.

Les jeunes racontent souvent des histoires et sont parfois portés à exagérer. Dire la vérité représente un comportement à encourager, à modeler et à renforcer. Pour apprendre à dire la vérité, les élèves doivent être en mesure de discriminer entre vérité et mensonge et de reconnaître lorsque la vérité est forcée pour faire plus d'effet. Les élèves mentent à l'occasion pour éviter d'être punis. Ainsi, on doit enseigner à dire la vérité et l'associer avec l'habileté qui consiste à en accepter les conséquences lorsqu'elles sont appliquées justement.

Inutile de dire que l'éducation physique offre beaucoup d'occasions de surveiller son comportement et de signaler ses infractions. Lorsque les règles du jeu sont claires, les élèves peuvent être leurs propres arbitres pendant qu'ils jouent. Souvenez-vous cependant que ces habiletés doivent être enseignées et que les enseignants ne doivent pas s'attendre à ce que les élèves les démontrent de façon constante simplement parce qu'ils leur ont demandé de le faire.

Les élèves peuvent se comporter de façon appropriée lorsqu'ils sont régis par des sanctions directes venant du professeur. Cependant, lorsqu'ils ne sont pas sous la supervision directe de l'enseignant, ils ont des occasions d'être déviants « sans se faire prendre ». Les pairs mettent quelquefois de la pression pour encourager leurs camarades à se comporter de façon non appropriée. L'enseignant doit expliquer aux élèves qu'il sait que de telles situations vont se produire et que, s'ils ne sont pas déviants lorsque l'occasion se présente, ils font preuve de maturité et d'autonomie. Des modèles peuvent être utilisés. Quand vous voyez un élève qui résiste à la pression de ses pairs qui l'encouragent à être déviant, vous devez trouver une façon efficace et personnelle de renforcer ce comportement positivement.

En éducation physique, les élèves ont beaucoup d'occasions d'apprendre le concept d'honnêteté et d'appliquer des normes d'équité. Ils peuvent apprendre à apprécier ces normes si les enseignants leur expliquent pourquoi. Par exemple, ils comprennent que les règles d'un jeu doivent être modifiées afin de le rendre plus équitables envers les élèves de différents niveaux d'habileté ou pour atteindre un objectif particulier. Un autre exemple consiste à ajuster certains règlements pour permettre à une personne handicapée de participer. Un critère d'équité est appliqué quand les normes des tests de conditionnement physique sont établies en fonction du niveau de développement des participants. Des questions pour établir « ce qui est équitable » doivent être soulevées fréquemment de façon à ce que les élèves apprennent comment se comporter dans diverses situations.

LES BUTS VISANT LES APPRENTISSAGES SCOLAIRES ET CEUX VISANT LE DÉVELOPPEMENT SOCIO-AFFECTIF

Aux États-Unis, la Constitution fédérale confère à chaque État la responsabilité des décisions en matière d'éducation. Par conséquent, il n'existe pas de buts communs à l'échelle nationale. Les États déterminent des normes minimales pour les programmes et ils laissent aux responsables de chaque milieu scolaire le soin de fixer les objectifs afin de préserver une tradition de direction locale de l'éducation. Au Canada, la responsabilité des décisions en matière d'éducation est de juridiction provinciale. Aussi, dans chaque province, un ministère de l'Éducation établit des lignes directrices et des programmes tout en laissant à chaque institution une certaine marge de manœuvre pour spécifier la nature des objectifs visés. Les buts peuvent donc être assez différents d'une école à l'autre. À mon avis, il est important de faire la distinction entre les buts purement scolaires et ceux qui sont socio-affectifs. La majorité des parents et des éducateurs professionnels croient que la principale responsabilité des écoles est la réussite scolaire dans les différentes matières de base. Cette constatation ne veut pas dire pour autant que les parents ou les éducateurs ne se sentent pas concernés par la croissance personnelle et le développement des jeunes ou qu'ils considèrent que ces buts sont peu importants.

Cette distinction est en fait davantage une **question de priorité**. Certains professionnels croient que les écoles devraient se centrer d'abord sur le développement socio-affectif, c'est-à-dire la croissance personnelle, la responsabilité sociale et le développement de la personnalité. À leur avis, les résultats dans les matières de base, que ce soit les mathématiques ou la lecture, sont moins primordiaux que le développement socio-affectif. Étant donné l'ampleur que prennent les problèmes sociaux comme ceux que posent les enfants qui rentrent à la maison avant leurs parents qui travaillent, les familles monoparentales et les abus de drogue, l'école se voit attribuer de plus en plus la responsabilité d'aider les jeunes dans des domaines allant au-delà des buts reliés aux matières de base.

Il est important de rappeler que la discussion porte sur l'importance à donner plutôt que sur un choix définitif entre ces deux catégories de buts. La revue de littérature présentée au chapitre 2 indique clairement que, dans les classes et les écoles où l'accent est mis sur la réussite scolaire, dans un environnement favorisant aussi la croissance, les élèves réussissent bien tout en développant une meilleure attitude à l'égard d'eux-mêmes, de l'école et des matières enseignées. Un enseignement efficace tend à produire des acquisitions tant sur le plan scolaire que sur celui du développement des attitudes.

Il importe de faire la distinction entre les apprentissages scolaires et le développement socio-affectif. En effet, ce chapitre porte sur les caractéristiques d'une éducation physique humaniste et l'accent est mis sur l'équité par rapport aux sexes et à la race et non pas sur le basket-ball ou le conditionnement physique ; sur l'intégration des personnes handicapées et des enfants moins habiles et non pas sur le tennis ou le hand-ball. Bien que les enseignants doivent considérer les problèmes sociaux, à mon avis, ce ne sont pas les principaux buts de l'éducation physique. Je crois que les buts rattachés au développement socio-affectif devraient être réalisés à travers une éducation physique efficace qui met d'abord l'accent sur l'acquisition d'habiletés motrices, sur l'engagement moteur productif dans une variété d'activités de conditionnement physique et d'apprentissage des sports.

RÉSUMÉ

1. Les enseignants ont l'obligation juridique de traiter équitablement leurs élèves en ce qui concerne le sexe, la race, l'ethnie, le statut socio-économique et les habiletés motrices.

2. Au-delà des obligations juridiques, les enseignants peuvent choisir d'intégrer à leur enseignement le développement d'un sens moral en rapport avec l'équité et la croissance personnelle.

3. Le premier objectif des enseignants devrait être l'atteinte des buts reliés à la matière, sans pour autant négliger les questions d'équité et de croissance personnelle.

4. La principale contribution de l'éducation physique humaniste consiste à aider les élèves à devenir plus habiles et à développer leur goût du jeu et de la pratique des sports, du conditionnement physique et de la danse.

5. L'éducation physique humaniste doit éviter les stéréotypes sexistes et faire en sorte que les filles et les garçons soient traités équitablement.

6. Un autre but important est d'éviter les stéréotypes raciaux et de faire en sorte qu'il existe une équité entre les races.

7. Offrir des chances égales d'apprendre, indépendamment des talents naturels, représente un autre but important des relations humaines.

8. On peut construire une « communauté » d'apprentissage où les participants tissent des liens positifs entre eux en adoptant des buts communs et une communication appropriée ou en partageant des fêtes et des rituels.

9. La croissance personnelle est favorisée quand le succès est possible et que les conditions d'apprentissage comportent de l'aide et de l'encouragement.

10. La croissance personnelle peut être favorisée par des stratégies spécifiques d'enseignement. Les habiletés spécifiques à développer sont des attitudes positives envers soi et les autres, les comportements responsables en tant que membre d'un groupe, l'équité et l'éthique.

CHAPITRE 10

Les stratégies d'élaboration des programmes

Aux États-Unis, il n'existe pas de programme national en éducation physique et les États n'obligent généralement pas les éducateurs physiques à suivre un programme prédéterminé. L'établissement des buts des programmes d'enseignement est donc laissé à la discrétion des enseignants. Étant donné l'absence de mécanismes qui tiennent les enseignants responsables de l'atteinte des objectifs visés, la qualité des programmes varie considérablement d'un milieu à un autre. Par contre, cette souplesse permet à certains enseignants créatifs d'élaborer des programmes qui satisfont les besoins de leurs élèves. Cette liberté donne aussi lieu à des programmes plus faibles dans lesquels les objectifs pédagogiques sont mal définis ou non reliés avec les activités proposées.
Judy E. Rink (1985)

LES OBJECTIFS DU CHAPITRE

- Différencier les aspects philosophiques et les techniques de la planification ;
- Décrire le contexte professionnel de la planification en éducation physique ;
- Faire la distinction entre les différentes conceptions des programmes en éducation physique ;
- Déterminer certaines considérations reliées à la planification d'un programme équitable ;
- Décrire les facteurs qui influencent les niveaux de planification d'un programme ;

- Reconnaître les principes directeurs permettant de choisir les activités ;
- Formuler des objectifs terminaux reliés aux buts visés ;
- Former des progressions de tâches d'initiation, de raffinement, d'enrichissement et d'application des habiletés ;
- Différencier les planifications cohérentes de celles qui sont incohérentes ;
- Décrire des éléments de planification pour enseigner des habiletés ouvertes et fermées ;
- Décrire différentes stratégies d'évaluation.

Ce chapitre porte sur l'élaboration des programmes, c'est-à-dire l'ensemble des expériences vécues par les élèves pendant les cours d'éducation physique. L'éducation physique est une matière scolaire et les activités réalisées pendant les cours représentent le contenu de ce **programme**. Ces expériences d'apprentissage devraient influencer la vie des élèves. Le **contenu** d'un programme doit donc être conçu de manière à favoriser l'atteinte de buts qui influeront sur la vie des participants. Une telle démarche semble tout à fait appropriée, voire même facile, mais tel n'est pas le cas ! Le développement d'un programme d'éducation physique nécessite une série de décisions concernant les buts poursuivis et les activités permettant de les atteindre. Il requiert des habiletés techniques pour préparer des séries d'expériences d'apprentissage en relation avec les buts. Certains éducateurs physiques ne planifient pas adéquatement leur enseignement parce qu'ils n'ont pas fixé les buts que leurs élèves doivent atteindre en matière d'apprentissage (voir l'encadré 10.1).

Qu'il existe des programmes-cadres établis par les organismes gouvernementaux comme au Québec (ministère de l'Éducation, 1981a et 1981b) ou que les enseignants soient plus ou moins laissés à eux-mêmes comme aux États-Unis, le processus d'élaboration des programmes comporte deux tâches relativement distinctes. La première tâche consiste à réfléchir sur la matière pour choisir les buts parmi un ensemble de possibilités toutes aussi attirantes les unes que les autres. Ces décisions sont difficiles puisque l'enseignant doit tenir compte de ses valeurs et des priorités du milieu. La seconde tâche concerne l'élaboration des contenus des tâches d'apprentissage. Elle exige une connaissance approfondie des activités physiques et la capacité d'analyser les tâches motrices pour élaborer des progressions cohérentes.

La capacité de préparer un programme stimulant et valable constitue un des aspects fondamentaux des compétences d'un professionnel en éducation physique et sa mise en application représente le point culminant du processus de planification des buts et des mises en situation. Une préparation efficace doit permettre aux élèves de s'engager dans une série d'expériences d'apprentissage qui les aidera à atteindre graduellement les buts du programme. Ce processus de réflexion, de prise de décisions et de planification n'est pas une fin en soi. En effet, les enseignants ne sont pas évalués par rapport à l'élaboration des programmes qui paraissent bien et qui comportent des progressions d'activités soigneusement mises au point. L'efficacité de leur enseignement est déterminée par les effets du programme sur les apprentissages réalisés par les participants.

LE CONTEXTE PROFESSIONNEL DE LA PLANIFICATION

Aux États-Unis, la plupart des commissions scolaires et quelques États possèdent des programmes-cadres pour les diverses matières enseignées dans les écoles. Généralement, ces programmes incluent un ensemble d'objectifs généraux pour une matière et une liste d'activités susceptibles de contribuer à l'atteinte de ces objectifs. Les objectifs en éducation physique sont généralement associés à : 1) l'acquisition d'habiletés motrices ; 2) l'amélioration de la condition physique ; 3) le développement de connaissances ; 4) le développement social. Les mots utilisés pour nommer ces catégories d'objectifs varient d'un endroit à l'autre, mais la plupart des objectifs peuvent être répartis entre ces quatre domaines. Les programmes-cadres contiennent habituellement une longue liste d'activités. Les enseignants qui planifient une activité qui ne figure pas dans la liste acceptée par leur commission scolaire risquent, en cas d'accident, de faire l'objet de poursuites en responsabilité civile parce que cette activité n'est pas sanctionnée officiellement par le programme. En conséquence, les programmes incluent l'ensemble des activités susceptibles d'être enseignées dans les cours d'éducation physique. Ces activités sont parfois regroupées sous des thèmes tels que les activités aquatiques, les sports d'équipe, les sports individuels, les jeux coopératifs, les activités de plein air, le mouvement expressif, la danse. Dans certaines grandes villes, des institutions scolaires obligent, dans le cadre d'un programme annuel, les enseignants à enseigner une séquence d'activités choisies par un conseiller pédagogique ou un comité régional.

Les programmes-cadres sont définis de façon très large, ce qui entraîne une grande diversité (voir la citation au début du chapitre). La plupart des éducateurs physiques exercent une influence sur le programme qu'ils enseignent à leurs élèves. L'absence généralisée de mécanismes qui les tiennent responsables de l'atteinte d'objectifs précis en éducation physique permet à certains enseignants d'élaborer d'excellents programmes pendant qu'ailleurs les programmes se détériorent progressivement.

Au primaire, les spécialistes en éducation physique d'une même commission scolaire se regroupent habituellement pour établir un programme commun. Ils se donnent ainsi des lignes directrices pour élaborer leur programme, tout en tenant compte de leurs propres intérêts. Les éducateurs physiques du niveau secondaire travaillent généralement en collaboration avec leurs collègues de l'école ; à l'occasion, ils s'associent avec ceux des autres écoles afin de produire un programme pour l'ensemble de la commission scolaire. Malgré ces efforts de concertation, il existe des divergences entre les enseignants d'une même école. Ces situations représentent le contexte professionnel typique de l'élaboration des programmes en éducation physique aux États-Unis.

LES BIENFAITS ATTENDUS EN ÉDUCATION PHYSIQUE

Le développement d'un programme d'éducation physique commence avec la prise de décisions concernant les activités et les buts. Le modèle de développement de programme cité le plus fréquemment (Tyler, 1949) suggère d'établir d'abord les buts pour ensuite choisir les activités permettant l'atteinte de ceux-ci. Un enseignant qui suit ce modèle de planification doit d'abord sélectionner un but, par exemple le développement cardiovasculaire, pour ensuite examiner les activités qui pourraient contribuer à l'atteinte de ce but. Les conclusions de la recherche indiquent que les enseignants insistent davantage sur le choix des activités que sur les buts à atteindre lorsqu'ils planifient (Stroot et Morton, 1989). Ainsi, un enseignant qui découvre le hand-ball européen peut décider d'inclure cette activité dans son programme. Peu importe si vous commencez par examiner différents buts à atteindre ou par choisir diverses activités qui pourraient être incluses dans un programme, vous êtes en train de réaliser une étape importante qui vous révèlera votre conception de l'éducation physique.

Quels bienfaits les élèves devraient-ils retirer de leur participation dans un programme d'éducation physique ? Est-ce une bonne condition physique ? Des habiletés sportives ? Le développement de leur capacité à coopérer ? Des attitudes appropriées pendant les compétitions ? Est-ce une expérience esthétique ? Faut-il accorder une signification personnelle aux activités qui permettent de définir l'essence même de l'éducation physique ? Le principal but à atteindre est-il de se percevoir comme une personne habile dans diverses activités de mouvement ou comme joueur ? Ces questions doivent être prises en considération, même si elles ne concernent pas les techniques de planification d'un programme-cadre, d'une unité d'enseignement ou de leçons quotidiennes puisqu'elles portent sur l'essence même de l'éducation physique. Qu'est-ce que j'essaie d'accomplir dans mes cours ? Quelle est ma contribution originale à la vie de ces élèves ? Qu'est-ce qu'ils auront acquis quand ils auront complété ce programme ? Les réponses à ces questions dépendent de vos valeurs et de vos conceptions personnelles.

Les conceptions au sujet des bienfaits de l'éducation physique conduisent à des programmes variés, mais les habiletés techniques pour élaborer le contenu des unités d'enseignement demeurent essentiellement les mêmes. Par exemple, si vous croyez que les bienfaits doivent être l'acquisition d'attitudes et de connaissances permettant de pratiquer régulièrement tout au long de sa vie des activités de conditionnement physique, votre programme sera fort différent du programme de quelqu'un qui croit que le principal bienfait est d'apprendre à jouer et d'avoir du plaisir en pratiquant une variété de sports. Votre programme sera également différent de celui d'un enseignant dont la vision personnelle consiste à vouloir que l'éducation physique contribue à former une personne qui a confiance en elle et qui peut se mouvoir efficacement.

Il ne semble pas y avoir de consensus parmi les professionnels en activité physique concernant les principaux bienfaits de l'éducation physique. Comme l'encadré 10.1 l'indique, il existe au moins huit modèles utilisés dans les programmes contemporains, chacun présentant une conception différente des bienfaits attendus. Il est intéressant de signaler que tous ces modèles figurent habituellement dans les programmes d'éducation physique. Heureusement, un consensus national se forme progressivement à mesure que les enseignants prennent conscience que tous ces bienfaits ne peuvent être obtenus dans un seul programme et que la poursuite d'un trop grand nombre de buts entraîne des sentiments d'insuccès.

Les buts généralement acceptés en éducation physique convergent vers la promotion de la condition physique, de l'estime de soi, de l'acquisition de connaissances et du développement social. Cependant, la prolifération et l'importance accordée à un trop grand nombre d'activités pendant une courte période de temps compromet l'atteinte de ces buts. L'approche multidisciplinaire qui consiste à enseigner des sports d'équipe, des sports individuels, de la danse et des activités de conditionnement physique au cours d'une même

**Encadré 10.1 : Différentes versions des bienfaits
de l'éducation physique**

Placek (1983) a réalisé une étude avec des enseignants en éducation physique dans le but de déterminer comment ils planifient et ce qu'ils utilisent comme indicateurs de succès dans l'enseignement. Les réponses obtenues indiquent que la plupart des enseignants considèrent qu'ils ont du succès quand les élèves se comportent bien, qu'ils sont physiquement actifs et qu'ils ont du plaisir. Ils ne jugent pas leur succès en fonction du degré d'atteinte d'objectifs précis d'apprentissage, quelle que soit leur conception des avantages attendus. Ils sont satisfaits quand les élèves sont actifs, heureux et obéissants.

Sherman (1979) a aussi étudié la planification en éducation physique et il conclut que les enseignants planifient d'abord en vue de former des groupes bien organisés et d'engager leurs élèves dans les activités, plutôt qu'en fonction de l'atteinte d'objectifs précis d'apprentissage.

Par contre, Stroot et Morton (1989) ont étudié des spécialistes en éducation physique au primaire reconnus pour leur efficacité et elles ont observé que l'apprentissage des élèves est le principal objectif visé par leur planification. Même s'ils ont des conceptions différentes, chacun d'eux a un point de vue précis sur ce qui est plus important en éducation physique au primaire et cette conception est directement reliée aux apprentissages réalisés par les élèves. Ils planifient des activités pour que les élèves puissent atteindre les buts du programme.

Voici deux activités pour vous aider à saisir votre conception de l'éducation physique et à l'examiner à la lumière de celle de vos collègues.

1. Étudiez le programme d'éducation physique d'une école de votre entourage. Les lignes directrices de ce programme respectent-elles suffisamment votre vision personnelle pour que vous puissiez l'implanter ? Vos collègues dont les visions sont différentes de la vôtre pourraient-ils le faire ? Quelle leçon en tirez-vous ?

2. Demandez à vos collègues de préparer et de mettre en ordre d'importance une liste des bienfaits qui, selon eux, définissent l'éducation physique. Limitez votre liste à quatre ou cinq objectifs. Compilez vos résultats en donnant cinq points au bienfait n° 1 et quatre points au n° 2, etc. Y a-t-il un « consensus » ?

année scolaire diminue les chances pour les individus de maîtriser une seule de ces activités et, par conséquent, d'atteindre les buts visés (Taylor et Chiogioji, 1987, p. 22).

Cette tradition qui consiste à essayer d'atteindre plusieurs buts est appelée «**programme à activités multiples**» et elle correspond à l'approche traditionnelle de développement des contenus en éducation physique. Même si elle est sérieusement remise en question, elle demeure la plus commune.

Les arguments contre les programmes à activités multiples ont ravivé l'intérêt pour des programmes comportant un thème majeur, c'est-à-dire les **programmes orientés vers une vision plus précise et plus limitée** des bienfaits et des séquences d'activités favorisant l'atteinte de ces objectifs précis.

Les programmes efficaces visent des objectifs précis. Nous connaissons des programmes efficaces centrés sur le conditionnement physique, le développement social ou les activités de plein air. Tous ces programmes ont un thème majeur qui les caractérise (Siedentop, 1987, p. 25).

Certains éducateurs physiques ont une vision claire des bienfaits primordiaux qu'ils veulent que leurs élèves retirent. À partir de cette conception, ils élaborent des programmes où le thème central devient le centre organisateur, le point d'ancrage autour duquel les éducateurs physiques conçoivent des contenus cohérents de façon à atteindre leurs buts.

L'ÉLABORATION D'UN PROGRAMME ÉQUITABLE

Il va sans dire que la conception des bienfaits attendus d'un programme exerce une influence primordiale sur son développement; par contre, il importe que les expériences proposées soient équitables pour tous les élèves. Toute personne qui planifie un programme doit se demander si certaines personnes sont mieux servies que d'autres. Est-ce que les garçons sont mieux traités que les filles? Est-ce que ceux qui sont compétitifs sont plus favorisés que ceux qui sont intéressés par des expériences à caractère esthétique? Les éducateurs professionnels ont une responsabilité à l'égard de cette importante question d'éthique et doivent élaborer des programmes qui satisfont les besoins des différents types d'apprenants, spécialement de ceux qui n'ont pas été très bien traités traditionnellement. Griffin et Placek (1983) suggèrent divers moyens de favoriser l'équité au moment de la planification d'un programme.

1. Inclure l'élimination des stéréotypes et de la discrimination sexistes ou raciales parmi les buts du programme ;
2. Formuler les objectifs en évitant le vocabulaire sexiste et raciste ;
3. Offrir des activités qui peuvent accommoder les besoins des personnes ayant différents niveaux d'habiletés physiques et des intérêts diversifiés ;
4. Encourager activement la participation aux activités traditionnellement stéréotypées en fonction de la race ou du sexe ;
5. Si possible, grouper les participants selon leurs habiletés et leur taille ;
6. Utiliser des stratégies d'évaluation qui ne pénalisent pas les personnes dont les niveaux de développement sont différents de la majorité.

L'éducation physique est un des domaines où certains groupes ont été désavantagés et ont souffert à l'occasion ; par exemple, les moins habiles, les personnes obèses et les femmes. Au moment de planifier les programmes, des actions peuvent être entreprises en vue d'assurer que de telles situations ne se produisent plus.

LES FACTEURS QUI INFLUENCENT LA PLANIFICATION D'UN PROGRAMME

Les programmes sont souvent planifiés pour atteindre une grande variété de buts dans des circonstances idéales. Les bons planificateurs savent qu'ils doivent pratiquer « l'art du possible » pour que les programmes procurent des résultats concrets et valables aux yeux des élèves, des administrateurs et des parents. Lorsqu'un programme a produit de tels résultats, il est possible de lui donner plus d'ampleur, de le rendre plus ambitieux ou plus risqué. Au début, il semble préférable de choisir des buts et des activités à partir de ceux d'un programme-cadre. Il va sans dire que, lorsqu'il existe des programmes-cadres sanctionnés par des organismes gouvernementaux, comme dans le cas de l'éducation physique au Québec (ministère de l'Éducation, 1981a et 1981b), les enseignants doivent inscrire leur acte pédagogique dans les orientations de ces documents. Généralement, la variété ainsi que la quantité d'objectifs et de moyens proposés dans ces programmes laissent tout de même une grande part de décisions aux enseignants. Quelle que soit votre situation, les facteurs suivants devront être pris en considération.

1. **Votre conception personnelle de l'éducation physique.** En tant que professionnel, vous avez le droit et l'obligation de chercher à concrétiser votre conception d'un bon programme. Vous avez plus

de chances de bien planifier et d'enseigner efficacement si votre programme reflète vos intérêts. Même si votre conception de l'éducation physique n'est pas le seul facteur à prendre en considération, il devrait probablement être le premier.

2. **La nature de l'institution locale.** Vous devrez considérer les valeurs et les normes de la communauté où vous enseignez même dans le cas où celles-ci tendent à favoriser certaines activités au détriment d'autres, par exemple, les activités de plein air d'hiver dans le nord-est. Certaines activités peuvent être en contradiction avec les valeurs de groupes particuliers ; par exemple, les activités de danse sociale sont bannies par certaines associations religieuses. Avec le temps, un éducateur peut contribuer à changer les valeurs et les normes d'une communauté qui influencent l'enseignement de l'éducation physique, mais il n'est pas souhaitable de les ignorer, surtout au moment de débuter un programme.

3. **Le matériel et l'équipement.** Il est impossible de ne pas tenir compte du matériel et de l'équipement au moment d'élaborer un programme. Des facteurs tels que la grandeur du plateau intérieur, le type de revêtement des espaces extérieurs, l'accessibilité à une piscine ou l'équipement spécialisé disponible sont importants. L'équipement peut être acheté ou fabriqué, mais il faut du temps pour constituer un bon inventaire. Étant donné que le succès initial d'un programme est important, il est raisonnable d'élaborer un programme qui soit conforme aux ressources matérielles existantes. Cependant, il est insensé d'utiliser les limites des ressources matérielles et de l'équipement comme excuse pour retarder le développement d'un programme innovateur. La littérature en éducation physique est remplie d'exemples illustrant comment des installations qui apparaissaient inadéquates à première vue ont pu être améliorées. D'autres exemples démontrent aussi comment des activités peuvent être modifiées afin de les adapter aux limites imposées par le matériel et l'équipement.

4. **Le programme éducatif de l'école.** Les éducateurs physiques doivent adapter leur programme à celui de l'institution. Les écoles à aires ouvertes, les horaires flexibles des écoles secondaires, les écoles alternatives présentent des défis nouveaux aux éducateurs physiques et il n'est pas possible de les anticiper avant d'y faire face. Les éducateurs physiques doivent aussi adapter leur programme à l'horaire et aux intentions éducatives des programmes institutionnels.

5. **Les caractéristiques des apprenants.** La plupart des enseignants peuvent assumer qu'ils seront au service d'une population dite « normale », mais il est possible que certains groupes ou même l'ensemble de la clientèle d'une école aient des besoins particuliers.

Par exemple, des tests de conditionnement physique peuvent révéler chez certains élèves des lacunes en matière de développement cardiovasculaire ou musculaire, certains groupes peuvent avoir accès à de nombreux sports collectifs mais avoir peu d'occasions de pratiquer des sports à deux ou individuels, comme le tennis ou le golf. De tels facteurs peuvent inciter l'éducateur physique à élaborer un programme qui permet de mieux satisfaire ces besoins.

La combinaison de ces divers facteurs influence le contenu des programmes. Il importe de les considérer avec sérieux et réalisme afin d'éviter des problèmes et d'augmenter vos chances de réussir dès le début. Le succès de votre programme contribuera à vous gagner l'appui de vos collègues et des administrateurs, en plus d'augmenter l'intérêt et l'enthousiasme de vos élèves. À partir de cette base solide que représente un départ réussi et le soutien de votre entourage, vous pourrez commencer à élaborer davantage certains aspects de votre programme. Il vous sera alors possible de lutter pour établir un programme qui respecte davantage votre conception personnelle des bienfaits de l'éducation physique. Cette lutte constante est importante pour vous permettre de demeurer un professionnel consciencieux et impliqué.

LE CHOIX DU CONTENU ET LA SÉLECTION DES ACTIVITÉS

Le concept autour duquel un programme est organisé est le thème majeur qui définit les bienfaits à tirer de ce programme d'éducation physique. Lorsque le but principal est établi, il reste à choisir les activités qui vont constituer le contenu du programme. Dans la pratique, cette étape cruciale est souvent escamotée : les activités sont choisies soit parce qu'elles sont plaisantes, soit parce que le moment est propice et non pas parce qu'elles contribuent à atteindre le but principal. Il importe de souligner que les thèmes retenus dans les programmes d'éducation physique du primaire et du secondaire par le ministère de l'Éducation du Québec représentent un amalgame des concepts énumérés dans l'encadré 10.2. Aussi, le problème du choix des contenus se pose de façon aussi cruciale pour les éducateurs québécois que pour ceux dont l'action n'est pas guidée par un programme-cadre établi par l'État. Les lignes de conduite suivantes peuvent être utiles pour sélectionner des activités.

1. **Une activité est appropriée lorsqu'elle contribue à l'atteinte des buts du programme.** Si votre thème principal est l'éducation sportive, le golf et le tennis sont des activités appropriées. Si votre thème principal est le plein air, l'escalade représente une activité

**Encadré 10.2 : Les divers modèles de programmes
en éducation physique**

Huit modèles permettent de caractériser les programmes d'éducation physique existants. Chacun d'eux représente un point de vue différent des bienfaits de l'éducation physique et du type de programme correspondant à ces diverses conceptions.

1. **Le modèle traditionnel.** L'approche éducative par le physique comporte des activités multiples qui visent un large éventail de buts en rapport avec les habiletés motrices, la condition physique, les connaissances et le développement social.

2. **L'éducation physique humaniste.** Le développement social est au centre des résultats attendus et l'acquisition des habiletés motrices est secondaire. Les buts sont orientés vers le développement du concept de soi, du sens des responsabilités, de l'autonomie et de la coopération.

3. **La condition physique.** Ces programmes, souvent appelés programmes de « mieux-être », visent la pratique régulière de l'activité physique et le développement d'habitudes de vie saines ; ils mettent l'accent sur la santé physique et les connaissances reliées, entre autres, à l'exercice et à la nutrition.

4. **L'éducation motrice.** Il s'agit d'un modèle dont le but principal est de se mouvoir efficacement, avec confiance et intelligence. De plus, ce modèle valorise davantage l'esthétique et la coopération que les activités compétitives. L'accent est mis sur les prises de décisions par les apprenants et les stratégies d'enseignement sont habituellement de type « découverte guidée ».

5. **La kinésiologie.** Aussi appelée « programme centré sur les concepts », la kinésiologie comporte un mélange de pratique d'activités et de connaissances concernant ces activités dérivées des sous-disciplines de l'éducation physique. Il s'agit d'une approche théorique qui met l'accent sur les connaissances et les attitudes plutôt que sur les habiletés et la condition physique.

6. **L'éducation sportive.** Ce modèle privilégie le développement de joueurs compétents qui comprennent et valorisent les traditions et les valeurs du sport. On accorde davantage d'attention aux stratégies de jeu qu'à l'acquisition d'habiletés isolées. Ce modèle permet également aux élèves de s'initier aux rôles d'entraîneurs, d'arbitres ou de statisticiens.

$\longrightarrow$

**Encadré 10.2 : Les divers modèles de programmes
en éducation physique (suite)**

7. **Les significations personnelles.** Ce modèle tient compte des diverses significations personnelles que les individus retirent de leur participation dans des cours d'éducation physique et il vise avant tout à favoriser l'émergence de ces significations. Les buts des apprenants constituent le point central au moment de l'élaboration de ce type de programme.

8. **Le plein air.** Ce modèle tend à favoriser le développement personnel par des activités d'aventure. La coopération et la connaissance de soi sont les thèmes majeurs et l'environnement naturel devient le principal milieu d'éducation.

Sources : Jewett et Bain (1985) ; Siedentop (1990)

---

appropriée. Le hand-ball européen est un merveilleux sport à inclure dans un programme centré sur l'éducation sportive alors que le golf n'est pas une activité appropriée pour un programme orienté vers le conditionnement physique, pas plus que les activités aérobiques pour un programme de plein air.

2. **Les programmes à succès permettent d'atteindre les buts.** Les erreurs de planification sont toujours possibles ; si tel est le cas, il vaut mieux avoir visé trop bas que trop haut. Des buts bien délimités et un nombre restreint d'activités sont plus faciles à réaliser que des grands buts et de multiples activités. Il faut beaucoup de temps pour préparer des unités d'enseignement de bonne qualité. Les effets à long terme des « programmes d'initiation » sont loin d'être assurés (voir l'encadré 10.3). Pour s'assurer qu'un programme réussisse, il est sage de formuler des objectifs modestes et de choisir un nombre limité d'activités permettant de les atteindre. Il va sans dire que les buts visés doivent viser les apprentissages des élèves plutôt que leur obéissance et leur plaisir de bouger.

3. **L'enseignant doit savoir ce qu'il fait.** Les activités choisies représentent le contenu du programme. Les enseignants doivent bien connaître ce contenu sinon ils auront de la difficulté à décomposer les activités et à développer des mises en situation d'apprentissage appropriées. Quel type d'espace la pratique de l'activité exige-t-elle ? Comment cette activité peut-elle être modifiée ? Comment les habiletés et les stratégies peuvent-elles être raffinées efficacement ? Comment modifier l'équipement ? Seule une bonne connaissance de l'activité permet de répondre adéquatement à ces questions.

Si vous choisissez des activités qui contribuent effectivement à l'atteinte des buts de votre thème majeur, si vous connaissez suffisamment les activités pour développer des contenus appropriés pour vos apprenants et si vous leur offrez suffisamment de temps pour qu'ils fassent des acquisitions significatives pendant la pratique de ces activités, vous aurez fait des pas de géant vers l'établissement d'un programme d'éducation physique à succès.

L'ÉLABORATION DU CONTENU EN FONCTION DES OBJECTIFS TERMINAUX

Quelle que soit la durée d'implantation d'un programme, par exemple une année au secondaire ou six ans au primaire, ou le niveau des apprenants auquel ce programme s'adresse, vous devez savoir ce que vous recherchez comme résultats. Le contenu est toujours élaboré dans une direction et il importe d'établir cette destination finale de sorte qu'elle vous guide tout au long du programme. Cette **destination finale** correspond aux **objectifs terminaux**, c'est-à-dire aux énoncés décrivant les comportements que les élèves devraient démontrer de façon constante suite à leur participation au programme. Lorsque vous les aurez établis, il sera possible de choisir des activités pour amener les élèves à émettre les comportements attendus.

Les objectifs terminaux correspondent à des **unités de rendement significatives**, c'est-à-dire des comportements qui seront utiles ailleurs que dans les cours. Par exemple, au sein des programmes d'éducation sportive où le sport est le centre organisateur, les objectifs terminaux doivent être définis en fonction des comportements souhaitables pendant les matchs plutôt que par rapport à des habiletés isolées. Par exemple, les objectifs terminaux au tennis devraient être définis en fonction du jeu de tennis plutôt que par rapport à l'exécution d'habiletés dans des contextes autres qu'une partie. Ainsi, réussir un test sur les règlements au tennis ne constitue pas un objectif terminal significatif, alors qu'être capable, pendant une partie, de noter le pointage correctement et de détecter les infractions aux règlements est un objectif terminal.

Les objectifs visant le développement d'habiletés techniques ou tactiques devraient donc être définis en fonction des situations de jeu plutôt que d'en faire des objectifs en soi. Les objectifs touchant les connaissances sont souvent artificiels ; les questions des tests devraient être posées de façon à s'appliquer au jeu. Même si les buts visant le développement social et les attitudes sont très difficiles à définir, le principe d'applicabilité doit être retenu afin qu'ils soient

Encadré 10.3 : L'éducation physique souffre-t-elle d'une surdose d'initiation ?

Combien de fois avez-vous entendu un éducateur physique affirmer que son but est d'initier les jeunes à un sport ou à une activité ? Le postulat qui sous-tend ce type d'affirmation est que l'enseignant ne s'attend pas réellement à ce que les jeunes améliorent leurs habiletés ou leurs stratégies de jeu ; il veut seulement « qu'ils le connaissent un peu ». J'ai l'impression que la plupart des élèves sont initiés au volley-ball en cinquième et sixième années, ils le sont de nouveau en secondaire I ou II, puis une fois encore au collégial. Étant donné que tous ces efforts sont orientés vers l'initiation, ils acquièrent uniquement des habiletés de débutants leur permettant de jouer dans des ligues récréatives. Il s'agit d'une surdose sévère d'initiation.

Une des principales conclusions de la recherche récente en pédagogie indique que les enseignants efficaces ont des attentes élevées mais réalistes pour les apprenants. Ils s'attendent à ce que les jeunes fassent des progrès continus et ils ne cherchent pas uniquement à les initier ; ils espèrent qu'ils vont s'améliorer de jour en jour, de mois en mois et d'année en année. L'enseignement de l'éducation physique sera efficace à la condition que quelqu'un se préoccupe sérieusement de l'apprentissage et du progrès des élèves. Cependant, trop souvent, ni les administrateurs, ni les éducateurs physiques n'ont de telles préoccupations. Il faut dire que, si tel est le cas, ce ne sera sûrement pas les autres intervenants qui vont se soucier des progrès en éducation physique.

N'avons-nous pas « initié » nos jeunes suffisamment longtemps au volley-ball, au tennis, etc. ? Combien de matchs doivent-ils jouer avant de subir une surdose d'initiation ?

transférables à l'extérieur de l'école. Par exemple, le développement d'une bonne attitude envers la condition physique signifie que l'on s'attend à ce que les élèves choisissent volontairement de participer à des activités aérobiques intrascolaires ou qu'ils joignent le club de cyclotourisme de l'école. Le développement de la maîtrise de ses émotions en compétition peut être défini sous la forme des comportements souhaités du joueur envers l'arbitre, les coéquipiers et les adversaires. Les comportements sociaux, tels que la coopération, peuvent être définis en fonction de situations d'entraide. Voici quelques exemples d'objectifs terminaux pour un programme centré sur des rendements significatifs.

– Durant les matchs, les élèves signaleront avec justesse leurs propres infractions et ils choisiront la punition appropriée. Un tel objectif nécessite une connaissance des règlements de la part des élèves et la capacité de maîtriser leurs émotions, de façon à ce qu'ils soient capables de rapporter leurs propres infractions.

– Durant les matchs, les élèves exécuteront les stratégies offensives qui s'appliquent au jeu.

– Les élèves choisiront de participer à des activités de conditionnement physique en dehors des cours d'éducation physique.

– Les élèves utiliseront des techniques sécuritaires et appropriées pendant la pratique de diverses activités à risque.

– Durant les matchs, ils choisiront les techniques appropriées compte tenu de la situation et ils les exécuteront correctement.

– Au cours de la préparation de leur programme individuel, les élèves ajusteront l'intensité, la durée et la fréquence de leurs exercices en tenant compte de leur niveau actuel et des améliorations qu'ils désirent.

LE DÉVELOPPEMENT DE PROGRESSIONS POUR ATTEINDRE LES OBJECTIFS TERMINAUX

Une fois que vous savez où vous allez, vous devez décider quelle sera la meilleure façon d'y arriver. Pour déterminer comment vous y rendre, vous devez d'abord connaître votre point de départ potentiel, c'est-à-dire le niveau d'habileté et de compréhension des élèves qui s'inscriront au programme. Les éducateurs professionnels ont acquis une connaissance générale des niveaux de base des apprenants dans leur cours sur le développement moteur, ce qui leur permet de préparer des progressions d'activités visant l'atteinte des objectifs. Cependant, ces progressions devront être adaptées aux caractéristiques des élèves d'un milieu donné et à un moment particulier. Les enseignants d'expérience savent que des progressions très différentes peuvent être nécessaires pour répondre aux besoins des élèves de deux classes de cinquième année dont le niveau de développement varie. La préparation des progressions nécessite une habileté technique importante en matière d'élaboration de programmes puisqu'elle est le point de jonction entre les connaissances sur la matière et les principes pédagogiques, ce que Shulman (1987) appelle l'application des connaissances pédagogiques aux contenus spécifiques. Ce mélange unique de contenu et de pédagogie constitue l'essence de la compétence des enseignants.

Les progressions sont des ensembles de tâches d'apprentissage qui présentent des niveaux de difficulté simples jusqu'à des niveaux plus complexes pour finalement atteindre le niveau visé par les buts du programme. Au fil des ans, les enseignants sont amenés à présenter des séries de tâches organisées pour former des leçons et des unités en rapport avec diverses activités physiques. Rink (1985) a proposé un modèle de progression de tâches utilisé par plusieurs éducateurs physiques. Les tâches d'initiation visent à introduire une nouvelle habileté ou stratégie. Les tâches subséquentes servent à raffiner la réponse motrice, à y ajouter des éléments et à appliquer l'habileté ou la stratégie.

1. **Le raffinement de la qualité d'un rendement.** Le type de progression qui semble le plus négligé, mais qui est le plus important, est la séquence de tâches d'apprentissage où les élèves doivent améliorer la qualité de leur rendement, ce que Rink (1985) appelle les « tâches de raffinement ». Par exemple, pendant l'enseignement du lancer à une main au basket-ball à des jeunes de la quatrième à la sixième année, l'habileté globale isolée peut être démontrée et quelques critères de réussite peuvent être présentés ; c'est une **tâche d'initiation**. Les élèves vont ensuite pratiquer cette habileté tout au long de l'unité de basket-ball et diverses erreurs seront détectées : la position de la main qui lance ne sera pas toujours correcte ; le coude du bras qui lance se déplacera sur le côté de façon incorrecte ; la main qui soutient le ballon ne le guidera pas suffisamment ; la flexion des genoux se fera trop tôt, trop tard ou elle sera insuffisante.

   Des tâches de raffinement devraient alors être proposées pour que les élèves remarquent de plus en plus les composantes techniques d'un bon lancer et qu'ils améliorent la qualité de leurs réponses motrices. Chaque tâche technique et chaque combinaison stratégique présentée par l'enseignant devra être raffinée. Dans les tâches de raffinement, les conditions de pratique ne changent pas, mais l'attention de l'élève sera orientée vers différents critères, au fur et à mesure que les éléments techniques de l'habileté ou de la stratégie apparaissent. Les tâches de raffinement ne peuvent pas toujours être anticipées ; les enseignants doivent utiliser l'information recueillie en observant le rendement de leurs élèves pour développer des tâches de raffinement qui correspondent à leur niveau de progression.

2. **Les progressions à l'intérieur des tâches.** Les habiletés techniques et tactiques doivent d'abord être simplifiées pour ensuite être complexifiées. Pensez à l'élaboration du contenu d'un programme d'athlétisme ; par exemple, le lancer du poids. La tâche de base ne changera pas, c'est-à-dire que, dès le début, le lancer réglementaire

sera enseigné. Cependant, peu de personnes débuteront en plaçant les élèves dans un cercle de lancer, en leur faisant réaliser le pas glissé et le lancer dans sa forme définitive ; ils proposeront plutôt des progressions, ce que Rink (1985) appelle le développement intra-tâches. Par exemple, un enseignant débute avec un poids plus léger que celui réglementaire de six livres et en laissant les élèves en position stationnaire. Il enseigne d'abord la position finale du lancer en mettant l'accent sur la rotation des épaules et des hanches pour donner de la force au lancer. La stratégie d'initiation peut varier, mais il est important de raffiner la réponse motrice avant de chercher à l'enrichir par une tâche un peu plus complexe. Celle-ci devra, à son tour, être raffinée avant d'être rendue à nouveau plus complexe. Rink (1985) parle de tâches enrichies pour désigner ces progressions à l'intérieur. Ce cycle de raffinement–enrichissement qui se répète à plusieurs reprises constitue l'essence même du développement d'un contenu en éducation physique. L'élément le plus important de la planification des experts consiste à déterminer les tâches à raffiner et à savoir jusqu'à quel point celles-ci doivent être enrichies selon les apprenants avec lesquels ils travaillent.

3. **Les progressions d'une tâche à une autre.** Il est important de considérer les progressions d'une tâche à une autre, surtout au moment de la planification d'un programme. En effet, particulièrement pour les novices, certaines tâches peuvent avoir l'air de variations d'une même tâche, alors qu'en réalité, il s'agit de tâches différentes. Par exemple, en athlétisme, passer de la technique du saut en hauteur en ciseaux au style *Fosbury* ; en basket-ball, aller du lancer à une main en position fixe vers le lancer en suspension ou au soccer faire la transition entre des situations de trois contre trois et le jeu complet qui réunit tous les joueurs dans un grand espace. Le développement des progressions entre ces tâches sont les chaînons importants du programme et elles doivent être choisies avec soin. Les enseignants tiennent souvent pour acquis que des tâches sont en progression alors qu'elles ne le sont pas. Une progression n'est pas seulement une série de tâches de plus en plus difficiles ; les critères de rendement doivent être également considérés (voir la section sur l'analyse de tâche dans les pages suivantes). Ainsi, le service-balancier au volley-ball n'est pas une progression du service-tennis, même si le premier est plus facile pour les débutants. Les exigences techniques de ces deux habiletés sont trop différentes pour être considérées comme une progression. D'autre part, le saut en ciseaux contient pratiquement tous les éléments techniques de base dont les élèves ont besoin pour apprendre le style *Fosbury* ; ces tâches peuvent donc être considérées comme une progression.

**Tableau 10.1 : Exemples de tâches de raffinement
et d'enrichissement**

Situation

Basket-ball pour des débutants, lancer à une main

Tâche d'initiation d'information

Lancer face au panier, ballon en main, en position stationnaire, près du panier.

Tâches de raffinement

– Lancer les doigts bien écartés derrière le ballon ;
– Soutenir avec l'autre main, sans pousser ni laisser aller trop tôt ;
– Diriger le coude vers le panier, non de côté ;
– Tenir le ballon à la hauteur de la tête, ne pas le ramener plus bas ;
– Fléchir les genoux plutôt qu'uniquement les bras, pour accroître la force ;
– Pousser avec les orteils pour produire de la force et garder le ballon haut ;
– Fouetter avec le poignet de façon à ce que le ballon roule sur le bout des doigts ;
– Coordonner la flexion des genoux et la poussée des orteils ;
– Faire l'extension du poignet et fléchir le coude au moment où les genoux sont fléchis ;
– Garder les yeux sur le cerceau.

Tâches d'enrichissement

– Pivoter en s'éloignant et en se rapprochant pour reprendre la position et lancer ;
– Recevoir une passe d'un partenaire, prendre la position de base et lancer ;
– Lancer de différents angles en prenant toujours la position de base ;
– S'éloigner graduellement du panier ;
– Dos au panier, pivot, prendre la position de base et lancer ;
– Se déplacer vers un endroit précis, recevoir une passe, prendre la position de base et lancer ;
– Dribbler jusqu'à un endroit précis, prendre la position de base et lancer ;
– Lancer d'un endroit précis, se déplacer à un autre endroit, recevoir une passe, se placer et lancer.

Note : Utiliser un tableau d'affichage où les élèves peuvent inscrire leurs résultats à tous les cours afin de les garder centrés sur la tâche grâce à cette stratégie d'évaluation et de responsabilisation.

LA COHÉRENCE DANS LES INTERVENTIONS

Les progressions doivent être conçues comme des tâches d'apprentissage menant à des objectifs terminaux définis sous la forme de résultats significatifs, c'est-à-dire utilisables par les élèves à l'extérieur du contexte particulier où elles sont enseignées : par exemple, bien jouer pendant les matchs, réussir à faire des randonnées en plein air ou pratiquer des activités de conditionnement physique dont l'intensité est appropriée. Au fur et à mesure que les tâches de raffinement et d'enrichissement sont élaborées pour aider les élèves à progresser vers l'atteinte d'un objectif terminal, il est important que l'intervention soit cohérente afin d'augmenter leurs chances de succès.

Une intervention est **cohérente** lorsqu'il y a une adéquation entre les buts visés, les situations d'enseignement et l'évaluation. Les conclusions de la recherche tendent à démontrer qu'une intervention cohérente produit deux ou trois fois plus de réussites qu'une intervention qui manque de cohérence (Cohen, 1987). Supposons que vos objectifs terminaux en volley-ball mettent l'accent sur l'exécution appropriée de techniques et tactiques en situation de jeu et que vous les évaluez à l'aide d'un test comprenant des manchettes au mur et des touches en position stationnaire avec un partenaire, ainsi qu'un test de précision du service ; dans cet exemple, il y a absence de cohérence entre les situations d'enseignement, l'évaluation et les objectifs terminaux.

Dans un programme de volley-ball dont les objectifs terminaux décrivent le rendement attendu en situations de matchs, une intervention cohérente implique que les tâches d'apprentissage soient organisées en progressions conduisant à ces buts. Ainsi, la pratique des techniques isolées devra être remplacée par différents types de jeux simulés et l'évaluation sera faite durant des matchs plutôt que par des tests d'habiletés isolées en situations artificielles. Une évaluation qualitative des habiletés techniques et tactiques pendant le jeu, ainsi que des statistiques de matchs, telles que des pourcentages de réussites, de réceptions, de passes, de smashs ou de blocs, constituent des données utilisables pour une évaluation cohérente.

Le concept d'intervention cohérente exige que les enseignants réfléchissent sérieusement à la nature de leurs buts et à la façon dont ils peuvent mettre en place des progressions de tâches d'apprentissage de manière à ce que leurs élèves puissent les réussir. L'utilisation de stratégies d'évaluation cohérentes avec les buts poursuivis assure une meilleure adéquation. Un vieil adage en éducation rappelle qu'il est important d'enseigner ce qui sera évalué et d'évaluer ce qui a été enseigné. Malheureusement, cette maxime n'est pas toujours respectée en éducation physique.

Il importe de répéter que, en ce qui a trait à l'enseignement et à l'évaluation, pour raffiner des habiletés techniques ou tactiques et pour harmoniser avec soin les conditions de réalisation du rendement attendu, vous devez connaître à fond l'activité en cause. Cohen rappelle l'importance de prendre conscience de la cohérence de nos interventions.

> Il semble si évident qu'il faut enseigner ce que nous évaluons ou évaluer ce que nous enseignons qu'il est même embarrassant de devoir en parler. La question fondamentale consiste à décider ce qui vaut la peine d'être enseigné, ce qui revient à s'interroger sur ce qui vaut la peine d'être évalué.

**Encadré 10.4 : Un exercice de planification
d'une intervention cohérente**

Voici un exercice pour vous aider à comprendre le concept
d'intervention cohérente. Supposons que vous développez une
unité de basket-ball et que vous réfléchissez sur une progression
pour enseigner la passe. Votre objectif terminal est d'amener des
débutants de cinquième année à exécuter des passes efficaces au
cours du jeu.

Par où débuterez-vous pour organiser des conditions de pratique
de tâches qui correspondent aux conditions énoncées dans
l'objectif terminal ?

Permettrez-vous aux joueurs de marcher avec le ballon au début
de la pratique de passe, c'est-à-dire de traîner le pied qui sert de
pivot quand ils font la passe ?

Leur demanderez-vous, comme tâche de raffinement, d'utiliser
l'autre pied comme pied pivot pendant la pratique des exercices
de passe ?

Quels types de passes observez-vous le plus souvent dans des
matchs de débutants ? Consacrerez-vous du temps à pratiquer
des passes à la hauteur de la poitrine à deux mains avec un
partenaire peu éloigné et l'absence de défenseur ?

Comment et quand introduirez-vous la pression défensive ?

Sur quels critères techniques allez-vous insister pour raffiner les
passes ?

Quelles sont les erreurs les plus communes chez les débutants ?
Finalement, connaissez-vous suffisamment le basket-ball pour
réussir cet exercice ?

Que l'enseignant soit conscient ou non des effets de son intervention, il exerce une influence sur ses élèves. N'avons-nous
pas l'obligation morale de prendre conscience de ce que nous
accomplissons ? (Cohen, 1987, p. 19)

Une intervention cohérente avec les buts et les stratégies d'évaluation permet d'offrir aux élèves de nombreuses occasions de pratiquer
des habiletés techniques et tactiques pertinentes dans des situations
semblables à celles où elles seront appliquées ; Rink (1985) parle alors
de tâches d'application. Une tâche peut servir à la fois au raffinement
et à l'application d'une habileté précise ; ce sont les conditions de pratique qui changent. Les tâches de raffinement et d'enrichissement
peuvent être modifiées pour devenir des tâches d'application et augmenter ainsi les chances d'avoir des interventions cohérentes.

LES HABILETÉS OUVERTES ET FERMÉES

Au cours d'une épreuve sportive, les habiletés techniques ou tactiques sont au centre des programmes appropriés en éducation physique ; aussi, la distinction entre les habiletés ouvertes et fermées influence le développement des contenus. Les habiletés fermées sont exécutées dans un environnement stable (Gentile, 1972). Par exemple, pendant le lancer du poids, la grandeur du cercle de lancer, le poids de l'engin, les dimensions de l'aire de lancer et les règles sont toutes des conditions standardisées. Par contre, lorsque des habiletés ouvertes sont exécutées, l'environnement varie, de sorte qu'il devient très important de répondre efficacement aux changements qui se produisent. Par exemple, lorsqu'un garde au basket-ball dribble avec le ballon pour amorcer une attaque, il fait face à différentes configurations défensives, chacune pouvant orienter le choix de sa stratégie offensive.

La distinction entre les habiletés ouvertes et fermées se situe sur un « continuum ». À une extrémité de ce *continuum*, les habiletés sont réalisées dans des conditions très stables. À l'autre extrémité, les habiletés sont réalisées dans les conditions les plus changeantes. Comme l'illustre le diagramme qui suit, les diverses habiletés sportives peuvent être placées le long de ce programme, selon leurs conditions de réalisation.

Fermées				Ouvertes
Lancer du poids en athlétisme	Lancer franc au basket-ball	Coup roulé au golf	Coup droit au tennis	Dribble au soccer

Le développement du contenu diffère énormément selon qu'il est question d'habiletés ouvertes ou fermées. Plus une habileté est fermée, plus l'accent sera mis sur le raffinement technique puisque le but est de développer une technique de haut niveau, réalisée de façon constante, dans un environnement qui ne varie pas. Plus l'habileté est ouverte, plus il importe de consacrer du temps à la pratique de tâches d'enrichissement qui couvrent la variété de situations dans lesquelles l'habileté sera utilisée, le but étant de permettre un rendement qui répond de façon appropriée aux demandes changeantes des situations de jeu. Une des erreurs majeures qui entraîne l'incohérence de l'enseignement des éducateurs physiques consiste à faire comme si les habiletés ouvertes étaient des habiletés fermées pratiquées dans des conditions stables.

LES STRATÉGIES D'ÉVALUATION RÉGISSENT LES TÂCHES D'APPRENTISSAGE

Il a été démontré au chapitre 5 que les tâches d'apprentissage sont régies par les stratégies d'évaluation formelles et informelles et que, en l'absence d'évaluation, les tâches d'apprentissage peuvent même disparaître. Lorsqu'il y a absence totale d'évaluation, le comportement des élèves pendant la réalisation des tâches d'apprentissage dépend des efforts qui sont exigés ainsi que de leurs intérêts et de leur motivation à apprendre l'activité enseignée.

Le système d'évaluation et de responsabilisation fait référence aux pratiques évaluatives utilisées par l'enseignant pour rendre et maintenir l'élève responsable de son implication dans la tâche et de ses résultats. La forme de responsabilisation la plus évidente consiste à échanger des efforts contre des notes. De tels échanges n'étant pas fréquents en éducation physique, les enseignants efficaces utilisent différents mécanismes d'évaluation pour motiver les élèves à améliorer leur rendement :

- lancer des défis et annoncer les résultats publiquement ; par exemple, demander à un élève de lancer à partir de différents endroits et demander au partenaire qui prend les rebonds de dire le nombre de lancers réussis ;

- enregistrer des résultats ; par exemple, afficher les temps d'exécution d'un circuit en conditionnement physique ;

- superviser attentivement la pratique et annoncer les succès ; par exemple, observer attentivement une pratique de passes et manchettes en volley-ball et nommer les groupes ayant particulièrement bien réussi ;

- superviser attentivement la pratique puis donner des rétroactions précises et des encouragements ; par exemple, observer les retours de service au tennis, encourager les étudiants qui travaillent fort et réagir aux erreurs en tenant compte des critères de réussite de l'habileté ;

- intégrer une stratégie d'évaluation formelle de tâche ; par exemple, élaborer une tâche complexe comprenant dribble, passe, réception, dans des mini-matchs et afficher les résultats.

Les conclusions de la recherche sur le rôle de l'évaluation et de la responsabilisation indiquent que, pour que les élèves demeurent engagés et motivés à améliorer leur rendement, les enseignants ont avantage à planifier des stratégies d'évaluation qu'ils intègrent aux tâches d'apprentissage. Le système d'évaluation et de responsabilisation ne doit pas être considéré isolément. Lorsque les tâches d'apprentissage et les conditions de pratique sont cohérentes avec des objectifs terminaux significatifs, les élèves sont de plus en plus motivés à accomplir ces tâches pour elles-mêmes. On appelle ce phénomène la « motivation intrinsèque ».

L'EXPANSION DU PROGRAMME D'ÉDUCATION PHYSIQUE EN DEHORS DES PÉRIODES FORMELLES

Au fur et à mesure que le contenu d'un programme d'éducation physique évolue, les enseignants constatent qu'ils n'ont pas suffisamment de temps pour atteindre leurs buts. Il existe seulement deux façons de réagir : premièrement, réduire les objectifs terminaux pour tenir compte de façon réaliste du temps alloué ; deuxièmement, obtenir plus de temps en incitant les élèves à pratiquer des activités physiques en dehors des périodes formelles d'éducation physique ; par exemple, pendant les récréations, les activités intrascolaires, les périodes d'étude ou les activités spéciales.

Au cours d'une étude récente sur des éducateurs physiques efficaces au niveau primaire, Jones *et al.*, (1989) ont observé que le temps consacré chaque semaine à l'éducation physique pouvait varier entre quarante-cinq et quatre-vingts minutes, c'est-à-dire bien en deçà de ce qui est jugé approprié pour l'école primaire. Cependant, chaque enseignant étudié avait trouvé des moyens d'utiliser d'autres périodes que les cours d'éducation physique. Si vous voulez que votre programme ait plus d'effet, il importe d'étendre son influence en dehors des cours formels. Il existe plusieurs conditions pour y arriver efficacement.

1. **Les élèves doivent être encouragés à participer à ces activités optionnelles.** Vous devez donc rendre votre programme attrayant et trouver des raisons pour lesquelles les élèves seraient incités à y participer. Par exemple, vous pouvez donner des points additionnels à une équipe de soccer quand elle joue pendant la récréation. Vous pouvez suggérer de pratiquer les épreuves enseignées dans le module d'athlétisme ; si les élèves améliorent leur rendement pendant leur pratique libre, cette amélioration peut être comptabilisée dans les résultats globaux du cours. Vous pouvez aussi organiser des compétitions sportives interclasses ou des séances de danse aérobique dirigées par des élèves.

2. **Pour bénéficier de la pratique en dehors de la période d'éducation physique, les élèves doivent être en voie de devenir des apprenants autonomes.** L'activité durant ces pratiques est supervisée de façon minimale. Pour rester impliqués dans la tâche et

bénéficier de ce type de pratique, les élèves doivent savoir quoi faire et comment le faire, sans que l'enseignant n'ait à le dire. Les activités pratiquées durant ces périodes doivent donc être connues et les conditions de pratique doivent être bien établies.

3. **En général, les élèves apprécient faire partie d'un groupe.** Aussi, les pratiques en dehors des cours d'éducation physique semblent mieux réussir quand les élèves sont membres d'un groupe. Par exemple, l'équipe qui pratique à la récréation crée une forme d'affiliation ayant des implications sociales. Par exemple, un club de musculation qui se rencontre deux fois par semaine permet les interactions sociales, la danse aérobique avec ses amis devient une forme d'appartenance à un groupe informel. Ces regroupements ne rendent pas seulement les interactions sociales plus probables et plus agréables, ils créent des pressions modérées incitant à participer régulièrement aux activités.

RÉSUMÉ

1. L'élaboration du contenu d'un programme d'éducation physique exige de choisir des buts et de planifier des activités pour atteindre ces buts.

2. La plupart des institutions scolaires ont des programmes-cadres qui sont révisés régulièrement par les enseignants dans les diverses matières.

3. Plusieurs conceptions des bienfaits attendus se disputent l'allégeance des programmes en éducation physique, mais l'approche traditionnelle consiste à inclure tous les buts possibles dans un programme ayant des activités multiples.

4. Les programmes centrés sur un thème majeur allouent plus de temps et de ressources à un type de bienfaits attendus en éducation physique.

5. Les planificateurs de programme devraient examiner les efforts qu'ils font pour assurer un programme équitable selon les sexes, les races et les niveaux d'habileté.

6. Des facteurs tels que l'approche personnelle de l'enseignant, la nature de l'organisation scolaire, les installations et l'équipement, le programme éducatif et le statut des apprenants influencent la planification du programme.

7. Les programmes qui obtiennent les meilleurs résultats visent des buts précis grâce à des activités qui correspondent à ces buts.

8. Le contenu devrait être élaboré en établissant des objectifs terminaux correspondant à des résultats importants, ce qui permet d'avoir un but précis à poursuivre.

9. Les progressions sont établies par le biais de tâches d'initiation, de raffinement, d'enrichissement et d'application, aussi bien à l'intérieur d'une progression qu'entre les progressions.

10. Une intervention est cohérente quand il y a adéquation entre les conditions énoncées dans le produit final, celles de la pratique et celles de l'évaluation.

11. Les exigences dans l'élaboration de progressions pour des habiletés ouvertes et fermées diffèrent sensiblement et ne devraient pas être confondues.

12. Les mécanismes d'évaluation régissent les tâches d'apprentissage ; les enseignants devraient planifier en intégrant à ces tâches des stratégies d'évaluation et de responsabilisation.

13. Les programmes qui obtiennent de meilleurs résultats débordent du temps attribué aux cours d'éducation physique ; ils fonctionnent mieux quand les élèves sont motivés, autonomes et sentent qu'ils appartiennent à un groupe.

CHAPITRE 11

Le développement d'unités d'enseignement efficaces

La plupart des élèves (peut-être au-delà de quatre-vingt-dix pour cent) peuvent apprendre ce qui leur est présenté. Le rôle de l'enseignant consiste essentiellement à trouver les moyens qui permettent aux élèves de maîtriser la matière. Notre principale tâche est donc de déterminer ce que nous entendons par la maîtrise de la matière et de chercher les méthodes et le matériel didactique permettant au plus grand nombre d'élèves de l'atteindre.

Benjamin Bloom (1980)

LES OBJECTIFS DU CHAPITRE

- Décrire et discuter les raisons pour lesquelles les enseignants planifient ;
- Comprendre que certains enseignants dépendent de leurs plans de séance alors que d'autres en sont indépendants ;
- Décrire les stratégies pour déterminer les niveaux d'entrée et de sortie ;
- Distinguer entre des objectifs de processus et des objectifs de produit ;
- Formuler des buts appropriés sur les plans moteur, cognitif et affectif ;
- Réaliser, de façon appropriée, des analyses des composantes d'une tâche ou des analyses des sous-tâches hiérarchisées ;
- Décrire les facteurs pratiques qui influencent la planification d'une unité d'enseignement ;

- Reconnaître les caractéristiques d'un plan d'unité d'enseignement bien construit ;
- Décrire les composantes d'un plan de leçon bien construit ;
- Discuter les questions d'équité associées à la planification des unités d'enseignement ;
- Indiquer et discuter des questions relatives à l'attribution de notes ;
- Construire des objectifs d'apprentissage appropriés.

Trois raisons justifient l'existence de ce chapitre centré sur la planification d'unités d'enseignement. Premièrement, la plupart des enseignants considèrent que la préparation des unités d'enseignement est leur plus importante tâche de planification (Clark et Yinger, 1979). En effet, plusieurs enseignants travaillent sur une base quotidienne à partir d'un plan d'unité sans vraiment concevoir de plans pour chaque leçon. Deuxièmement, les enseignants qui développent des plans pour chaque leçon les préparent généralement pour l'ensemble de l'unité. L'unité d'enseignement représente donc la structure la plus fonctionnelle pour réfléchir à la planification. Troisièmement, la préparation du plan d'une unité exige une réflexion sur les progressions à proposer d'une leçon à l'autre en vue d'atteindre les objectifs de l'unité. Même si l'unité d'apprentissage prend vraiment forme lors des séances quotidiennes, l'ensemble des leçons d'une unité doit constituer un tout cohérent.

LES RAISONS POUR LESQUELLES LES ENSEIGNANTS PLANIFIENT

Les enseignants consacrent du temps et de l'attention à la planification de leur enseignement pour quatre raisons (Clark et Yinger, 1979 ; Stroot et Morton, 1989).

1. S'assurer qu'il existe une progression d'une leçon à l'autre ;
2. Rester centrés sur la tâche et utiliser le temps de séance de façon efficace ;
3. Réduire leur anxiété et maintenir leur confiance dans ce qu'ils enseignent ;
4. Satisfaire les politiques de l'institution ou du système scolaire.

Les enseignants ne planifient pas toujours pour ces quatre raisons à la fois et celles-ci n'influencent pas tous les enseignants de la même façon. Certains directeurs d'écoles exigent que les enseignants remettent leurs plans de séance du lendemain avant de quitter l'école. Ces mesures sont prises au cas où un enseignant aurait besoin d'être remplacé pour cause de maladie ou dans toutes autres circonstances imprévisibles.

Dans leur étude portant sur des éducateurs physiques efficaces du primaire, Stroot et Morton (1989) ont pu confirmer ce que plusieurs autres chercheurs avaient trouvé en observant des enseignants. Certains enseignants ont manifestement besoin de leurs préparations de cours alors que d'autres semblent beaucoup plus détachés à l'égard de leur planification. Elles ont signalé deux positions extrêmes : les enseignants qui sont **dépendants d'un plan** et ceux qui sont **indépendants de leur planification**. Par exemple, un enseignant leur a dit : « Je me sentirais terriblement inconfortable si je ne les avais pas (mes plans de séance) et je les transporte avec moi dans mon cartable partout où je vais » (Stroot et Morton, 1989, p. 219). Un autre enseignant collait son plan de la journée sur le mur du gymnase de manière à pouvoir y référer facilement au besoin ; les données de l'observation ont cependant indiqué qu'il ne les consultait presque jamais. Par contre, certaines personnes enseignent pendant une journée entière sans avoir recours à des plans ; il leur suffit d'y jeter un coup d'œil le matin pour se rafraîchir la mémoire sur ce qu'elles ont l'intention de faire avec leurs groupes pendant la journée. La différence entre les enseignants qui dépendent de leur planification et ceux qui en sont plus indépendants semble être reliée à une sensation de confort personnel, à une réduction de l'anxiété et au maintien de leur confiance dans ce qu'ils enseignent. Il importe de rappeler que cette étude portait sur des enseignants efficaces. Il ne faut donc pas croire que les enseignants indépendants de leur planification sont moins efficaces que ceux qui en dépendent davantage. Il semble que ce soit une question de style personnel, bien que les enseignants moins expérimentés ont habituellement tendance à être plus dépendants de leurs plans. Les enseignants qui semblent plus indépendants de leur planification ont mémorisé leur plan ou se souviennent d'expériences vécues antérieurement.

Comme la plupart des autres recherches sur le sujet, celle de Stroot et Morton (1989) indique que tous les enseignants efficaces ont dû travailler fort pour préparer de bonnes unités d'enseignement. Le travail qu'ils accomplissent quand ils planifient des unités d'enseignement pour la première fois ressemble à la stratégie présentée dans ce chapitre. Ainsi, quel que soit leur niveau de compétence, qu'ils soient dépendants ou indépendants de leur planification, tous les enseignants passent par une phase de planification intense quand ils créent des unités d'enseignement pour la première fois. De plus, ils continuent à améliorer constamment leurs plans initiaux sur la base de leurs expériences d'enseignement. Lorsqu'ils enseignent des activités pour lesquelles ils ont peu d'expérience, ils ont tendance à devenir plus dépendants de leur planification que lorsqu'ils enseignent des activités pour lesquelles ils ont beaucoup d'expérience.

Les enseignants efficaces planifient! Quelle que soit la stratégie qu'ils utilisent pour enseigner et peu importe leur attitude à l'égard des plans de cours, ils réfléchissent tous soigneusement aux objectifs, aux activités, aux progressions, à l'équipement, à l'utilisation de l'espace, à la sécurité, aux questions d'organisation et à l'évaluation. Aussi, les habiletés et les stratégies présentées dans ce chapitre semblent être cruciales pour l'efficacité de l'enseignement.

LA DÉTERMINATION DES NIVEAUX D'ENTRÉE ET DE SORTIE: LE POINT DE DÉPART DE LA PLANIFICATION D'UNE UNITÉ D'ENSEIGNEMENT

Comme je l'ai décrit dans le chapitre 10, le contenu d'une unité devrait être élaboré de façon à ce que les objectifs terminaux représentent des résultats significatifs. Cependant, le résultat final d'une unité d'enseignement dépend essentiellement du niveau d'habileté motrice et de l'expérience des élèves au moment où ils commencent l'unité. Les objectifs terminaux d'unités portant sur le développement d'habiletés dans des activités telles que la gymnastique dépendent de leur force et de leur flexibilité au moment où ils commencent l'unité. Par exemple, les routines exécutées sur la barre fixe exigent de la force dans les bras et les épaules; si les élèves ne peuvent pas supporter leur poids pendant quelques secondes lorsqu'ils sont en suspension à la barre fixe, ils doivent absolument développer les qualités musculaires de base avant de poursuivre des objectifs d'apprentissage de telles routines. De même, des élèves ayant peu d'expérience comme joueurs de sports collectifs auront de la difficulté à apprendre les principes les plus élémentaires du marquage. Ceux qui n'ont pas acquis de bons automatismes dans des habiletés de base, comme lancer ou frapper, auront beaucoup de difficultés à apprendre des sports comme le badminton, quel que soit leur âge. Les jeunes qui apprennent le soccer doivent avoir un niveau d'endurance cardiovasculaire suffisant pour maintenir une activité modérée pendant une période de temps assez longue.

Le plus gros problème lors de la planification d'unités d'enseignement en éducation physique, particulièrement quand les élèves sont groupés en fonction de leurs niveaux scolaires, réside dans le fait que certains d'entre eux présentent des limites sérieuses alors que d'autres possèdent les capacités, les habiletés et l'expérience leur permettant d'atteindre des niveaux élevés. La plupart des enseignants ont tendance à planifier leurs unités d'enseignement en fonction de ceux qui sont dans la moyenne ou un peu en-dessous. Par la suite, ils essaient d'ajuster les tâches de façon à les adapter à ceux dont le degré d'apprentissage varie considérablement par rapport à ce qui a été planifié. Les stratégies d'enseignement décrites aux chapitres 12 et 13 permettent de satisfaire les besoins diversifiés des individus faisant partie d'un même groupe.

J'ai mentionné au chapitre 10 que les programmes efficaces permettent d'atteindre des buts réalistes ; aussi, il semble logique de planifier les unités d'enseignement de façon à ce que les élèves aient suffisamment de temps pour atteindre des buts réalistes. La plupart ont besoin de répéter plusieurs fois certaines habiletés pour pouvoir ensuite les appliquer avec succès dans divers contextes. Les combinaisons stratégiques doivent être pratiquées jusqu'à ce que les élèves puissent les exécuter de façon constante dans une variété de situations de jeux modifiés. Les répétitions d'habiletés et les pratiques de stratégies exigent beaucoup de temps, souvent plus que ce que les concepteurs de programmes leur allouent. En conséquence, il arrive fréquemment que les élèves pratiquent rapidement les habiletés et les combinaisons stratégiques. Leur pratique est en effet si courte qu'ils n'arrivent pas à transposer ces habiletés et ces combinaisons stratégiques dans des contextes d'application comme les compétitions. La recherche en éducation physique est particulièrement intéressante sur ce point (Marks, 1988 ; Son, 1989) puisqu'elle révèle que les enseignants proposent rarement des tâches de raffinement lorsqu'ils enseignent des habiletés. Comme il a été mentionné au chapitre 10, les cycles de tâches de raffinement et d'enrichissement permettent de développer véritablement des habiletés et des stratégies qui pourront être appliquées efficacement. Ce cycle de tâches de raffinement et d'enrichissement requiert beaucoup de temps si l'on veut que tous les élèves fassent suffisamment de progrès pour utiliser les habiletés et les stratégies dans divers contextes d'application.

Le choix des objectifs terminaux d'une unité est important parce qu'il représente la base à partir de laquelle le plan de l'unité est bâti. En conséquence, les objectifs terminaux d'unités doivent être définis en tenant compte du niveau d'habileté initial des apprenants ainsi que d'une estimation réaliste de ce qu'ils peuvent accomplir dans le temps alloué.

LES OBJECTIFS TERMINAUX D'UNITÉS : UN BUT ET UNE CIBLE POUR L'ÉVALUATION

Les objectifs terminaux indiquent à la fois les buts visés par l'enseignant et la façon dont ils doivent être évalués. Si la formulation des objectifs est faite de façon ambiguë ou imprécise, il sera difficile de savoir exactement ce que sont les buts et comment ils peuvent être évalués. La section de ce chapitre portant sur la formulation de buts et d'objectifs décrit comment construire des buts et des objectifs clairs et comment les formuler de façon appropriée.

Lors du développement du contenu des unités d'enseignement, il est important de considérer ce que vous voulez accomplir dans chacun des trois domaines de l'éducation. Le **domaine moteur** inclut l'ensemble des buts et des objectifs associés aux habiletés et stratégies nécessaires pour pratiquer des activités physiques ainsi que les qualités physiques associées au conditionnement physique et à la santé. Le **domaine cognitif** inclut l'ensemble des connaissances reliées aux activités physiques ainsi que la connaissance de soi comme apprenant, comme personne en mouvement et comme personne réalisant un rendement. Le **domaine affectif** comprend les buts et les objectifs centrés sur les valeurs et les attitudes des apprenants. Traditionnellement, l'éducation physique a été conçue comme une matière pouvant contribuer au développement des apprenants dans chacun de ces trois domaines. Si vous trouvez qu'il est important d'atteindre des buts autres que ceux du domaine moteur, vous devez planifier l'atteinte de ces buts de façon spécifique. Les connaissances sur la condition physique, les valeurs associées à l'honnêteté ou à la confiance en soi lors de la pratique d'activités comportant des risques ne sont pas des acquisitions qui vont se produire tout simplement par elles-mêmes ! Comme tout autre but éducatif important, ces buts ont plus de chances d'être atteints s'ils sont considérés sérieusement lors de la phase de planification de l'enseignement. L'encadré 11.1 fournit des exemples d'objectifs terminaux pour les domaines moteur, cognitif et affectif.

Les objectifs terminaux d'une unité d'enseignement peuvent contenir des objectifs centrés sur le processus, le produit ou une combinaison des deux. Un **objectif centré sur le processus** porte sur la façon dont une action est exécutée. Dans le domaine moteur, par exemple, l'exécution d'une habileté motrice peut être définie en fonction de la présence ou de l'absence d'éléments critiques dans le rendement. Dans le domaine affectif, l'honnêteté peut être définie et évaluée en fonction de la façon dont les joueurs se comportent pendant un match. Un **objectif centré sur le produit** concerne le résultat d'une action plutôt que la façon dont elle est accomplie. Dans le domaine moteur, par exemple, un objectif peut être formulé en fonction du nombre de rebonds ou d'assistances lors d'un match de basket-ball ou du temps requis pour courir le mille. Dans le domaine cognitif, les apprenants doivent être capables d'évaluer les composantes de leur condition physique et d'utiliser cette information pour planifier leur programme personnel de conditionnement physique ou de décrire correctement une stratégie offensive particulière au volley-ball. Dans le domaine affectif, lors d'une unité portant sur le soccer, l'objectif pourrait être que les élèves s'inscrivent volontairement dans la ligue intrascolaire de soccer ou qu'ils choisissent de joindre le club des sauteurs à la corde à la suite d'une unité sur la corde à sauter.

Une fois que les objectifs terminaux sont choisis, la personne qui planifie doit décider quelle progression d'activités permettra le mieux d'atteindre ces objectifs. Le succès d'une unité d'enseignement est évalué en fonction du degré d'atteinte des objectifs par les participants. Si les objectifs sont clairs, si l'organisation des activités permet de progresser vers ces buts et si l'évaluation du rendement est directement reliée aux objectifs, les planificateurs auront alors atteint la cohérence décrite au chapitre 10. De plus, si les leçons qui composent l'unité sont enseignées comme elles ont été planifiées, les apprenants devraient réaliser des taux élevés de réussite. Après avoir déterminé les objectifs terminaux, comment un enseignant choisit-il les tâches à introduire dans les progressions qu'il développe? La meilleure façon d'y arriver consiste à analyser les tâches en prenant la stratégie qui convient le mieux au type de tâche.

L'ANALYSE DE TÂCHES POUR DÉVELOPPER DES SÉQUENCES DE CONTENU

Une fois que les objectifs terminaux d'une unité d'enseignement sont développés en fonction de résultats significatifs, les concepteurs de programmes doivent commencer une **démarche à rebours** qui part du résultat final attendu pour aller jusqu'aux tâches à présenter au début de l'unité. L'habileté centrale de cette stratégie de planification de l'enseignement s'appelle l'**analyse de tâche**. Deux types d'analyse de tâches sont utilisés pour la planification : l'analyse des composantes d'une tâche et l'analyse des sous-tâches hiérarchisées.

L'analyse des composantes d'une tâche consiste à décrire la chaîne des événements qui, pris dans leur ensemble, constituent l'unité de rendement significatif. L'analyse des composantes peut être utilisée pour des activités telles que le bowling, le tir à l'arc, le saut

**Encadré 11.1 : Exemple d'objectifs terminaux
pour les domaines moteur,
cognitif et affectif**

Domaine moteur

- Démontrer les critères essentiels de rendement lors de l'exécution de passes, de manchettes et de touches pendant un jeu à trois contre trois (processus).
- Les scores de quatre-vingt-dix pour cent des étudiants se situeront au-dessus du cinquantième percentile lors de la course du mille (produit).
- Réussir neuf fois sur dix à attraper des balles en caoutchouc mousse lancées d'une distance de vingt-cinq pieds en respectant les critères essentiels de la technique appropriée pour attraper un objet au-dessus et au-dessous de la taille (processus et produit).
- Réaliser trois danses folkloriques sur musique sans recevoir de directives particulières et en reproduisant avec justesse la séquence de pas (processus et produit).
- Être capable de jouer au moins à deux positions dans une stratégie de défense de zone deux contre trois en faisant les ajustements appropriés lors d'une situation de match à cinq contre cinq (processus).
- Compléter l'exécution des cinq éléments d'une routine au sol en obtenant un score minimum de deux (processus).
- Soixante-quinze pour cent des services reçus à l'intérieur de la ligne de fond sont suivis de la séquence suivante : manchette, touche et attaque (processus).

Domaine cognitif

- Expliquer et démontrer sur demande la façon appropriée de réaliser la technique des « trappes à trois ».
- Décrire correctement la procédure pour déterminer le seuil d'intensité désirable pour qu'un entraînement cardiovasculaire produise des effets.
- Décrire pourquoi l'honnêteté chez les participants est un des aspects fondamentaux d'une bonne compétition.
- Expliquer les éléments techniques qui contribuent à produire la force nécessaire lors du lancer du poids.
- Reconnaître et nommer correctement les fautes et les violations lors de la situation de jeu simulé à trois contre trois au basket-ball.

$\longrightarrow$

**Encadré 11.1 : Exemple d'objectifs terminaux
pour les domaines moteur,
cognitif et affectif (suite)**

Domaine affectif

- Reconnaître correctement ses propres fautes et violations au cours d'un match non arbitré.
- Coopérer avec les autres et ne pas les empêcher de participer pendant un match, à cause de leur sexe ou de leur niveau d'habileté.
- Lorsque les occasions se présentent, les plus habiles se portent volontaires pour aider ceux qui le sont moins.
- Partager l'équipement et les occasions de répondre de façon équitable, sans que l'enseignant n'ait besoin d'intervenir.

---

de cheval en gymnastique, la course dans trois corridors lors d'une contre-attaque au basket-ball ou le saut en longueur en athlétisme. Les résultats d'une analyse des composantes du saut en longueur et de la contre-attaque sont présentés dans les figures 11.1 et 11.2

Les habiletés où une analyse des composantes est utile sont celles dont les éléments forment une chaîne de composantes qui peuvent être apprises de façon indépendante avant d'être remises ensemble. Habituellement, les éléments isolés de cette chaîne sont relativement faciles à apprendre, mais le regroupement de ces composantes représente l'aspect crucial. Le résultat final exige que chaque composante de la chaîne soit exécutée facilement et qu'elle soit intégrée à l'ensemble. Une faiblesse dans une des composantes risque de compromettre l'ensemble du rendement.

Figure 11.1 : Analyse des composantes du saut en longueur

But : Réaliser un saut en longueur où la forme de chaque composante est appropriée : course d'élan, impulsion sur la planche d'appel, réception dans la fosse.

| Course d'élan (1) | → | Dernière foulée et pose du pied au sol (2) | → | Impulsion sur la planche d'appel (3) | → | Envol (4) | → | Réception dans la fosse (5) |

La **stratégie d'analyse des composantes d'une tâche** est utile pour reconnaître les éléments sur lesquels il est nécessaire de centrer l'enseignement ; c'est-à-dire des maillons de la chaîne et les aspects essentiels à rassembler pour réaliser un bon rendement. Le saut en longueur représente un aspect relativement court et simple de la chaîne. Par contre, récupérer un rebond et réaliser une contre-attaque au basket-ball est une tâche constituée d'un ensemble d'éléments considérablement plus complexes. Le résultat d'une analyse des composantes de la contre-attaque est présenté à la figure 11.2. Cette figure permet de reconnaître les tâches d'apprentissage importantes, c'est-à-dire les éléments de la chaîne, ainsi que les éléments qui ont besoin d'être assemblés pour produire un rendement réussi.

Figure 11.2 : Quelques chaînes de comportements possibles lors d'une contre-attaque rapide après qu'un joueur de basket-ball ait pris un rebond

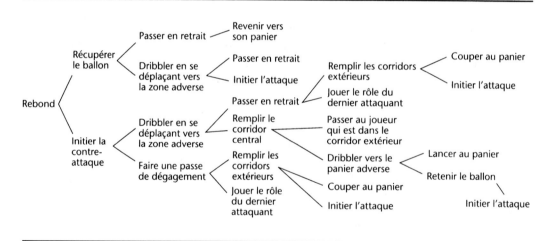

Le deuxième type d'analyse de tâches appelé l'**analyse des sous-tâches hiérarchisées** nécessite la description des sous-habiletés qui doivent être maîtrisées avant de pouvoir réaliser le rendement final. Lors d'une analyse des sous-tâches hiérarchisées, il est nécessaire d'établir l'ordre des sous-habiletés ; chacune d'elles doit être maîtrisée avant la suivante pour faciliter l'apprentissage, contrairement à l'analyse des composantes où les éléments peuvent être appris indépendamment. Dans une analyse des sous-tâches hiérarchisées, les concepteurs de programme commencent avec un objectif terminal et se posent la question suivante : « Qu'est-ce que les élèves doivent être en mesure de faire pour réaliser cette tâche ? » Cette question est posée autant de fois que nécessaire, jusqu'à la détermination de l'habileté de base requise pour débuter l'apprentissage de la tâche en question. Les diagrammes des figures 11.3 et 11.4 présentent des résultats de l'analyse des sous-tâches hiérarchisées pour deux tâches.

Figure 11.3 : Analyse des sous-tâches hiérarchisées pour une tâche au trampoline

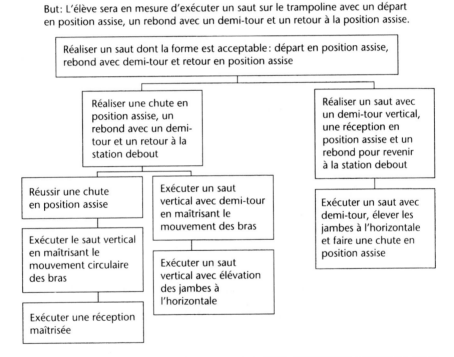

But: L'élève sera en mesure d'exécuter un saut sur le trampoline avec un départ en position assise, un rebond avec un demi-tour et un retour à la position assise.

Habituellement lors d'une analyse de sous-tâches hiérarchisées, seules les habiletés essentielles pour réaliser le niveau supérieur d'une tâche sont reconnues. Aussi, les concepteurs de programmes doivent développer leur compétence à reconnaître des sous-habiletés pertinentes et à ajuster le degré de difficulté de celles-ci afin de satisfaire les besoins diversifiés des apprenants. L'écart entre une habileté et la suivante est un élément crucial dans la réussite d'une progression. Si les écarts sont trop grands, les élèves subissent trop d'échecs et ils perdent

Figure 11.4 : Exemple d'analyse des sous-tâches hiérarchisées pour une tâche de réception du ballon au volley-ball

But : Lors d'un mach de volley-ball, l'éudiant devra réussir quatre-vingts pour cent des touches qu'il aura l'occasion d'effectuer.

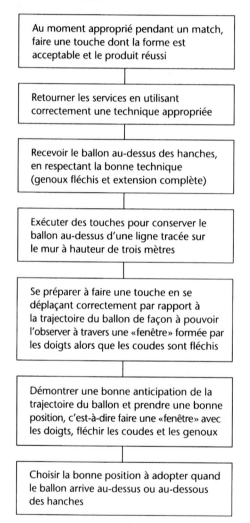

Au moment approprié pendant un match, faire une touche dont la forme est acceptable et le produit réussi

Retourner les services en utilisant correctement une technique appropriée

Recevoir le ballon au-dessus des hanches, en respectant la bonne technique (genoux fléchis et extension complète)

Exécuter des touches pour conserver le ballon au-dessus d'une ligne tracée sur le mur à hauteur de trois mètres

Se préparer à faire une touche en se déplaçant correctement par rapport à la trajectoire du ballon de façon à pouvoir l'observer à travers une «fenêtre» formée par les doigts alors que les coudes sont fléchis

Démontrer une bonne anticipation de la trajectoire du ballon et prendre une bonne position, c'est-à-dire faire une «fenêtre» avec les doigts, fléchir les coudes et les genoux

Choisir la bonne position à adopter quand le ballon arrive au-dessus ou au-dessous des hanches

leur intérêt et leur enthousiasme. Si les écarts sont trop petits, ils risquent de s'ennuyer. Les responsables de programmes tentent d'établir des étapes dont les écarts sont suffisamment larges pour présenter des défis constants et suffisamment petits pour que les élèves obtiennent des taux de succès élevés.

Les objectifs des unités dans les domaines cognitif et affectif ont avantage à être traités en utilisant la stratégie d'analyse des sous-tâches hiérarchisées plutôt que des composantes. Si le but est « de reconnaître soi-même, sans argumenter, les fautes et violations en situation de jeu », l'enseignant doit se demander quelles sont les habiletés qui ont besoin d'être développées pour que ce but soit atteint à la fin de l'unité. Ce but comprend une composante cognitive puisque les élèves doivent connaître les fautes et violations, ainsi que les conséquences à appliquer, lorsqu'elles sont commises. Il implique également une composante affective, à savoir : accepter de reconnaître ses propres erreurs sans discuter. L'enseignant peut décider que « la reconnaissance de ses fautes et violations » s'applique à tous les jeux. Cette procédure permet aux élèves de réaliser l'importance de ce but et de s'y initier dans des situations moins intenses que les vrais matchs.

Une fois que les buts d'une unité sont déterminés et que les analyses de tâches sont complétées, une grande partie du contenu est développée puisque les sous-habiletés et leurs composantes deviennent des tâches d'initiation et d'enrichissement. La plupart des tâches auront besoin d'être raffinées et des tâches d'application devront être introduites régulièrement pour maintenir l'enthousiasme des élèves et leur indiquer comment les habiletés et les stratégies qu'ils développent peuvent être utilisées. Une fois que les diverses tâches permettant l'atteinte de l'objectif terminal sont définies, la personne qui planifie doit évaluer le temps nécessaire à l'apprentissage de ces tâches et tenir compte du temps global alloué de façon à résister à la tentation d'inclure un trop grand nombre de tâches. Ceux qui succombent à cette tentation aboutissent inévitablement à une impossibilité d'atteindre l'objectif terminal.

LES PRINCIPAUX FACTEURS À LA PLANIFICATION D'UNE UNITÉ D'ENSEIGNEMENT

Les planificateurs d'unités d'enseignement spécifient les contenus pertinents en faisant des analyses de tâches. Ils développent aussi des tâches de raffinement et d'enrichissement. Leur principal but consiste à faire en sorte que tous les élèves, indépendamment de leurs différences individuelles, puissent atteindre les objectifs terminaux. De plus, divers facteurs pratiques doivent être considérés pour transformer les objectifs d'une unité en leçons : les routines à créer pour favoriser la pratique de certaines habiletés, les modifications à apporter à l'équipement, les façons d'utiliser l'espace, le ratio équipement disponible/nombre d'élèves, les conditions de pratique pour appliquer les habiletés acquises et les mécanismes d'évaluation du rendement des élèves.

1. **Construire des routines pour pratiquer les habiletés de base.**
Presque toutes les unités d'enseignement comprennent des habiletés fondamentales essentielles à la pratique réussie de l'activité en
cause. Les élèves éprouvent souvent des difficultés à réussir les
tâches d'application parce qu'ils n'ont pas atteint un degré suffisant de maîtrise de ces habiletés. Par exemple, passer, attraper et
pivoter sont essentiels pour jouer au basket-ball et il est difficile
d'imaginer comment des élèves pourraient avoir du succès s'ils ne
maîtrisent pas ces habiletés. Les habiletés fondamentales ont
besoin d'être pratiquées à plusieurs reprises avant de réaliser un
rendement adéquat dans un contexte d'application. Une façon d'y
arriver consiste à créer des routines pour pratiquer ces habiletés
fondamentales. Les routines d'habiletés sont des activités prédéterminées semblables aux routines d'organisation ; les élèves peuvent
les pratiquer rapidement, avec un minimum de directives de la
part de l'enseignant et obtenir un taux élevé de réussite. Ainsi,
trois ou quatre routines d'habiletés peuvent être développées à
l'intention d'une unité de basket-ball : une routine pour la combinaison passer-attraper-pivoter ; les lancers, le dribble et la position
de base à la défensive. Avec des directives simples, les élèves
peuvent s'organiser et réaliser les activités. Si les sous-groupes sont
suffisamment petits (deux, trois ou quatre) et que les élèves pratiquent chaque routine durant trente secondes, un grand nombre de
réponses appropriées peuvent être émises en deux minutes. Pour
atteindre leur but, les routines d'habiletés doivent être réalisées
rapidement et avec précision, c'est-à-dire permettre un taux élevé
de réponses réussies pendant une courte période de temps.

2. **Modifier l'équipement pour mieux atteindre les objectifs visés.**
Les tâches d'apprentissage peuvent être plus faciles ou plus difficiles si l'équipement utilisé est modifié. Il est souvent difficile de
réaliser des séries de répétitions réussies avec un équipement de
format standard. Par exemple, il est plus facile d'acquérir la bonne
technique pour frapper des balles avec des raquettes plus courtes
et plus légères. Des ballons de soccer légèrement dégonflés ou des
ballons en caoutchouc mousse facilitent l'apprentissage du coup
de pied et de l'amorti. Les disques commercialisés pour enseigner
le lancer du disque au primaire, même s'ils ont été modifiés, sont
encore trop grands pour que des élèves de quatrième et de
cinquième années puissent les agripper et les projeter ; un anneau
pour jouer au shuffleboard est beaucoup plus approprié. Tous les
jeux qui exigent d'anticiper le point de chute d'un objet sont plus
faciles lorsque l'objet est ralenti ou qu'il reste plus longtemps dans
les airs. Certaines habiletés sont faciles à exécuter dans des circonstances courantes (ex. : faire une passe à un partenaire), mais elles

sont beaucoup plus difficiles lorsque l'action se déroule rapidement parce que les débutants n'ont pas suffisamment d'expérience pour anticiper la trajectoire de l'objet et pour se déplacer afin d'être en position d'exécuter la réponse requise. En utilisant des ballons de plage dans des activités comme le volley-ball ou en augmentant la hauteur du filet pour des sports comme le badminton, il est possible de garder l'objet plus longtemps dans les airs et permettre ainsi aux élèves d'avoir plus de temps pour anticiper sa trajectoire et se déplacer dans la bonne direction. L'équipement utilisé peut donc influencer le rendement en rapport avec les objectifs visés dans des unités d'enseignement.

3. **Modifier l'espace pour ajuster le degré de difficulté d'une tâche.** La difficulté est parfois reliée à l'espace dans lequel elle est réalisée. Dans les jeux où il faut frapper des ballons, un petit terrain exige beaucoup de maîtrise. Lorsqu'il faut garder des buts, plus l'espace est vaste, plus la tâche est facile. Par contre, les situations de jeu où l'espace est trop grand produisent de très faibles taux de participation. Les enseignants doivent donc essayer de concevoir l'utilisation de l'espace afin d'offrir un défi optimal et un bon taux de succès, compte tenu du niveau d'habileté des élèves. Au fur et à mesure que leurs habiletés s'améliorent, l'utilisation de l'espace peut être modifiée pour continuer à offrir des activités dont le degré de difficulté est bien adapté.

4. **Optimiser le ratio équipement/nombre d'élèves.** Peu de facteurs physiques ont plus d'influence sur le taux de réponses des élèves que la quantité de matériel disponible par rapport au nombre de participants. Un grand nombre de réponses appropriées contribue à augmenter les acquisitions en apprentissage. Les élèves d'une classe où le ratio élèves/équipement est de 2:1 auront deux fois plus d'occasions de répondre que ceux d'une classe où ce ratio est de 4.1. Le ratio élèves/équipement est un facteur majeur à considérer au moment de la planification des objectifs d'apprentissage d'une unité d'enseignement. Plus le ratio est élevé, moins les acquisitions sont probables. Ce facteur est particulièrement important pour le développement d'habiletés individuelles. Quand la pratique d'une habileté se déroule en groupe, il importe de considérer la quantité d'équipement par rapport au nombre de participants, particulièrement lors de la planification des tâches d'application telles que les compétitions.

5. **Modifier les conditions d'application d'une habileté afin d'assurer un taux élevé de réponses réussies.** Les enseignants doivent présenter des défis en proposant des progressions de tâches dont le niveau de difficulté est croissant. Ce principe est particulièrement problématique pour les tâches d'application puisque, pour la

plupart des activités sportives, la façon habituelle de proposer des tâches d'application consiste à jouer dans des matchs. Combien d'occasions de frapper le ballon un élève de sixième année obtient-il pendant un jeu six contre six en volley-ball de douze minutes ? Selon les conclusions de la recherche (Parker, 1984 ; Lawless, 1984 ; Brown, 1986), le résultat varie selon le niveau d'habileté de l'élève par rapport aux autres membres de son groupe. Un élève ayant un niveau d'habileté moyen frappe un nombre raisonnable de coups alors qu'un élève faible ne frappe pas plus d'un ou deux coups acceptables pendant une période de jeu de vingt minutes. Des sports comme le baseball produisent des résultats encore plus désastreux pour la majorité des joueurs. La modification des conditions d'application d'une habileté exige de considérer à la fois les questions discutées précédemment aux points 2, 3 et 4, c'est-à-dire la modification de l'équipement, l'organisation de l'espace et le ratio élèves/équipement. La « meilleure » façon de jouer au volley-ball consiste probablement à jouer en groupes de trois contre trois en modifiant la hauteur du filet, la grandeur du terrain et la taille du ballon pour les adapter aux niveaux d'habileté des élèves. La plupart des experts indiquent que le volley-ball est constitué d'une série de stratégies qui se font en sous-groupes de trois ; les situations de trois contre trois permettent donc de préserver la structure fondamentale du jeu, tout en offrant à chaque participant plus d'occasions de frapper le ballon pendant une période donnée.

6. **Recourir à des mécanismes d'évaluation qui favorisent un taux élevé d'engagement dans les tâches et l'atteinte des buts visés.** Deux types de systèmes d'évaluation et de responsabilisation doivent être considérés lors de la planification : une stratégie d'évaluation centrée sur la qualité de la participation dans les tâches et une autre centrée sur l'atteinte des objectifs d'apprentissage à la fin de l'unité. Les enseignants doivent responsabiliser les élèves à tous les cours pour qu'ils restent centrés sur les tâches d'apprentissage proposées (voir en page 254 la section portant sur une variété de systèmes de responsabilisation). Certaines activités, comme les routines de gymnastique, peuvent être mesurées à l'aide d'une liste de vérification puisqu'elles s'accommodent bien d'une évaluation du rendement des pairs. D'autres activités permettent de lancer des défis aux groupes et d'utiliser des systèmes basés sur la reconnaissance publique des résultats. Certains enseignants comptent sur leur supervision active, leurs directives et leurs rétroactions pour garder les élèves centrés sur la tâche. Bien que l'engagement régulier dans les tâches soit essentiel à l'atteinte des objectifs d'apprentissage, les enseignants doivent aussi considérer la mise en place de systèmes d'évaluation pour mesurer

l'atteinte des objectifs terminaux de l'unité. Dans certains cas, ces systèmes peuvent se présenter sous la forme de tests comme un test de la condition physique à la fin d'une unité sur le conditionnement physique. Pour les unités portant sur d'autres types d'activités, les élèves peuvent obtenir des récompenses telles que des trophées lors d'une rencontre d'athlétisme. Certains enseignants dont le programme est centré sur l'éducation sportive (voir l'encadré 10.2) attribuent des récompenses basées sur le rendement tout au long de la saison. Des récompenses peuvent être attribuées à la personne ayant démontré le plus d'honnêteté, à celle qui s'est le plus améliorée, à celle qui a fait les meilleures pratiques à l'extérieur de la classe, au meilleur entraîneur, sans oublier bien sûr l'équipe championne. Les enfants prennent plaisir à signer leurs noms sur une affiche pour indiquer qu'ils ont réussi une épreuve donnée. Par exemple, à la fin d'une unité d'escalade sur mur artificiel, ils peuvent signer leur nom pour indiquer qu'ils ont atteint l'objectif de façon appropriée. Au chapitre 5, il a été démontré que le système d'évaluation et de responsabilisation détermine le véritable système de tâches d'apprentissage. Une forte motivation associée à des stratégies d'évaluation incitatives et contingentes à l'atteinte des objectifs d'une unité d'apprentissage constituent des conditions favorables au rendement.

LA CONSTRUCTION DES PLANS D'UNITÉ D'ENSEIGNEMENT

Il n'existe pas une seule « bonne » façon de préparer une unité d'enseignement. À la longue, les enseignants adoptent les stratégies qui s'avèrent être les plus utiles pour eux dans leur enseignement quotidien. Étant donné que ce sont les leçons qui sont présentées aux élèves, les plans d'unité devraient être construits de façon à contenir l'information nécessaire pour préparer des leçons. Les éléments suivants devraient être inclus dans les plans d'unité pour qu'ils soient utiles aux enseignants qui vont les utiliser à plusieurs reprises.

1. **Formuler les objectifs terminaux sous forme de résultats observables dont la mesure peut également servir pour l'évaluation sommative.** La meilleure façon de s'assurer un haut degré de cohérence dans le programme (voir page 250-251) consiste à formuler des objectifs terminaux sous forme de comportements observables et à les utiliser lors de l'évaluation. Si les enseignants ont des buts en relation avec les trois domaines, ils doivent tous faire l'objet d'une évaluation. De plus, il importe de décider si l'évaluation sera centrée sur le processus ou sur le produit.

2. **Déterminer la séquence des tâches d'apprentissage à accomplir pour atteindre les objectifs terminaux de l'unité.** Cette étape est réalisée lors de l'analyse des tâches en rapport avec chaque objectif terminal.

3. **Répartir les tâches d'apprentissage pour chaque leçon.** Cette étape consiste à prendre la liste des tâches d'apprentisage et à les séparer sans plus. Une bonne unité est constituée d'une série de leçons et chacune d'elle représente une entité. Il est possible de vouloir commencer les leçons par une révision ou de proposer une activité initiale servant de réchauffement. Les tâches à activité intense pourraient alterner avec celles qui sont moins exigeantes. Plusieurs enseignants aiment introduire une tâche qui constitue le point culminant de chaque leçon ; il s'agit habituellement d'une tâche d'application motivante et excitante. Le plan d'unité doit donc contenir des tâches assemblées en leçons où la progression apparaît clairement et où chaque leçon est une entité indépendante tout en faisant partie intégrante de l'unité.

4. **Préciser les routines d'organisation particulières à une unité.** Avez-vous besoin de mettre en place des routines d'organisation spécifiques à une unité, c'est-à-dire des routines additionnelles à celles qui sont utilisées tout au long de l'année ? En gymnastique, par exemple, plusieurs enseignants établissent une routine pour la rotation d'un appareil à l'autre. Lorsque la quantité d'équipement est limitée, il est possible d'établir une routine spéciale pour faciliter le partage du matériel.

5. **Anticiper les questions de sécurité et établir des règles spéciales.** Lors de la planification de certaines unités, comme le tir à l'arc ou la gymnastique, les questions de sécurité doivent recevoir une attention particulière. Des règles précises ont besoin d'être élaborées, d'être enseignées et d'être appliquées de façon rigoureuse dès le début de l'unité.

6. **Créer des stratégies d'organisation pour sauver du temps.** L'efficacité des stratégies d'organisation, comme le travail en dispersion, avec partenaire ou en groupes de trois, varie selon la nature des tâches d'apprentissage. Le passage d'un mode d'organisation à un autre requiert du temps ; aussi, il est important de prendre en considération les transitions entre les modes d'organisation au moment de préparer une leçon. Le passage du travail en dispersion à des activités avec partenaires ou en sous-groupes sont des transitions qui peuvent se faire rapidement. Par contre, le regroupement des tâches en fonction de leur mode d'organisation permet aussi de sauver ce temps. Par exemple, les élèves peuvent pratiquer les différentes tâches réalisées à l'aide d'un partenaire avant de passer à celles nécessitant un autre mode d'organisation.

7. **Organiser et préparer le matériel pour l'évaluation.** Aurez-vous besoin d'affiches, de tableaux, de rubans ou de certificats fabriqués de façon artisanale ? Le plan de l'unité devrait inclure la liste du matériel requis et un exemplaire de chaque élément.

L'élaboration du plan des leçons à partir du plan de l'unité

La plupart des enseignants expérimentés peuvent enseigner à partir d'un plan d'unité comportant des tâches d'apprentissage regroupées en séances, alors que les débutants ont vraiment besoin d'un plan de leçon pour les aider à respecter l'horaire et savoir qu'ils peuvent y référer au besoin. Une fois de plus, il n'y a pas de formule « parfaite » pour planifier des leçons, mais la plupart des formateurs d'enseignants croient qu'un plan de leçon doit comprendre au moins les éléments suivants.

1. Une série de tâches graduées et une répartition dans le temps ;
2. Une description de la façon de présenter chaque tâche aux élèves. Certaines personnes pensent même que les mots exacts devraient être écrits sur le plan de leçon au début ;
3. Les modes d'organisation pour chaque tâche ;
4. Les directives que l'enseignant veut utiliser pour aider les élèves ; par exemple, les critères de réussite d'une habileté ou simplement des rappels de ne pas oublier de parler lentement et de prononcer clairement pour mieux se faire comprendre par les élèves ;
5. Les remarques inscrites après la séance pour indiquer ce qui a bien fonctionné et ce qui devait être changé lorsque cette unité sera réutilisée.

L'anticipation des problèmes d'équité lors de la planification des unités d'enseignement

La planification d'expériences d'apprentissage équitables pour tous les élèves exige non seulement de considérer la question de l'équité au moment de la préparation du programme (voir page 239-240), mais également lors du développement des unités d'enseignement (Griffin et Placek, 1983). La nature de l'activité et les caractéristiques des participants doivent être prises en considération afin d'anticiper et de prévenir les problèmes d'équité. L'encadré 11.2 illustre le type d'analyse proactive et les stratégies qui peuvent être développées à l'intention des élèves du secondaire qui participent à une unité en salle d'entraînement.

Encadré 11.2 : L'anticipation des problèmes d'équité lors d'une unité portant sur l'entraînement avec poids et haltères

Une unité d'entraînement avec poids et haltères est planifiée à l'intention d'un groupe de secondaire IV afin d'atteindre des buts associés à la reconnaissance des groupes musculaires importants, la description exacte des principes de l'entraînement avec poids et haltères, la conception et la mise en place d'un programme personnel de conditionnement physique et la découverte des différents besoins des individus par rapport aux buts et aux caractéristiques d'un programme de conditionnement physique. Les étudiants seront évalués à l'aide d'un test écrit portant sur leur connaissance des critères à respecter pour développer leur programme personnel et, tout au long de l'unité, sur leur comportement envers leurs camarades dans la salle d'entraînement (respect, coopération, entraide).

Divers problèmes d'équité peuvent être anticipés :
- la compétition entre les garçons les plus forts et les taquineries envers les garçons plus faibles ;
- les craintes des filles concernant le développement musculaire apparent et les taquineries à l'endroit des filles les plus fortes ;
- la ségrégation sexiste volontaire des étudiants ;
- les filles se sentent embarrassées en face des garçons ;
- les parents s'objectent à la participation de leurs enfants dans ce type de programme ;
- les filles ont moins d'expérience avec les poids et haltères et les salles d'entraînement.

Certaines stratégies peuvent réduire les risques d'apparition de tels problèmes :
- décrire clairement le comportement social attendu et créer un système de récompenses pour renforcer les comportements appropriés et punir les manquements ;
- développer des attentes positives pour tous les participants ;
- utiliser des programmes de tâches et des fiches individualisées, possiblement des contrats d'apprentissage ;
- utiliser les filles autant que les garçons pour faire les démonstrations ;
- préparer des tableaux d'affichage montrant des illustrations de garçons et de filles faisant du développement musculaire ;

$\longrightarrow$

Encadré 11.2 : L'anticipation des problèmes d'équité lors d'une unité portant sur l'entraînement avec poids et haltères (suite)

- préparer des tableaux d'affichage montrant des illustrations de garçons et de filles faisant du développement musculaire ;
- faire en sorte que des notions relatives aux différences physiologiques entre les sexes fassent partie des connaissances à acquérir pendant l'unité ;
- faire parvenir un avis aux parents pour mettre l'accent sur le fait que les buts de l'unité sont centrés sur le développement individuel ;
- renforcer fortement les progrès réalisés par les participants moins confiants ;
- attirer l'attention sur les comportements d'entraide, de partage et de coopération.

Source : Adapté de Griffin et Placek (1983), p. 229-230.

Une fois que la planification d'une unité est complétée, il est suggéré d'analyser son contenu pour vérifier sa pertinence en matière d'équité. Par exemple, lors des pratiques d'activités isolées et des situations compétitives, les élèves sont-ils groupés en fonction de leur habileté plutôt que selon leur sexe ou leur race ? Les occasions de participer sont-elles offertes indépendamment de la race, du sexe ou du niveau d'habileté ? Les situations d'application des habiletés, telles que les matchs, sont-elles régies par des règles qui requièrent des rotations entre les positions afin d'empêcher les élèves plus habiles de dominer la situation ? Le matériel pour faire la promotion et pour motiver les élèves est-il équitable sur les plans de la race, du sexe et des niveaux d'habileté ? Les réponses à ces questions aident à planifier des unités qui favorisent l'équité.

L'attribution de points

Dans la plupart des milieux scolaires, l'année scolaire est divisée en étapes et des notes sont attribuées pour chacune de ces étapes. Il est possible que les unités du programme annuel d'éducation physique ne correspondent pas aux étapes du calendrier scolaire. Lorsque les élèves reçoivent des notes en éducation physique, l'éducateur physique est obligé de fournir des notes pour chacune des étapes. Les décisions sur le choix du contenu évalué et la stratégie pour attribuer la note sont déterminées par les éducateurs physiques d'une école ou d'une commission scolaire.

En considérant les informations fournies dans ce chapitre, il semble évident qu'une grande partie de la note de l'élève devrait être déterminée sur la base de son degré d'atteinte des objectifs terminaux des unités d'enseignement. Ces objectifs doivent être formulés clairement pour faciliter l'évaluation du rendement. Je suis fortement convaincu que les élèves en éducation physique devraient être évalués prioritairement en fonction de leur degré d'atteinte des objectifs d'apprentissage et non pas par rapport à l'absence de comportements déviants, l'enthousiasme démontré et les efforts fournis (voir l'encadré 11.3).

Les principaux objectifs de certains éducateurs physiques consistent à faire en sorte que les élèves soient « actifs, heureux et obéissants » (voir page 238). Si de telles intentions sont jugées légitimes pour une matière scolaire enseignée par des professionnels, il est tout à fait acceptable d'attribuer les notes sur la base de l'assiduité, de l'absence de déviance et de l'effort fourni. Par contre, lorsque ces intentions ne sont pas jugées suffisantes, l'évaluation doit être adaptée aux véritables buts.

L'effort déployé ou l'honnêteté au jeu figurent parfois parmi les objectifs terminaux d'une unité d'enseignement, en plus du rendement moteur. Lorsque des habiletés sociales, telles que le partage, la coopération ou l'entraide, sont jugées importantes, elles doivent aussi figurer parmi les objectifs terminaux et les activités d'apprentissage. Par exemple, il est possible d'enseigner diverses façons de coopérer pendant une unité de gymnastique ou de soccer. L'important est que les élèves sachent ce qu'ils ont à faire pour obtenir de bonnes notes.

À mon avis, le rendement moteur doit être au centre de la stratégie d'évaluation, qu'elle soit faite en fonction des progrès d'une personne ou à partir de standards absolus. Ces stratégies permettent d'attribuer des notes équitables à tous les élèves. Lorsqu'un programme est composé d'activités équitables (voir page 238), tous les élèves peuvent obtenir de bonnes notes même s'ils possèdent des aptitudes et des niveaux d'habiletés différents. Les notes des élèves, au cours d'une année scolaire, doivent refléter une honnête estimation de leur rendement, de leurs efforts et de leurs progrès.

LA DÉTERMINATION ET LA FORMULATION DES BUTS ET DES OBJECTIFS D'APPRENTISSAGE

Un objectif d'apprentissage comprend la description d'une tâche, les conditions dans lesquelles cette tâche doit être réalisée et les critères

---

Encadré 11.3 : Est-il approprié d'attribuer des notes basées sur le rendement en éducation physique ?

Je connais une commission scolaire où la direction a établi une politique à l'effet que les élèves ne peuvent pas être évalués en fonction de leur réponse motrice dans les cours d'éducation physique. Les raisons d'une telle décision sont ambiguës. Cependant, certaines personnes pensent que la participation est plus importante que les apprentissages proprement dits et que l'élève ne devrait pas se voir refuser une promotion ou une mention honorifique parce qu'il obtient une note faible en éducation physique. Malgré tout, les enseignants en éducation physique de ce milieu ont trouvé diverses méthodes informelles pour évaluer les élèves et ainsi promouvoir le développemnt d'habiletés motrices et l'atteinte d'objectifs associés à leur rendement.

Le système d'évaluation et de responsabilisation dans les classes n'est donc pas toujours relié à l'obtention de notes. L'attribution de notes n'est pas la seule façon de comptabiliser le rendement des élèves en éducation physique et elle n'est pas la forme d'évaluation la plus utilisée. Par contre, l'éducation physique aurait peut-être avantage à être considérée comme une matière importante dans les programmes scolaires.

Selon vous, qu'est-ce qui devrait être pris en considération lors de l'attribution des notes en éducation physique ? Les notes devraient-elles être attribuées selon des modèles semblables à ceux utilisés dans les cours d'algèbre ou de littérature ? Les élèves du primaire devraient-ils être évalués en éducation physique de la même façon qu'ils le sont dans leur classe régulière ? Si vous répondez « non », pourquoi avez-vous fait ce choix de réponse et pourquoi pensez-vous que l'éducation physique doit être différente ? Si vous répondez « oui », pourquoi avez-vous fait ce choix de réponse et comment suggérez-vous de réaliser cette évaluation ?

---

ou les normes qui serviront à juger si elle est réalisée avec succès. Les objectifs d'apprentissage sont souvent appelés objectifs comportementaux, objectifs de rendement ou encore objectifs spécifiques. Ils sont formulés de la même façon que les objectifs terminaux, c'est-à-dire qu'ils décrivent le rendement attendu des élèves. Les objectifs d'apprentissage permettent de spécifier le thème central d'un plan de leçon et les objectifs spécifiques des unités d'enseignement. Ils sont aussi utilisés fréquemment en éducation physique pour présenter les activités d'apprentissage aux élèves dans une stratégie d'enseignement par tâches (voir chapitre 13).

Un objectif d'apprentissage vise à communiquer une intention en décrivant les résultats attendus à la fin d'une expérience d'apprentissage. Dans l'enseignement du volley-ball, il est habituel d'inclure dans les plans de leçons une liste d'objectifs d'apprentissage des touches. La touche est une tâche observable, mais il n'est pas suffisant d'indiquer tout simplement que l'élève devra « apprendre » cette habileté. En écrivant un objectif d'apprentissage à l'intention de cette tâche, l'enseignant doit préciser les conditions dans lesquelles elle sera réalisée et les critères utilisés pour la juger. À quel endroit l'élève doit-il se placer ? De quelle façon le ballon lui parvient-il ? À quelle hauteur doit-il frapper ? Où le ballon doit-il tomber ? Combien de réponses peut-il faire ? Combien doit-il compléter de touches réussies ? Voici deux exemples d'objectifs d'apprentissage (Rushall et Siedentop, 1972) :

> Debout dans la zone arrière au centre du terrain, l'étudiant lance le ballon vers le haut pour lui-même ; il réussit à exécuter quatre touches sur cinq qui atteignent une hauteur minimale de trois mètres, en faisant tomber le ballon dans la zone avant gauche du terrain.

> Debout derrière une ligne tracée à quatre mètres du mur, l'étudiant exécute huit touches consécutives qui iront frapper une cible tracée à une hauteur de trois mètres sur le mur.

Les réponses à toutes les questions posées dans le paragraphe qui précède sont incluses dans ces deux objectifs. L'apprenant a avantage à connaître les trois composantes suivantes : la situation, la tâche et le critère utilisé pour juger sa réponse.

Situation	Tâche	Critère
Debout derrière une ligne tracée à quatre mètres du mur	Huit touches consécutives	Frapper une cible tracée sur le mur à une hauteur de trois mètres

Il est important de s'assurer qu'un objectif d'apprentissage exclut les habiletés que l'enseignant ne veut pas développer. Par exemple, si un instructeur de tennis demande de « réussir quatre services sur cinq », le participant peut réaliser cette tâche en faisant des services-ballon, ce qui ne correspond sans doute pas à l'intention de l'instructeur. Ce type de situations peut être évité d'au moins deux façons. Premièrement, le critère de réussite pourrait exiger que la balle passe entre le filet et une corde tendue parallèlement au-dessus du filet à une hauteur exigeant que l'élève donne suffisamment de vitesse à la balle pour réussir un bon service. Deuxièmement, le critère pourrait exiger que le service fasse un premier bond au-delà d'une ligne, garantissant ainsi une certaine vitesse au service. L'intention est que la personne apprenne à faire un service en respectant les critères de réussite et avec une certaine vélocité. Ce but sera atteint si les critères sont formulés de façon à ce que la tâche soit jugée réussie seulement si l'apprenant l'exécute conformément aux intentions prescrites.

Il existe deux façons de rendre les objectifs d'apprentissage plus ou moins difficiles à atteindre : 1) en modifiant les conditions de réalisation d'une tâche ; 2) en ajustant les critères de réussite. Par exemple, une manchette peut être rendue de plus en plus difficile en gardant le même critère (atteindre une hauteur de trois mètres et arriver dans une zone prédéterminée) et en manipulant les conditions de réalisation de la façon suivante :

– condition n° 1 : manchette en lançant le ballon pour soi-même ;

– condition n° 2 : manchette en frappant un ballon lobé vers vous par un partenaire placé à une distance de trois mètres ;

– condition n° 3 : manchette en frappant un ballon lancé par un partenaire placé de l'autre côté du filet ;

– condition n° 4 : manchette en frappant un service fait par un joueur adverse.

Ces changements dans les conditions de pratique rendent la tâche progressivement plus difficile, même si elle demeure la même et que les critères de réussite sont inchangés.

Le même but peut être atteint en maintenant les conditions de pratiques constantes et en modifiant les critères. Si la tâche consiste à faire des manchettes dans des conditions où « le service est fait par un joueur adverse », la tâche peut être rendue progressivement plus difficile en changeant les critères de la façon suivante :

– critère n° 1 : le ballon doit atteindre une hauteur minimum de 2,5 mètres et tomber à l'intérieur des limites du terrain de votre équipe ;

– critère n° 2 : le ballon doit atteindre une hauteur minimum de 3 mètres et tomber dans la zone avant du terrain de votre équipe ;

– critère n° 3 : le ballon doit atteindre une hauteur minimum de 5 mètres et tomber dans une zone précise à droite ou à gauche de la zone avant du terrain de votre équipe.

Ces critères visent à faire des manchettes de plus en plus hautes et précises. Il est possible de développer une série de tâches ayant un niveau de difficulté gradué pour apprendre à faire des manchettes en faisant varier les conditions de pratique et les critères à respecter. Les tâches peuvent aussi être graduées en changeant les exigences tout en maintenant les conditions et les critères constants. En voici un exemple pour une tâche d'équilibre :

- objectif d'apprentissage n° 1 : maintenir un équilibre sur un pied pendant dix secondes avec les bras dans la position de votre choix ;
- objectif d'apprentissage n° 2 : maintenir un équilibre sur un pied pendant dix secondes avec les bras croisés et les jambes tendues ;
- objectif d'apprentissage n° 3 : maintenir un équilibre sur un pied pendant dix secondes en gardant les yeux fermés ;
- objectif d'apprentissage n° 4 : maintenir un équilibre sur un pied pendant dix secondes en gardant les yeux fermés et les bras croisés.

Les conditions de réalisation sont les mêmes pour chacun des objectifs, c'est-à-dire sur une ligne ou sur une poutre. Le critère demeure constant, c'est-à-dire tenir pendant dix secondes. L'exécution devient cependant légèrement plus difficile d'un objectif à l'autre. Les objectifs d'apprentissage peuvent donc être gradués en changeant les conditions, en modifiant la tâche elle-même ou en changeant les critères qui servent à juger le degré de réussite des réponses motrices. Les combinaisons possibles de ces trois options permettent d'obtenir une grande variété d'objectifs présentant un niveau de difficulté croissant pour arriver à la maîtrise d'une tâche.

Les objectifs d'apprentissage peuvent être reliés à des buts de maîtrise d'habiletés motrices, d'acquisitions de connaissances ou de développement social. L'analyse de tâche et la formulation d'objectifs d'apprentissage sont des étapes de planification qui aident l'enseignant et les apprenants à comprendre précisément ce qui doit être appris. Supposez que vous enseignez une unité portant sur le basket-ball et que vous voulez que vos élèves « comprennent » la défensive de zone 1-2-2. Le verbe « comprendre » n'est pas une formulation acceptable pour définir un objectif d'apprentissage parce qu'il ne précise pas exactement la nature de la tâche. Les trois objectifs suivants correspondent à différents niveaux de « compréhension ».

- L'élève fera un diagramme illustrant la défensive de zone 1-1-2 ;
- L'élève sera en mesure de prendre une position appropriée lors d'une défensive de zone 1-2-2, à la demande de son instructeur ;
- L'élève sera en mesure de reconnaître correctement la défensive de zone 1-2-2 parmi un ensemble de diagrammes illustrant différentes stratégies de défensive de zone.

Le premier objectif peut être atteint en faisant appel à la mémoire ; il s'agit donc d'une tâche de mémorisation. Le deuxième objectif ne fait pas référence à une compréhension de cette défensive vérifiée avec un test papier-crayon, il exige d'être capable de prendre une position appropriée quand l'instructeur le demande : ailier gauche, ailier droit, centre, etc. Le troisième objectif correspond à un niveau supérieur de compréhension puisque l'élève doit reconnaître la défensive 1-2-2 parmi d'autres formes de défensives de zone ; cette activité exige de différencier une défensive 1-2-2 et une défensive 2-3 ou 1-3-1. Lors de la construction d'objectifs portant sur l'acquisition de connaissances ou la maîtrise de stratégies, assurez-vous que la formulation atteint le niveau de compréhension désiré.

La formulation des objectifs d'apprentissage doit être évaluée en fonction de quatre qualités. Premièrement, la situation doit être présentée clairement de façon à ce que l'élève sache précisément les conditions dans lesquelles il devra travailler. Deuxièmement, la tâche doit être présentée en faisant référence à un comportement observable. Des verbes tels que « reconnaître, souligner, nommer, dribbler, passer, courir, nager ou faire un saut en hauteur » font référence à des tâches que l'élève est en mesure de reconnaître. Les verbes tels que « comprendre, apprécier, connaître, savoir comment et apprendre » ne font pas référence à des tâches que l'élève peut facilement transposer en action. Le degré de précision de la formulation des tâches est déterminé par le type de verbe utilisé pour formuler l'objectif. Si vous utilisez des verbes qui ne font pas référence à un comportement, les élèves devront vous demander des informations complémentaires. Lorsque le verbe n'est pas suffisamment précis, il est habituellement possible de préciser l'objectif en formulant le critère de réussite.

L'élève apprendra à réaliser le service réglementaire au tennis. Cette tâche ambiguë peut être clarifiée en précisant un critère de réussite spécifique.

L'élève fera la preuve qu'il a appris le service, en démontrant son habileté à réussir trois fois sur quatre un service réglementaire qui passe entre le filet et une corde horizontale tendue à un mètre au-dessus du filet de façon à ce que la balle touche le sol à l'intérieur des limites du terrain adverse.

Tous les objectifs dont le verbe est imprécis peuvent être complétés par une expression indiquant « comment faire la démonstration » de l'atteinte de l'objectif ou en retirant tout simplement le verbe imprécis et en formulant l'objectif directement.

L'élève exécutera trois fois sur quatre un service réglementaire qui passe entre le filet et une corde horizontale tendue à un mètre au-dessus du filet de façon à ce que la balle touche le sol à l'intérieur des limites du terrain adverse.

La qualité d'un critère est jugée en fonction de la précision du standard utilisé pour évaluer la réponse. Comme il a été démontré dans les exemples d'objectifs présentés précédemment, le critère indique souvent de façon implicite que l'on s'attend à un taux de réussite de cent pour cent. En effet, certains comportements doivent être adoptés tout le temps. Par exemple, les élèves doivent marcher et non pas courir autour de la piscine, monter sur le trampoline seulement lorsqu'il y a quatre personnes en place « pour faire la parade », porter attention lors des démonstrations ou éviter de voler des tours quand ils sont en ligne.

Les objectifs ne devraient pas permettre de fournir un rendement qui ne correspond pas à ce que l'enseignant a l'intention de faire apprendre. Les élèves ne devraient pas pouvoir atteindre l'objectif s'ils frappent des services-ballon. Ils ne devraient pas avoir réussi une tâche dont l'objectif consiste à faire des *push-ups* si la forme de leurs mouvements n'est pas acceptable. Ils ne devraient pas avoir l'impression d'avoir réussi une tâche exigeant une opération d'analyse s'ils ont seulement fait appel à leur mémoire. La meilleure façon d'éviter ce type de problème consiste à formuler le critère de façon à ce que, pour atteindre l'objectif, l'élève doive réaliser des réponses qui respectent les limites de la tâche, c'est-à-dire qui correspond aux intentions de l'enseignant.

La plupart des objectifs d'apprentissage contiennent des critères de réussite en rapport avec le produit de la tâche, mais il est tout à fait approprié d'utiliser également des critères de processus. Par exemple, les objectifs pour les « lancer » et les « attraper » avec des jeunes du primaire devraient contenir des critères décrivant la forme acceptable en plus du produit attendu. De même, les objectifs d'apprentissage pour un cours de golf au secondaire devraient être centrés sur la position de chacun des bras tout au long de l'élan.

Il est également possible d'organiser les critères de réussite de façon à ce que la tâche ne puisse pas être réussie tant que la forme du mouvement n'est pas appropriée. Par exemple, les coups au golf doivent être frappés directement vers le bas et l'avant, spécialement avec des fers courts. Plutôt que de formuler des critères en matière d'élan, il est possible de concevoir un objectif où le critère de produit ne peut pas être réussi sans que la forme du mouvement soit appropriée. Par exemple, si l'objectif consiste à « se placer sur le vert », il serait difficile de réussir sans frapper la balle directement vers le bas et l'avant. En effet, c'est cette action précise qui produit la contre-rotation sur la balle pour lui permettre d'atterrir et de rester sur le vert plutôt que de rouler à l'extérieur comme cela se produirait si elle n'avait pas de contre-rotation.

RÉSUMÉ

1. Les enseignants planifient pour s'assurer qu'il y a des progressions entre les leçons, pour utiliser le temps efficacement, pour réduire leur anxiété et augmenter leur confiance, ainsi que pour satisfaire les exigences de leur institution ou de leur commission scolaire.

2. Certains enseignants sont dépendants de leurs plans alors que d'autres sont plus indépendants ; les conclusions de la recherche laissent entendre que tous les enseignants efficaces planifient soigneusement leurs unités d'enseignement.

3. La détermination des niveaux d'entrée et de sortie constitue le point de départ de la planification d'une unité d'enseignement.

4. Il importe d'allouer suffisamment de temps pour permettre l'atteinte de buts réalistes.

5. Les objectifs terminaux d'une unité d'enseignement devraient décrire à la fois les buts et la façon dont ils seront évalués.

6. Il est possible de formuler des objectifs touchant les domaines moteur, cognitif et affectif.

7. Les objectifs centrés sur le processus concernent la façon dont une action est faite alors que les objectifs centrés sur le produit concernent le résultat du rendement.

8. Une stratégie d'analyse des composantes d'une tâche permet de décrire une chaîne d'événements qui, lorsqu'ils sont mis ensemble, représentent un rendement significatif.

9. Une stratégie d'analyse des sous-tâches hiérarchisées consiste à décrire toutes les sous-habiletés à maîtriser pour être en mesure de réaliser l'objectif terminal.

10. L'efficacité des plans des unités d'enseignement peut être améliorée en développant des routines destinées à la pratique des habiletés fondamentales et en modifiant l'équipement ou la relation espace/habileté pour faciliter l'atteinte des objectifs. Un meilleur ratio élèves/équipement permet aussi de favoriser un taux élevé de participation, ce qui contribue, avec l'utilisation de stratégies d'évaluation centrées sur la qualité de l'engagement des élèves dans les

tâches d'apprentissage, à l'amélioration des plans des unités d'enseignement en matière d'efficacité.

11. Les plans d'unités d'enseignement doivent contenir des éléments tels que des objectifs terminaux, des séquences de tâches graduées, la répartition des tâches dans les leçons, des routines d'organisation spécifiques à l'unité, les décisions permettant d'anticiper les problèmes de sécurité, les modes d'organisation pour sauver du temps, ainsi que les stratégies d'évaluation et de responsabilisation.

12. Les plans de leçons devraient contenir des éléments tels qu'un ensemble de tâches graduées, la description des tâches à présenter, les modes d'organisation, les critères de réussite et d'autres rappels pour l'enseignant et des commentaires utiles pour la révision de l'unité.

13. Les problèmes d'équité rattachés à une unité d'enseignement devraient être anticipés et des stratégies permettant d'améliorer la situation d'apprentissage devraient figurer dans le plan de l'unité.

14. La stratégie d'attribution des notes devrait être reliée au degré d'atteinte des objectifs terminaux des unités d'enseignement.

15. Si des concepts tels que l'honnêteté et l'effort sont importants pour l'attribution de notes, ils devraient figurer parmi les objectifs des unités.

16. Un objectif d'apprentissage décrit une tâche, ses conditions de réalisation et les critères ou les normes qui serviront à juger de son degré de réussite.

17. Les objectifs d'apprentissage peuvent contenir des critères reliés au processus pour réaliser une tâche, à son produit ou à une combinaison des deux.

CHAPITRE 12

Les stratégies générales d'enseignement

Le rôle d'enseignant comporte plusieurs autres tâches que celle d'intervenir auprès des élèves. À l'occasion, l'enseignant agira en tant que substitut des parents, animateur, figure d'autorité, psychothérapeute et statisticien, pour ne nommer que ces tâches ; elles représentent des aspects essentiels du rôle d'enseignant. Bien qu'elles soient importantes, elles ne doivent cependant pas avoir préséance sur l'enseignement proprement dit.
Jere Brophy et Thomas Good (1974)

LES OBJECTIFS DU CHAPITRE

- Expliquer la relation entre l'enseignement et l'apprentissage lors de l'évaluation ;
- Décrire les fonctions d'enseignement reliées aux tâches d'une leçon ;
- Décrire pourquoi et comment le contexte d'apprentissage doit être sécuritaire aux plans physique, psychologique et intellectuel ;
- Décrire une communication efficace ;
- Décrire comment des informations sur la tâche peuvent être intégrées dans l'environnement ;
- Décrire le but et l'utilité de la pratique guidée ;
- Établir la différence entre diverses formes de rétroaction ;
- Décrire le but et l'utilisation efficace de la pratique indépendante ;
- Décrire les fonctions d'enseignement durant les tâches d'application ;
- Décrire différentes stratégies pour observer la pratique des élèves ;

- Décrire différentes stratégies d'évaluation et de responsabilisation;
- Décrire le but et l'utilisation efficace du bilan de fin de séance.

Les chapitres 12 et 13 sont centrés sur l'enseignement et particulièrement sur la présentation des tâches d'apprentissage aux élèves. Quelle que soit la stratégie adoptée par l'enseignant, les principales fonctions de l'enseignement efficace sont considérées dans le chapitre 12. Que vous utilisiez un style d'«enseignement actif» ou par «tâches», vous aurez toujours besoin de présenter des activités d'apprentissage et d'organiser la pratique des élèves; de plus, vous devrez garantir un contexte d'apprentissage sécuritaire et observer activement les activités des élèves. Le chapitre 13 sera centré sur les particularités des stratégies d'enseignement de l'éducation physique.

La recherche en enseignement a clairement démontré l'importance de ce que les enseignants font en classe. En effet, les enseignants exercent une influence sur les acquisitions en apprentissage, les perceptions au sujet de la matière et les sentiments de l'élève par rapport à lui-même. Certains enseignants peuvent même exercer une influence déterminante sur la vie des élèves. Cependant, comme l'indique la citation du début de ce chapitre, leur principale contribution est l'enseignement d'une matière et c'est à travers ce rôle qu'ils auront une influence sur l'éducation en général.

Même si les chapitres 12 et 13 portent essentiellement sur les tâches d'apprentissage, il ne faut pas oublier qu'une bonne organisation prépare le terrain en vue d'un enseignement efficace (voir chapitre 6). Une organisation efficace permet de gagner un temps considérable qui peut être utilisé pour l'enseignement et la pratique des activités. Elle réduit les risques d'apparition de comportements déviants ou dérangeants. Elle crée aussi un climat positif et ordonné où les élèves peuvent réaliser les tâches d'apprentissage.

ENSEIGNEMENT ET APPRENTISSAGE

L'efficacité de l'enseignement peut être évaluée en mesurant l'engagement productif des élèves (processus) ou leurs acquisitions en apprentissage (produit). Par exemple, toutes les fois qu'une enseignante augmente la quantité de temps d'engagement de ses élèves, elle améliore son efficacité. Une telle évaluation de l'enseignement est basée sur le processus. De même, l'enseignant est jugé efficace lorsque les élèves augmentent considérablement la distance qu'ils peuvent parcourir lors d'une course de douze minutes à la fin d'une unité portant sur le développement cardio-vasculaire ou lorsque les élèves ont appris à exécuter des danses folkloriques en plus d'acquérir des connaissances sur les pays d'origine de ces danses. Le fait qu'un élève demande si l'unité de danse folklorique pourrait être prolongée de quelques jours parce que c'est agréable est aussi une preuve de l'efficacité de l'enseignement.

Il peut être trompeur d'évaluer l'enseignement seulement en observant l'enseignant (voir l'encadré 12.1). Des tâches bien expliquées et une relation plaisante avec les élèves, si elles ne se traduisent pas par un taux élevé d'engagement actif dans les tâches d'apprentissage, ne peuvent être associées à de l'efficacité. Ne vous méprenez pas sur cet avertissement! La manière d'enseigner est importante ; en effet, certaines stratégies sont plus efficaces pour produire un taux d'engagement approprié dans les tâches et, par conséquent, pour entraîner des acquisitions en apprentissage et le développement d'attitudes positives. L'évaluation de l'enseignement doit toutefois inclure des informations sur les comportements des élèves, de même que sur ceux de l'enseignant.

Il importe de souligner que les enseignants ne peuvent pas apprendre à la place de leurs élèves. Seul un engagement approprié à la matière étudiée permet de s'améliorer. Les enseignants influencent le type de travail[1] des élèves de même que son intensité et sa durée. La qualité de l'engagement constant représente la clé de l'efficacité de l'enseignement, quelle que soit la nature des objectifs (moteurs, cognitifs ou affectifs) ou les stratégies d'enseignement (directes, par tâches, par découverte, par auto-enseignement dirigées par l'enseignant). Le schéma qui suit illustre la ligne d'influence.

---

1 Le concept de « travail » utilisé ici ne s'oppose pas à la notion de « jeu » si importante en éducation physique. L'expression « travail de l'élève » est une appellation courante en recherche sur l'enseignement. Depuis longtemps, je suis associé à la vision d'une éducation physique centrée sur l'éducation au jeu. Je pense qu'il est possible de parler du travail de l'apprenant tout en croyant que le but de l'intervention consiste à en faire un joueur efficace !

Encadré 12.1 : Combien de temps ?
Quelle quantité d'information ?

Situation. Un enseignant du secondaire a choisi de proposer des habiletés de gymnastique présentant un haut degré de difficulté, c'est-à-dire des sauts de mains. Au début de la leçon, il demande à un élève d'apporter l'appareil pour projeter un film en boucle. Ce film illustre un saut de mains assisté. Pendant la projection, l'enseignant explique l'habileté. Ensuite, il présente deux autres films illustrant de nouveaux types de sauts qu'il décrit de façon détaillée.

Résultats. Les élèves ont reçu beaucoup trop d'informations pendant cette présentation de tâches qui fut fort longue.

Analyse. L'équipement n'était pas prêt. La présentation de plusieurs films est à remettre en question. Les explications verbales semblent trop détaillées pour le niveau des élèves. Aucune démonstration réelle n'est faite. Les élèves sont restés assis longtemps. Lorsque finalement ils peuvent essayer l'habileté pour la première fois, leurs essais seront-ils mieux réussis parce qu'ils ont assisté à cette présentation détaillée du geste moteur ? Probablement pas !

Hypothèse d'action. Les débutants doivent avoir une représentation globale du mouvement ainsi que des informations sur deux ou trois aspects essentiels à son exécution. Ils ont également besoin de directives indiquant comment amorcer leur pratique de façon sécuritaire et de rétroactions spécifiques concernant leur performance. La présentation décrite donnait l'illusion d'un enseignement de haute qualité mais, en fait, elle contredisait les principes de l'enseignement efficace.

L'enseignant influence le type de travail fait par l'élève pendant les cours et en dehors des cours ; par conséquent, il contribue à améliorer ses habiletés, sa condition physique, ses connaissances et ses attitudes. Il est important de reconnaître également que les comportements des élèves influencent l'enseignant. En effet, il a été démontré au chapitre 5 qu'il existe une influence bidirectionnelle entre les enseignants et leurs élèves. Les chapitres 10 et 11 portaient sur les moyens de planifier le « travail des élèves » ainsi que sur la façon de juger de sa qualité. Les chapitres 12 et 13 portent sur les stratégies pour influencer l'intensité et la durée de leur engagement dans les tâches reliées aux objectifs d'apprentissage visés.

LES LEÇONS : DES AGENCEMENTS DE TÂCHES

Une leçon est un agencement de tâches ; cette conception permet de mettre l'accent de la planification sur ce que les élèves font. Chaque leçon est composée de tâches d'organisation et d'apprentissage ; de plus, il importe de ne pas oublier que les élèves arrivent avec l'intention d'interagir socialement (voir l'explication des systèmes de tâches au chapitre 5). L'agencement comprend d'abord des tâches d'organisation et des activités initiales au moment où les élèves arrivent au gymnase et se placent pour commencer le cours. Ensuite, ils sont informés du contenu des tâches d'apprentissage, qu'elles soient de type initiation, raffinement, enrichissement ou application. À l'occasion, ils apprennent de nouvelles tâches d'organisation qui consistent par exemple à se regrouper pour recevoir l'information et à se disperser pour retourner pratiquer. La leçon se termine par un bilan avant que les élèves retournent à leur local de classe ou au vestiaire. La façon dont ces tâches sont exécutées détermine l'efficacité de la leçon.

L'exemple présenté au tableau 12.1 permet de reconnaître les principaux éléments d'une leçon type d'éducation physique en ce qui concerne les tâches des élèves et celles de l'enseignant lors d'une stratégie d'« enseignement actif ». Ces tâches varient relativement peu pour les autres stratégies d'enseignement.

La colonne de droite indique que l'enseignant répète une série de tâches similaires tout au long de la leçon. Les stratégies d'organisation ont été présentées au chapitre 6. Le présent chapitre porte sur l'explication et la démonstration des tâches, la pratique guidée, la supervision active, la pratique individuelle et le bilan de fin de séance ainsi que sur les divers moyens de rendre les élèves responsables de leur performance.

GARANTIR DES CONDITIONS D'APPRENTISSAGE SÉCURITAIRES

Les éducateurs physiques ont la responsabilité de fournir aux élèves des conditions d'apprentissage sécuritaires. La sécurité doit être considérée lors de la planification et elle doit être une priorité lors de la réalisation d'une leçon. Chaque fois qu'une activité potentiellement dangereuse est proposée, l'enseignant doit insister sur les règles de prévention. Ces règles doivent être rappelées fréquemment et les élèves ont besoin d'être tenus responsables de leur comportement, afin de réduire les risques d'accidents et de poursuites judiciaires.

Tableau 12.1 :   Exemples de tâches lors d'une stratégie d'enseignement actif

Tâches de l'élève	Tâches de l'enseignant
1. Entrer au gymnase et s'engager dans l'activité initiale	Développer et présenter une routine d'entrée et des activités à pratiquer en arrivant au gymnase
2. Se regrouper pour écouter les explications d'une nouvelle activité	Mettre en place une routine de regroupement ; présenter une tâche d'initiation
3. Pratiquer la tâche d'initiation	Guider la pratique
4. Se disperser pour pratiquer la tâche individuellement	Mettre en place une routine de regroupement ; présenter une tâche d'initiation
5. Écouter les explications et exécuter la tâche de raffinement	Mettre en place une routine pour obtenir l'attention, présenter une tâche de raffinement, faire exécuter la routine de déplacement et superviser la pratique
6. Écouter les informations concernant la tâche d'enrichissement, s'organiser et pratiquer	Idem pour la tâche d'enrichissement en expliquant bien les changements dans les conditions de pratique
7. Idem pour une nouvelle tâche de raffinement	Idem pour la nouvelle tâche de raffinement
8. Se regrouper pour écouter l'explication de la tâche d'application en portant une attention particulière au mode d'organisation pour la pratique de cette tâche	Présenter la tâche d'application et guider la pratique au besoin
9. Pratiquer la tâche d'application pendant dix minutes	Superviser activement l'exécution des tâches d'application
10. Se regrouper pour le bilan de fin de leçon	Superviser le regroupement et procéder au bilan

Il importe de souligner que les activités physiques comportant certains risques ne doivent pas être exclues des programmes d'activité physique ; au contraire, un des buts doit consister à enseigner aux élèves à prendre des risques calculés et à pratiquer de telles activités. Plusieurs activités sportives comportent un risque potentiel de blessures. Il importe donc d'établir et de faire respecter des règles spécifiques concernant la sécurité.

La sécurité psychologique est aussi importante pour favoriser de bonnes conditions d'apprentissage. Les élèves ne doivent pas seulement se comporter de façon sécuritaire, ils ont aussi besoin de se sentir en sécurité, c'est-à-dire d'être à l'aise et désireux de participer pleinement. Ils se sentiront en sécurité psychologique dans la mesure où leurs efforts seront appuyés, qu'ils ne recevront pas de commentaires négatifs et qu'ils ne seront pas ridiculisés.

S'ils ont du succès en pratiquant des tâches appropriées à leur niveau d'habileté, les élèves se sentent à l'aise et ils ont tendance à se comporter de façon sécuritaire. Néanmoins, l'enseignant doit être constamment à l'affût des comportements dangereux des élèves, car la plupart n'ont pas la maturité des adultes et, dans l'excitation du moment, certains peuvent prendre des risques inutiles. Les enseignants doivent donc surveiller les élèves qui risquent de mettre en péril leur sécurité et celle des autres. Les comportements dangereux doivent être éliminés immédiatement et des explications doivent être fournies sur les aspects non sécuritaires du comportement. La supervision active est la meilleure stratégie pour assurer la sécurité des élèves.

PROPOSER DES CONDITIONS D'APPRENTISSAGE STIMULANTES SUR LE PLAN INTELLECTUEL

L'éducation physique est davantage une expérience de mouvement qu'une expérience intellectuelle. Cependant, chaque enseignant peut favoriser l'engagement cognitif des élèves au sujet du développement d'habiletés ou du déroulement des matchs. Les élèves peuvent demander pourquoi une technique est meilleure qu'une autre. Les mises en situations d'apprentissage moteur permettent également de transmettre des connaissances et des valeurs. Elles peuvent aussi offrir des occasions d'accepter les points de vue des élèves en soulignant par exemple la pertinence d'une question. Les élèves peuvent vouloir commenter des expériences antécédentes ou exprimer des idées sur la manière de jouer une défensive quelconque, de résoudre un problème, de développer la force des bras ou de reconnaître la structure rythmique d'un extrait musical. Il importe non seulement de répondre aux questions, mais aussi de trouver des façons de faire voir la valeur du questionnement ou du commentaire. Ce sont des moments privilégiés pour transmettre des valeurs concernant les activités proposées.

Les questions et les commentaires doivent généralement être encouragés, mais il faut aussi être prudent pour ne pas encourager ceux qui cherchent simplement à attirer l'attention. Je ne suggère pas de rejeter la question d'un élève aussitôt que vous sentez qu'il la pose pour obtenir de l'attention. Ce comportement est naturel, surtout chez les jeunes élèves, et il diminuera si vous avez de la patience et si vous interagissez prudemment. Les élèves vont apprendre à distinguer entre les situations où les questions sont pertinentes, celles où les commentaires sont bienvenus et celles où ils ne le sont pas. La stratégie d'enseignement consiste à réagir positivement aux questions et commentaires appropriés et à ignorer ceux qui visent avant tout la recherche d'attention. Il s'agit d'une autre situation où l'information et les rétroactions véhiculent des valeurs intrinsèques et qui peuvent être vraiment éducatives. Par exemple, plutôt que de dire simplement: «C'était une bonne question, Jacques», l'enseignant peut expliquer que: «C'était une bonne question parce qu'elle met en évidence une règle confuse et qu'en y répondant nous aiderons les autres à ne pas l'enfreindre à l'avenir.» La qualité du contenu de l'information renforce non seulement les prédispositions générales des élèves à poser des questions et à faire des commentaires, mais elle leur enseigne également ce qu'est une question appropriée et pourquoi il est important de la poser et d'y répondre.

PRÉSENTER LES TÂCHES EFFICACEMENT

Les tâches d'organisation comme les tâches d'apprentissage doivent être présentées aux élèves. Une présentation est jugée efficace lorsque les élèves écoutent et comprennent l'information et que cette information leur permet de s'engager dans l'activité décrite. Une présentation est considérée rentable lorsque l'enseignant prend un minimum de temps pour faire une présentation efficace.

Les enseignants en éducation physique prennent habituellement plus de temps que nécessaire pour présenter une tâche. Ils fournissent souvent plus d'informations que les élèves peuvent en utiliser lorsqu'ils commencent à pratiquer une tâche. La plupart des experts s'entendent pour dire que la majorité des élèves apprennent plus efficacement lorsqu'ils ont une idée précise de ce qu'ils ont à accomplir et qu'ils sont attentifs aux aspects techniques majeurs de l'habileté ou de la stratégie, sans toutefois être préoccupés par des détails. Les détails d'une tâche peuvent être appris par l'intermédiaire des tâches de raffinement, ils n'ont pas à être introduits dans les tâches d'initiation.

Les tâches d'apprentissage d'habiletés motrices et de stratégies doivent être introduites en indiquant leur importance et leur lien avec les précédentes. Les élèves doivent saisir la tâche dans son ensemble ainsi que les critères particuliers sur lesquels ils devraient être centrés pendant la pratique. Habituellement, les élèves regardent passivement les présentations, mais ils auraient intérêt à être engagés activement; par exemple, les tâches portant sur des habiletés isolées pourraient être esquissées par les élèves pendant que l'enseignant décrit les critères sur lesquels mettre l'accent.

Avant d'entreprendre la pratique, il est important de vérifier si le message a été perçu correctement. Le groupe d'élèves peut répondre en chœur ou certains élèves peuvent aussi être choisis pour démontrer un mouvement ou expliquer un élément. Cette vérification de la compréhension indique si la tâche a été communiquée efficacement tout en stimulant la participation active des élèves. Elle devrait inclure la vérification des critères à respecter en réalisant la tâche ainsi que des conditions d'organisation lors de la pratique.

La liste suivante comprend une série de suggestions pour développer des habiletés de présentation des tâches.

1. **Planifiez soigneusement.** Communiquez toute l'information essentielle, mais pas davantage. Le fait d'écrire la description verbale de la tâche principale à communiquer aux élèves sur le plan de séance peut être une aide précieuse.

2. **Faites une description complète de la tâche.** Trop d'enseignants mettent l'accent sur des détails de l'habileté ou de la stratégie et négligent d'indiquer les conditions spécifiques dans lesquelles la tâche sera pratiquée ainsi que les critères permettant aux élèves d'évaluer s'ils ont réussi.

3. **Utilisez un langage que les élèves peuvent comprendre.** Vous devez donc prendre en considération l'âge des participants et leur niveau d'expérience dans l'activité. Des termes techniques peuvent être employés à la condition qu'ils soient expliqués.

4. **Parlez avec enthousiasme mais lentement.** Rappelez-vous que vous connaissez la matière mieux que les élèves. Ils ont besoin de temps pour assimiler l'information. N'essayez pas de sauver du temps en précipitant les explications. En d'autres mots, ne cherchez pas la rentabilité au prix de l'efficacité.

5. **Démontrez toutes les habiletés ou stratégies dans des conditions ressemblant le plus possible à celles dans lesquelles elles seront pratiquées.** Par exemple, démontrez la touche au volley-ball près du filet ou montrez comment garder les buts au soccer en vous plaçant dans le but.

6. **Placez-vous de façon à offrir aux élèves les angles de vue les plus appropriés.** Par exemple, si vous mettez l'accent sur la position du bras dans le lancer crochet au basket-ball, faites une démonstration vue de face et une autre vue de côté.

7. **Assurez-vous que la démonstration est pertinente.** Le niveau de l'exécution technique n'a pas besoin de correspondre à un niveau d'élite, mais les éléments sur lesquels l'accent est mis doivent être exécutés correctement.

8. Si la sécurité est un élément important de la tâche, **assurez-vous que les éléments dangereux sont soulignés et que des règles de sécurité sont bien comprises.**

9. **Faites en sorte que les élèves s'engagent activement le plus possible pendant les démonstrations plutôt que de les laisser observer passivement.**

10. **Vérifiez la compréhension** des élèves avant de commencer la pratique guidée ou individuelle.

Il est généralement préférable de regrouper les élèves pour leur présenter les tâches mais, à l'occasion, ils peuvent rester en dispersion. Lors de la présentation de nouvelles tâches qui nécessitent de longues explications et des démonstrations, il est préférable de les rassembler. Les routines pour se rassembler et pour être attentif sont alors très utiles. La plupart des tâches de raffinement et quelques tâches d'application peuvent être communiquées aux élèves sans avoir à les regrouper. Lorsque les élèves sont dispersés, pour communiquer efficacement des explications concernant les tâches, il faut prononcer d'une voix claire et forte et vous placer de façon à ce que tous les élèves vous voient bien. Si les conditions de pratique de la tâche changent, comme il arrive fréquemment avec les tâches de raffinement, il importe de s'assurer que les élèves ont bien saisi le changement avant de retourner à la pratique.

UTILISER L'ENVIRONNEMENT POUR COMMUNIQUER L'INFORMATION PERTINENTE SUR LES TÂCHES

Le temps d'apprentissage est une denrée précieuse et il doit être utilisé judicieusement. Une grande partie de l'information pourrait être communiquée très efficacement, sans utiliser du temps en classe. Ainsi, les documents photocopiés sont peu coûteux ; ils fournissent à l'élève un rappel permanent des intentions pédagogiques et ils réduisent les possibilités de compréhension erronée d'une présentation verbale. Les objectifs pédagogiques, les règlements, les schémas de surface de jeu, les diagrammes de manœuvres offensives et défensives ainsi que diverses autres informations peuvent être communiqués par le biais de ces documents.

Bien sûr, il est superflu de fournir des textes aux élèves sans mettre en place des mécanismes d'utilisation. Une stratégie informelle de vérification consiste à poser des questions s'y rapportant directement. Ainsi, lorsque les objectifs sont présentés par écrit à la fin d'un cours, il est possible d'interroger quelques élèves à ce sujet au début du cours suivant. Si un diagramme représentant un terrain de badminton est distribué, il est possible, par exemple, de demander aux élèves d'y pointer la ligne de fond pour le service en double. La compréhension du matériel écrit doit être vérifiée lorsque le document est suffisamment important pour justifier une utilisation de temps à cette fin. Par exemple, il peut être utile de donner un court examen sur les règlements avant d'entreprendre une compétition. Les chances que les élèves apprennent les règlements sont meilleures s'ils ont un texte écrit et s'ils doivent réussir un examen avant de participer à un match. De plus, le match a des chances de mieux se dérouler si les situations où les règles doivent être clarifiées sont réduites.

Diverses stratégies peuvent être utilisées. Par exemple, des affiches indiquant les critères des activités pratiquées peuvent être placées autour du gymnase afin que les élèves puissent les consulter au besoin. Des photos de joueurs démontrant une habileté particulière constituent une autre source d'information. Des diagrammes de combinaisons stratégiques peuvent aussi être affichés. Ainsi, lorsque les élèves ont besoin d'information, ils l'obtiennent sans prendre le temps de toute la classe.

LES PRATIQUES GUIDÉES

Lorsqu'une nouvelle tâche est présentée (tâche d'initiation) ou lorsque les conditions pour la pratique d'une tâche sont modifiées sensiblement (tâche de raffinement), il est important de prévoir une période de pratique guidée. Une pratique guidée est une période où l'enseignant dirige l'activité du groupe dans le but de : 1) corriger les erreurs majeures ; 2) répéter au besoin la matière afin que les élèves puissent s'engager dans une pratique individuelle avec succès (Rosenshine et Stevens, 1986).

Une pratique guidée se déroule habituellement en formation rassemblée afin que l'enseignant puisse voir et être vu par tous les élèves de la classe. Pendant que les élèves pratiquent la tâche, l'enseignant fournit des directives afin de mettre l'accent sur les critères techniques de la tâche et sur la façon dont elle doit être réalisée. Ce mode d'organisation permet à l'enseignant de vérifier si des erreurs majeures sont commises. Si tel est le cas, le temps est utilisé pour expliquer à nouveau l'habileté ou la stratégie, en mettant l'accent sur les critères reliés aux erreurs. L'enseignant vérifie la compréhension des élèves en observant leurs réponses motrices et en posant des questions.

Les rétroactions de l'enseignant durant la pratique guidée sont centrées sur les critères essentiels indiqués lors de la présentation de la tâche. Ces rétroactions doivent être spécifiques et porter autant sur la correction d'erreurs que sur le renforcement des réponses appropriées (voir l'encadré 12.2 fournissant des informations sur les divers types de rétroactions et l'encadré 12.3 contenant des suggestions pour réagir de façon appropriée aux succès et aux erreurs des élèves). Il importe également de s'assurer que les conditions de pratique sont respectées, c'est-à-dire que les réponses des élèves sont congruentes avec la tâche présentée. Par exemple, lorsque la tâche nécessite un « passeur », c'est-à-dire un joueur faisant des « passes » à deux mains ou, selon la technique conventionnelle, pratiquant des smashs, les passes doivent aussi être supervisées et des rétroactions correctives ou des renforcements offerts à l'élève, selon que ses passes sont correctes ou non.

Le taux de réponses motrices pendant une pratique guidée doit être aussi élevé que possible et le nombre d'essais doit permettre de constater que les élèves sont en mesure de réussir la tâche suffisamment lorsqu'ils entreprendront une pratique individuelle. Une grande quantité d'erreurs pendant la pratique guidée indique qu'il faut soit mettre l'accent sur les critères réalisés de façon incorrecte, soit modifier la tâche pour l'adapter au niveau des élèves. Lorsque l'enseignant est convaincu que la tâche peut être exécutée avec succès, les élèves passent à une pratique indépendante.

LES PRATIQUES INDÉPENDANTES

Les pratiques indépendantes visent à intégrer un nouvel élément à ce qui a été acquis précédemment et à l'automatiser. Les élèves ont besoin d'avoir suffisamment de temps pour pratiquer les habiletés ou les stratégies dans des conditions semblables à celles où elles seront éventuellement utilisées. Le temps est une denrée précieuse et plusieurs enseignants ont l'impression qu'ils doivent couvrir un grand nombre d'activités; aussi, ils ne laissent pas assez de temps aux élèves pour pratiquer jusqu'à ce que les habiletés puissent être utilisées efficacement et automatiquement. En conséquence, les élèves pratiquent plusieurs habiletés, stratégies et activités, mais ils ne les maîtrisent pas suffisamment pour les appliquer. Par exemple, ils ne peuvent transposer efficacement les habiletés ou les stratégies dans les matchs. Ils doivent maîtriser tous les pas d'une danse et toutes les transitions pour danser sur la musique. Ils ont aussi besoin d'être forts et en bonne condition physique pour exécuter des routines de gymnastique exigeant de la force ou de l'endurance.

Les périodes de pratiques indépendantes visent à réaliser un grand nombre de répétitions réussies. Alors que les pratiques guidées permettent de corriger les erreurs majeures et de s'assurer que

Encadré 12.2 : Types et exemples de rétroactions reliées aux tâches d'apprentissage

Rétroactions positives générales pour encourager l'effort et établir un climat d'apprentissage positif

Beau lancer	Bel effort	Bonne idée, Marie
Défensive solide	Très bien, Robert	Superbe passe, Benoit
C'est mieux, Julie	Vraiment bien	La 1re vague a bien réussi

Rétroactions positives non verbales dont l'objectif est le même que le précédent et qui peuvent accompagner des commentaires verbaux

Applaudir	Taper dans le dos	Mettre le pouce
Faire un clin	Passer une main	en l'air
d'œil	dans les cheveux	Lever un poing fermé

Rétroactions positives spécifiques dont l'objectif est de fournir de l'information sur ce qui est réussi

Bonne passe, William, tu avais une bonne vitesse et une bonne hauteur. C'était beau. Ta boucle était différente de toutes les autres. Merveilleux. Tu avais vraiment les genoux réunis cette fois-ci. Tous les membres de ce groupe ont changé au signal directement sur la mesure. Beaucoup mieux. Ton bras avant était droit durant l'armée de ta raquette. Très bien, le deuxième groupe, votre exécution des pénétrations était bonne.

Rétroactions correctives afin de corriger les erreurs en donnant des informations spécifiques

Denise, tu dois garder ta position plus longtemps avant de faire un mouvement. Commence le mouvement avec les jambes, Joseph. Tu lances uniquement avec tes mains. D'accord, mais tu refais la même forme, essaie de trouver une manière différente cette fois-ci. Le troisième sous-groupe doit mieux couvrir les ailes de la zone. Anticipe, Julie, tu avais un corridor ouvert et tu aurais dû essayer une passe parallèle !

Rétroactions spécifiques contenant une description et une explication de ce qui est réussi

C'est la bonne façon d'aider en défensive, Patrick. Quand tu viens couvrir de cette façon, cela nous permet de prendre quelques risques.

C'est beaucoup mieux ; lorsque ta tête est haute, tu peux voir tes partenaires.

Bel effort, Julie. Si tu travailles aussi fort que cela, tu t'amélioreras très rapidement.

Merci, Valérie. Ce genre d'aide permet à Jacques d'apprendre plus rapidement.

Encadré 12.3 : Suggestions pour réagir de façon appropriée aux divers types de réponses des élèves

La plupart des rétroactions des enseignants portent sur des critères de réalisation qui ont besoin d'être améliorés. À l'occasion, il peut être souhaitable de faire référence à des critères que l'élève réalise avec succès, mais les enseignants ont tendance à corriger une autre erreur plutôt que de réagir positivement à un élément exécuté correctement. Certains auteurs parlent du « complexe de correction » des enseignants en éducation physique. Voici quelques façons de réagir de façon appropriée aux réponses des élèves.

1. Si les réponses des élèves sont bien réussies et courtes : renforcez-les positivement avec des réactions brèves qui ne dérangeront pas le rythme de la pratique.

2. Si les réponses sont exactes mais hésitantes : renforcez-les positivement et ajoutez quelques courtes informations spécifiques reliées aux critères techniques à améliorer.

3. Si les erreurs des élèves sont dues à leur inattention : corrigez l'erreur rapidement et sollicitez une meilleure concentration ou plus d'efforts.

4. Si les réponses des élèves révèlent un manque de connaissances ou d'habileté : donnez-leur une rétroaction corrective centrée sur les éléments spécifiques et encouragez-les à continuer leur effort ; prenez le temps de réexpliquer au besoin, de rappeler les critères essentiels ou d'adapter la tâche.

Source : Adapté de Rosenshine et Stevens (1986)

---

les élèves peuvent pratiquer avec succès, les pratiques indépendantes servent à répéter les mouvements en obtenant un taux élevé de succès. Pendant une pratique guidée, le rôle de l'enseignant est différent de celui qu'il joue lors des pratiques indépendantes. Habituellement, lors des pratiques indépendantes, les élèves utilisent tout l'espace et l'équipement disponibles. Par exemple, un enseignant peut introduire le lancer à une main au basket-ball en regroupant toute la classe à un même panier mais, lors de la pratique indépendante, tous les paniers disponibles dans le gymnase sont utilisés.

La fonction principale d'un enseignant durant une pratique indépendante est la supervision active afin de : 1) garder les élèves centrés sur la tâche assignée ; 2) leur fournir des renforcements et des corrections au besoin. La liste suivante présente les éléments clés d'une supervision active.

1. **Gardez tous les élèves à portée de vue.** Il est préférable de se placer en périphérie plutôt que de se déplacer au milieu du plateau de travail, particulièrement au début, lorsque vous essayez d'obtenir un haut degré d'application dans la tâche.

2. **Effectuez des balayages visuels fréquents.** Ne vous laissez pas distraire trop longtemps par le même élève ou sous-groupe et effectuez régulièrement des balayages rapides de toute la classe.

3. **Ne soyez pas prévisible.** Le fait de vous déplacer le long d'une ligne au tennis ou dans le sens des aiguilles d'une montre autour du gymnase vous rend prévisible ; certains élèves ont davantage tendance à être déviants s'ils peuvent anticiper les déplacements du professeur.

4. **Utilisez votre voix pour communiquer à distance.** Il est important que les élèves sachent que vous êtes attentif à leur comportement même si vous n'êtes pas près d'eux. Des directives rapides et des rétroactions à distance aident à atteindre ce but. Essayez d'équilibrer le nombre d'encouragements et de réprimandes, ne réagissez pas uniquement aux comportements déviants.

5. **Réagissez rapidement** aux comportements dangereux ou dérangeants et arrêtez-les immédiatement.

6. **Essayez de répartir votre attention équitablement.** Assurez-vous que la durée et la fréquence de vos interactions ne sont pas biaisées par rapport au sexe, à la race ou au niveau d'habileté des élèves.

7. Profitez des occasions qui vous sont offertes pour **communiquer vos attentes** concernant les habiletés, connaissances ou attitudes à acquérir.

NE PAS OUBLIER D'ENSEIGNER PENDANT LES TÂCHES D'APPLICATION

Plusieurs enseignants proposent une tâche d'application à la fin d'une leçon. Les unités sont souvent planifiées de façon à se terminer par une série de tâches d'application telles que des matchs, des danses, des performances gymniques. L'approche de la planification véhiculée dans ce volume suggère que l'ensemble de l'unité devrait permettre aux élèves de participer avec succès dans des tâches d'application où les habiletés enseignées sont utilisées.

Les résultats de la recherche indiquent que plusieurs enseignants élaborent des tâches d'application telles que les matchs, mais qu'ils cessent toute forme d'enseignement pendant que les élèves pratiquent ces tâches (Metzler, 1979 ; Ormond, 1988). Avant de déterminer les fonctions d'enseignement qui pourraient être réalisées durant les tâches d'application, il est d'abord utile de distinguer les concepts de jeu dirigé et de match. Une situation de « **jeu dirigé** » ressemble à une situation de match plus ou moins modifiée où l'enseignant arrête l'action pour réexpliquer, donner des rétroactions ou répondre aux questions. Un **match** est un contexte d'application dans lequel les arrêts et les remises en jeu sont déterminés par les règlements du jeu plutôt que par les interventions de l'enseignant. Il importe de souligner que les concepts de jeu dirigé et de match sont également transférables aux activités telles que la gymnastique ou la danse. Ainsi, lors d'une leçon de danse folklorique, l'équivalent du jeu dirigé est l'exécution de la danse accompagnée de la musique, mais entrecoupée d'arrêts brefs et de reprises pour permettre à l'enseignant de fournir des directives. Une situation de match correspond plutôt à l'exécution de la danse entière sans interruption.

Les conclusions de recherches descriptives révèlent que la plupart des éducateurs physiques passent directement des situations de pratique d'habiletés isolées à des situations de match, sans l'introduction bénéfique de situations de jeu dirigé. Il est intéressant de constater que les résultats de la recherche provenant de l'observation des équipes sportives interscolaires indiquent le contraire (Rate, 1980 ; Ormond, 1988). En effet, les entraîneurs sportifs utilisent fréquemment le jeu dirigé.

Les résultats de la recherche laissent entendre qu'en éducation physique comme en entraînement, la meilleure façon d'intervenir pendant les jeux dirigés et les matchs consiste à faire des commentaires brefs et fréquents (Ormond 1988), c'est-à-dire à donner des directives pour guider la performance. Ces directives ont avantage à être courtes, comme celles données par les enseignants en danse : frapper des mains ou sur un tambour pour accentuer le rythme et rappeler les différents éléments de la danse, donner verbalement des points de repères avec quelques mots clés ou marquer les transitions d'un pas à l'autre. Il est à noter que le nombre de directives diminue graduellement à mesure que les élèves deviennent plus compétents et maîtrisent mieux l'activité, mais elles ne disparaissent pas complètement.

Les matchs, les activités d'intégration, les routines de gymnastique et les danses sont généralement plaisantes et excitantes et les élèves ont hâte d'y participer ; ils demandent souvent : « Allons-nous jouer aujourd'hui ? » Il n'y a cependant pas de raisons pour que les enseignants abandonnent leur rôle d'enseignement durant ces activités ; au contraire, qu'il s'agisse d'un match ou d'une danse, les réponses doivent être perfectionnées, les éléments isolés regroupés afin que la performance entière soit réussie. Les enseignants peuvent donner des directives, féliciter et corriger sans interférer avec le rythme de l'activité elle-même. Des épisodes de « jeu dirigé » peuvent également être introduits au besoin pendant les matchs pour souligner des points importants et corriger des erreurs majeures, à la condition que les directives soient brèves et précises.

SUPERVISER LES RÉPONSES

Diverses stratégies de supervision des réponses des élèves peuvent être utilisées pour les rendre responsables de leur apprentissage. Par exemple, les enseignants peuvent baser l'attribution de notes sur des mesures de la performance prises tout au long d'une unité et non pas sur les résultats d'un seul test administré à la fin d'une unité. Lorsqu'une telle stratégie formelle de supervision est utilisée, il importe que les données soient fiables. La supervision fait référence aux stratégies formelles et informelles utilisées afin d'observer et d'évaluer dans quelle mesure la performance des élèves correspond aux objectifs visés.

L'observation active où l'enseignant réagit positivement aux réussites et corrige les erreurs constitue la principale forme de supervision en éducation physique (voir page 300). L'observation active comprend aussi les mécanismes informels de responsabilisation tels que les défis lancés par l'enseignant. Par exemple, un enseignant demande de faire des touches en volley-ball deux à deux et met les élèves au défi d'exécuter dix contacts réglementaires au-dessus du filet pendant une période de vingt secondes ; à la fin de l'activité, il demande combien de paires ont relevé le défi. Une autre forme de supervision de la performance consiste à demander aux élèves de démontrer publiquement une performance ; par exemple un enseignant dit : « Le cinquième sous-groupe a très bien exécuté cet exercice ; regardez bien, ils vont le refaire. »

Les stratégies formelles de supervision nécessitent l'enregistrement de données concernant la performance des élèves dans les tâches d'apprentissage. Par exemple, une liste de vérification de tâches peut être utilisée soit par les élèves qui auto-évaluent leur performance, soit par des pairs qui s'observent réciproquement, soit par des sous-groupes où un membre est désigné comme vérificateur ou par l'enseignant. Lorsqu'un élève observe sa performance ou celle de ses pairs, il est important de s'assurer que cette évaluation est précise et fiable. Ce type de situation permet de travailler également sur des objectifs d'honnêteté. Des exemples de listes de vérification pour le badminton, le basket-ball et la gymnastique sont présentés dans les figures 12.1, 12.2 et 12.3.

Figure 12.1 : Liste de vérification de la réalisation des tâches pour les niveaux A, B ou C en badminton

Élèves	Niveau C Objectifs								Niveau B Objectifs						Niveau A Objectifs			
	Service court	Service long	Dégagé par-dessous	Amorti par-dessus	Dégagé par-dessus	Échanges	Matchs	Connaissances	Dégagé par-dessous	Service haut en double	Smash	Amorti par-dessous	Dégagé du revers	Coup au filet	Dégagé par-dessus	Dégagé du revers	Coup poussé	Service en flèche

**Figure 12.2 : Liste de vérification des tâches d'une unité
de basket-ball**

Élèves	Dribble dans un parcours à obstacles	Tir en suspension	Lancer franc	Lancer déposé	Déplacement défensif	Passe	Rebond	Stratégie	Match	

Il existe diverses autres stratégies formelles pour superviser la performance des élèves afin de les encourager et de les récompenser. Certains éducateurs physiques du primaire utilisent des affiches du type : « Je suis capable de... » où les enfants inscrivent leur nom lorsqu'ils ont réussi des tâches importantes comme grimper à la corde lisse ou atteindre le sommet du mur d'escalade. L'utilisation d'une carte routière pour enregistrer les distances parcourues à bicyclette peut servir de stimulus visuel pour récompenser les élèves qui sont heureux de constater qu'ils atteignent une nouvelle destination. Des systèmes informatisés permettent maintenant d'enregistrer les résultats en conditionnement physique et en faire rapport aux élèves et à leurs parents (Stroot et Baumgarner, 1989).

La compilation des résultats des matchs représente la stratégie habituelle pour superviser la performance lors des unités d'activités sportives. Par exemple, en basket-ball, les résultats suivants peuvent être cumulés : les points comptés, les rebonds, le pourcentage de

Figure 12.3 : Liste de vérification des éléments d'une routine en gymnastique avec auto-enregistrement du nombre d'essais pour chaque tâche

Je suis capable	Cela m'a pris ____ essais	Je suis capable	Cela m'a pris ____ essais
Assis en V		Saut de mains assisté	
Pont		en contrebas	
Position cambrée		Saut de mains	
Saut cambré		arriver sur une jambe	
Tour sauté		Rondade	
Danse russe		Marche avant	
Couronnés de jambes		Marche arrière	
Équilibre avant		Saut sur une jambe	
Équilibre latéral		Saut de côté croisé	
Équilibre yeux fermés		Tour	
Marche de crabe		sauté	
Saut avec élévation de jambes		sur une jambe	
Rouler sur le ventre		pas de chat	
Roulade avant		Arabesque sur un genou	
Roulade plongée		Arabesque avant	
Roulade arrière		Arabesque latérale	
jambes à l'écart		Position assise en V	
position carpée		Roulade arrière	
avec appui tendu renversé		Équerre	
Roue		Grand écart	
Saut de nuque		Chandelle	
Saut de tête		Équilibre sur une jambe	
jambes tendues		Souplesse avant	
en marchant		Équilibre en position accroupie	
réception assise		Trépied	

lancers francs réussis et les assistances. Les élèves peuvent apprendre à prélever ces données non seulement pour collaborer avec l'enseignant, mais dans le but précis de reconnaître et d'enregistrer ce type de performance. Au tennis, il est possible de conserver les résultats de mini-matchs lors d'un tournoi à la ronde. En gymnastique, des notes peuvent être décernées lors de l'exécution de routines comme dans les compétitions interscolaires.

Toutes ces stratégies de supervision formelle fournissent des résultats qui peuvent être utilisés pour attribuer des notes. De telles données sur l'atteinte des objectifs obtenus pendant une unité peuvent rendre inutile l'évaluation sommative puisque la note de l'élève est alors attribuée sur la base de sa performance tout au long de l'unité plutôt que sur celle à la fin.

LA STRATÉGIE D'ÉVALUATION EST ÉTROITEMENT RELIÉE À LA SUPERVISION

Il a été suggéré au chapitre 5 que la stratégie d'évaluation et de responsabilisation régisse les tâches d'apprentissage et qu'en l'absence d'évaluation formelle de la performance le rendement des élèves soit déterminé essentiellement par leur intérêt et leur motivation d'un jour à l'autre et d'un moment à l'autre pendant les cours. Des systèmes d'évaluation et de responsabilisation ont été décrits à la page 254. Les stratégies de supervision décrites précédemment sont fortement reliées à l'évaluation et à la responsabilisation ; en effet, il n'y a pas de responsabilisation possible sans évaluation et sans supervision.

Comme cela a été indiqué précédemment, les stratégies d'évaluation et de responsabilisation peuvent être formelles ou informelles. La principale forme d'évaluation informelle en éducation physique est la supervision active de l'enseignant, c'est-à-dire lorsque celui-ci encourage les comportements centrés sur la tâche et qu'il sanctionne sévèrement les comportements déviants. Les renforcements positifs et les corrections représentent la base de ce mécanisme de responsabilisation ; sans eux, la supervision active est nettement moins efficace pour produire un environnement centré sur les objectifs d'apprentissage.

Vous devez comprendre que l'importance de la supervision active est inversement proportionnelle à la puissance du système d'évaluation et de responsabilisation formelle. Lorsque les tâches d'une unité sont définies avec précision, que la stratégie d'évaluation est centrée sur le degré de réussite de ces tâches et qu'un système de motivation est mis en place (notes, certificats, rubans, privilèges, etc.), le rôle de la supervision active est moins important. Le système d'évaluation et de responsabilisation motive les élèves à pratiquer et à atteindre les buts. D'un autre côté, lorsque le système formel d'évaluation et de responsabilisation est faible ou complètement absent, la supervision active est essentielle pour garder les élèves centrés sur les tâches d'apprentissage.

LES FONCTIONS DU BILAN DE FIN DE SÉANCE

Le bilan de fin de séance fait référence au moment où l'enseignant rassemble les éléments de la leçon afin de s'assurer que les élèves en ont bien compris les principaux buts, de rappeler l'importance de ces éléments au besoin et, aussi de connaître les perceptions des élèves. Plusieurs enseignants ne font pas de bilan; ils les jugent peu importants et ils considèrent que ce sont des pertes de temps ou qu'ils manquent de temps. Je crois que le bilan est un ingrédient important d'une leçon et qu'il doit être planifié et réalisé soigneusement.

Un bilan efficace peut atteindre plusieurs objectifs comme en témoigne la liste suivante; il importe cependant de souligner que tous ces éléments n'ont pas nécessairement besoin de faire partie de toutes les leçons (Jensen, 1988; Marks, 1988).

1. **Le bilan permet de prendre conscience de ce qui a été accompli.** Le fait d'amener les élèves à réaliser ce qu'ils ont fait durant la leçon en posant des questions pertinentes et en utilisant leurs réponses permet de vérifier leur compréhension tout en soulignant les réalisations importantes.

2. **Le bilan est une occasion de faire des constats.** Comment le groupe s'est-il comporté? Quels sont les élèves qui ont bien réussi? Quels sont ceux qui ont aidé les autres?

3. **Le bilan est une occasion de vérifier les sentiments des élèves.** Quelles furent les activités préférées? Comment les élèves se sentent-ils par rapport à leur progrès? Il s'agit d'une occasion de s'assurer que les élèves se sentent bien par rapport à leurs apprentissages.

4. **Le bilan peut être un moment de révision.** Quels sont les éléments importants appris aujourd'hui? Par exemple, démontrez-moi comment la roue doit être exécutée correctement. Les élèves peuvent soit répondre verbalement, soit exécuter la tâche pour illustrer leur compréhension.

5. **Le bilan peut être une transition entre une activité intense et le moment d'aller au vestiaire ou de retourner en classe.** Les leçons se terminent souvent par des tâches d'application généralement intenses. Les élèves doivent ensuite se changer aux vestiaires ou retourner à leur classe. Dans les deux cas, le bilan est un moment pour calmer les élèves physiquement et psychologiquement.

MAINTENIR LE RYTHME DE LA LEÇON

Chaque leçon possède un rythme puisqu'elle est constituée d'un enchaînement des différentes tâches d'organisation et d'apprentissage. Ce rythme peut être lent ou rapide, saccadé ou constant. La recherche sur l'efficacité de l'enseignement a démontré qu'il est préférable d'adopter un rythme rapide et régulier (Kounin, 1970). Plus la planification est efficace, plus il est facile de créer et de maintenir la vitesse et le rythme appropriés. Il est préférable d'anticiper les déplacements et le temps requis pour chaque élément de la leçon si l'on veut augmenter les chances d'obtenir un rythme efficace. Une leçon dont le rythme est régulier et rapide indique aux élèves qu'ils sont dans un milieu ordonné où l'apprentissage est valorisé. Il importe de souligner qu'une bonne planification ne suffit pas ; le rythme est établi lors de l'implantation d'un plan. De plus, l'organisation et les transitions sont des éléments particulièrement importants pour maintenir un rythme efficace.

Les routines d'organisation (voir chapitre 6) sont importantes pour que les leçons soient menées à un rythme rapide. Elles permettent de réaliser les tâches avec le moins de confusion possible. Pour que les transitions entre les explications et la pratique soient rapides, les enseignants doivent s'organiser pour que les élèves se dépêchent durant les transitions et de façon à pouvoir sanctionner ceux qui ne coopèrent pas. Les changements d'équipement doivent se faire sans « temps morts » ; ils doivent donc être planifiés de sorte que l'équipement soit déjà prêt et facilement accessible. Les pratiques doivent permettre aux élèves de demeurer actifs ; s'ils doivent attendre leur tour, le rythme de la leçon est non approprié. Des activités d'intensité modérée peuvent être organisées de façon à ce que les élèves les pratiquent sans que la fatigue ralentisse le rythme de la leçon.

Le principal ennemi du rythme d'une leçon est l'inactivité des élèves. Dans le chapitre 3, il a été démontré que le « temps d'attente » occupe habituellement une grande portion des cours d'éducation physique, parfois jusqu'à la moitié. Cependant, une recherche sur les éducateurs physiques efficaces a démontré que le temps d'attente peut représenter moins de sept pour cent du temps de la leçon (Eldar, Siedentop et Jones, 1989). Les leçons dont le taux de temps d'attente est élevé ne peuvent pas avoir le rythme rapide requis pour enseigner efficacement. Les enseignants doivent communiquer leurs attentes au sujet de l'empressement qu'ils souhaitent que leurs élèves manifestent ; ils doivent encourager ceux qui respectent ces attentes, réprimander ceux qui ne le font pas et communiquer régulièrement aux élèves le sens du dynamisme.

RÉSUMÉ

1. L'enseignement efficace doit être évalué en fonction du taux d'engagement des élèves et de leurs résultats.

2. Les enseignants influencent le travail des élèves et l'observation de l'enseignement qui se fait sans tenir compte du travail des élèves peut être trompeur.

3. Les leçons sont des arrangements de tâches et chacune d'entre elles nécessite l'accomplissement d'un ensemble de fonctions d'enseignement.

4. Les enseignants doivent s'assurer que l'environnement physique soit sécuritaire et que le milieu social soit sécurisant.

5. La manière dont les enseignants répondent aux questions des élèves et discutent avec eux transmet un message sur les conditions d'apprentissage moteur et cognitif.

6. Les tâches sont communiquées efficacement lorsque les élèves portent attention et comprennent suffisamment l'information présentée pour être en mesure de participer efficacement. Les tâches sont communiquées de façon rentable quand la durée d'une présentation complète est la plus courte possible.

7. Les présentations de tâches doivent être planifiées soigneusement et inclure seulement l'information essentielle. Elles doivent être faites dans un langage que les élèves peuvent comprendre, lentement mais avec enthousiasme. Les démonstrations doivent être réalisées dans un contexte semblable à celui dans lequel cette tâche sera exécutée. Lorsque vous communiquez des tâches, assurez-vous d'insister sur la sécurité si cela est nécessaire, d'impliquer les élèves et de vérifier leur compréhension.

8. Des informations pertinentes sur la tâche peuvent être intégrées à l'environnement grâce à des affiches, des photos, des tableaux, les rendant ainsi disponibles aux élèves lorsqu'ils en ont besoin.

9. Une pratique guidée est une période de pratique en groupe dirigée par l'enseignant qui sert à corriger les erreurs majeures, à réexpliquer au besoin et à fournir suffisamment de temps pour que les élèves puissent pratiquer de façon indépendante par la suite.

10. Les rétroactions peuvent être générales, positives, non verbales, spécifiques, positives ou correctives. Elles peuvent aussi véhiculer des valeurs.

11. Durant une pratique indépendante, les élèves intègrent de nouvelles tâches à celles déjà apprises afin d'automatiser les habiletés.

12. Lorsqu'ils observent, les enseignants doivent avoir l'ensemble des élèves à portée de vue, faire des balayages fréquents, éviter les déplacements prévisibles, utiliser leur voix pour communiquer à distance, arrêter immédiatement les comportements dangereux, distribuer leur attention équitablement et encourager les efforts des élèves et faire part de leurs attentes.

13. Les jeux dirigés sont des tâches d'application pendant lesquelles les enseignants arrêtent fréquemment mais brièvement l'activité pour expliquer et donner des rétroactions ; un match est une tâche d'application où les enseignants interviennent peu.

14. Durant les tâches d'application, l'enseignant doit guider les élèves en donnant des directives fréquentes et brèves plutôt que longues et rares.

15. L'observation « active » fait référence aux méthodes formelles et informelles pour observer et évaluer dans quelle mesure la performance des élèves correspond aux objectifs spécifiques de la tâche.

16. Le bilan de fin de séance correspond à la période où l'enseignant termine une leçon en soulignant la performance des élèves, en reconnaissant les sentiments des élèves et en résumant les apprentissages importants. Le bilan permet aux élèves de faire la transition entre un engagement actif et l'activité suivante.

17. Les leçons efficaces ont un rythme rapide pendant lesquelles l'enchaînement est maintenu surtout durant les épisodes d'organisation.

CHAPITRE 13

Des stratégies d'enseignement en éducation physique

Une stratégie d'enseignement est constituée d'un ensemble de fonctions organisées en système pour communiquer des contenus aux élèves. Divers facteurs influencent le choix de la stratégie d'enseignement, notamment le contenu lui-même, les caractéristiques des élèves, les objectifs et les préférences de l'enseignant.

Judy E. Rink (1985)

LES OBJECTIFS DU CHAPITRE

- Décrire le spectre des styles d'enseignement de Mosston ;
- Adapter les stratégies d'enseignement aux conditions particulières ;
- Établir la différence entre une stratégie d'enseignement et un style d'enseignement ;
- Décrire et analyser l'enseignement actif ;
- Décrire et analyser l'enseignement par tâches ;
- Décrire et analyser l'enseignement à partir de questions ;
- Décrire et analyser l'enseignement par les pairs ;
- Décrire et analyser l'apprentissage coopératif ;
- Décrire et analyser l'auto-enseignement ;
- Décrire des stratégies d'enseignement à l'intention des élèves handicapés intégrés dans des classes régulières.

Depuis que Mosston a introduit son spectre des styles d'enseignement en 1966 (voir l'encadré 13.1), plusieurs stratégies d'enseignement de l'éducation physique ont été mises de l'avant, analysées et, aussi, vivement contestées. Le modèle original de Mosston laissait entendre que la croissance et le développement des élèves étaient de plus en plus favorisés à mesure que les enseignants passaient d'un style d'enseignement par commandement à un style d'enseignement par découverte guidée. Ce spectre, comme on l'appelle encore couramment aujourd'hui, a fait l'objet de nombreuses révisions ; progressivement, Mosston (1981) a dû remettre en question son postulat de départ qui prétendait que le choix de la stratégie d'enseignement est directement relié au niveau de développement de l'élève. Il devint de plus en plus clair que le choix d'un style d'enseignement approprié est davantage relié à une variété de facteurs tels que le contenu enseigné ou les préférences personnelles des enseignants.

Par exemple, Marie Julien utilise avec succès l'enseignement par tâches en gymnastique parce que cette stratégie convient bien pour ce sport et qu'elle s'y sent à l'aise. Il n'existe pas un style plus approprié qu'un autre en général. Malheureusement, plusieurs éducateurs physiques persistent à croire que le style d'enseignement par commandement est trop autoritaire ou que l'enseignement par découverte guidée est toujours plus approprié. En fait, l'efficacité de chacune des méthodes dépend de l'activité enseignée et de la capacité de l'enseignant de l'utiliser convenablement. Il importe de ne pas confondre les styles et les stratégies d'enseignement (voir l'encadré 13.2). La notion de « stratégie d'enseignement » fait référence à la façon dont l'enseignant organise et dispense son enseignement ainsi qu'à la façon dont il permet à ses élèves de pratiquer les tâches. Le concept de « style d'enseignement » fait davantage référence au climat d'enseignement et aux modes d'organisation ; il se reflète plus particulièrement dans les interactions des enseignants.

ADAPTER LES STRATÉGIES D'ENSEIGNEMENT AUX CONDITIONS PARTICULIÈRES

L'éducation est plus efficace quand les enseignants adaptent leurs stratégies d'enseignement aux conditions qu'ils rencontrent. Lors du choix des stratégies d'enseignement, les éducateurs devraient prendre en considération : 1) leurs habiletés personnelles et leurs préférences ; 2) les caractéristiques des élèves ; 3) la nature du contenu enseigné ; 4) l'environnement physique dans lequel l'enseignement prend place. Les enseignants sont plus à l'aise avec certaines stratégies. La préférence personnelle constitue un facteur légitime qui influence le

---

**Encadré 13.1 : Le spectre des styles d'enseignement
de Mosston**

Les facteurs qui permettent de différencier les divers styles inclus
dans le spectre sont les modes d'organisation et la façon dont
les décisions sont réparties entre l'enseignant et les élèves ; par
exemple, quels sont ceux qui décident du rythme d'exécution
des activités d'apprentissage.

- **L'enseignement par commandement.** L'enseignement et la
  pratique sont sous l'autorité directe de l'enseignant.
- **L'enseignement par tâches.** Une partie des explications et
  presque toute la pratique sont insérées dans des tâches
  permettant une individualisation du contenu et du rythme
  d'exécution.
- **L'enseignement réciproque.** Les élèves travaillent par paires
  et ils prennent la responsabilité de certaines fonctions d'enseignement, notamment les rétroactions.
- **L'enseignement en sous-groupes.** Les élèves se voient confier
  divers rôles : exécutants, observateurs ou administrateurs.
- **L'enseignement par programmes individuels.** Le contenu
  est individualisé sur la base des habiletés de l'élève.
- **L'enseignement par découverte guidée.** L'enseignant guide
  les élèves dans une série de problèmes où ceux-ci auront à
  explorer des solutions et à prendre des décisions pour trouver
  celle qui leur apparaît la plus appropriée.
- **L'enseignement par résolution de problèmes.** L'enseignant
  pose un problème et les élèves doivent le résoudre en explo-
  rant et en exploitant une grande variété de réponses.

Source : Adapté de Mosston (1966)

---

choix d'une stratégie et, plus spécialement, quand elle dérive d'une
croyance professionnelle de sa validité. Les enseignants semblent
réussir mieux quand ils adoptent une stratégie qu'ils jugent efficace
et avec laquelle ils se sentent à l'aise. Il n'y a rien de pire pour les
enseignants que d'être forcés d'adopter une stratégie d'enseignement
à laquelle ils ne croient pas ou qu'ils ne savent pas utiliser adéquatement. Les croyances des enseignants à propos des stratégies d'enseignement peuvent changer et certains réussissent à en adopter de
nouvelles. Un tel changement est facilité lorsque les enseignants sont
convaincus qu'une stratégie favorise l'atteinte de leurs buts et que ce
changement résulte de leur volonté de développement professionnel

---

Encadré 13.2 : Styles et stratégies : où est la différence ?

Les profanes confondent souvent les styles et les stratégies d'enseignement. Dans ce texte, le concept de **stratégies d'enseignement** fait référence aux différentes façons utilisées par les enseignants pour donner des explications ainsi qu'aux divers rôles joués par les élèves. Différentes stratégies sont décrites dans ce chapitre.

Les **styles d'enseignement** se rapportent au climat d'enseignement et aux modes d'organisation utilisés pour faire apprendre ; on les reconnaît la plupart du temps en observant les interactions de l'enseignant. Le climat d'enseignement peut être négatif, positif ou neutre. Les enseignants peuvent être dynamiques et décontractés. Ils peuvent interagir plus ou moins fréquemment avec leurs élèves, être plus ou moins stimulants et encourageants. Les élèves découvrent le style de l'enseignant à travers ses interactions avec la classe, avec les groupes et avec les individus. Le mélange de toutes les caractéristiques de l'interaction détermine le style distinctif de chaque enseignant. Des termes comme « chaleureux, attentionné, efficace, exigeant ou distant » sont utilisés pour caractériser un style d'enseignement.

Il importe de signaler que la stratégie et le style représentent des phénomènes qui ne sont pas nécessairement reliés. Il est possible d'imaginer un enseignant décontracté et introverti qui enseigne de façon active, utilisant l'enseignement par tâches ou par résolution de problèmes. Il est tout aussi possible de trouver un enseignant dynamique et énergique qui utilise efficacement différentes stratégies d'enseignement.

Quel est votre style ? Comment décririez-vous votre enseignement ? Pensez-vous qu'une stratégie d'enseignement particulière vous convient mieux qu'une autre ?

---

et de leur réflexion plutôt que d'être imposé par l'administration. L'encadré 13.5 (voir p. 337) propose une réflexion pour vous aider à clarifier votre position sur les stratégies et les styles d'enseignement.

Le choix d'une stratégie d'enseignement doit aussi tenir compte des caractéristiques des élèves. S'ils ont une expérience appréciable dans une activité, il est évident que l'enseignement de cette activité est différent de celui s'adressant à une classe constituée seulement de débutants. Les enfants handicapés ont besoin d'une stratégie plus directe ; aussi, lorsque des enfants handicapés sont intégrés à une classe, des stratégies d'enseignement par les pairs ou des modes d'apprentissage coopératifs semblent appropriés. Les classes où il n'y a pas de problèmes de discipline permettent plus d'options dans le choix de la stratégie que les classes où il faut accorder beaucoup d'attention aux questions d'organisation et de déviance.

Le contenu représente également un facteur à considérer. La gymnastique, l'escalade, le soccer et la danse folklorique demandent des stratégies d'enseignement différentes. L'enseignement des habiletés de base pour une activité donnée est différent de l'enseignement des stratégies de niveau supérieur s'adressant à des élèves qui ont déjà maîtrisé les habiletés de base. Par exemple, la résolution de problèmes de conditionnement physique est favorisée si l'étudiant a déjà acquis des connaissances essentielles sur la condition physique et des techniques de base pour l'évaluer. Ainsi, une enseignante pourrait utiliser une stratégie d'enseignement actif s'adressant à l'ensemble du groupe pour faire apprendre les connaissances et les habiletés de base et passer à une stratégie par résolution de problèmes avec les sous-groupes plus avancés pour développer des connaissances et des habiletés de niveau supérieur.

Il est aussi important de considérer le contexte d'enseignement, plus particulièrement les installations, dans le choix d'une stratégie d'enseignement. Si l'installation pour l'enseignement du tennis consiste en six courts étalés sur une seule rangée, les problèmes pour rassembler et disperser le groupe dans cette longue rangée de courts pourront inciter l'enseignant à utiliser un mode d'enseignement individualisé ou par tâches plutôt qu'une stratégie d'enseignement actif. Des questions de sécurité dans une classe extérieure de tir à l'arc pour débutants pourraient nécessiter de recourir à un enseignement actif avec une surveillance très apparente au début. Une stratégie d'enseignement est meilleure qu'une autre, dans la mesure où elle convient mieux dans un contexte particulier et seulement parce qu'elle satisfait, de façon particulièrement efficace, les besoins de ce contexte.

Il est important de se souvenir que l'efficacité de toute stratégie d'enseignement doit être jugée en fonction du processus vécu et des résultats obtenus par les élèves. Réalisent-ils les buts de l'unité ? Quelle proportion de temps est accordée à l'apprentissage ? Les élèves prennent-ils goût à l'activité ? Leur désir d'y participer de façon autonome s'accroît-il ? Les réponses à ces questions indiquent si la stratégie d'enseignement convient aux conditions dans lesquelles elle est utilisée.

L'ENSEIGNEMENT ACTIF

Dans les écoles américaines, l'enseignement actif est la stratégie la plus utilisée et la plus efficace, spécialement pour les enfants et les débutants de tous les niveaux. Dans l'enseignement actif, les enseignants donnent des informations à la classe entière ou à de petits groupes. Ces explications sont suivies d'une période de pratique guidée où les erreurs majeures sont corrigées ; vient ensuite une phase de pratique indépendante où le travail des élèves est supervisé activement. Cette façon d'enseigner se caractérise également par un climat positif basé sur des attentes réalistes pour les élèves et où les performances de ces derniers sont évaluées. Dans l'enseignement actif, le contenu est communiqué directement par l'enseignant plutôt que par l'intermédiaire d'un matériel didactique préétabli. Le rythme de la leçon est rapide et dirigé par l'enseignant. Les élèves ont beaucoup d'occasions de pratiquer et obtiennent un bon taux de succès. Les enseignants actifs sont habiles à mettre en place des routines d'organisation pour optimiser le temps d'apprentissage et réduire les occasions susceptibles de faire apparaître des comportements dérangeants et non reliés aux tâches d'apprentissage. La revue de la littérature sur l'enseignement efficace des chapitres 2 et 3 présentait une description plus complète de l'enseignement actif.

L'enseignement actif est aussi appelé « enseignement direct » (Rosenshine, 1979), « enseignement interactif » (Rink, 1985) et « enseignement explicite » (Rosenshine et Stevens, 1986). L'enseignement actif possède aussi les composantes majeures de la « théorie d'enseignement appliquée à la pratique » (*Instructional Theory into Practice*) mieux connue aux États-Unis sous le nom du modèle de Hunter (Housner, 1990).

L'enseignement actif s'est avéré beaucoup plus efficace que les autres stratégies pour enseigner les matières structurées telles que la lecture, les mathématiques et l'éducation physique. Dans cette stratégie, une partie du succès de l'enseignement actif peut être attribuée aux caractéristiques d'organisation et de supervision qui favorisent la gestion efficace de l'engagement des élèves.

Lors de l'enseignement actif, l'enseignant choisit le contenu et organise les tâches selon une progression ordonnée en petites étapes. Les rétroactions et l'évaluation sont sous la responsabilité de l'enseignant puisqu'elles constituent les éléments essentiels de la supervision active. Les fonctions indispensables à la mise en place d'un enseignement actif ont été longuement décrites au chapitre 12.

L'ENSEIGNEMENT PAR TÂCHES

Pour plusieurs raisons différentes, les enseignants font pratiquer diverses tâches en même temps en utilisant des stratégies d'enseignement par tâches. L'enseignement par tâches fait référence à une organisation des conditions d'apprentissage qui permet aux élèves de s'engager dans des tâches différentes au même moment. L'enseignement par tâches est aussi appelé « enseignement par ateliers » (Rink, 1985). Par exemple, la disponibilité d'appareils de gymnastique peut inciter l'enseignant à déterminer une tâche pour chaque appareil et à faire la rotation des élèves autour de ces stations.

L'enseignement par tâches n'est cependant pas limité aux situations où le manque de matériel représente le facteur dominant dans le contexte. Considérez les possibilités d'enseigner une unité portant sur le développement de la force musculaire ou sur le volley-ball. Pour développer la force musculaire, on doit faire travailler de façon régulière différents groupes musculaires importants. Le volley-ball exige de travailler régulièrement plusieurs habiletés fondamentales. Il est possible de recourir à la stratégie d'enseignement actif pour atteindre ces objectifs. En effet, à l'aide de cette stratégie, l'enseignant présente une série de tâches pour améliorer la force musculaire et les habiletés techniques en volley-ball et tous les élèves peuvent faire une même tâche en même temps. Il est aussi possible d'opter pour une stratégie d'enseignement par tâches où des activités de développement de la force musculaire et des habiletés de volley-ball peuvent être réparties en stations et où les élèves font alors une rotation pendant la leçon.

Dans l'enseignement par tâches, il n'est pas efficace pour l'enseignant de communiquer directement le contenu de chaque tâche aux élèves. Certains enseignants décrivent et démontrent chaque tâche au début de la leçon ; cette stratégie peut être efficace si les tâches sont très simples et faciles à mémoriser. L'introduction de nouvelles tâches est difficile dans une stratégie par tâches ; aussi, il est possible d'utiliser l'enseignement actif pour introduire les tâches, puis de les faire pratiquer avec l'enseignement par tâches. Une fois que les élèves connaissent les tâches, ils y participent sans recevoir préalablement de longues explications et démonstrations de la part de l'enseignant.

La plupart des enseignants qui utilisent l'enseignement par tâches distribuent des fiches ou affichent les tâches à chaque station pour présenter une description brève et simple aux élèves. Les affiches peuvent aussi contenir des photographies ou des dessins. L'élève lit la description de la tâche, regarde éventuellement l'illustration de la bonne technique et commence à faire la tâche. Cette approche s'applique évidemment à des tâches simples ou déjà connues. La figure 13.1 montre une affiche qui présente une tâche simple.

Figure 13.1 : Affiche pour présenter une tâche en basket-ball

Lancer au panier à partir de différents endroits sur le terrain (spot shooting)

Tâche : Exécuter des lancers à partir de différents endroits. Commencer à un endroit extérieur proche du panier pour ensuite vous déplacer dans le sens des aiguilles d'une montre. Un partenaire attrape le rebond et vous fait une passe vers le point suivant. Compter le nombre d'essais réussis pour six essais et inscrire votre résultat. Prendre les rebonds pour votre partenaire qui lance à son tour.

Souvenez-vous !   Faire face au panier
                    Fléchir les genoux
                    Pousser avec les orteils
                    Commencer le mouvement avec le coude
                    Terminer le mouvement en faisant une extension complète du poignet

L'enseignement par tâches permet de regrouper des élèves ayant différents niveaux d'habileté. Un des problèmes majeurs du travail avec des groupes vient du fait que les participants ont souvent des habiletés et des expériences différentes. Avec l'enseignement actif, l'enseignant communique une tâche que l'ensemble des élèves exécute. Quelques enseignants plus efficaces trouvent des façons de suggérer des variations de la tâche afin de l'adapter aux différents niveaux d'habileté. Ainsi, une affiche permet d'illustrer facilement une progression de tâches et les élèves font la tâche qui convient à leur niveau d'habileté. Par exemple, une tâche de volley-ball consiste à pratiquer des touches frappées au-dessus d'une ligne sur le mur ; il est possible de l'adapter aux différents niveaux d'habileté en traçant des lignes à des hauteurs variées, en modifiant la distance du mur ou en utilisant des ballons différents. Les élèves font la tâche qu'ils se sentent capables de réussir pour ensuite aller vers un niveau supérieur ou inférieur, selon leur degré de réussite.

L'enseignement par tâches permet aux enseignants d'organiser à l'avance du matériel particulier pour favoriser la maîtrise du contenu par les élèves. Au badminton, par exemple, un enseignant peut se servir d'équipement spécifique pour faire apprendre des habiletés particulières. Dans une stratégie d'enseignement actif, le matériel est installé puis démonté tout au long de la leçon, à mesure que les tâches changent. Dans une stratégie d'enseignement par tâches, le matériel reste installé pour toute la leçon puisque les élèves font une rotation entre les différentes stations. Une station peut servir à la pratique du service court et du service long ; une corde passant au-dessus du filet et des cibles dessinées sur le plancher informent l'élève sur la précision de ses services. Du matériel semblable peut être installé pour pratiquer les dégagés et les amortis alors qu'une troisième station est utilisée pour jouer des matchs en double.

Les progressions d'une tâche à l'autre sont difficiles à réaliser et elles représentent la faiblesse générale de l'utilisation de cette stratégie. Le problème survient quand vous avez six stations et cinq élèves par station ; toutes les stations doivent être remplies dès le début de la leçon et les élèves font la rotation durant toute la leçon. Si les stations un à six représentent une progression, certains élèves doivent commencer à la fin de la progression et « aller à contre-courant » vers les tâches plus faciles. Aussi, l'enseignement par tâches est généralement utilisé pour pratiquer des tâches où il n'y a pas de progression.

La plupart des enseignants qui utilisent une stratégie d'enseignement par tâches annoncent le moment de changer de station et, au signal, les sous-groupes font la rotation. Il est aussi possible de dire aux élèves de changer de tâche quand ils ont atteint le critère de performance. Ce critère peut être formulé sous la forme de quantité (vingt-cinq essais) ou de qualité (cinq lancers consécutifs au-dessus de la ligne). Cependant, quand la rotation est basée sur un critère, certaines stations deviennent achalandées, ce qui entraîne des problèmes de partage du matériel et d'engagement actif.

Les élèves doivent posséder de bonnes habiletés d'auto-contrôle pour bien utiliser les stratégies d'enseignement par tâches. Les enseignants supervisent activement la réalisation des tâches comme pour toute pratique indépendante. Ils peuvent cependant fournir beaucoup plus de rétroactions et d'information si les élèves sont disciplinés et centrés sur la tâche. Les stratégies d'enseignement par tâches réussissent mieux quand les tâches sont décrites clairement et précisément (le contexte de réalisation, la performance, les indicateurs qualitatifs et quantitatifs de réussite). Les stratégies s'avèrent plus efficaces quand, en plus de la supervision de l'enseignant, la performance est évaluée et l'élève est tenu responsable des points accumulés individuellement ou par son équipe.

L'ENSEIGNEMENT À PARTIR DE QUESTIONS

L'enseignement à l'aide de questions fait référence à une stratégie où les tâches sont communiquées sous forme de questions qui guident l'activité des élèves vers la résolution de problèmes correspondant aux buts visés. En éducation physique, cette approche est utilisée surtout en éducation motrice avec les jeunes enfants (voir l'encadré 10.2). L'expérimentation motrice à partir de questions est une variante de l'enseignement actif puisque cette stratégie s'adresse habituellement à l'ensemble du groupe et que les enseignants dirigent le rythme de la leçon en présentant une série de tâches. Les questions permettent de raffiner ou d'enrichir les tâches tout en donnant la possibilité aux élèves d'explorer diverses solutions plutôt que de reproduire une habileté démontrée par l'intervenant. Avec des participants plus âgés, des questions peuvent être intégrées aux stratégies d'enseignement afin d'ajouter des résolutions de problèmes aux conditions d'apprentissage.

La caractéristique distinctive de cette stratégie réside dans la façon de présenter les tâches et dans la transformation du rôle de l'élève pendant le processus d'apprentissage. Dans l'enseignement actif, les tâches sont décrites soigneusement en incluant les conditions de pratique, la tâche elle-même et les critères d'évaluation de la réussite. Dans l'enseignement à partir de questions, les conditions de pratique et la façon d'évaluer la réussite sont présentées en laissant place à l'exploration et à l'interprétation. Par exemple, un enseignant dit : « En restant dans l'espace que vous occupez, trouvez différentes façons de maintenir votre équilibre sur trois appuis. » Le maintien de l'équilibre sur trois appuis représente le produit attendu pour réussir cette tâche, mais il existe différentes façons de la réaliser. Cette façon de présenter une tâche encourage l'exploration de différentes combinaisons. Lorsqu'une solution est trouvée, l'enseignant demande : « Pouvez-vous trouver une autre façon d'y arriver ? » L'élève doit décider ce qu'il va faire et non seulement reproduire ce que l'enseignant a expliqué et démontré. Mosston a désigné la stratégie qui consiste à poser une série de questions dans le but d'amener les élèves vers des réponses précises : l'enseignement par découverte guidée.

Bien que l'enseignement à l'aide de questions est une stratégie particulièrement compatible avec l'expérimentation motrice pour les jeunes enfants, il est loin d'être limité à ce but. La plupart des activités physiques pourraient être enseignées à l'aide de cette stratégie. L'encadré 13.3 présente des « types et exemples de questions » pour une unité de basket-ball.

Quand l'enseignement à l'aide de questions est utilisé avec des étudiants plus âgés et qu'il est intégré à d'autres stratégies d'enseignement, on parle généralement d'approche par résolution de problèmes. La **résolution de problèmes** est souvent associée à ce qu'on appelle l'approche « kinésiologique » ou « conceptuelle » (voir l'encadré 10.2). Dans ces approches, les objectifs cognitifs sont aussi – sinon

Encadré 13.3 : Types et exemples de questions

Les questions peuvent être regroupées sous quatre types selon la nature de l'activité cognitive. Quand les questions font partie d'une stratégie, il est important qu'elles concordent avec les raisons pour lesquelles elles sont utilisées.

1. **Les questions de rappel.** Elles exigent une réponse faisant appel à la mémoire. La plupart des questions auxquelles on peut répondre par « oui » ou par « non » entrent dans cette catégorie.

   – Où devez-vous regarder pendant le dribble ?

   – Quelle main devrait être levée dans un but de défense face à une personne qui dribble de la main droite ?

   – Avec quel pied devriez-vous pousser pour couper devant un défenseur ?

   – Le coude doit-il être placé vers l'extérieur quand vous lancez ?

2. **Les questions convergentes.** Elles visent l'analyse et l'intégration de contenus déjà assimilés. Elles demandent du raisonnement et de la résolution de problèmes. Habituellement, il y a un éventail de bonnes et de mauvaises réponses.

   – Pourquoi devez-vous être placé entre votre adversaire et le panier ?

   – Quelles sont vos responsabilités quand votre adversaire lance et se déplace à droite pour le rebond ?

   – Que devriez-vous faire si le défenseur sort pour vous couvrir lors d'un écran et roulé (*pick and roll*) ?

3. **Les questions divergentes.** Elles demandent la recherche de nouvelles solutions pour la résolution de problème. Plusieurs réponses peuvent être bonnes.

   – De quelles façons pouvez-vous commencer une contre-attaque à la suite d'une interception du ballon ?

   – Que pouvez-vous faire si vous vous retrouvez à surveiller un joueur plus grand que vous en position de pivot ?

   – Quelles options de passes avez-vous quand vous êtes surveillé par deux adversaires ?

   – Quelles stratégies suggéreriez-vous quand vous êtes en avance de trois points et qu'il reste deux minutes à faire dans le match ?

$\longrightarrow$

Encadré 13.3 : Types et exemples de questions (suite)

4. **Les questions portant sur les valeurs.** Elles requièrent l'expression d'un choix, d'une attitude ou d'une opinion. Les réponses ne peuvent pas être jugées comme bonnes ou mauvaises.

   – Comment réagissez-vous quand quelqu'un commet une infraction qui vous porte préjudice, mais que l'arbitre ne la voit pas ?

   – Quelle est votre opinion au sujet de la possibilité de commettre intentionnellement une faute contre l'adversaire à la fin d'un match ?

   – Qu'est-ce qui vous donne le plus de plaisir : compter beaucoup de points ou jouer dans une équipe gagnante ?

---

plus – importants que les buts associés au développement d'habiletés motrices et de combinaisons stratégiques. La figure 13.2 illustre cette approche dans une unité sur l'endurance cardiovasculaire dans une école secondaire.

L'ENSEIGNEMENT PAR LES PAIRS

La recherche sur l'enseignement par les pairs a démontré que le succès augmente à mesure que le nombre de personnes diminue dans un groupe d'apprentissage (Cooke, Heron et Heward, 1983 ; Bloom, 1984) et que les acquisitions les plus marquées sont obtenues avec une formule où les apprenants travaillent un à un (par exemple, le tutorat). Bloom (1984) a déterminé un certain nombre de stratégies pouvant aider à réaliser des acquisitions identiques à celles obtenues avec une stratégie de tutorat lorsque les enseignants travaillent avec des groupes ayant des effectifs normaux. Celles où les pairs jouent un rôle actif dans le processus d'enseignement, ce qu'on appelle ici l'« enseignement par les pairs », sont parmi les plus prometteuses.

L'enseignement par les pairs peut se faire deux par deux, en groupe de trois ou en petits groupes. Le travail à deux correspond à ce que Mosston (1966) appelle l'« **enseignement réciproque** ». Il faut souligner que l'enseignement par les pairs n'élimine pas les responsabilités de l'enseignant. Il demeure responsable de la planification et de l'implantation de conditions d'apprentissage favorisant le déve-

Figure 13.2 : Fiche de tâches pour un laboratoire sur l'endurance cardiovasculaire

Problèmes
1. Quels sont les effets de la position du corps et la vitesse du mouvement sur la fréquence cardiaque ?
2. Quel est votre seuil minimum d'entraînement ?
3. Quelles activités sont les meilleures pour développer l'endurance cardiovasculaire ?

Directives
Faites toutes les activités avec un partenaire. Toutes ces activités peuvent être pratiquées individuellement, à l'exception des exercices musculaires et du volley-ball que nous pratiquerons ensemble. Faites chacune des activités et calculez votre fréquence cardiaque immédiatement après chacune. Reposez-vous entre les activités pour permettre à votre fréquence cardiaque de revenir à la normale.

Les activités (calculez sa fréquence cardiaque après chacune)
1. Allongez-vous pendant cinq minutes et relaxez.
2. Asseyez-vous puis prenez votre pouls après une minute.
3. Tenez-vous droit, à l'attention, pendant deux minutes.
4. Marchez lentement pendant deux minutes.
5. Marchez rapidement pendant deux minutes.
6. Joggez lentement pendant deux minutes.
7. Courez à un rythme moyen pendant deux minutes.
8. Faites un sprint de trente secondes.
9. Sautez à la corde pendant une minute.
10. Faites des exercices musculaires pendant cinq minutes.
11. Jouez au volley-ball pendant cinq minutes.
    - Qu'arrive-t-il à votre fréquence cardiaque quand vous changez la position de votre corps ?
    - Avez-vous remarqué une différence dans les fréquences cardiaques selon le sexe des personnes dans la classe ?
    - Quelle est votre zone cible personnelle lors du travail d'endurance cardiovasculaire ?
    - Quelle serait votre zone cible si vous aviez quarante-cinq ans ?
    - Comment pourriez-vous comparer les fréquences cardiaques atteintes après ces différentes activités par rapport à vos activités quotidiennes courantes ?
    - Quelles sont les options dont vous disposez pour réaliser un travail cardiovasculaire adéquat chaque jour ?

Source : Adaptée de Lawson et Placek (1981)

loppement des élèves et les bonnes relations interpersonnelles. Cependant, l'enseignant n'est plus le seul ou le plus important agent pour expliquer, démontrer ou donner des rétroactions puisque ces rôles sont partagés avec les élèves. Il a été démontré que les élèves peuvent s'enseigner mutuellement ; cependant, ils doivent y être préparés et le contenu doit être bien structuré.

La recherche indique clairement que les enfants peuvent s'enseigner efficacement des habiletés les uns aux autres. Ces acquisitions sont optimisées quand le programme est bien structuré, quand l'accent est mis sur la répétition, quand l'apprenant atteint un niveau de maîtrise suffisant avant de passer à une tâche supérieure, quand des procédures de révision sont intégrées au système d'apprentissage et quand les tuteurs sont entraînés à jouer ce rôle (Cooke, Heron et Heward, 1983, p. 2).

Les stratégies d'enseignement par les pairs possèdent plusieurs points forts. Premièrement, les tuteurs retirent beaucoup d'avantages à enseigner à leurs pairs. Deuxièmement, le fait que les élèves soient divisés en petits groupes permet un enseignement plus individualisé et mieux adapté à leurs besoins. Troisièmement, les sous-groupes peuvent progresser à un rythme conduisant à une plus grande maîtrise du contenu. Quatrièmement, un enseignement par groupe de deux apprenants produit habituellement une plus grande proportion de bonnes réponses grâce à l'évaluation et aux rétroactions des tuteurs. Cinquièmement, il semble que les élèves développent leur sens des responsabilités et qu'ils comprennent mieux le processus d'apprentissage en éducation physique.

Les principales limites de l'enseignement par les pairs sont le temps requis pour s'entraîner à être tuteurs et les efforts nécessaires pour individualiser le contenu de façon à ce que les sous-groupes progressent à des rythmes différents. Un handicap potentiel vient du fait que pendant qu'une personne s'exécute, l'autre observe ; aussi le nombre total de réponses n'est pas aussi élevé qu'il pourrait l'être avec une stratégie d'enseignement actif où tous les élèves sont physiquement actifs. L'effet de cette limitation semble toutefois compensé par la proportion plus élevée de réponses réussies ainsi que par le grand nombre de rétroactions données par les tuteurs. La clé du succès dans l'enseignement par les pairs réside dans la relation de travail entre les élèves. Ils ont besoin d'apprendre comment s'aider mutuellement et ils doivent vouloir travailler ensemble et coopérer, à la fois dans le rôle de tuteur et dans celui d'apprenant. Les tuteurs doivent apprendre à encourager, expliquer, analyser une réponse et donner des rétroactions appropriées. Cette dernière fonction est facilitée quand le matériel didactique est bien préparé. La figure 13.3 illustre une fiche de tâches au tennis pour du travail à deux. La figure 13.4 présente un exemple de tâches au soccer pour un sous-groupe de trois. Chaque fiche comprend des directives pour aider le tuteur à analyser la réponse et donner des rétroactions.

Quand les enseignants utilisent l'enseignement par les pairs, ils consacrent la plus grande partie de leur temps et de leur énergie à préparer le contenu. Une fois que les différentes fonctions d'enseignement ont été présentées aux élèves et que les routines d'organisation ont été mises en place, la fonction principale de l'enseignant consiste

Figure 13.3 : Feuille de tâches au tennis pour un enseignement par les pairs

	Joueur n° 1		Joueur n° 2	
R = Réussi	1er set	2e set	1er set	2e set
T = Travail nécessaire				
Tâches et critères*	R T	R T	R T	R T
1. Se tenir debout, l'épaule gauche pointée vers le filet et le poids du corps sur le pied droit. (Faire le contraire si vous êtes gaucher.)				
2. Après avoir lancé la balle vers le haut, ramener la raquette vers l'arrière au niveau de la hanche.				
3. Transférer le poids du corps sur le pied avant et ramener la raquette en ligne droite vers la balle.				
4. Garder les yeux sur la balle jusqu'à ce qu'elle frappe la raquette. Plier les genoux légèrement tout au long du mouvement.				
5. La balle est frappée au niveau du pied avant.				
6. Garder le poignet ferme et faire le mouvement avec tout le bras, à partir de l'épaule.				
7. Faire une rotation du tronc de sorte que les épaules et les hanches soient face au filet lors du convoyage.				
8. Accompagner le mouvement avec la raquette dirigée vers le haut et l'avant dans la direction de l'impact.				

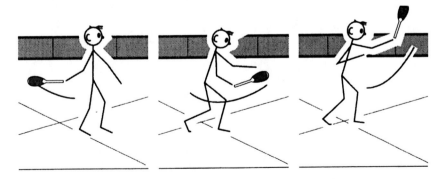

* La description détaillée des parties du mouvement représente les points à observer lors de la réalisation des tâches.
Source : Mosston et Ashworth, 1986, p. 68-69.

à superviser le processus d'échange entre les élèves pendant une leçon. Comme la plupart des stratégies d'enseignement décrites dans ce chapitre, l'enseignement par les pairs peut être utilisé comme approche principale lors d'une leçon. Il peut aussi être combiné avec d'autres façons d'enseigner.

Figure 13.4 : Feuille de tâches pour un enseignement par les pairs en groupe de trois

Nom   _____

Classe   _____

Date   _____

Partenaire _____

Soccer : Remise en touche longue

Travailler en sous-groupe de trois : une personne lance, une autre récupère le ballon et l'autre observe. Le lanceur exécute la tâche dix fois à une distance approximative de quinze mètres. L'autre personne récupère le ballon pendant que l'observateur donne des rétroactions à l'exécutant après avoir comparé sa réponse avec les critères.

Critères

1. Utiliser les deux mains pour amener le ballon au point A derrière la tête ;

2. Faire deux pas rapides vers l'avant pour prendre de l'élan ;

3. Fléchir le tronc vers l'arrière, fléchir aussi les genoux légèrement ;

4. Le mouvement de rotation associé à l'extension vigoureuse des jambes produit la poussée.

    Note : Les deux pieds doivent demeurer au sol tant que le ballon n'est pas lâché. Le ballon doit être lancé dans la direction où le lanceur fait face.

Source : Mosston et Ashworth, 1986, p. 95.

L'APPRENTISSAGE COOPÉRATIF

Certains éducateurs sont à l'affût de nouvelles stratégies d'enseignement qui peuvent augmenter les chances de succès scolaires des élèves tout en offrant des avantages sociaux tels que l'apprentissage coopératif. Les conclusions de la recherche indiquent que cette stratégie favorise grandement la réussite et le développement social des élèves (Slavin, 1988). Les professeurs d'éducation physique ont commencé à utiliser des jeux coopératifs où les résultats sont fonction de la capacité des membres de l'équipe à travailler ensemble pour atteindre un but. L'apprentissage coopératif fait cependant référence à une stratégie d'enseignement plutôt qu'à un type d'activités (Kagan, 1990). Dans l'apprentissage coopératif, le travail des élèves est structuré de façon à ce que la réalisation des buts du groupe requière une interdépendance tout en confiant des responsabilités à chaque personne. Les équipes représentent la structure courante des stratégies d'apprentissage coopératif.

Les équipes sont souvent formées d'élèves de différents niveaux d'habileté de sorte que leur potentiel soit comparable. Le résultat peut être jugé par rapport au succès du groupe, par exemple, le score de l'équipe. Cependant, les formes d'apprentissage coopératif qui semblent les plus efficaces sont celles où le classement de l'équipe est constitué de la somme des scores individuels, ce qui requiert que tous les membres de l'équipe travaillent de concert pour optimiser les résultats. Bien que l'apprentissage coopératif soit largement utilisé dans les classes régulières, particulièrement celles de la maternelle et du primaire, et que la recherche sur le sujet soit abondante (Slavin, 1990), il est peu courant dans l'enseignement en éducation physique.

Les trois stratégies les plus courantes d'apprentissage coopératif sont la « vérification par les pairs », les « casse-tête » et le « coop » (Kagan, 1990). Dans la stratégie de vérification par les pairs, les élèves travaillent en sous-groupes de quatre, subdivisés en deux paires de partenaires. Les paires travaillent sur une tâche et un des partenaires aide l'autre, comme dans l'enseignement par les pairs. Les deux paires se réunissent ensuite pour vérifier s'ils ont atteint leur but, pour se donner des rétroactions et des occasions de pratique additionnelles, au besoin. Dans la stratégie du casse-tête, chaque membre d'une équipe devient un « expert » dans un élément ou une habileté en travaillant avec les experts des autres équipes. Ils se regroupent ensuite par équipe et chaque expert enseigne « son » habileté. Ainsi, tous les experts de la manchette ou du service au volley-ball travaillent ensemble pour maîtriser leur habileté avant de regagner leur équipe et de l'enseigner à leurs coéquipiers. Dans la stratégie du coop, les élèves travaillent par petits groupes pour réaliser un produit auquel chacun apporte sa contribution particulière. Les groupes présentent le résultat de leur travail au reste de la classe. Cette stratégie est utile pour préparer des démonstrations en gymnastique ou pour apprendre des danses folkloriques.

L'apprentissage coopératif vise à produire des acquisitions en apprentissage dans les domaines social et affectif, tout en favorisant la maîtrise des contenus scolaires. Selon la recherche, l'apprentissage coopératif utilisé de façon appropriée favorise l'acceptation des groupes raciaux, des élèves ayant différents niveaux d'habileté, des handicapés intégrés aux classes régulières ainsi que de meilleurs liens d'amitié en général (Slavin, 1990). Après avoir utilisé une stratégie d'enseignement actif pour l'apprentissage de tâches d'initiation, les enseignants peuvent utiliser des stratégies d'apprentissage coopératif pour raffiner ces habiletés. L'apprentissage coopératif, qui inclut des éléments d'enseignement par les pairs, peut aussi être intégré dans une stratégie d'enseignement par tâches. Le modèle de programme centré sur l'éducation sportive (voir l'encadré 10.2) représente une forme d'apprentissage coopératif ; il pourrait facilement être adapté pour devenir une stratégie d'apprentissage coopératif à part entière. Comme l'indique l'encadré 13.4, l'apprentissage coopératif est une des stratégies d'enseignement qui place l'élève au centre du processus.

LES STRATÉGIES D'AUTO-ENSEIGNEMENT

Les stratégies d'auto-enseignement permettent aux élèves de progresser à travers une série d'activités d'apprentissage sans la présence et la supervision directe de l'enseignant qui sont indispensables à d'autres stratégies comme l'enseignement individualisé, le contrat d'apprentissage et l'enseignement personnalisé. Dans les stratégies d'auto-enseignement, les fonctions d'enseignement sont incluses dans le matériel didactique et un système d'évaluation formel est habituellement utilisé pour rendre les élèves responsables de leur apprentissage. Les enseignants qui utilisent ces stratégies consacrent donc beaucoup de temps pour développer et améliorer le matériel didactique ainsi que pour gérer le système d'évaluation et garder à jour les dossiers des élèves.

Les stratégies d'auto-enseignement peuvent être utilisées dans une classe régulière aussi bien que dans divers autres contextes d'apprentissage. En éducation physique, elles sont généralement utilisées pour des cours du niveau secondaire ayant lieu en dehors de l'école, par exemple, à la salle de quille, au club de tennis ou au terrain de golf. Étant donné la nature des contenus en éducation physique, les stratégies d'auto-enseignement requièrent souvent que les

Encadré 13.4 : Intervenir moins pour mieux enseigner

L'enseignement est habituellement associé à ce que les enseignants font en classe. Trop souvent, l'enseignement est évalué en fonction de ce que fait l'enseignant. Par contre, je crois que la meilleure façon d'évaluer l'enseignement consiste à observer ce que font les élèves. Les enseignants n'ont pas besoin d'occuper le devant de la scène pour être efficaces ; ils devraient plutôt sortir de la scène et permettre aux élèves d'occuper les premiers rôles, d'être responsables et de faire leur apprentissage de façon autonome. Plusieurs stratégies d'enseignement présentées dans ce chapitre peuvent favoriser l'atteinte de ce but.

Les élèves peuvent développer leur autonomie grâce à l'enseignement par les pairs ou à l'auto-enseignement. Bien que le sens des responsabilités et l'indépendance soient des qualités de base importantes, il importe aussi d'apprendre à travailler avec d'autres pour réaliser un but collectif. Les stratégies d'enseignement par les pairs et d'apprentissage coopératif favorisent l'atteinte de ce but.

Il est tout à fait acceptable que les enseignants laissent le devant de la scène aux apprenants. Les connaissances actuelles sur les stratégies d'enseignement et d'organisation permettent de mettre en place des conditions qui favorisent le développement de l'autonomie et de l'indépendance en même temps que le sens des responsabilités et la capacité de collaborer avec les autres vers l'atteinte de buts communs.

Il n'est pas facile de mettre en place les stratégies pour réaliser ces buts. Les enseignants doivent perfectionner leurs habiletés d'organisation pour créer un environnement ordonné où les élèves peuvent apprendre à fonctionner efficacement dans leurs nouveaux rôles. Il importe aussi de se rappeler que l'enseignement actif demeure la stratégie la plus adéquate dans certaines circonstances.

élèves travaillent par paires ou en sous-groupes pour compléter les tâches d'apprentissage ; aussi, elles sont souvent utilisées de concert avec l'enseignement par les pairs. De plus, les descriptions de tâches doivent être claires et explicites et plusieurs caractéristiques de l'enseignement par tâches s'appliquent à l'auto-enseignement.

Les stratégies d'auto-enseignement sont flexibles. Elles permettent d'adapter les tâches d'apprentissage aux habiletés des apprenants. Les contenus d'auto-enseignement peuvent être utilisés à l'intérieur

Figure 13.5 : Matériel d'auto-enseignement en soccer

Frapper à la volée

But
Rediriger stratégiquement un ballon dans les airs.

Analyse de l'habileté
1. Aligner une partie du corps avec le ballon ;
2. Garder les yeux sur le ballon ;
3. Diriger le corps vers le ballon ;
4. Faire le contact au centre du ballon avec une partie ferme du corps ;
5. Continuer le mouvement dans la direction désirée.

Sortes de volées
Pied, genou, épaule et tête

Exercices d'apprentissage de la tâche
1. Travailler avec un partenaire : A lance le ballon vers l'épaule de B qui exécute une frappe à la volée avec l'épaule. Répéter cinq fois à une distance de trois mètres. Inverser les rôles. Répéter à une distance de cinq mètres.
2. Répéter la tâche n° 1 en faisant deux ou trois pas avant de frapper le ballon. Inverser les rôles.
3. Répéter les tâches n°s 1 et 2 en dirigeant le ballon vers la gauche, vers la droite et vers le centre.
4. Répéter les tâches n°s 1, 2 et 3 en exécutant une frappe à la volée avec le genou.
5. Répéter les tâches n°s 1, 2 et 3 en exécutant une frappe à la volée avec le pied.
6. Toujours avec un partenaire : A lance le ballon par-dessous pour qu'il décrive un arc allant vers la tête de B qui le frappe avec la tête. Répéter trois fois à une distance de trois mètres. Inverser les rôles.
7. Répéter la tâche n° 6 en dirigeant le ballon vers la gauche, vers la droite et vers le centre.
8. Seul, à une distance de trois à cinq mètres du mur, botter le ballon sur le mur. Exécuter une volée après le rebond, choisir de frapper avec différentes parties du corps selon la hauteur du rebond. Pour obtenir un rebond plus prononcé, faire deux ou trois pas avant de donner le coup de pied. On peut obtenir différentes hauteurs dans le rebond en prenant contact avec le ballon à différents points sous le centre. Répéter dix fois.

Source : Adaptée de Zakrajsek et Carnes, 1986, *Individualizing Physical Education : Criterion Materials*, deuxième édition, p. 186. Reproduit avec la permission des auteurs.

comme à l'extérieur des cours. De plus, les élèves ont la responsabilité de compléter par eux-mêmes la séquence d'apprentissage en suivant les directives préparées par l'enseignant.

La réussite ou l'échec de l'auto-enseignement dépend de la spécificité et de la pertinence des contenus compte tenu du degré de motivation des élèves. Les contenus doivent être complets et explicites pour fournir l'aide nécessaire. La figure 13.5 illustre un exemple de contenu d'auto-enseignement pour le jeu à la volée au soccer.

Le **contrat d'apprentissage** est une forme d'enseignement individualisé où l'élève signe un contrat attestant qu'il complétera une série de tâches d'apprentissage en respectant les critères prédéterminés. Cette stratégie d'auto-enseignement est populaire dans les cours d'éducation physique ayant lieu sur des sites autres que l'école et qui sont sous la responsabilité de personnes autres que les éducateurs physiques. Ainsi, les élèves pourraient compléter par eux-mêmes une unité de golf ou de quilles sans être supervisés par l'enseignant. Le contrat spécifie les tâches d'apprentissage à compléter et les critères de performance nécessaires pour satisfaire aux exigences du cours et obtenir la note souhaitée. La figure 13.6 donne un exemple de contrat d'apprentissage.

Figure 13.6 : Contrat d'auto-apprentissage au golf

Exigences
1. Pratiquer sur un terrain de golf local pendant vingt heures ;
2. Obtenir quatre-vingt dix pour cent ou plus à l'examen sur les règlements du golf avant d'aller pratiquer sur un terrain. (Venir au bureau des éducateurs physiques pour passer ce test) ;
3. Jouer un trente-six trous et remettre les cartes de pointage complétées ;
4. Tenir un journal des difficultés auxquelles vous avez fait face lors de la pratique des habiletés et du jeu et que vous remettrez à la fin de l'unité ;
5. Jouer un dernier dix-huit trous à la fin de l'unité.

Tâches à pratiquer (minimum vingt heures)
1. Sur le terrain de pratique, frapper avec un fer 9, un fer 5 et un décocheur 1 ou 3 (vingt fois chacun). Utiliser la liste de vérification pour évaluer les critères importants. Si possible, demander à un partenaire de vous observer et de compléter cette fiche ;
2. Sur un vert d'exercice, frapper vingt-cinq coups d'approche avec un fer 9 ;
3. Sur des verts de pratique, exécuter cinquante coups roulés de différentes longueurs sur diverses pentes ;
4. Tenir compte de vos améliorations et consacrer plus de temps aux tâches avec lesquelles vous avez plus de difficulté ;
5. Faire valider vos temps de pratique par un partenaire ou un employé du terrain de golf.

Tâches en rapport avec le jeu (minimum trente-six trous)
1. Jouer au moins neuf trous à la fois ;
2. Jouer selon les règlements officiels et locaux ;
3. Compléter la carte de pointage et la faire valider ;
4. Noter vos impressions et réactions dans votre journal.

Critères d'évaluation
C = Les exigences ont été satisfaites sans plus ;
A ou B = Selon l'amélioration démontrée entre le début et le dix-huit trous final.

L'enseignement personnalisé représente une stratégie d'auto-enseignement où le contenu est divisé en petites étapes qui doivent être maîtrisées avant de passer à l'étape suivante. Ces stratégies requièrent l'établissement de tâches d'apprentissage spécifiques et de critères de réussite précis. Les élèves pratiquent une tâche jusqu'à ce qu'ils satisfassent les critères avant de passer à la suivante. À la fin d'une unité d'enseignement personnalisé, la quantité d'acquisitions en apprentissage sera différente, mais tous les apprenants auront amélioré la qualité de leur rendement. L'évaluation se fait habituellement en fonction du nombre de tâches complétées pendant l'unité. L'enseignement personnalisé peut aussi être utilisé en dehors des cours réguliers de façon à donner du temps supplémentaire à ceux qui en ont besoin. La figure 13.7 illustre une tâche d'enseignement personnalisé du tennis composée d'une série de sous-tâches graduées.

FOURNIR UN ENSEIGNEMENT EFFICACE AUX PERSONNES HANDICAPÉES INTÉGRÉES DANS LES CLASSES RÉGULIÈRES

Les diverses chartes des droits de la personne stipulent que les personnes handicapées ont droit à une éducation de qualité. Aux États-Unis, un règlement adopté par le Congrès américain en 1974 exige que

Figure 13.7 : Tâches d'apprentissage pour une unité de tennis au secondaire

Unité 4 – Règlements et échanges

Objectifs terminaux
1. Connaître les règlements du tennis : obtenir quatre-vingt pour cent ou plus à un examen écrit ;
2. Se déplacer de la position de base au centre du terrain vers un endroit pour frapper des coups droits ou des revers ; échanger six coups consécutifs, la balle arrivant à l'intérieur des limites du jeu en simple.

Tâches d'apprentissage
1. Lire le matériel fourni et répondre aux questions sur la feuille ;
2. Participer à l'exercice des « coups frappés à partir du centre du terrain » jusqu'à ce que six balles consécutives soient frappées à l'intérieur des limites du jeu en simple ;
3. Participer à l'exercice des « coups frappés à partir du fond du terrain » jusqu'à ce que six balles consécutives soient frappées à l'intérieur des limites du jeu en simple ;
4. Participer à l'exercice du « deux contre un » jusqu'à ce que six coups consécutifs soient échangés à l'intérieur des limites du jeu en simple.

Source : Tousignant, 1983, p. 34. Reproduit avec la permission du *Journal of Physical Education, Recreation and Dance*.

Encadré 13.5 : L'enseignant que je veux être par rapport à l'enseignant que je suis

Cet exercice a pour but de vous aider à évaluer le degré de congruence entre votre conception de l'enseignement de l'éducation physique et votre position actuelle. Le contenu de ce chapitre et celui du chapitre 10 sera utile pour vous permettre de compléter cet exercice.

Première partie : l'enseignant que je veux être

Décrire le type de professeur d'éducation physique que vous voulez être. Inclure dans cette description : 1) votre conception des bienfaits attendus en éducation physique (voir l'encadré 10.1) ; 2) vos stratégies d'enseignement préférées ; 3) le style d'enseignement que vous voulez adopter. Décrire comment les buts que vous valorisez en éducation physique, les stratégies d'enseignement que vous préférez et le style que vous aimeriez adopter s'associent pour faire de vous l'enseignant que vous voulez être.

Deuxième partie : l'enseignant que je suis

Pour faire cette partie de l'exercice, vous aurez besoin de résultats d'analyse de votre enseignement faite par un observateur ou d'un enregistrement sur vidéo que vous pourrez analyser vous-même. Vous voudrez peut-être utiliser quelques-unes des stratégies d'observation décrites au chapitre 16. Afin de déterminer si vos élèves atteignent les buts qui, selon vous, représentent les « bienfaits attendus » en éducation physique, observez leur comportement. Que font-ils ? Le font-ils souvent ? Réussissent-ils ? Comment caractérisez-vous votre stratégie d'enseignement ? Permet-elle de réaliser vos buts ? Pour déterminer votre style, observez et évaluez vos interactions avec les participants. Communiquez-vous des attentes élevées et réalistes ? Encouragez-vous leurs efforts ? Êtes-vous essentiellement positif ou centré sur les corrections ? Transmettez-vous de l'énergie ?

Troisième partie : évaluation du degré de concordance

Intégrez maintenant les parties 1 et 2 ensemble. Le profil de l'enseignant que vous êtes se rapproche-t-il de votre vision de l'enseignant que vous souhaitez être ? Quels points présentent des divergences ? Que pourriez-vous faire pour vous améliorer ?

l'on fournisse un enseignement à toutes les personnes présentant des handicaps dans un environnement le moins limitatif possible, compte tenu de leur handicap. Dans plusieurs systèmes scolaires, l'environnement le moins restrictif pour l'éducation physique est la classe régulière.

Il y a **intégration** lorsque les élèves présentant des handicaps sont éduqués avec les élèves des classes régulières. L'intégration représente un effort pour permettre aux personnes handicapées de recevoir une éducation aussi normale que possible en accordant une attention spéciale aux dimensions sociales. Lorsqu'un ou plusieurs enfants sont intégrés dans les classes régulières, leur présence exige que l'éducateur physique modifie divers aspects de son enseignement.

Les activités doivent être adaptées afin que les personnes handicapées puissent y participer. Par exemple, il faut parfois modifier l'équipement ou changer les règlements. Ainsi, lorsqu'un élève en fauteuil roulant veut jouer au basket-ball, il peut s'avérer nécessaire de réduire la hauteur du panier, d'utiliser un ballon plus petit ou les deux. Pendant les matchs, un joueur de l'équipe adverse peut utiliser un fauteuil roulant afin que les deux équipes soient comparables et les règlements doivent être modifiés pour ces deux joueurs. S'il n'y a pas d'autre fauteuil roulant disponible, il est possible d'utiliser une planche à roulette. En soccer, un étudiant handicapé présentant une mobilité limitée peut occuper la position de gardien de but.

Les élèves présentant un handicap mental ou physique occasionnent souvent des problèmes différents et parfois plus difficiles à résoudre. Dans ces cas, il peut être nécessaire d'utiliser diverses stratégies d'enseignement décrites dans ce chapitre. Par exemple, on peut assigner un tuteur à cet élève « spécial » afin de l'aider à réaliser une forme modifiée de la tâche. Il est souhaitable de changer de tuteur régulièrement. Les élèves handicapés peuvent être intégrés dans les équipes lors d'un apprentissage coopératif ; tous les membres de son groupe sont alors responsables de favoriser sa participation active.

RÉSUMÉ

1. Une stratégie d'enseignement fait référence à la façon dont un enseignant présente les tâches et structure la pratique des élèves. Le style d'enseignement fait référence au climat d'enseignement et aux modes d'organisation utilisés pour permettre l'apprentissage.

2. Dans son spectre des styles d'enseignement, Mosston a décrit différentes façons d'enseigner (du commandement à la découverte) qui devaient être reliées à la croissance de l'étudiant.

3. Une stratégie d'enseignement devrait être adaptée aux conditions d'apprentissage ; elle devrait aussi refléter les préférences personnelles de l'enseignant, les caractéristiques des élèves, le contenu enseigné et le contexte dans lequel l'enseignement prend place.

4. L'enseignement actif est une stratégie directe où l'enseignant dirige le rythme de la leçon, fournit beaucoup de pratique guidée et indépendante et où l'on retrouve un taux élevé de participation et de succès dans un climat positif.

5. L'enseignement par tâches est une stratégie où les participants pratiquent différentes tâches en même temps et où ils font habituellement une rotation entre les tâches pendant la leçon.

6. L'enseignement à partir de questions est une variante de l'enseignement actif où les réponses ne sont pas prédéterminées. L'approche peut être effectuée par découverte guidée ou par résolution de problèmes.

7. Les questions peuvent faire appel à la mémoire, demander des réponses convergentes ou divergentes ou porter sur des valeurs.

8. L'enseignement par les pairs est une stratégie où les élèves travaillent par deux ou en sous-groupes ; ils partagent des rôles habituellement joués par l'enseignant. Les élèves doivent être bien préparés à jouer ces rôles, spécialement pour donner des rétroactions.

9. L'apprentissage coopératif est une stratégie où le travail des élèves est structuré de façon à requérir une interdépendance entre les participants pour que le groupe atteigne son but. Il exige aussi une responsabilité individuelle à l'égard des membres du groupe.

10. Les enseignants n'ont pas besoin d'occuper continuellement le devant de la scène. Un processus d'enseignement-apprentissage est souvent efficace quand les élèves occupent les premiers rôles.

11. Les stratégies d'auto-enseignement permettent aux élèves de progresser à travers une série d'activités d'apprentissage sans la présence immédiate de l'enseignant. Les contenus préparés par l'enseignant sont très importants pour assurer le succès de cette stratégie.

12. Le contrat d'apprentissage et l'enseignement personnalisé sont des stratégies d'auto-enseignement pouvant être utilisées à la fois dans les classes régulières, dans des projets individualisés et pendant des expériences qui surviennent en dehors des cours.

13. L'enseignement destiné aux personnes présentant des handicaps doit se faire dans un environnement le moins restrictif possible, ce qui bien souvent signifie leur intégration dans des classes régulières.

14. Pour accommoder les élèves présentant des handicaps, l'enseignant devra adapter ses stratégies d'enseignement en utilisant par exemple le tutorat ou l'apprentissage coopératif.

PARTIE IV

Devenir un enseignant professionnel

CHAPITRE 14 La nécessité d'une meilleure connaissance du système scolaire pour faire la transition entre le statut d'étudiant et celui d'enseignant

CHAPITRE 15 Le maintien et l'amélioration de votre efficacité

CHAPITRE 16 Les instruments pour évaluer l'enseignement et ses effets

Les enseignants qui œuvrent dans les divers milieux éducatifs doivent comprendre les éléments dont les écoles sont constituées, comment elles fonctionnent et quelles sont les questions les plus pertinentes à se poser pour devenir un professionnel satisfait et productif. Plusieurs obstacles s'opposent à la croissance des enseignants; ces difficultés contribuent à diminuer leur efficacité, les forcent à faire des compromis et peuvent les rendre malheureux sur les plans professionnel et personnel. Vous pouvez réduire les possibilités que ce scénario négatif se produise si vous comprenez bien la culture de l'école, ses épineux problèmes d'organisation, ses règles et l'ensemble des questions d'ordre professionnel imbriquées dans la tâche d'enseignant. Le but de la quatrième partie est de vous fournir cette information.

Quand vous maîtriserez le contenu de la quatrième partie, vous devriez comprendre et être en mesure de discuter des questions telles que l'organisation, la responsabilité et l'éthique professionnelle qui influencent les enseignants. Vous devriez aussi connaître les actions à poser pour maximiser les chances de réussir dès vos premières années d'enseignement et continuer ainsi à grandir comme individu et comme professionnel. Vous devriez également comprendre les aspects de l'enseignement qui font obstacle à son efficacité et les actions à envisager pour les éliminer. Finalement, vous comprendrez l'importance de recourir à l'observation systématique, vous connaîtrez un certain nombre d'instruments et vous serez en mesure de déterminer les divers objectifs qu'ils permettent d'atteindre.

CHAPITRE **14**

La nécessité d'une meilleure connaissance du système scolaire pour faire la transition entre le statut d'étudiant et celui d'enseignant

Il n'y a pas de raisons de craindre que les bons intervenants soient rebutés par une analyse sérieuse du rôle d'enseignant puisque les attraits sont réels et puissants. La plupart de ceux à qui on n'a pas promis un jardin de roses peuvent se contenter d'un modeste terrain où la récolte annuelle de roses surpasse celle des ronces, même s'il y a seulement une rose de plus.
Larry Locke (1975)

LES OBJECTIFS DU CHAPITRE

- Décrire le système scolaire aux plans formel et informel ;
- Décrire les caractéristiques dominantes du statut d'enseignant débutant ;
- Décrire les problèmes majeurs rencontrés par les éducateurs physiques débutants ;
- Décrire la vie dans les écoles selon la perception des enseignants ;
- Déterminer les caractéristiques des écoles efficaces ;

- Décrire les caractéristiques des programmes permettant de prévenir les problèmes de discipline dans l'ensemble de l'école;
- Décrire et discuter des suggestions permettant de persister dans le système scolaire;
- Décrire les responsabilités de l'enseignant soucieux d'établir un programme d'éducation physique qui inspire confiance;
- Définir les termes et les concepts reliés à la responsabilité juridique;
- Décrire comment et pourquoi les enseignants se regroupent et négocient collectivement;
- Définir les termes et les concepts reliés à la négociation collective.

Les enseignants passent une grande partie de leur vie à l'école en contact avec des élèves, tout en étant encadrés par une structure bureaucratique. Il n'est donc pas surprenant que les caractéristiques organisationnelles des écoles et la nature de la vie quotidienne dans ces structures influencent le genre de personne que l'enseignant devient au fil des ans. La plupart des formateurs reconnaissent que leur intervention à l'université est moins importante que ce qui se passe pendant les stages et encore moins que ce que vit l'enseignant lors de sa première année d'enseignement. Il ne faut pas croire que les activités de formation des enseignants, même celles sur le campus universitaire, ne sont pas importantes. Cependant, elles n'influencent pas aussi puissamment le futur enseignant que ses expériences vécues dans les écoles.

Il importe que les futurs enseignants connaissent les caractéristiques du système scolaire avant de commencer à enseigner à temps complet. Premièrement, vous pourrez vous adapter plus facilement et vos expériences initiales d'enseignement seront moins frustrantes et mieux réussies si vous avez une bonne connaissance préalable du système, c'est-à-dire si vous comprenez comment les écoles fonctionnent et comment leur pouvoir influencent les enseignants. Deuxièmement, une bonne connaissance du fonctionnement d'une institution est essentielle pour y opérer des modifications. Donc, que vous choisissiez d'être une « personne qui s'adapte » au système, un « agent de changement » ou une combinaison des deux, vous avez avantage à connaître les écoles.

LES ÉCOLES EN TANT QUE SYSTÈMES

Les écoles sont des systèmes; aussi, elles sont inévitablement bureau-cratiques, c'est-à-dire qu'elles ont des politiques et qu'il faut remplir des formules et produire des rapports. Les écoles primaires des petits centres peuvent parfois éviter la lourdeur bureaucratique qui domine dans les écoles faisant partie de grosses commissions scolaires.

Le système formel des écoles est hiérarchique. Les directeurs d'éco-les dépendent des directeurs généraux des commissions scolaires et les enseignants relèvent des directeurs d'école. Les lignes d'autorité sont claires et souvent rigides. À mesure que les systèmes grossissent, le nombre d'administrateurs augmente et la nature hiérarchique de l'organisation formelle prend encore plus de place.

L'école doit répondre aux intérêts de plusieurs groupes: élèves, parents, commissions scolaires, ministère de l'éducation, organisa-tions d'enseignants et autres professionnels de l'éducation. Le sys-tème formel devrait tenir compte de l'ensemble de ces intérêts, mais comme ils sont souvent divergents, il est peu probable que les mem-bres s'entendent sur les buts majeurs de l'école. Il est également improbable qu'ils «veuillent aller dans la même direction» pendant une longue période de temps. L'enseignant naïf qui arrive dans une école en croyant que toutes les politiques et les décisions sont basées sur «ce qui est le mieux pour les élèves» risque de trouver que la vie est compliquée et frustrante. La vie dans les écoles n'est pas aussi simple.

Les écoles possèdent aussi un système informel, c'est-à-dire diver-ses sources d'influences extérieures qui entrent parfois en conflit avec la structure formelle et hiérarchique de l'administration scolaire. Le processus de développement des systèmes informels varie; aussi, ils ont rarement les mêmes caractéristiques d'une école à l'autre. Il n'en est pas question dans la description officielle produite par la commis-sion scolaire, mais vous en entendez probablement parler à la salle des professeurs. Certaines actions sont accomplies dans la structure formelle alors que d'autres réalisations nécessitent l'appui du système informel; les enseignants qui ne savent pas quelle est la meilleure piste à suivre pour atteindre leurs divers buts risquent fort de se sentir frustrés.

Les écoles ressemblent aux autres systèmes sous plusieurs aspects, mais elles diffèrent sur certains points importants (Tumin, 1977). Les écoles sont, le plus souvent, des institutions publiques financées par des fonds publics. Elles sont placées sous l'autorité des commissions scolaires dont les membres sont élus par les citoyens. Maintenir une domination des écoles est une tradition très chère même si cela prend des significations différentes dans les petites commissions scolaires rurales et dans les grandes commissions scolaires urbaines. Certaines régions sont subdivisées en nombreuses commissions scolaires locales alors que dans les régions éloignées des grands centres, une seule commission scolaire peut offrir tous les services à une population répartie sur un territoire immense. Aussi, la direction locale prend des significations bien différentes selon les caractéristiques de la région desservie par une commission scolaire.

Les écoles étant des organismes publics, leurs actions sont visibles et leur rendement est sanctionné par la population. Les parents, les politiciens et les médias locaux se sentent à l'aise d'examiner ce qui se passe dans les écoles et de partager leurs avis avec la population. Le système scolaire doit donc répondre à un grand nombre d'intérêts publics.

Contrairement à d'autres systèmes, le succès du système scolaire est extrêmement difficile à définir. Les avis des divers groupes intéressés sur ce qui devrait se passer dans les écoles diffèrent considérablement. Étant donné qu'ils ne s'entendent pas sur les buts de l'école, il est évident qu'ils sont également en désaccord au sujet des critères qui devraient être utilisés pour évaluer les écoles. Certains croient que les écoles existent pour enseigner des habiletés de base comme la langue, les mathématiques et la connaissance de la démocratie. D'autres voient les écoles comme un milieu où les élèves pourront apprendre une profession. D'autres croient que la croissance personnelle et l'actualisation de soi sont les buts les plus importants. Les différences sont parfois si énormes que le fait de réaliser un type d'objectifs peut même empêcher d'atteindre d'autres buts. Certaines écoles se retrouvent dans une impasse.

Étant donné qu'elles font partie du système scolaire, les écoles doivent donc transmettre des messages clairs et constants au sujet des buts visés et du degré d'atteinte de ces buts pour chacune des matières enseignées. Aussi, les éducateurs physiques doivent trouver des façons de communiquer aux parents et aux autres personnes intéressées les buts visés par leur programme, de la maternelle à la fin du secondaire, de même que le degré d'atteinte de ces buts.

L'ENSEIGNANT DÉBUTANT

Les nouveaux enseignants qui arrivent dans les écoles sont différents sous plusieurs aspects. Ils ont cependant des caractéristiques, des attentes et des problèmes semblables. Il s'agit généralement de jeunes adultes qui entreprennent leur première carrière professionnelle.

Même les adultes qui changent de carrière ont généralement l'impression de faire leur première entrée quand ils arrivent à l'école. Une nouvelle étape de vie commence donc en même temps qu'une nouvelle carrière.

Les enseignants débutants doivent souvent déménager et certains quittent le foyer pour la première fois, ils font donc un dernier pas vers l'indépendance qui caractérise l'adulte dans notre société. Un déménagement implique souvent la nécessité de se faire de nouveaux amis, de s'adapter à un milieu différent et de faire face à de nouvelles responsabilités. Ainsi, les ajustements que nécessite la première année d'enseignement sont amplifiés par cette transition loin de l'université, vers le monde des adultes.

Bien que le nouvel appartement et les nouveaux amis représentent un changement, l'enseignant débutant vit une transition encore plus profonde dans l'école où il est employé. Les écoles ont des valeurs qui diffèrent de celles véhiculées à l'université et dans les programmes de formation des enseignants. Les universités ont tendance à prôner des valeurs idéalisées alors que les écoles sont généralement plus conservatrices et reflètent les valeurs de la communauté dont elles font partie. De plus, les écoles publiques ne tolèrent généralement pas très bien les personnes qui remettent en question leurs valeurs implicites, surtout si cette personne est un enseignant nouvellement diplômé de l'université. Il en résulte souvent un conflit auquel le débutant fait face sur une base quotidienne.

La première année d'enseignement est souvent complexe, voire même déroutante. Il n'y a jamais assez de temps pour se préparer. Une préparation qui paraissait adéquate s'avère remplie de surprises. Les élèves mettent parfois les enseignants débutants à l'épreuve et ceux qui présentent des faiblesses font parfois l'objet « d'expériences plus poussées ».

La discipline est souvent au centre des préoccupations des nouveaux enseignants. Des méthodes d'enseignement et des stratégies de planification sont généralement apprises dans les programmes de formation ; cependant, l'enseignement des bonnes techniques de discipline n'y figure pas toujours. Vous connaissez peut-être quelques-unes des habiletés de discipline décrites dans ce volume, mais vous avez probablement eu très peu d'occasions de les essayer. Dans le cadre des programmes de formation, il est en effet difficile de mettre en place des situations permettant de pratiquer le maintien de la discipline.

De plus, les enseignants débutants doivent assez rapidement prendre la décision de se joindre ou non à un syndicat. Ces organisations portent parfois le nom d'associations professionnelles, mais elles fonctionnent comme des syndicats. Ici encore, il y a de bonnes chances que les contenus des programmes de formation soient peu utiles pour vous aider à prendre de telles décisions.

Un des aspects les plus difficiles de la première année d'enseignement consiste à s'habituer aux routines et aux tâches supplémentaires qui sont exigées des enseignants. Celles-ci font partie de la bureaucratie organisationnelle dont il a été question précédemment. Les enseignants doivent prendre les présences, faire un rapport à la direction, expédier des notes aux parents, recueillir l'argent pour les projets spéciaux, demander et répondre à des permissions écrites, surveiller les déplacements des groupes d'élèves. Cet éventail de tâches quasi administratives prend du temps qui devrait être consacré à la préparation de l'enseignement.

Il n'est pas question de prétendre que la première année d'enseignement est toujours une histoire d'horreur et que l'enseignant débutant sera inévitablement déçu. Il ne faut pas oublier que les nouveaux enseignants ont « leur » propre classe pour la première fois. Il s'agit véritablement de la première chance qu'ils ont d'enseigner selon leur style particulier, sans se soucier de plaire à un professeur d'université ou à un maître de stage. Ils ont le temps de connaître leurs élèves et ils savent que cette relation durera toute une année. Ils expérimentent aussi la joie d'aider réellement des jeunes à apprendre et à se développer.

La nature de l'expérience vécue au cours de la première année d'enseignement dépend de l'équilibre entre les forces décrites dans cette section (voir l'encadré 14.1). Le résultat est difficile à prédire et de nombreux enseignants laissent la profession après leur première année. Certains quittent par choix personnel, alors que d'autres sentent qu'ils ne peuvent pas ou ne veulent pas composer avec les problèmes vécus. Pour d'autres, la première année d'enseignement solidifie leurs aspirations et ils s'engagent encore plus dans leur carrière. Il est clair que la première année d'enseignement pourrait être plus facile si les programmes de formation préparaient mieux les futurs enseignants à faire face aux réalités des systèmes scolaires et la vie dans les écoles ; c'est l'objectif de ce chapitre et des chapitres suivants.

À mon avis, plusieurs difficultés subies au cours de la première année d'enseignement pourrait être évitées par une meilleure formation initiale. J'ai essayé de déterminer les principales habiletés nécessaires à un enseignement efficace et de les expliquer clairement. J'ai aussi suggéré fortement de les pratiquer souvent, d'observer et d'analyser cet enseignement pour dégager des hypothèses d'actions en vue de l'améliorer. Les habiletés sur lesquelles j'ai mis l'accent dans ce

Encadré 14.1 : Journal d'un nouvel enseignant

1er septembre 1966

Je suis fatigué ! Tout le monde m'avait prévenu, mais je ne le croyais pas vraiment. Les choses se sont déroulées un peu mieux que je m'y attendais aujourd'hui, bien que j'aie raté la prise des présences. Les cours se sont bien déroulés, sauf le dernier. Toutes les autres périodes étaient d'une durée de trente minutes, mais la sixième période durait cinquante-cinq minutes. Je n'avais pas réalisé cela et je n'avais pas assez de matériel pour occuper le temps supplémentaire. Je pense que je n'ai pas assez de pratique dans l'art d'étirer le matériel préparé. Il y a tellement de choses qui me trottent dans la tête, je n'arrive pas à me souvenir de ce que je dois faire. J'ai particulièrement de la difficulté avec les rapports, je suis certain que je ne me souviendrai jamais de tout.

La secrétaire doit trembler à chaque fois qu'elle me voit venir. J'ai tellement de problèmes avec les dossiers.

Je me sens coupable parce que je n'ai pas fait de planification à long terme pour ma classe et je suis encore tellement confus.

Post-scriptum, 10 mai 1968

Bien que mon dossier officiel atteste que j'ai maintenant deux ans d'expérience dans l'enseignement, il serait plus juste de dire que j'ai une année d'expérience et une année d'enseignement. Il me semble que ma première année entre dans la catégorie « pure expérience ». Ma deuxième année est très différente de la première. Pour chaque problème vécu cette année, j'en avais eu quinze à vingt l'année dernière. Plus souvent qu'autrement, ma première année fut déprimante, exténuante et remplie d'échecs. Elle avait cependant un but : me permettre d'atteindre la deuxième année et les suivantes. Il est évident que pendant ma première année j'apprenais beaucoup plus que j'enseignais. Je ne voudrais avoir perdu aucun des moments de ma première année d'expérience (peut-être un ou deux) parce que chaque erreur, chaque crise ont contribué à rendre ma deuxième année plus facile.

En relisant le journal rédigé l'an dernier, beaucoup d'événements à moitié oubliés me sont revenus en mémoire et j'ai revécu plusieurs autres moments inoubliables. J'ai été surpris par le nombre de choses que je ne savais pas, mais que je croyais savoir. En y réfléchissant, ce n'est pas si surprenant puisque l'année dernière a été pour moi une année d'apprentissage. Un cliché dit que l'expérience est le meilleur des maîtres. J'ajouterais que l'expérience forme aussi le meilleur enseignant et l'année dernière a été une expérience de formation avant tout.

Source : Morris, J., *Diary of a beginning teacher. Bulletin of the National Association of Secondary School Principals*, octobre 1968, p. 6-22.

volume sont précisément celles dont les enseignants débutants ont besoin. En ce sens, ce sont des habiletés de survie pour la première année ! Le commentaire qui suit est tiré d'une étude portant sur des débutants qui enseignent dans des établissements scolaires de quartiers pauvres. Hayman et Moskowitz (1975) attirent notre attention sur des habiletés semblables à celles décrites dans ce volume :

> Cette étude confirme fortement que le combat pour enseigner efficacement et pour faire apprendre les élèves dans une école secondaire de quartiers pauvres se gagne ou se perd dès le début de l'année scolaire. En fait, les premières rencontres sont cruciales. Les enseignants à succès établissent un climat productif dès le début en donnant des directives précises concernant leurs attentes. Peu de nouveaux enseignants ont les connaissances et les habiletés nécessaires pour diriger leurs élèves efficacement dès le début et il en résulte un sentiment de frustration... Les enseignants à succès donnent plus de renforcements et motivent leurs élèves à bien se comporter ; leur supériorité sur les nouveaux enseignants persiste durant toute l'année scolaire (p. 14).

D'un autre côté, il n'est pas possible de créer des situations identiques à celles auxquelles les enseignants en formation feront face au début de leur enseignement. Les habiletés dites de survie sont en quelque sorte des « paris » puisqu'elles représentent la meilleure façon de préparer les futurs enseignants à « gagner » lors des situations difficiles de leur première année d'enseignement.

Lors de la première année, l'attention de l'enseignant est généralement beaucoup plus orientée vers la discipline que vers l'enseignement. L'organisation de la classe est souvent la préoccupation majeure et la plus grande source d'anxiété du nouvel enseignant (McDonald et Elias, 1983). L'organisation de la classe et la discipline sont peu présentes dans les programmes de formation, même si elles continuent à représenter une source majeure de problèmes pour les nouveaux enseignants. O'Sullivan (1989) s'est intéressée aux succès et aux problèmes de deux enseignants débutants en éducation physique ayant été formés dans un programme où l'accent était mis sur l'organisation de la classe et sur la discipline. Ces nouveaux enseignants ont bâti rapidement leur crédibilité dans leur école en organisant efficacement leurs classes et en réglant les problèmes de discipline. Au milieu de leur première année d'enseignement, les autres enseignants leur demandaient même des conseils et de l'aide pour résoudre leurs problèmes d'organisation et de discipline. Bien que leur première année ne fut pas sans problèmes, leur habileté à organiser leurs classes leur a valu d'être acceptés très tôt dans leur école.

LES DÉBUTS DANS L'ENSEIGNEMENT DE L'ÉDUCATION PHYSIQUE

La plupart des idées mentionnées dans la section précédente semblent s'appliquer aux enseignants, quelle que soit la matière enseignée. La plupart des éducateurs physiques qui débutent dans l'enseignement vivent une nouvelle expérience qui consiste à faire partie d'un département, passer du temps dans le salon des professeurs et dans la salle à café et à assister à des réunions de comités en compagnie d'autres enseignants, des professeurs d'histoire, de sciences ou de mathématiques, ainsi que des spécialistes en art ou en musique. Pour les éducateurs physiques, la relation avec les enseignants des autres domaines peut représenter un problème, à cause notamment de l'absence de reconnaissance de leur matière, de leur isolement par rapport à leurs collègues et de leurs tâches qui se poursuivent souvent après les heures régulières de cours lorsqu'ils sont aussi entraîneurs de clubs sportifs.

La plupart des éducateurs physiques semblent partager un problème commun causé par la dépréciation de leur matière. En effet, l'éducateur physique débutant peut être apprécié en tant que personne et peut même être considéré comme un bon enseignant, même si l'éducation physique n'est pas jugée importante par la majorité des autres enseignants, des administrateurs, des parents et des élèves. Les éducateurs physiques compétents et professionnels luttent souvent continuellement pour assurer une légitimité à leur matière (O'Sullivan, Stroot et Tannehill, 1989). Si les personnes occupant des positions d'autorité dans les organisations scolaires ne reconnaissent pas l'éducation physique comme matière aussi valable que les autres, les professeurs d'éducation physique risquent alors de faire face à des difficultés pour réserver des locaux, se procurer des équipements, etc. Si les parents ne considèrent pas l'éducation physique comme une matière importante, ils influencent de façon directe ou indirecte leurs enfants et créent ainsi des problèmes pour l'éducateur physique. De plus, si les élèves ne considèrent pas que les apprentissages en éducation physique sont importants, mais voient plutôt ces activités comme des périodes pour s'amuser, ils ne seront pas motivés à apprendre.

Les spécialistes en éducation physique du primaire partagent un problème important parce qu'ils sont souvent isolés des autres éducateurs physiques (O'Sullivan, 1989) ; de plus, ils sont isolés dans leur école. Le spécialiste qui passe entre sept et neuf périodes à enseigner n'est pas souvent en contact avec d'autres adultes. Les enseignants qui ont des classes régulières peuvent discuter entre eux de leurs préoccupations communes au sujet du programme ou de l'apprentissage; par contre, l'éducateur physique n'a généralement pas de collègues pour discuter des problèmes reliés à l'enseignement du conditionnement physique, des activités physiques, des sports et de la danse. Cet isolement des spécialistes en éducation physique au primaire ne leur permet pas de partager leurs préoccupations et leurs idées et d'écouter des personnes qui vivent des expériences similaires dans d'autres écoles.

Habituellement, les éducateurs physiques au secondaire rencontrent des collègues spécialistes avec qui ils peuvent discuter quotidiennement. Le problème majeur auquel ils font face, outre le manque de légitimité accordée à leur matière, est leur difficulté à s'intégrer dans le corps enseignant à cause de leur tâche d'entraîneurs et du conflit de rôles qui en résulte. En effet, plusieurs éducateurs physiques du secondaire entraînent des équipes sportives après les heures scolaires. Étant donné que la plupart des réunions d'enseignants et de comité d'école ont lieu immédiatement après les cours, les éducateurs physiques ne peuvent pas y assister et encore moins y jouer un rôle majeur.

La plupart des éducateurs physiques débutants ne sont absolument pas préparés quand ils arrivent à l'école à jouer un rôle important dans les prises de décisions collectives pouvant influencer les programmes et la vie d'enseignants (Locke, 1986). Si l'éducation physique est destinée à jouer un rôle plus central dans le programme scolaire et si les éducateurs physiques veulent réussir à avoir plus d'influence dans le système scolaire, leur participation à la vie de l'école est essentielle.

> Un manque de visibilité est inévitable pour les enseignants spécialistes, surtout pour ceux qui se déplacent d'une école à l'autre. Il est également vrai qu'une partie de leur non-participation résulte du besoin de limiter leurs engagements et de conserver leur énergie tout en accomplissant une tâche quotidienne exténuante. Certains éducateurs physiques se sentent exclus de la vie de l'école parce qu'ils ne sont pas membres à part entière de la communauté scolaire. Un tel engagement exige d'être présent aux moments et aux endroits où les décisions se prennent, de participer au dialogue et aux débats et de manifester continuellement un comportement qui indique que l'éducation physique est aussi centrale à la mission de l'école que l'enseignement de n'importe quelle autre matière (Locke, 1986, p. 62).

La vie des enseignants dans une école est comparable à celle des membres d'une équipe sportive; pour y jouer un rôle de « vedette », une personne doit faire partie de l'équipe, participer aux entraînements et s'entendre avec ses coéquipiers. Même s'ils sont membres actifs d'une équipe d'enseignants, trop d'éducateurs physiques ont décidé de « ne pas jouer dans cette équipe », et, à long terme, ils paient le prix de leur non-engagement.

LA PERCEPTION DES ENSEIGNANTS À L'ÉGARD DE LA VIE DANS LES ÉCOLES

Plusieurs études ont tenté de connaître les perceptions qu'ont les enseignants de leur vie quotidienne à l'école. Les deux études les plus importantes ont été rapportées dans *Schoolteachers* de D. Lortie (1975) et dans *Life in classroom* de P. Jackson (1968). Ces données recueillies grâce à des entrevues et des questionnaires fournissent des informations très utiles pour mieux connaître l'école. Cinq thèmes apparaissent de façon récurrente dans les discours des enseignants.

Un premier thème majeur qui revient souvent dans les données de ces deux études importantes est l'urgence et l'immédiateté des prises de décision dues au caractère instantané des événements de la vie quotidienne de l'enseignant. Ce dernier doit s'ajuster à un grand nombre de groupes composés de plusieurs élèves ; il a peu de temps pour réfléchir puisque toute son attention doit porter sur le moment présent s'il veut réussir. À la longue, cette « centration sur le moment présent » influence les enseignants qui, à trop s'occuper des événements immédiats, ont peu de chances de développer leur capacité de réflexion au sujet de leur action.

Le deuxième thème concerne le caractère informel de la vie à l'école. Les enseignants parlent d'enseignement formel et informel plutôt que de reconnaître différents styles d'enseignement spécifiques. Cette distinction repose habituellement sur la manière d'exercer son autorité et sur le style d'organisation. Les enseignants semblent manifester à première vue un grand désir d'interaction informelle ; en réalité, ils recherchent davantage une approche « moins formelle » sans être totalement informelle ; la différence étant une question de degré. La recherche d'interaction informelle est souvent reliée au désir « d'être accepté par les élèves » ou « de bien s'entendre avec eux », ce qui incite les enseignants à les comprendre et à accepter leur langage courant ainsi que leurs façons de s'habiller.

Un troisième thème qui revient souvent dans les préoccupations des enseignants concerne les menaces à l'autonomie professionnelle. Ils se sentent menacés, par exemple, lorsqu'ils doivent implanter un programme qui n'est pas flexible, lorsqu'ils sont forcés de planifier longtemps à l'avance ou lorsqu'ils sont observés fréquemment par des superviseurs et des administrateurs. Ces préoccupations en matière d'autonomie ne semblent pas refléter un désir d'indépendance totale ou un besoin d'être « laissés à eux-mêmes » puisque les enseignants se montrent intéressés par la vie collective. De plus, ils souhaitent obtenir de l'aide, mais ils veulent se débarrasser des évaluations de leur enseignement. Généralement, ils apprécient les occasions de travailler avec les spécialistes des autres matières. D'un autre côté, ils veulent sentir qu'ils ont la responsabilité de leur propre classe.

Un quatrième thème qui émerge des données est celui de l'individualité. Les critères pour évaluer la réussite dans l'enseignement sont très vagues. Ainsi, les enseignants ont tendance à établir leurs propres critères en se basant sur leur jugement ; par exemple, ils mettent l'accent sur le comportement des individus plutôt que sur ce qui se passe dans l'ensemble du groupe. Cette tendance à établir des critères personnels rend les enseignants résistants à l'évaluation extérieure, à l'obligation de rendre des comptes et aux suggestions de changements.

Un dernier thème récurrent dans ces études est le conservatisme, pas nécessairement le conservatisme politique mais une attitude favorisant le maintien du *statu quo*. La plupart des enseignants semblent croire que ce qui limite leur succès est dû en grande partie aux contraintes institutionnelles et à l'absence d'appuis. Ils considèrent que la disparition des contraintes et l'addition de soutien sont les conditions qui favorisent le progrès. Ils sont sceptiques par rapport aux nouvelles méthodes parce qu'ils croient qu'ils sont compétents en autant qu'ils obtiennent l'appui adéquat. L'individualisme contribue aussi à cette éthique conservatrice puisqu'ils peuvent porter des jugements individuels sur leur succès. La nature même de la vie dans les écoles tend à promouvoir et à renforcer cette vision conservatrice ; aussi, il est souvent difficile d'implanter des changements dans les écoles.

Cette brève revue de la littérature sur les perceptions des enseignants incite à croire que ces forces vous influenceront aussi. Indépendamment de vos attitudes lors de vos débuts dans l'enseignement, la nature de la vie dans les écoles aura tendance à vous pousser dans la direction des attitudes et des valeurs décrites ici. Dans la mesure où vous comprendrez ces attitudes, vous aurez plus de chances de vous protéger contre elles, si vous le désirez.

LES CARACTÉRISTIQUES DES ÉCOLES EFFICACES

Dans les premiers chapitres de ce livre, j'ai fait un effort pour définir et décrire l'enseignement efficace et pour indiquer ce qui différencie les enseignants plus efficaces de ceux qui le sont moins. Le même type d'analyse a été réalisé en prenant les écoles comme unité d'analyse plutôt que les enseignants et leurs classes. Certains chercheurs croient en effet que le succès et la croissance de l'élève s'expliquent mieux par « l'influence de l'école » que par « l'influence des enseignants pris individuellement ».

En résumé, l'influence de l'école est plus puissante que celle de l'enseignant. Cela ne veut pas dire que le comportement de l'enseignant n'est pas un déterminant majeur dans la qualité de l'enseignement et de l'apprentissage. Cela veut tout simplement dire que l'école, en tant qu'environnement pris dans son ensemble, a la capacité de maximiser ou de minimiser les capacités individuelles des intervenants pour qu'ils enseignent plus ou moins efficacement (Edmonds, 1983, p. 78).

Les critères utilisés pour juger l'efficacité des écoles sont essentiellement les mêmes que ceux déterminant l'efficacité des enseignants : le succès des élèves dans l'école ainsi que différents indicateurs reliés à la qualité de leur comportement, à leur développement social et émotionnel. Étant donné que l'école dans laquelle vous enseignez a de bonnes chances d'influencer votre degré d'efficacité, vous avez intérêt à comprendre ce qui la rend efficace ou comment vous pourriez la rendre plus efficace, lorsque le besoin s'en fait sentir.

Les caractéristiques qui définissent les écoles efficaces sont étonnamment similaires à celles qui permettent de reconnaître les enseignants efficaces.

1. Les directeurs d'école exercent un leadership ferme, ils font preuve d'assurance, ils sont directs tout en cherchant à aider. Ils communiquent des attentes élevées mais réalistes aux enseignants et aux élèves.

2. Les enseignants sont centrés sur la tâche, ils se sentent responsables du succès et de la croissance des élèves et ils maintiennent des classes centrées sur l'apprentissage.

3. L'ordre, la discipline et le désir de réussir des enseignants et des élèves caractérisent l'atmosphère de l'école.

4. L'accent est mis sur des objectifs d'apprentissage clairs. La pression et l'aide favorisent la réussite et l'excellence.

5. Les progrès des élèves vers ces buts d'apprentissage sont suivis de près et leur travail est évalué régulièrement.

Il semble y avoir une croyance sous-jacente à toutes ces caractéristiques : tous les élèves peuvent apprendre et réussir si les enseignants et l'ensemble du personnel créent et maintiennent les conditions favorisant l'atteinte de ces buts. Cette croyance semble être omniprésente chez le personnel enseignant et administratif à un point tel qu'il est possible de la sentir en visitant de telles écoles. C'est le sens habituel qui est donné à l'expression « climat de l'école ».

Les écoles efficaces voient la discipline comme un facteur à considérer à l'échelle de toute l'école plutôt qu'un problème pour une classe ou un enseignant en particulier. Les écoles efficaces ont des règlements précis et les sanctions sont appliquées de façon constante d'une classe à l'autre par l'ensemble des enseignants de l'école. Ainsi, l'éducateur physique du primaire applique les mêmes règlements que l'enseignant en deuxième année ; l'éducateur physique du secondaire applique les mêmes règlements que le professeur de mathématiques. La formulation des règlements et leur application est au cœur des programmes de maintien de la discipline dans une école efficace. L'encadré 14.2 illustre comment les règlements sont établis et appliqués dans les écoles efficaces.

L'éducateur physique établit des règlements spéciaux pour le gymnase et les espaces réservés aux activités physiques ; il peut aussi formuler des règlements particuliers pour certaines activités comme la gymnastique ou le tir à l'arc (voir chapitre 6). Ces règlements doivent être enseignés et appliqués selon les lignes directrices suggérées dans le programme de discipline de l'école. La crédibilité d'un enseignant débutant est souvent reliée à ses habiletés d'organisation et de discipline plus qu'à ses habiletés d'enseignement. Si vous désirez obtenir l'appui de vos collègues enseignants et l'approbation des administrateurs, la création d'un système d'organisation conforme au programme de discipline appliqué dans l'ensemble de l'école doit figurer dans vos priorités.

PERSISTER DANS LE SYSTÈME

Si une personne veut avoir l'occasion de se développer, elle doit d'abord s'adapter aux exigences du système scolaire et obtenir sa permanence. Il faut donc apprendre à composer avec la charge de travail et, si possible, y trouver de la satisfaction. Il n'existe pas de stratégie prédéterminée pour persister à l'école. Le premier niveau d'adaptation consiste à vouloir rester dans la professions. Aux États-Unis, de vingt à vingt-cinq pour cent des enseignants qui commencent à enseigner quittent après leur première année pour diverses raisons. Les facteurs en cause sont complexes et certaines raisons ne sont pas reliées directement avec l'expérience d'enseignement.

L'obtention de la permanence est le deuxième aspect de la persistance, il s'agit habituellement d'une décision administrative prise après la troisième année d'enseignement. Au Québec, la période de

---

Encadré 14.2 : Les caractéristiques d'une discipline efficace à l'échelle d'une école

Les stratégies pour établir et appliquer les règlements et la façon dont ils sont considérés par les enseignants déterminent l'efficacité d'un programme de discipline pour toute l'école. Les caractéristiques suivantes figurent habituellement dans les programmes de discipline des écoles efficaces.

1. Les règlements sont déterminés en collaboration avec les administrateurs, les enseignants, les élèves et les parents.

2. Les sanctions rattachées au manquement et au non-respect de ces règles sont aussi déterminées en collaboration par les mêmes groupes.

3. En général, il existe un système reconnu dans toute l'école pour récompenser le respect des règlements ainsi que pour sanctionner les manquements.

4. Les règlements sont connus dans toute l'école. Les parents en sont informés dès le début de l'année scolaire ; on leur rappelle régulièrement l'existence de ces règles et on cherche à obtenir leur appui pour les appliquer.

5. Des procédures sont mises sur pied pour que les enseignants et tout le personnel de l'école appliquent ces règlements avec constance, que ce soit des récompenses pour les avoir suivis correctement ou des sanctions en cas de faute. De plus, des mécanismes de recours sont prévus pour protéger les droits des élèves.

6. Ces règlements et leurs conséquences font partie intégrante du programme de l'école. Des informations spéciales sont communiquées aux nouveaux élèves et à ceux qui changent d'école au cours d'une année scolaire.

---

probation dure habituellement deux ans. Le destin de l'enseignant est alors dans les mains d'un directeur d'école ou d'un autre administrateur.

Il n'existe pas de suggestions toutes faites pour aider les enseignants à persister. Tumin (1977) propose quelques « règles » réalistes et pratiques.

1. N'entreprenez pas de grands débats sur des sujets sans importance. Vous ne pouvez pas avoir d'influence tant que vous n'avez pas vraiment acquis de crédibilité. Vous ne l'obtiendrez pas si

vous vous opposez systématiquement aux décisions prises par des collègues. N'ayez pas peur de lancer des défis, mais assurez-vous cependant que la question en vaille la peine.

2. Jusqu'à ce que vous ayez obtenu votre permanence, laissez les enseignants plus expérimentés prendre les initiatives sur les sujets controversés. Les écoles sont généralement des organisations conservatrices. Les administrateurs ne sont pas portés vers les personnes qu'ils considèrent être des « fauteurs de troubles ». Vous pouvez aider et vous exprimer, essayez cependant de le faire de façon à permettre aux autres d'assumer les rôles de leader, du moins jusqu'à ce que vous ayez votre permanence. Alors, vous pourrez être plus agressif et plus actif.

3. Les administrateurs ont tendance à vous juger en fonction de votre loyauté envers eux et de votre façon de contribuer à l'atteinte des buts qu'ils considèrent vitaux à leur succès. Il serait intéressant que tous les administrateurs soient d'abord concernés par la qualité de votre enseignement. Certains le sont, mais pas autant qu'ils le devraient.

4. N'accablez pas les administrateurs avec des problèmes mineurs. Ils ont déjà assez de difficultés à composer avec les budgets, les commissaires d'écoles et les parents. Si vous leur parlez constamment de vos problèmes, vous serez perçu comme une personne qui ne peut pas suffire à sa tâche.

5. Maintenez l'ordre dans votre classe. Les administrateurs ont parfois de la difficulté à faire la distinction entre les stratégies d'enseignement novatrices et le manque d'ordre. Lorsqu'ils observent une classe disciplinée, ils déduisent généralement qu'il y a beaucoup d'apprentissage. Comme vous le savez, leurs perceptions peuvent être fausses puisqu'ils confondent le climat de la classe ou du gymnase, la réalisation des comportements des élèves et la gestion des tâches d'apprentissage. Il est utile de connaître votre administrateur ou du moins de savoir s'il a tendance à confondre ces divers aspects de la vie de la classe.

6. Si vous devez fournir à vos administrateurs des occasions de vous juger négativement, assurez-vous que la cause en vaille la peine. Les enseignants sont des êtres comme les autres, ils observent, ils discutent et ils portent des jugements de valeur sur les personnes qui les entourent. Par exemple, ils peuvent attribuer des défauts majeurs de personnalité ou de caractère à des personnes qui se comportent ou qui parlent de façon différente d'eux. Chaque école fait partie d'une communauté qui a ses normes et ses standards de comportement acceptable. Vous persisterez plus facilement dans la mesure où vous accommoderez des normes locales.

Par contre, si les normes violent un principe que vous considérez vraiment important, alors vous devez être fidèle à vos valeurs et en accepter les conséquences.

7. Ne portez pas de jugements précipités au sujet de vos collègues et essayez de ne pas entretenir de stéréotypes. Les enseignants plus âgés ne sont pas toujours conservateurs et ceux qui s'habillent différemment de vous ne sont pas toujours « marginaux ». Les administrateurs ne sont pas toujours des personnes qui n'ont aucun intérêt réel pour les élèves. Si vous ne voulez pas que vos collègues adoptent une opinion stéréotypée à votre endroit, alors ne le faites pas pour eux.

8. Ne vous attendez pas à ce que tous les enseignants partagent vos points de vue sur la bonne façon de faire les choses. Vous sortez à peine d'un programme de formation où vous avez, je l'espère, acquis des connaissances récentes sur les approches en enseignement et les orientations des programmes d'éducation physique. Vos collègues ont suivi des programmes où la vision de l'enseignement et du programme peut être très différente. Vous aurez besoin de leur aide et de leur appui et vous ne pouvez pas espérer l'obtenir si vous critiquez continuellement leurs approches ou si vous insinuez qu'ils ne sont plus « dans le coup » et que vous possédez la vérité.

9. Essayez de ne pas prendre modèle sur les enseignants qui ont « pris leur retraite tout en travaillant ». Vous rencontrerez très vite des enseignants qui font peu d'efforts ou du moins aussi peu que possible. Ils se sont peut-être épuisés pour se retirer ensuite tout en travaillant. Ce sont peut-être des victimes d'un conflit de rôle qui ont choisi l'entraînement comme priorité. Ils sont peut-être désillusionnés. Vous vous demanderez sans doute comment ils font pour continuer. Sachez que ce type de personnes existe dans toutes les organisations et probablement plus encore lorsqu'une institution garantit la permanence. Ne les imitez pas !

10. Ne développez pas des façons d'enseigner seulement dans le but d'être accepté par les élèves. Les suggestions de ce volume peuvent vous orienter vers des modèles productifs d'interaction positive. Cependant, de telles stratégies visent à promouvoir l'apprentissage et la croissance des élèves et non pas à gagner leur acceptation. Soyez amical mais ayez de l'assurance. Soyez chaleureux mais faites-le en adulte.

11. Évitez de jouer des rôles dans lesquels vous n'avez aucune compétence. Il est peu probable que vous soyez un expert dans tout, particulièrement pour les rôles de conseiller. Les étudiants passent

par des stades de développement qui peuvent être problématiques. S'ils ont des problèmes réels, ils devraient être référés à des
personnes pouvant leur fournir l'aide nécessaire. Apprenez à faire
la distinction entre les problèmes pour lesquels vous pouvez fournir une aide réelle et ceux où votre implication pourrait s'avérer
dommageable à la fois pour l'étudiant et pour vous.

12. Soyez très prudent quand vous tentez d'opérer des changements.
Il est souhaitable qu'un nouvel enseignant essaye d'améliorer
l'école où il enseigne. Les idées et les stratégies nouvelles apportées par les enseignants débutants ont toujours représenté une
importante source de changements progressifs et de remises à
jour des écoles. Il importe cependant d'être prudent dans la façon
de le faire. Assurez-vous que le changement est dans le meilleur
intérêt des élèves plutôt qu'une source de valorisation personnelle. Réalisez que les systèmes scolaires sont très résistants au
changement et plus particulièrement aux nouvelles approches
d'éducation. Dans les dix dernières années, les innovations se
sont succédées rapidement et les écoles sont demeurées remarquablement les mêmes. Pour être un agent de changement, vous
devez avoir de la crédibilité et de l'appui. Un changement s'effectue rarement dans un climat d'hostilité. Chaque changement
sous-entend que le *statu quo* n'est pas satisfaisant et il y a de
bonnes chances pour que certaines personnes pensent que le *statu
quo* est souhaitable. Soyez prudent !

Si toutes ces suggestions vous dérangent ou semblent aller à
l'encontre de votre droit d'« être vous-même », il est très important
d'examiner de très près le genre d'école dans lequel vous voulez vous
impliquer lors de votre premier emploi. Vous pourrez être fidèle à
vous-même et aux aspects que vous jugez importants si vous persistez. Vous pourrez favoriser le changement en vous servant de l'organisation, pas en essayent de l'imposer à des collègues qui ne sont pas
intéressés par ce changement. Ce n'est tout simplement pas le mode
de fonctionnement du système scolaire.

OFFRIR UNE ÉDUCATION PHYSIQUE SÉCURITAIRE ET QUI INSPIRE CONFIANCE

Les enseignants débutants ont la responsabilité d'offrir à leurs élèves
un environnement sécuritaire. Souvenez-vous que vous êtes responsable des élèves qui vous sont confiés. Cette responsabilité ne peut
pas être transférée à quelqu'un d'autre et elle ne peut être ignorée.
Rien ne vous évitera de devoir rendre des comptes.

En Amérique du Nord, au cours des dernières décennies, le système judiciaire a joué un rôle important dans le travail de tous les professionnels. Nous entendons de plus en plus parler de « négligence professionnelle » dans le domaine médical ; des poursuites judiciaires ont aussi débuté en matière de négligence en éducation. Il s'avère donc de plus en plus important pour les enseignants débutants de comprendre les problèmes reliés à leurs obligations juridiques, ainsi que les lois et les principes qui influencent l'éducation. L'encadré 14.3 donne les définitions de termes juridiques importants en matière de responsabilité des enseignants.

Les éducateurs physiques sont conscients de leur responsabilité juridique parce qu'ils travaillent dans des contextes qui présentent un potentiel de risques pour la sécurité. Les trampolines, les cordes, les courses à obstacles, les bâtons, les poids, les flèches et les diverses pièces d'équipement peuvent être dangereux s'il n'y a pas de supervision adéquate. Les enseignants doivent donc établir des règlements sur le plan de la sécurité, informer les élèves sur la bonne façon d'utiliser l'équipement dangereux et leur expliquer les bonnes techniques de sécurité et les bonnes façons de protéger les élèves en gymnastique.

De nos jours, il arrive que des poursuites pour négligence professionnelle soient intentées contre des enseignants parce que les normes de sécurité n'ont pas été respectées ou parce que les élèves n'ont pas reçu les informations adéquates avant une activité. Une mauvaise parade en gymnastique est une chose ; par contre, le fait de ne pas proposer aux élèves des progressions appropriées pour qu'ils s'engagent de façon sécuritaire dans des activités bien adaptées à leurs capacités représente un ensemble de circonstances complètement différent. Cela ouvre la porte à l'examen juridique des efforts de planification et d'intervention des enseignants. Vous devez considérer ces aspects très sérieusement. Au cours des dernières années, on a observé une augmentation des poursuites pouvant atteindre jusqu'à un million de dollars. Il ne faut donc pas prendre nos responsabilités à la légère car il n'y a pas de raisons de croire que cette tendance va s'arrêter.

Les parents et les élèves sont de plus en plus disposés à faire appel aux tribunaux pour régler leurs griefs contre les écoles et les enseignants. Ces derniers n'ont pas les moyens d'ignorer les principes de base sur lesquels sont intentées les poursuites contre les écoles et les enseignants. L'ignorance n'est pas un argument de poids dans une défense !

McDaniel (1979) a recensé les principes de droit scolaire qui semblent être appliqués le plus fréquemment dans les écoles aujourd'hui.

Encadré 14.3 : Les concepts reliés aux obligations juridiques des enseignants

Vous ne pouvez pas vous conduire comme un enseignant responsable si vous ne connaissez pas les concepts fondamentaux qui définissent vos obligations juridiques en matière de responsabilité.

- Une faute professionnelle est un manquement à un devoir, généralement commise par négligence.
- La négligence est une conduite qui néglige d'accomplir un acte qui aurait dû être accompli pour, par exemple, protéger les autres contre des risques. Une négligence peut se produire parce qu'une personne a commis une erreur ou qu'elle a omis ou oublié d'intervenir.
- La stratégie du sans quoi fait référence à l'établissement de l'acte de négligence comme le facteur causant un tort, le tort ne se serait pas produit si la personne n'avait pas agi avec négligence.
- Un devoir correspond à la responsabilité de protéger les autres de dangers et d'éviter de faire des omissions pouvant entraîner des situations dangereuses.
- Être professionnel, c'est s'engager à fournir des services dans la pratique d'une profession et utiliser les connaissances et les habiletés qui sont habituellement démontrées par les membres de cette profession ayant une bonne réputation dans des milieux similaires.

Le risque est généralement évalué en fonction des faits et des circonstances impliqués dans une situation particulière. Dans les cas de l'école, divers aspects sont à considérer pour juger une situation :

1. Les élèves sont les principales personnes à protéger contre tout risque éventuel.
2. Quelle est la raison qui a incité l'élève à prendre un risque ? Est-ce qu'il s'est engagé dans l'activité volontairement et en pleine connaissance des conséquences potentielles ? A-t-il tout simplement fait ce que l'enseignant lui demandait de faire ?
3. Quelle est l'importance du risque et des possibilités de blessures physiques ?
4. Étant donné que le risque fait partie inhérente des activités physiques, la situation proposée comporte-t-elle un niveau de risque pertinent ?
5. Le risque était-il nécessaire ? Une autre activité aurait-elle permis d'atteindre le même but éducatif avec moins de risque ?

Source : Adapté de Drowatzky (1978).

1. **Les pratiques religieuses en milieu scolaire.** Les pratiques telles que la prière, les cérémonies religieuses ou la lecture de la Bible ayant pour but de promouvoir une croyance religieuse sont défendues dans les écoles aux États-Unis. Toute action d'un enseignant visant à promouvoir une religion est considérée comme une violation du principe de neutralité par la plupart des tribunaux amenés à juger ce type de situations. Une telle séparation entre l'Église et l'État n'est pas présente dans les écoles canadiennes.

2. **La liberté académique.** Les sociétés démocratiques ont tendance à protéger la liberté d'expression ; aussi, les enseignants et les élèves sont protégés en cette matière. Quand les enseignants utilisent leur jugement à bon escient, ils peuvent s'attaquer à des questions controversées. Il importe de permettre à toutes les parties de se faire entendre. De plus en plus, les tribunaux protègent la libre expression concernant la longueur des cheveux, le port de la barbe et les manifestations symboliques comme le port de macarons ou d'insignes. Une littérature controversée peut être utilisée à la condition de pouvoir démontrer que l'enseignant a fait preuve de bon jugement et que son action était pertinente, compte tenu de la matière enseignée. La façon habituelle de juger ce type de situation consiste à évaluer jusqu'à quel point les cas de jurisprudence peuvent s'appliquer en fonction de l'âge et de la maturité des élèves concernés.

3. **La participation à des activités privées.** Les enseignants peuvent prendre part à des activités privées à la condition qu'elles ne restreignent pas leur efficacité en tant qu'enseignants et qu'elles soient légales. Ils peuvent écrire des lettres publiques de critique, prendre part à des débats, appartenir à des organisations qui ne sont pas populaires et avoir une vie privée, sans que l'école leur en tienne rigueur.

4. **Le recours aux tribunaux.** Les enseignants et les élèves, au même titre que les autres individus, ont le droit de porter différents recours devant les tribunaux. Ainsi, lorsqu'un enseignant refuse de reconsidérer une décision, par exemple une sanction, l'étudiant concerné peut poursuivre l'enseignant. De plus en plus, les tribunaux sont disposés à examiner des questions comme des punitions injustes imposées à un élève qui a violé les règlements de l'école et il existe des lignes de conduite précises pour traiter d'événements comme un renvoi de l'école. Au moment de prendre une décision, le juge va vérifier si l'enseignant a agi arbitrairement ou s'il s'est appuyé sur le règlement de l'institution.

5. **Les sanctions en rapport avec les matières scolaires.** Les écoles peuvent imposer des mesures disciplinaires aux élèves. De telles sanctions en rapport avec les matières scolaires peuvent être données, à la condition de punir une faute qui soit directement en

rapport avec la matière enseignée. Les sanctions d'ordre scolaire ne peuvent pas être appliquées pour des violations de règlements qui ne sont pas en rapport avec les matières scolaires. Ainsi, il n'est pas permis d'empêcher les élèves d'obtenir leur diplôme ou même de réduire leurs notes parce qu'ils ont violé les règlements de l'école. Les notes attribuées en partie ou en totalité sur la base des présences en classe sont discutables. Les évaluations scolaires devraient être basées uniquement sur la performance dans les matières enseignées.

6. **Les châtiments corporels.** Les lois de certains États américains interdisent complètement la punition corporelle. Même dans les États où elle est permise, les commissions scolaires locales décident souvent de l'interdire complètement. Quand elle est utilisée, cela doit se faire en accord avec des lignes directrices claires. La punition ne doit jamais entraîner une blessure permanente. Elle doit être appropriée à la faute commise et ne doit pas représenter un acte de vengeance. Les écoles qui veulent recourir à la punition corporelle devraient avoir des lignes de conduite claires concernant la façon de procéder afin de protéger à la fois les élèves et les enseignants.

Au Québec, une croyance populaire laisse entendre que les enseignants n'ont pas le droit de punir corporellement les élèves. En réalité, un enseignant peut utiliser des contacts physiques à la condition de démontrer qu'il s'agit de « contraintes raisonnables ». Advenant un litige, les décisions juridiques prendront en considération les particularités de chacun des cas.

7. **Les négligences en matière de sécurité.** Les règlements de sécurité, une fois établis, doivent être appliqués avec constance. Les enseignants sont responsables de superviser les activités des élèves pour assurer leur sécurité et ils doivent réagir rapidement aux manquements. Il importe d'être présent. Vous ne pouvez pas superviser adéquatement si vous n'êtes pas sur les lieux.

8. **Les calomnies au sujet des élèves.** Les élèves ont des droits et les enseignants ne peuvent pas les prendre à la légère sans risquer des poursuites. Les enseignants qui utilisent des termes désobligeants pour se moquer des élèves, qui répètent une confidence, qui portent des jugements sur leur personnalité ou fouillent dans leur objets personnels méritent d'être dénoncés.

9. **La connaissance de la loi.** Encore une fois, l'ignorance ne constitue pas une défense acceptable. Les enseignants doivent demander à leurs administrateurs des éclaircissements concernant les politiques et les procédures établies pour l'école. Plus un enseignant est informé, plus il est en mesure d'éviter les situations problématiques. Les lois mentionnées ici visent à protéger les enseignants ou les élèves.

Les tribunaux

Les tribunaux ne sont pas là pour réprimer les enseignants. De fait, plusieurs jugements récents ont été prononcés en faveur des enseignants. Récemment, le *NEA Reporter* (1980) annonçait les jugements suivants où les enseignants avaient reçu l'appui des ressources légales de la National Education Association aux États-Unis :

- Une enseignante en économie familiale au Texas s'est vu accorder 71 000 $ pour salaire perdu, stress émotionnel et atteinte à sa réputation. Le jury a décidé que ses droits avaient été violés quand sa commission scolaire l'a mise à pied pour avoir distribué une information jugée non pertinente par les autorités de l'école.

- Un enseignant de Denver a reçu une somme de 11 000 $. Un jury a décidé que ses activités en tant que membre de la National Education Association avait joué dans la décision de son école de ne pas renouveler son contrat.

- Un enseignant de Columbus a obtenu d'un tribunal qu'une lettre soit retirée de son dossier permanent. Son directeur d'école avait écrit une lettre où il critiquait les activités syndicales de cet enseignant.

- La Montana Education Association a gagné sa poursuite contre le Montana School Boards Association. La poursuite exigeait que les commissions scolaires de l'État cessent de mettre à pied les enseignant non permanents pour des raisons vagues.

Ces exemples permettent de conclure que les tribunaux et le système judiciaire n'ont pas pour but de « détruire » les personnes mais de poursuivre ceux dont les actions violent la Constitution. La plupart des organismes scolaires et des organisations d'enseignants ont de solides programmes de protection contre les fautes professionnelles. Dans certains cas, les enseignants ont droit à cette protection parce qu'ils sont membres d'un syndicat d'enseignants ou d'une organisation scolaire. En plus de son assurance personnelle et résidentielle, il est également possible de se procurer une assurance responsabilité professionnelle. Le fait de ne pas avoir de telles assurances de nos jours peut s'avérer une erreur grave.

COMMENT ET POURQUOI LES ENSEIGNANTS SE REGROUPENT-ILS ?

Les enseignants se regroupent afin de promouvoir et protéger leurs intérêts professionnels. Il fut un temps où les enseignants étaient sérieusement sous-payés et totalement sous l'autorité des administrateurs scolaires. Le contrat présenté dans l'encadré 14.4 peut sembler amusant par rapport aux standards d'aujourd'hui. Vous ne devez cependant pas ignorer les implications d'une telle autorité sur la vie des enseignants.

Traditionnellement, les enseignants signaient des contrats avec leur commission scolaire. Les conditions d'emploi et de salaire pouvaient varier d'une personne à l'autre. Les femmes étaient généralement moins payées que les hommes. Les enseignants de certaines matières étaient mieux payés que d'autres. Des tâches supplémentaires pouvaient être exigées sans rémunération additionnelle. Les enseignants pouvaient être congédiés sans possibilités de recours légal ou sans protection.

Pendant le vingtième siècle, le mouvement qui a conduit à la formation des syndicats de travailleurs et des organisations professionnelles a influencé les enseignants de façon dramatique. Aux États-Unis, deux organisations majeures, la National Education Association et la American Federation of Teachers, ont pris de plus en plus d'importance pour les enseignants. Au Québec, la Confédération des enseignants (CEQ) regroupe les personnes qui enseignent dans les écoles primaires et secondaires. Aujourd'hui, la grande majorité des enseignants appartiennent à une organisation professionnelle qui leur sert d'agent dans leurs négociations collectives en vue d'une entente avec l'organisme qui les engage (voir l'encadré 14.5). Aux États-Unis, les lois qui régissent une négociation collective prennent effet généralement au niveau de l'État. De même, au Canada, les syndicats d'enseignants négocient leurs ententes collectives avec le ministère de l'Éducation de chaque province. Les lois reconnaissent habituellement aux enseignants le droit de négocier collectivement ; elles décrivent les clauses pour choisir les représentants à la table de négociations, les procédures de négociation entre les représentants des enseignants et ceux de la commission scolaire et les procédures à suivre advenant une impasse dans les négociations.

Les grèves déclenchées par les enseignants sont de plus en plus fréquentes lorsque les négociations avec l'administration atteignent une impasse. Dans plusieurs États américains, les grèves des enseignants sont encore interdites par la loi et ceux qui font la grève sont passibles de congédiement. Au Québec, tous les enseignants ont le droit de grève. Les grèves représentent une stratégie majeure lors des négociations de travail dans l'industrie ; elles jouent un rôle de plus en plus puissant pour les syndicats d'enseignants.

Les enseignants débutants doivent prendre plusieurs décisions importantes concernant les organisations d'enseignants de leur commission scolaire, dont celle de joindre ou non le syndicat. Dans cer-

Encadré 14.4 : L'enseignant, un serviteur lié par contrat

Pourquoi les enseignants se regroupent-ils pour négocier collectivement des avantages sociaux, leur salaire et diverses autres questions d'ordre professionnel ? La réponse apparaît clairement quand vous lisez les clauses du contrat d'une enseignante en 1923.

Contrat d'enseignement, Écoles publiques de Tucson, 1923

Ceci constitue une entente entre mademoiselle _____,

enseignante et la commission scolaire de _____

par laquelle mademoiselle _____ consent à enseigner

à l'école _____ pour une période de huit mois

débutant le 1er septembre 1923. La commission scolaire consent

à payer mademoiselle _____ la somme de 75 $

par mois.

Mademoiselle _____ consent à :

1. Ne pas se marier.
2. Ne pas se tenir en compagnie d'hommes.
3. Ne pas flâner dans les magasins de crème glacée du centre-ville.
4. Être à la maison entre vingt heures et six heures, à moins d'être impliquée dans une fonction rattachée à l'école.
5. Ne pas quitter la ville sans la permission du directeur général.
6. Ne pas fumer de cigarettes. Ce contrat sera annulé immédiatement si l'enseignante est prise en train de fumer.
7. Ne pas boire de bière, de vin ou de whisky. Ce contrat sera annulé si l'enseignante est trouvée en train de boire de la bière, du vin ou du whisky.
8. Ne pas se promener en carriole ou en automobile avec un homme à l'exception de son frère ou son père.
9. Ne pas s'habiller avec des vêtements de couleur éclatante.
10. Porter au moins deux jupons.
11. Ne pas porter de robes arrivant à moins de deux pouces au-dessus des chevilles.
12. Garder sa classe propre.
13. Ne pas se poudrer le visage, se maquiller les yeux ou se peindre les lèvres.

Source : Adapté de l'*Arizonian* de Tucson, 21 mars 1983.

Encadré 14.5 : Les concepts reliés à la négociation collective

1. Pour qu'une négociation collective puisse avoir lieu, la commission scolaire doit consentir ou être tenue par statut d'accepter les **représentants autorisés** par l'association des professionnels.

2. Quand une majorité d'enseignants est membre d'une organisation et qu'aucune autre organisation rivalise en matière de revendication, la National Education Association ou la American Federation of Teachers peuvent consentir à ce que des **droits exclusifs de reconnaissance** soient accordés à l'organisation représentant cette majorité. Il importe de souligner qu'au Québec pareille concurrence n'existe pas puisque la Confédération des enseignants de Québec est le seul organisme représentant le personnel enseignant au primaire et au secondaire.

3. Aux États-Unis, certaines ententes collectives exigent comme condition d'embauche que tout enseignant devienne membre du syndicat et qu'il reste membre. Par ailleurs, d'autres regroupements syndicaux acceptent que les enseignants ne soient pas membres. Certains syndicats exigent que tous les enseignants paient leurs cotisations, même s'ils ne se joignent pas à l'organisation. Au Québec, les syndicats sont régis par le Code du travail. Toutes les personnes à l'emploi d'une institution où le personnel est syndiqué sont obligées de payer leur cotisation syndicale. Si une personne choisit de ne pas être membre, elle se prive de son droit d'expression lors des assemblées, mais elle est protégée par les clauses de sa convention.

4. Une équipe de négociation est habituellement formée de représentants officiels de l'organisation et d'un comité de négociation. Des avocats et des consultants peuvent être engagés.

5. Quand l'équipe de négociation et la commission scolaire ne peuvent pas s'entendre sur une ou plusieurs questions, ils sont dans une impasse.

6. Dans les cas d'impasse, les enseignants peuvent faire appel à un médiateur provenant d'une agence de médiation locale ou fédérale. Ils peuvent désigner une commission d'enquête qui fera des recommandations en vue d'une entente. Ils peuvent se soumettre à un arbitrage obligatoire qui les lie à une troisième personne impartiale ou décider de la cessation de travail par la grève.

Quelles sont les lois qui régissent la négociation collective dans votre milieu de travail ? À quelles organisations appartiennent la majorité des enseignants de votre région ? Les enseignants peuvent-ils faire la grève ? Comment se résolvent les impasses au niveau local ?

Source : Adapté du National Parent Teachers Association, *The Role of Collective Bargaining in Public Education*, Washington, 1979.

taines organisations, l'adhésion est obligatoire puisque les avantages de la négociation collective s'appliquent à tous les enseignants. Une deuxième décision concerne la participation active au syndicat. Votre conception de l'engagement professionnel, des syndicats et des négociations collectives va guider cette décision. Une troisième décision portera sur le type d'appui à accorder à votre syndicat au moment d'une impasse dans les négociations. Distribueriez-vous, de porte à porte, des dépliants pour demander d'appuyer les enseignants ? Participeriez-vous aux manifestations syndicales en brandissant des piquets de grève pour encourager les enseignants ? Accepteriez-vous de faire la grève ? Sinon, traverseriez-vous les piquets de grève pour continuer à travailler ? Ces questions remuent des émotions profondes chez les enseignants et dans la population en général. De nombreux conflits parmi les enseignants concernent leur degré d'engagement dans leur syndicat professionnel et la façon dont leurs représentants syndicaux devraient se comporter. Plusieurs parents sont contrariés lorsque les résultats des négociations collectives entraînent des augmentations de leurs taxes ou lorsque des menaces de grève perturbent l'éducation de leurs enfants.

Une convention collective est le résultat d'une négociation collective entre une commission scolaire et les représentants des enseignants. Ce contrat comprend les clauses sur lesquelles les parties se sont entendues pendant le processus de négociation, notamment en ce qui concerne le salaire, les avantages sociaux, les congés payés, les journées de maladie, les compensations pour les tâches supplémentaires, le contingentement dans les classes, les congés de maternité, les droits des enseignants, les griefs et le soutien au perfectionnement.

Vous avez avantage à examiner la convention collective de la commission scolaire où vous voulez être engagé et vous devez faire connaître celle où vous travaillez. Dans la plupart des commissions scolaires, votre bien-être en tant qu'enseignant sera déterminé en grande partie par les clauses de ce contrat, indépendamment de vos points de vue concernant les syndicats.

RÉSUMÉ

1. Le système scolaire formel est hiérarchique et comprend des lignes d'autorité bien définies. Les institutions répondent à des groupes ayant des intérêts divergents.

2. L'organisation informelle des écoles subit des influences qui viennent de l'extérieur et qui sont occasionnellement en conflit avec l'organisation formelle.

3. Les écoles sont dirigées localement et le public est souvent au courant de ce qui s'y passe. Le succès de leur réussite est perçu différemment par les divers groupes qui en font partie.

4. Les enseignants débutants sont rapidement intégrés à la vie de l'école. La discipline représente l'élément dominant de leurs préoccupations au cours de la première année d'enseignement.

5. Les éducateurs physiques qui entreprennent leur première année d'enseignement font face à divers problèmes : ils sont isolés des autres spécialistes, ils doivent légitimer leur matière et ils éprouvent des difficultés à participer activement dans les structures où se prennent les décisions de l'école.

6. La vie dans les écoles est dominée par son immédiateté, son caractère informel, les menaces à l'autonomie professionnelle, les critères utilisés pour juger du succès individuel et le conservatisme.

7. Dans les écoles efficaces, le directeur exerce un leadership ferme, les enseignants sont centrés sur la tâche, l'atmosphère de l'école est agréable et ordonnée, le moral est bon ; l'accent est mis sur l'enseignement ; les progrès des élèves et le degré d'atteinte des objectifs sont supervisés de près.

8. Les programmes de discipline pour l'ensemble de l'école comprennent des règles et des conséquences établies collectivement. Ces systèmes récompensent la bonne conduite. Les écoles efficaces distribuent régulièrement des informations sur les caractéristiques du programme de discipline, elles mettent en place des procédures pour que le respect des règles soit récompensé et que les manquements soient punis de façon constante, elles s'assurent qu'il existe des mécanismes de recours pour les élèves et elles intègrent ces exigences dans le programme de l'école.

9. Il importe d'être sensibilisé aux mécanismes formels et informels pour survivre dans le système scolaire. Ainsi, vous serez prudent avant de soulever un problème ou de

porter des jugements sur vos collègues. Les qualités nécessaires à votre survie sont la tolérance à des visions différentes des vôtres, un désir de participer dans des rôles pour lesquels vous êtes préparé et un certain conservatisme dans vos tentatives pour opérer un changement.

10. Les enseignants doivent offrir aux élèves une éducation physique sécuritaire et digne de confiance et démontrer une connaissance de leurs obligations juridiques dans l'enseignement de l'éducation physique.

11. Les enseignants doivent être conscients des principes du droit scolaire et éviter les comportements en contradiction avec ces principes.

12. La plupart des enseignants se regroupent et négocient collectivement leur salaire, leurs avantages sociaux et leurs conditions de travail.

13. Les questions d'appartenance à un syndicat d'enseignants doivent être considérées avec soin, en connaissant les concepts rattachés à la négociation collective.

CHAPITRE 15

Le maintien
et l'amélioration
de votre efficacité

Chaque enseignant doit se demander si l'effort vaut vraiment la peine et si l'école offre suffisamment de possibilités pour justifier un travail de longue haleine. Même une réponse incertaine est suffisante pour donner un point de départ. En effet, la poursuite de l'excellence consiste à éviter l'isolement professionnel, à participer à part entière dans la communauté scolaire et à coopérer avec les administrateurs.
Larry Locke (1986)

LES OBJECTIFS DU CHAPITRE

- Décrire et évaluer les lignes directrices permettant de persister au-delà de la première année d'enseignement ;
- Décrire et évaluer les obstacles à la poursuite de l'excellence ;
- Décrire et évaluer les façons de faire face aux obstacles dans l'enseignement ;
- Décrire et évaluer comment les enseignants efficaces demeurent dynamiques ;
- Décrire les concepts et les problèmes reliés aux conflits entre le rôle d'enseignant et celui d'entraîneur ;
- Décrire et évaluer des façons de changer le système pour faciliter sa croissance comme enseignant.

En abordant le thème du développement professionnel, je vise à présenter une image réaliste des habiletés des enseignants en formation continue sans glisser dans une vision irréaliste du « parfait » professionnel. Certains auteurs tracent un portrait idéalisé d'une personne altruiste se donnant totalement au développement de chaque élève, ne se préoccupant pas outre mesure des implications financières de son rôle, toujours prête à faire l'effort supplémentaire, cherchant sans trêve de parfaire sa connaissance de la matière, hautement motivée à servir l'école et la communauté et incarnant les qualités du parfait citoyen. Il fut un temps où les enseignants devaient être des modèles de vertu. Aussi, lorsque la population découvrait les imperfections de ces êtres humains ordinaires, elle les a souvent traités cruellement et certains ont même été congédiés. Heureusement, au cours des deux dernières décennies, une vision beaucoup plus réaliste de l'enseignant s'est développée. Aussi, la prolifération des grèves qui semblent accompagner chaque nouvelle rentrée scolaire offre au public des images d'enseignants peu attentionnés et de citoyens cyniques et peu soucieux du bien-être de la population.

Les formateurs d'enseignants savent qu'une vision idéalisée des motivations est aussi inexacte qu'une vision trop critique. Le but de ce chapitre est de vous aider à reconnaître certaines forces qui ont influencé et qui continueront à influencer votre développement professionnel. Ainsi, vous devriez pouvoir évaluer avec réalisme votre rôle professionnel et reconnaître ces influences quand vous commencerez votre carrière d'enseignant.

Dans l'enseignement plus que dans toute autre occupation, la personne qui se prépare à la carrière souffre de ce que Ryan et Cooper ont appelé la « familiarité excessive ». L'enseignant en formation a passé la plus grande partie de sa vie dans une école. Il a connu des centaines d'enseignants de différentes formes, tailles et personnalités et il a expérimenté des douzaines de styles d'enseignement. Par conséquent, certains enseignants en formation ont tendance à croire qu'au cours de ces expériences, ils ont tout appris sur les exigences du rôle d'enseignant. De sérieux problèmes peuvent surgir au moment où ils découvrent les dimensions cachées de cette profession.

> La plupart des quelque deux cent mille nouveaux enseignants qui entrent chaque année dans les écoles américaines sont réveillés brutalement. Bien que la routine des salles de classe, des cloches, des livres et des jeux de ballons leur soit familière, ils ignorent plusieurs aspects de la vie des enseignants. Par exemple, la plupart des nouveaux enseignants ont vécu des expériences relativement plaisantes lorsqu'ils étaient étudiants. S'ils n'avaient pas réussi à l'école, ils ne

seraient probablement pas intéressés à devenir enseignants. Par conséquent, ils sont surpris de constater que de nombreux élèves ont de sérieuses difficultés d'apprentissage et qu'ils sont malheureux à l'école. Plusieurs élèves sont difficiles d'accès et ne manifestent apparemment aucun intérêt pour l'apprentissage. Les enseignants novices sont surpris de constater la quantité de travail administratif associé à leur enseignement et l'énorme quantité de temps consacré à la préparation. Pour plusieurs, un autre choc survient quand ils réalisent la quantité d'énergie, à la fois physique et émotionnelle, que requiert l'enseignement. Pour diverses raisons, ces facettes de l'enseignement sont rarement perçues par les élèves (Ryan et Cooper, 1972, p. 136).

Vous vivrez quotidiennement les divers problèmes de la vie professionnelle des enseignants, incluant ceux dont parlent Ryan et Cooper. Tendez l'oreille aux discussions dans la salle de professeurs et pendant les réunions. Il y a de fortes chances pour que ces sujets vous préoccupent aussi en tant qu'enseignant professionnel.

Deux thèmes sont abordés dans ce chapitre. Premièrement, des suggestions sont proposées pour aider les enseignants à orienter leur acte professionnel dans une perspective de développement continu. Deuxièmement, diverses réalités du rôle d'enseignant professionnel sont explorées sans toutefois adopter une attitude moralisante ou imposer des notions préconçues.

PERSISTER ET S'AMÉLIORER À L'ÉCOLE

Les enseignants compétents, bien informés et attentionnés représentent des ressources précieuses pour une nation. Leur efficacité et leur compétence résultent d'un long et parfois difficile effort pour s'améliorer et demeurer intéressés. Le passage parfois difficile du rôle d'étudiant à celui d'enseignant qui s'est effectué lors de la première année d'enseignement représente un premier obstacle. Aussi, la réussite de sa première année d'enseignement est importante pour l'avancement dans la carrière, mais aussi parce qu'elle aide l'enseignant à demeurer activement engagé dans un processus de croissance professionnelle.

Comment les nouveaux professeurs s'adaptent-ils à leur première année pour devenir des éducateurs physiques efficaces et attentionnés? Il n'existe pas de formules toutes faites; cependant, les conclusions de la recherche indiquent des lignes directrices qui méritent que l'on s'y attarde sérieusement. Ces conclusions proviennent des études portant sur des enseignants qui se distinguent (Earls, 1981), sur des éducateurs physiques qui excellent au niveau secondaire (Templin, 1983), sur des spécialistes efficaces du niveau primaire (Siedentop, 1989) et sur les caractéristiques des enseignants qui ont réussi à surmonter des situations difficiles (Locke et Griffin, 1986). Ces conclusions ne sont pas théoriques ; elles proviennent de la réflexion de ceux qui ont vécu ces situations. Les lignes directrices qui en découlent semblent particulièrement pertinentes durant la première année d'enseignement alors que les nouveaux éducateurs luttent pour s'adapter et y poursuivre une carrière.

1. **Être un bon organisateur.** La plupart des enseignants échouent non pas parce qu'ils ne connaissent pas bien leur matière, mais parce qu'ils ne s'organisent pas bien ; du moins c'est l'impression qu'ils donnent aux autres enseignants et administrateurs. Les problèmes d'organisation et de discipline sont mentionnés fréquemment par les nouveaux enseignants. Cependant, les spécialistes efficaces dont il fut question au chapitre 14 illustrent que des nouveaux enseignants peuvent se bâtir une solide réputation en démontrant leur capacité à s'organiser efficacement dès le début.

2. **Choisir une stratégie d'enseignement en tenant compte de ses compétences.** Les nouveaux enseignants augmentent leurs chances de réussir dès le début s'ils adoptent une stratégie d'enseignement qu'ils maîtrisent bien et qui n'exige pas une quantité extraordinaire d'heures de préparation supplémentaire, telle que la stratégie d'enseignement actif (voir chapitre 13). Étant donné que les éducateurs physiques ont l'occasion d'enseigner plusieurs fois la même leçon à diverses classes de même niveau, ils ont régulièrement des occasions de s'améliorer.

3. **Faire part de ses efforts aux autres.** Il existe diverses façons d'informer les élèves, les parents, les collègues et les administrateurs sur son enseignement. Même si la majorité des interventions sont dirigées vers les élèves, diverses personnes en sont témoins. Ainsi, des règlements affichés dans le gymnase, des équipes bien équilibrées lors d'un tournoi de volley-ball, des affiches indiquant les résultats des enfants, un tableau d'affichage coloré et intéressant sur les Jeux olympiques ou une liste de responsabilités des capitaines d'une équipe ou celle des responsables de sous-groupes représentent un ensemble de stratégies qui s'adressent aux apprenants, mais qui sont également vues par les autres élèves, les enseignants, les administrateurs et les parents. Toutes ces actions transmettent des messages importants au sujet de l'enseignement. De plus, les messages directs adressés aux parents par l'entremise d'un « Bulletin de l'éducateur physique » contribuent aussi à faire connaître son travail.

4. **Rendre les lieux physiques et les activités attirants.** Les élèves doivent respecter et aimer l'enseignement et le programme. Un environnement attrayant aide à réaliser ce but. Il suffit de penser aux centres de conditionnement physique et de sport du secteur privé qui sont propres et décorés avec goût; bref, ce sont des endroits agréables. Des personnes de tous âges paient pour aller dans ces lieux où les programmes sont offerts en fonction des besoins et des désirs du client. Les professionnels en éducation physique sont responsables du choix des orientations des programmes et ils seraient malhabiles de le faire en ignorant les besoins et les intérêts de leurs élèves et en n'essayant pas de rendre l'environnement aussi agréable que possible.

5. **Superviser les comportements d'enseignant et ceux des élèves.** Il a été démontré tout au long de ce texte que les habiletés des enseignants efficaces influencent la qualité du travail des élèves. Il est possible de superviser le comportement de l'enseignant en observant par exemple la quantité de temps consacré aux explications, la quantité de rétroactions spécifiques, la proportion d'énoncés positifs. Le comportement de l'élève peut aussi être supervisé en mesurant la quantité de temps consacré à du temps valable d'apprentissage, la quantité de réponses réussies, la quantité de temps de transition ou d'attente. Diverses techniques permettant d'observer ces phénomènes sont décrites au chapitre 16. Les enseignants ont avantage à superviser leur enseignement sur une base régulière en utilisant l'auto-observation, l'analyse d'enregistrement sur vidéo ou des observations faites par une autre personne. Seules des données valides peuvent remplacer les impressions subjectives que chacun développe par rapport à son enseignement. De plus, il ne fait pas de doute qu'un directeur d'école sera impressionné par un nouvel enseignant qui supervise régulièrement son enseignement en prélevant des données d'observation pour s'améliorer.

6. **S'engager progressivement dans les structures formelles et informelles de l'école.** Personne ne s'attend à ce qu'un nouvel enseignant assume des responsabilités importantes, mais tous espèrent qu'il veuille comprendre comment l'institution fonctionne et qu'il accepte de jouer des rôles, mêmes secondaires, dans les diverses structures. De plus, il doit chercher constamment à améliorer son programme et, ce faisant, à rehausser le statut de sa matière dans l'école et la commission scolaire.

7. **Trouver un conseiller.** De plus en plus de systèmes scolaires mettent sur pied des programmes de relation d'aide où des enseignants d'expérience sont désignés pour conseiller les nouveaux enseignants. Si un tel programme n'existe pas dans votre commis-

sion scolaire, il est possible de demander l'assistance d'éducateurs physiques compétents et capables de vous conseiller. Ils vous mettront au courant des structures de l'institution, répondront à vos questions, vous conseilleront au besoin, mais surtout ils vous écouteront et vous encourageront.

8. **Développer un réseau.** Vous devrez vous efforcer de connaître vos collègues éducateurs physiques, surtout ceux reconnus pour l'efficacité de leur enseignement et la qualité de leurs programmes. Les enseignants disposent d'un certain nombre de « journées pédagogiques » qui peuvent être utilisées pour rencontrer d'autres éducateurs physiques, les regarder travailler et discuter de certains problèmes avec eux. Ces rencontres sont d'autant plus valables qu'elles permettent de développer un réseau de collègues qui contribue à réduire l'isolement vécu par un grand nombre d'enseignants.

Ces suggestions représentent une approche proactive de la survie et de la croissance professionnelle. Si l'on considère que les enseignants ne sont pas fondamentalement mauvais, mais qu'ils le deviennent (voir l'encadré 15.1), les enseignants ont besoin de maîtriser le plus possible leur programme et leur situation. Une telle maîtrise s'acquiert au prix de nombreuses démarches ; elle n'est jamais acquise facilement.

LES OBSTACLES À LA POURSUITE DE L'EXCELLENCE

La plupart des enseignants qui entrent dans la profession espèrent qu'ils seront efficaces dès le début et qu'ils continueront à s'améliorer à mesure qu'ils prendront de l'expérience. Il importe de signaler que les personnes qui sont devenues d'excellents enseignants n'ont pas progressé en ligne droite, de novice à vétéran efficace. Ils ont vécu des phases où ils n'avaient plus l'impression de s'améliorer. Occasionnellement, ils ont senti qu'ils régressaient. Ces plateaux et ces périodes de régression sont dus à des barrières à la croissance vers l'excellence. Les conclusions de la recherche révèlent que de tels obstacles surviennent dans la carrière de la plupart des éducateurs physiques et que leur degré de difficulté varie d'un milieu à un autre. Dans certains cas, les obstacles sont si difficiles qu'ils affaiblissent l'enseignant et le programme. Dans d'autres cas, les obstacles sont moins grands et l'enseignant passe par-dessus grâce à son initiative personnelle. Six obstacles apparaissent plus fréquemment. Ils constituent les menaces les plus sérieuses pour la croissance professionnelle et le développement d'excellents programmes.

Encadré 15.1 : On ne naît pas mauvais enseignant, on le devient !

Les enseignants américains sont souvent critiqués pour leur manque d'initiative et leur tendance « à céder » devant la pression. En 1904, John Dewey a critiqué ce qu'il percevait comme la « tendance des enseignants à l'asservissement intellectuel ». En 1936, dans son livre intitulé *Are American Teachers Free ?* (Les enseignants américains sont-ils libres ?), Howard Beale dénonça le fait que certains enseignants américains étaient « dominés par la lâcheté et l'hypocrisie ». En 1970, Charles Silberman a publié un livre d'une grande portée intitulé *Crisis in the Classroom* (L'école en crise) dans lequel il soutient que « ce qui ne va pas dans les écoles publiques n'est pas dû à la corruption, à l'indifférence ou à la stupidité des enseignants, mais à leur manque de réflexion ».

Vincent Crockenberg (1975) prétendait que les critiques ont mal compris la nature du problème des écoles ; l'accent ne devrait pas être mis sur la personnalité des enseignants, mais sur les caractéristiques organisationnelles des écoles et sur les conditions dans lesquelles les enseignants travaillent. Il a laissé entendre que la structure actuelle des écoles n'offre pas aux enseignants « les conditions nécessaires pour le développement de leur esprit » (p. 189). Crockenberg mentionne également que les enseignants continueront « d'abandonner » et d'agir sans réfléchir véritablement aussi longtemps qu'ils n'auront pas plus d'autorité sur la détermination des pratiques et des politiques de leur école. Il conclut son argumentation avec l'analyse suivante :

> Si les enseignants veulent combattre le manque de réflexion et enseigner de façon délibérée et réfléchie, ils doivent pouvoir travailler dans un milieu où ils n'ont pas seulement à se conformer aux buts et aux décisions établis par d'autres (ces autres étant souvent invisibles). Ils doivent pouvoir formuler leurs buts, commencer leurs actions pour réaliser ces buts et, par la suite, modifier leurs buts et leurs pratiques à la lumière des résultats obtenus (p. 196).

Être un professionnel implique avoir de l'autorité. Les éducateurs physiques peuvent prendre ces décisions s'ils le veulent vraiment ! Les enseignants ne sont pas stupides, mais le milieu dans lequel ils travaillent les incite au laisser-aller. Ceux qui en prennent conscience peuvent se protéger s'ils veulent vraiment être des professionnels. Les piètres enseignants sont fabriqués de toute pièce par le système, ils ne sont pas nés ainsi.

1. **L'isolement.** Plusieurs études ont démontré que de nombreux éducateurs physiques souffrent de solitude professionnelle. Ils ont peu de relations avec d'autres éducateurs physiques, voire même avec d'autres adultes. Ainsi, Robert, un spécialiste au primaire à mi-chemin dans sa carrière, a des idées pour améliorer son programme, mais il n'a pas l'occasion d'en discuter avec d'autres éducateurs physiques de son milieu :

   > Je ne sais même pas combien il y a de professeurs d'éducation physique dans la commission scolaire. Je ne rencontre jamais les autres professeurs du primaire, sauf si je leur téléphone pour les saluer. Je ne vois jamais les professeurs du secondaire et je ne sais même pas ce qu'ils font. Parfois, d'anciens élèves viennent me visiter et ils me donnent une petite idée, mais je n'ai pas d'idées précises (Schwager, 1986, p. 43).

   Hélène est une enseignante d'expérience qui travaille dans une grande commission scolaire ; elle ne dispose pas de beaucoup de ressources ni de soutien. Elle ne voit jamais son conseiller en éducation physique et elle a peu de rapports avec les autres éducateurs physiques. La commission scolaire organise des activités de perfectionnement tous les mois, mais Hélène a cessé d'y aller parce que les directeurs d'école ne mettent jamais l'accent sur l'éducation physique. Elle est seule ! Malgré les limites de son milieu, Hélène enseigne ce qu'elle veut quand elle le veut, comme elle le veut ! Malheureusement, le prix de cette autonomie est très élevé.

   > En effet, en creusant un peu plus profondément, il est possible de découvrir les effets pernicieux de telles conditions. L'isolement est l'envers de la médaille de l'autonomie d'Hélène. Elle interagit rarement avec d'autres éducateurs physiques, elle n'est jamais évaluée et elle n'a pas de « port d'attache », elle se retrouve donc seule pour résoudre tous ses problèmes et elle ne peut compter que sur ses propres ressources (Griffin et Locke, 1986, p. 41).

   Aussi longtemps que les éducateurs physiques travailleront isolément, ils ont peu de chances d'améliorer leurs conditions de travail et le statut accordé à leur matière.

2. **Le manque d'évaluation de l'enseignement et des programmes.** Si vous êtes surpris du manque d'évaluation de l'enseignement et de sa nécessité, c'est peut-être parce que vous pensez à l'« évaluation » sous la forme d'examens et de notes. Essayez plutôt d'y penser en relation avec la motivation, la reconnaissance sociale et la collaboration pour l'amélioration du programme. Vous verrez alors comment l'absence d'évaluation peut représenter un sérieux obstacle à la croissance d'un enseignant et à l'enrichissement de son programme. Hélène travaille depuis dix-huit ans dans une

commission scolaire où elle n'a jamais été évaluée ! Les administrateurs de certaines écoles font des évaluations périodiques qui portent sur des aspects secondaires ou généraux plutôt que sur des critères sérieux associés à l'efficacité de l'enseignement et du programme. Une évaluation superficielle révèle des attentes faibles et peu d'intérêt envers l'amélioration de l'enseignement.

Suzanne reçoit de bonnes évaluations, elle est considérée comme une excellente éducatrice physique et une personne de valeur, selon les normes généralement acceptées. Par contre, ses collègues ne savent pas réellement ce qu'elle accomplit et elle reçoit très peu de rétroactions précises susceptibles de l'aider à s'améliorer.

> Les élèves de Suzanne reçoivent un excellent enseignement, mais la plupart des gens y portent peu attention. Même si le directeur de l'école dit : « Suzanne est extraordinaire », il ne sait pas vraiment ce qu'elle fait de si merveilleux. Il n'a certainement pas créé de normes précises ou des attentes élevées pouvant inspirer les professeurs d'éducation physique de son école (Lambdin, 1986, p. 37).

Sans évaluation précise, il n'est pas possible de créer des normes élevées pour l'éducation physique ou de contribuer à l'amélioration de l'enseignement. L'absence d'évaluation sérieuse et substantielle représente un obstacle réel à la croissance professionnelle des enseignants.

3. **L'ennui et la routine**. L'enseignement représente une des rares professions dont la description de tâche reste la même d'année en année. Les vétérans de l'enseignement qui ont vingt ans ou plus d'expérience font sensiblement les mêmes tâches que ceux qui débutent leur carrière. Cette situation entraîne une routine « anesthésiante » associée très souvent à un grave sentiment d'ennui qui réduit l'efficacité et qui se traduit par de l'épuisement professionnel. En réalité, ces enseignants ne se « brûlent » pas, ils « rouillent d'ennui ». Beaucoup d'enseignants arrivent à surmonter l'ennui en acceptant de relever des défis à l'extérieur de l'école. Ainsi, par exemple, Carole a quinze ans d'expérience ; elle a mis en place un programme efficace et elle a démontré beaucoup d'enthousiasme pour l'enseignement jusqu'à ces dernières années.

   > Depuis deux ans et demi, Carole travaille les fins de semaine et l'été dans une entreprise commerciale. Elle avait accepté ce deuxième emploi dans le but de gagner un revenu supplémentaire pour sa famille, mais elle le trouve maintenant beaucoup plus satisfaisant. Il lui fournit les défis et les gratifications qu'elle trouvait auparavant dans son enseignement (Faucette, 1986, p. 45).

Beaucoup d'éducateurs physiques trouvent ce type de défi et de gratification non pas dans un emploi à l'extérieur de la profession, mais plutôt en entraînant des équipes sportives à l'école. Le conflit de rôles engendré par cette pratique répandue sera examiné en détail plus loin dans ce chapitre.

Robert, le vétéran mentionné plus tôt, donne six cours par jour dans la même école depuis quinze ans. Le personnel de l'école n'a pas changé depuis dix ans et Robert est encore le plus jeune professeur de l'équipe. Quand on lui demande quelle est la dimension la plus difficile de son travail, il répond : « Combattre l'ennui ». Sa réaction n'est pas unique puisque l'ennui représente un obstacle courant à la croissance professionnelle en éducation physique.

4. **L'absence de soutien.** Beaucoup d'éducateurs physiques sont frustrés par l'absence de soutien administratif pour leurs programmes. Lorsque des éducateurs physiques efficaces sont très appréciés de leurs directeurs d'école, cette reconnaissance est généralement due à leurs caractéristiques personnelles, rarement à l'excellence de leur programme.

> Les enseignants vétérans ont tendance à se questionner sur la valeur accordée à leur contribution quand les administrateurs ignorent leurs besoins. Ils constatent que, même si leurs directeurs les respectent personnellement, cette reconnaissance ne s'étend pas automatiquement à la matière qu'ils enseignent. Malgré le prestige de ses défenseurs, l'éducation physique n'est pas considérée comme une priorité lors des prises de décisions administratives importantes (O'Sullivan, Stroot et Tannehill, 1989, p. 264).

La triste situation de Suzanne dont il fut question plus tôt semble typique. Elle a travaillé fort pour surmonter les obstacles à l'amélioration de son programme, mais elle a été incapable de faire quoi que ce soit contre un des obstacles les plus menaçants.

> Suzanne a franchi plusieurs barrières pour améliorer sa situation d'enseignement, mais elle est restée impuissante devant les plus importants freins à son succès et à celui de ses élèves : le manque de soutien réel pour l'éducation physique dans l'école et sa mise à l'écart au moment de prendre des décisions administratives (Lambdin, 1986, p. 37).

De telles conséquences semblent inévitables, voire même méritées, quand les éducateurs physiques choisissent de ne pas s'impliquer dans les structures formelles et informelles de l'école. Par contre, il est attristant de constater que, même lorsque les éducateurs physiques s'impliquent réellement, les résultats sont parfois décevants.

5. **Les facteurs reliés au contexte.** Les principaux facteurs faisant obstacle à la croissance professionnelle de plusieurs éducateurs physiques sont : des classes trop nombreuses, des installations désuètes ou en mauvais état, des équipements inadéquats et des budgets insuffisants pour y remédier. Ces facteurs reliés au contexte empêchent souvent de mettre en place un programme favorisant l'apprentissage des élèves. Au mieux, il en découle une série de compromis et, au pire, l'abandon total des buts éducatifs. Hélène a dû faire face à presque tous ces obstacles, elle en est arrivée à proposer un programme dans lequel chaque leçon forme une entité. Elle espère que les enfants aient du plaisir et qu'ils réussissent quelque chose à chaque leçon.

> Hélène a appris à composer avec le système et elle ne croit plus qu'il est possible d'adopter une attitude rationnelle pour régler les problèmes. Elle sait ce qu'elle maîtrise et ce qui est immuable. Elle ajuste ses priorités en fonction de ces réalités. Elle a abandonné l'intention de proposer un programme où les activités sont organisées en progression afin de favoriser la maîtrise d'habiletés. Elle se contente de limiter son action à ce qu'elle peut maîtriser (Griffin, 1986, p. 40).

Bon nombre de professionnels conservent l'espoir d'offrir quotidiennement une éducation physique de qualité. Par contre, cette vision ressemble à un conte de fée romantique pour ceux qui sont aux prises avec d'importants obstacles reliés à leur travail quotidien.

6. **L'absence de reconnaissance pour la matière enseignée.** Selon Griffin (1986), le manque d'intérêt pour la matière enseignée est un facteur sous-jacent à la plupart des obstacles reconnus précédemment. Ce manque d'intérêt se manifeste par une indifférence générale.

> L'indifférence est, en définitive, le fil conducteur entre divers obstacles à l'amélioration auxquels le système se heurte. Généralement, les attentes concernant ce qui peut être accompli en éducation physique n'ont pas été réduites intentionnellement. L'éducation physique souffre d'un manque d'intérêt qui, même s'il peut sembler anodin, représente une menace très sérieuse à la poursuite de l'excellence (Griffin, 1986, p. 58).

Ainsi, par exemple, la situation vécue par Pierre Parent n'est pas inhabituelle. Cet enseignant est respecté par tout le monde. Les administrateurs de l'école disent beaucoup de bien de son travail. Les parents paraissent satisfaits de son programme. Les élèves semblent l'aimer. Par contre, les résultats de l'analyse de son programme révèlent que les élèves apprennent peu et que ses cours d'éducation physique ressemblent davantage à des périodes de récréation supervisées.

Les élèves de cette école ne trouvent pas que leurs cours d'éducation physique sont désagréables car, en fait, ce sont essentiellement des activités sociales. Ils acceptent de participer aux activités physiques proposées pour avoir des occasions de socialiser. Le programme exige très peu d'habiletés motrices et une analyse approfondie confirme que les élèves apprennent peu. En fait, le programme reflète exactement ce que les personnes dans l'école et dans la communauté attendent de l'éducation physique et Pierre Parent sait comment fonctionner en douceur et se conformer aux attentes de façon à ce que tout le monde semble satisfait (Rog, 1986, p. 56).

Lorsque les personnes responsables du système scolaire tolèrent et vont même jusqu'à encourager ce type d'engagement professionnel médiocre, il n'est pas étonnant que plusieurs éducateurs physiques cèdent devant cette absence de reconnaissance et se contentent de « surveiller » des périodes de récréation actives centrées davantage sur les interactions sociales que sur les apprentissages moteurs.

COMPOSER AVEC LES OBSTACLES POUR DEMEURER UN ENSEIGNANT DYNAMIQUE

Le nombre et la difficulté des obstacles mentionnés précédemment varient d'une école à l'autre. La façon dont les enseignants réagissent à ces obstacles et essaient de continuer à améliorer leur acte professionnel varie également. Certains enseignants abandonnent ! Environ trente pour cent des nouveaux enseignants ne parviennent pas à une cinquième année d'enseignement (Rosenholtz, 1987). Les nombreux obstacles à l'amélioration de leur enseignement figurent sans doute parmi les raisons qui les incitent à se retirer.

Certains enseignants conservent leur poste, mais abandonnent graduellement tout effort pour favoriser l'apprentissage ; ce sont des « enseignants qui n'enseignent plus ». Ils n'ont pas abandonné l'enseignement, mais ils font d'importants compromis. Ils se contentent de « sauver les meubles » (Griffin, 1986). Ils mettent beaucoup d'énergie pour modifier leurs buts afin de s'adapter aux conditions plutôt que d'essayer de les changer. Par contre, d'autres enseignants réussissent à surmonter ces obstacles pour devenir efficaces et développer des programmes uniques et très valorisés.

Il importe de signaler que les conséquences décrites ci-dessous sont davantage en relation avec les obstacles eux-mêmes qu'avec les enseignants. Ceux qui font d'importants compromis ne les feraient probablement pas dans des circonstances moins difficiles. Beaucoup d'enseignants ayant surmonté les obstacles présents dans leur contexte auraient peut-être démissionné ou seraient devenus des enseignants qui n'enseignent plus dans d'autres circonstances. Ceux qui se contentent de « sauver les meubles » auraient pu devenir des enseignants hautement efficaces dans des conditions moins difficiles. Les enseignants trouvent divers moyens pour composer avec les obstacles.

1. **L'enseignant qui n'enseigne plus**. Simon a quinze ans d'expérience en éducation physique. Ses élèves l'apprécient, ses collègues admirent ses qualités d'organisateur et les parents lui font confiance. Il ne connaît jamais de problèmes de discipline. Quand Simon a commencé à enseigner, il était débordant d'enthousiasme au sujet des progrès possibles de ses élèves, mais il a fini par abandonner la lutte.

> Le maintien d'un bon niveau de coopération avec ses élèves exige quelques compromis. Simon valorise une atmosphère chaleureuse et détendue où personne ne se heurte à des tâches difficiles. Il ne juge pas approprié de consacrer de l'énergie pour atteindre des objectifs difficilement perceptibles comme l'amélioration de la performance motrice ou de la condition physique, les connaissances ou la qualité de l'engagement des élèves dans des tâches d'apprentissage. Les éducateurs physiques comme Simon qui mettent beaucoup d'énergie pour améliorer la qualité de leurs programmes et qui voient leur passion se refroidir progressivement ont appris à s'ajuster aux attentes plutôt que de lutter pour « ce qui pourrait être » (Tousignant, Brunelle et Morency, 1986, p. 52).

Il est important de souligner que les « enseignants qui n'enseignent plus » continuent généralement de mettre en place des conditions pour que leurs élèves soient occupés à faire des activités, qu'ils aient du plaisir tout en se comportant de façon appropriée. Aussi, la plupart des gymnases et des terrains extérieurs sont remplis d'élèves disciplinés et actifs. Ceux qui les observent, incluant les administrateurs scolaires, commettent l'erreur de prendre cette activité pour de l'apprentissage bien structuré. Cependant, une analyse plus approfondie du système d'évaluation, et par conséquent des véritables buts, révèle que les élèves ne sont pas tenus d'améliorer leur performance pour obtenir une bonne note. Il leur suffit souvent de bien se comporter et d'avoir l'air de coopérer dans les activités, d'être ponctuels, d'être habillés correctement pour obtenir de bons résultats en éducation physique (Tousignant et Siedentop, 1983).

Beaucoup d'enseignants se compromettent au point de ne plus enseigner et trouvent leurs gratifications dans d'autres travaux. Certains ont un deuxième emploi non relié à l'éducation. Plusieurs éducateurs physiques cherchent et trouvent de la satisfaction comme entraîneurs. Le conflit de rôles engendré par les tâches d'entraîneur et d'enseignant les incite à faire des compromis dans leur enseignement et leurs efforts pour favoriser les acquisitions en apprentissage. Il sera question de ce conflit de rôles un peu plus loin dans ce chapitre.

2. **Ceux qui se contentent de « sauver les meubles ».** Plusieurs enseignants réagissent aux obstacles en changeant ce qu'ils peuvent changer et en apprenant à vivre avec ce qui semble immuable. Habituellement, ils doivent modifier les buts de leurs programmes et leur stratégie d'enseignement. Robert est au milieu de sa carrière et il lutte contre l'ennui ; aussi, il a tendance à changer souvent d'activités, à choisir celles où il y a beaucoup d'action et de déplacements mais peu d'équipement. Il se convainc psychologiquement et il convainc ses élèves que c'est ce qu'il a de mieux à faire, même s'il sait qu'il n'accomplit pas tout ce qu'il pourrait accomplir dans ses cours d'éducation physique.

> Robert enseigne en répondant aux demandes qui lui sont faites. Il est complimenté et récompensé pour faire exactement ce qu'il fait. Même s'il peut offrir beaucoup plus, personne n'attend rien de plus de lui. Selon les normes habituelles de sa profession, Robert est un praticien efficace, mais il est peu satisfait de sa réussite (Schwager, 1986, p. 43).

Hélène, dont il fut question plus tôt, est dans une situation où elle fait le compromis de proposer une activité d'apprentissage par période, ce qu'elle appelle une « leçon-unité ». Pendant ces leçons-unités, les élèves expérimentent des activités agréables, ils apprennent à bien se comporter et à coopérer, ils obtiennent un certain succès et ils s'amusent. Hélène continue à aimer ses élèves et à en retirer de la satisfaction, malgré toutes les limites de son programme.

> Loin d'être déçue, Hélène aime son travail. L'observation de son enseignement confirme cette impression. Dans un système où tout le monde semble indifférent à leur travail, elle est un remarquable réservoir d'énergie, elle est naturelle, patiente et attentionnée avec les enfants de la première classe le matin jusqu'à la dernière de l'après-midi (Griffin, 1986, p. 41).

3. **Ceux qui surmontent les obstacles.** Il existe beaucoup d'excellents programmes d'éducation physique à tous les niveaux. J'ai mentionné ailleurs (Siedentop, 1987) qu'un facteur constamment asso-

cié aux programmes exemplaires, quels que soient les niveaux, était le leadership d'un éducateur physique engagé et compétent. Je crois aussi que la clé du succès de ces programmes est l'habileté de ces enseignants à s'assurer le soutien administratif. Carole, dont il fut question plus tôt, est une enseignante très compétente qui a travaillé pour deux types de directeurs d'école. Elle décrit l'un d'eux comme un « dictateur qui la traitait comme une recrue » (Faucette, 1986, p. 46). L'autre avait facilité la croissance de son programme et l'avait aidée à devenir un membre actif d'une équipe travaillant à améliorer le programme de l'école. Cette expérience incite Carole à croire que le meilleur allié d'un professeur est un directeur équitable. La section suivante porte sur les notions apprises auprès des éducateurs efficaces qui continuent à démontrer du dynamisme dans l'enseignement malgré les obstacles auxquels ils ont dû faire face.

LES FAÇONS DE CONTINUER À FAIRE PREUVE DE DYNAMISME ET D'ÊTRE DES ENSEIGNANTS EFFICACES

La majeure partie de ce volume porte sur l'efficacité de l'enseignement. Le but de ce chapitre n'est pas de la décrire (vous devez déjà en avoir une bonne compréhension), mais plutôt d'examiner comment certains enseignants maintiennent leur dynamisme et continuent à lutter pour améliorer leur efficacité et celle de leurs programmes. Il importe de noter que toutes ces caractéristiques et ces stratégies ne s'appliquent pas de la même façon à tous les éducateurs physiques efficaces ; cependant, elles représentent des thèmes récurrents chez des enseignants de différents milieux qui réussissent à conserver leur dynamisme malgré les obstacles auxquels ils font face.

1. **Être motivé par les réussites des élèves.** Les éducateurs physiques qui maintiennent leur dynamisme aiment leurs élèves et se sentent gratifiés par leurs réactions. La satisfaction au travail est souvent reliée à la quantité d'apprentissage réalisé par les élèves. Une étude d'une durée d'un an portant sur sept spécialistes efficaces du niveau primaire a mis en lumière la conclusion suivante :

> Pour nos sept spécialistes, les enfants représentaient leur source majeure de satisfaction comme le révèlent divers exemples tout au long de la monographie : « Les enfants me permettent de me sentir important » ou la joie d'entendre les enfants parler de « ce qu'ils ont appris dans le gymnase aujourd'hui ». Ces enseignants sont engagés dans ce qu'ils font. Cette idée se reflète dans les paroles de

Marc : « Je vais lutter contre le système pour faire ce qu'il y a de mieux pour mes enfants » (O'Sullivan, Stroot et Tannehill, 1989, p. 265).

Par contre, les élèves impolis ou désintéressés représentent une source importante d'insatisfaction pour les enseignants qui visent d'abord les acquisitions en apprentissage. Aussi, pour atteindre leur but, ils doivent être de très bons organisateurs et maintenir une discipline constante et efficace.

David est éducateur physique et entraîneur au secondaire et il réussit bien. Il enseigne à des groupes réguliers et à des classes pour élèves handicapés. Sa recherche d'excellence en enseignement se manifeste clairement par sa façon d'intervenir auprès des étudiants et ces derniers constatent qu'ils peuvent s'améliorer dans les limites de leurs possibilités.

David vit des moments très gratifiants lorsque ses étudiants prennent conscience de leur progrès. Aussi, il leur enseigne à être contents d'eux-mêmes. Par exemple, il s'assure que les débutants à la course sont satisfaits d'avoir complété un mille sans marcher ; il se réjouit avec une personne handicapée qui s'adonne au golf, au tir à l'arc ou à l'escrime dans ses temps libres ; de même, si une personne terrifiée par les hauteurs réussit à marcher toute la longueur sur la poutre, il l'aide à réaliser l'importance de cette performance. Il est intéressant d'observer la fierté croissante et les efforts déployés par les élèves de David pour atteindre leur excellence individuelle (Mancuso, 1983, p. 26).

Il importe de signaler que les enseignants qui conservent leur dynamisme aiment leurs élèves et ils les aiment de la bonne façon, c'est-à-dire comme des jeunes personnes qui font des efforts pour s'améliorer. Ils sont satisfaits non seulement de ce qui se passe quotidiennement, mais aussi de l'influence qu'ils ont à long terme sur la vie de leurs élèves (Earls, 1979).

2. **Prévenir les problèmes de discipline.** Toutes les études portant sur les éducateurs physiques efficaces démontrent qu'ils s'organisent bien et qu'ils maintiennent une discipline efficace dans leurs classes. Il importe de réaliser qu'il est presque impossible de conserver son dynamisme si les problèmes de discipline accaparent une journée d'enseignement. Une étude portant sur sept spécialistes au primaire révèle une absence presque totale de comportements déviants dans ces classes (Siedentop, 1989). Les rapports d'observation des excellents enseignants commencent presque toujours avec des descriptions de la bonne organisation de leurs classes (Templin, 1983). Sarah enseigne dans une école secondaire d'un centre-ville et elle est représentative de ces enseignants.

> Les buts de son programme en éducation physique et
> santé sont précis et les standards sont élevés. Elle a déve-
> loppé des séquences de tâches d'apprentissage. Très peu
> de temps est gaspillé en transition, attente ou complainte
> et les activités proposées sont directement reliées aux
> objectifs visés. De plus, le rythme du cours est dynamique
> (Goldberger, 1983, p. 21).

La plupart des enseignants efficaces utilisent des stratégies de
maintien de la discipline dans un climat positif favorisant
l'apprentissage. Comme je l'ai mentionné plusieurs fois dans ce
volume, les enseignants efficaces ne sont pas négatifs ou rudes
avec leurs élèves; au contraire, les conclusions de la recherche
indiquent qu'ils sont très positifs. Cependant, ils ne tolèrent pas les
comportements dérangeants.

3. **Conserver de l'enthousiasme pour le programme et l'enseignement.** La plupart des enseignants qui surmontent les obstacles ont
   dû adapter leur programme et leur façon d'enseigner en fonction
   des circonstances. Sarah a développé un programme personnalisé
   dans une école du centre-ville qui accueille une population
   d'élèves de races noire et blanche (Tousignant, 1983). Sylvie a
   travaillé pour rendre son enseignement au secondaire plus équitable (Woods et Dodds, 1983). Presque tous les rapports portant sur
   de tels enseignants mettent l'accent sur la façon dont ils s'occupent
   jalousement du temps qui leur est alloué pour que chaque
   moment soit utilisé efficacement, démontrant ainsi qu'ils ont réflé-
   chi aux conséquences de leur stratégies d'organisation sur leur
   enseignement.

   Il est plus facile de conserver son enthousiasme lorsque le
   programme reflète bien les croyances de la personne qui doit
   l'implanter (voir l'encadré 10.2). Les programmes doivent répondre aux besoins des élèves, mais ils doivent également correspondre aux intérêts des professionnels qui les appliquent. Dans l'étude
   portant sur les spécialistes du primaire, les trois enseignants plus
   expérimentés ont conçu graduellement des programmes autour
   d'un thème particulier. Ainsi, Georges met l'accent sur l'éducation
   au plein air, Christine propose un modèle d'éducation sportive
   alors que Julie met souvent l'accent sur l'« olympisme » avec des
   activités telles que le hand-ball ou la gymnastique rythmique et
   des événements spéciaux comme les Jeux olympiques d'été et
   d'hiver. Le but recherché peut être le conditionnement physique,
   l'éducation sportive, le plein air ou le développement social,
   l'important étant que l'éducateur physique y croie sincèrement et
   que ce projet capte son imagination et nourrisse son enthousiasme
   pour l'enseignement.

4. **Obtenir la coopération du système**. La plupart des réussites des éducateurs physiques sont attribuables à leur travail soutenu dans les organisations scolaires formelles et informelles afin d'acquérir le statut leur permettant d'obtenir l'intérêt et le soutien requis pour la mise en place de leurs programmes. Ils doivent obtenir la coopération des administrateurs, des parents et de divers groupes communautaires. Ainsi, les programmes spéciaux mentionnés précédemment ne sont pas dus au hasard. Ils ont besoin de l'appui financier de la communauté, des groupes de parents et de l'école, ainsi que de l'appui administratif pour des questions délicates comme les horaires.

Kneer et Grebner (1983) rapportent le cas de Donald et Anita, deux éducateurs physiques au secondaire, qui rêvaient de développer un programme d'entraînement avec poids et haltères avec des installations bien adaptées. Ils ont sollicité des dons de centres privés, ils ont impliqué les étudiants dans des projets de collectes de fonds ; ils ont demandé des bourses d'organismes privés ; des imprimeries locales leur ont donné des fiches d'entraînement ; ils ont obtenu du centre communautaire des miroirs pour leur salle d'entraînement et, finalement, ils ont réussi à convaincre l'administration de l'école de rénover les espaces nécessaires pour avoir des installations de première classe. Par la suite, ils ont pu réaliser d'autres rêves ! Les installations ont été ouvertes à la communauté. Des enregistrements sur vidéo furent produits afin d'individualiser les séances d'entraînement. Des ordinateurs furent achetés pour fournir des informations aux participants et pour gérer les dossiers. Le programme fut largement reconnu et respecté ; il a contribué à la renommée de l'école qui, en retour, a obtenu un appui favorable de la part de la communauté, des parents et de l'administration. Il est possible de réaliser des rêves dans le système scolaire !

5. **Savoir où s'arrêter**. Un engagement à long terme dans l'enseignement efficace de l'éducation physique exige-t-il de consacrer sa vie entière à sa profession ? La réponse à cette question est un non très clair ; de plus, des études portant sur des éducateurs physiques efficaces révèlent qu'ils sont en mesure d'établir une démarcation entre leurs engagements professionnels et leur vie personnelle. Earls (1979) a observé que les « éducateurs physiques qui se distinguent » ont tendance à consacrer leurs vacances d'été à des activités différentes de l'enseignement, ce qui leur permet de commencer la nouvelle année scolaire régénérés et prêts à repartir. De même, les spécialistes du primaire ayant participé à l'étude sur les enseignants efficaces avaient tous des intérêts en dehors de l'école. Ces activités semblaient représenter une force positive dans leur vie professionnelle et personnelle.

L'engagement de ces professeurs dans des activités en dehors de l'école n'est pas de nature à influencer négativement leur enseignement ou leur programme, au contraire. Ces occupations personnelles leur fournissent beaucoup de gratifications. Chacun d'eux « savait où tirer la ligne » entre un travail professionnel efficace et « y laisser sa peau », ce qu'aucun ne fait d'ailleurs. Bien sûr, leurs activités représentent des sources d'énergie et elles varient considérablement d'un individu à un autre, mais elles contribuent à les aider à satisfaire les exigences de leur rôle d'enseignant (O'Sullivan, Stroot et Tannehill, 1989, p. 265).

Le maintien du dynamisme dans l'enseignement semble être relié à une vie remplie et satisfaisante en dehors de l'école, permettant aux enseignants de se ressourcer afin de revenir à leurs responsabilités avec l'énergie et l'enthousiasme nécessaires pour continuer leurs efforts.

LES CONFLITS DE RÔLES

Il arrive fréquemment que les enseignants en éducation physique assument également le rôle d'entraîneurs des équipes sportives de l'école (voir l'encadré 15.2). En effet, beaucoup d'éducateurs physiques sont engagés en premier pour leur qualité d'entraîneur et en deuxième lieu pour leur compétence dans l'enseignement. Il semble qu'une majorité d'étudiants universitaires qui se spécialisent en éducation physique ont comme premier intérêt l'entraînement (Locke, Siedentop et Mand, 1980). L'enseignement sur une base régulière figure au deuxième rang dans leur choix professionnel.

Il importe cependant de signaler que les conflits entre le **rôle d'éducateur physique** et celui **d'entraîneur sportif** dont il est question dans cette section n'existent pas de façon aussi percutante dans les écoles du Québec. En effet, le réseau sportif interscolaire québécois n'est pas encore aussi développé que dans les écoles aux États-Unis. Au Québec, les occasions de participer à des compétitions de haut calibre sont davantage offertes dans le réseau du sport municipal. De plus, les entraîneurs œuvrant dans le milieu scolaire ne sont généralement pas les personnes qui enseignent l'éducation physique à temps complet, mais plutôt du personnel surnuméraire. Aussi, pour le moment, les quelques enseignants en éducation physique qui jouent aussi le rôle d'entraîneur s'identifient d'abord à leur fonction d'éducateur.

Encadré 15.2 : Jusqu'à quel point le conflit de rôles est-il réel et répandu ?

Dans une étude portant sur les enseignants qui cumulent également des tâches d'entraîneurs, Chu (1981) a rapporté que quatre-vingt-sept pour cent de ceux-ci sentaient que l'administration de l'école les obligeait à entraîner leurs élèves s'ils voulaient conserver leur poste d'enseignant. Selon un enseignant-entraîneur :

> Je crois que l'on tient pour acquis que, si tu es en éducation physique, tu dois être responsable de l'entraînement des équipes. Si je laissais tomber le basket-ball interscolaire, je perdrais probablement mon poste en éducation physique. Une personne a refusé d'entraîner ses élèves parce que le salaire supplémentaire est très minime, elle a perdu son poste en éducation physique et on lui a confié de façon permanente les cours de conduite automobile ; l'administration et le directeur de l'école ont fait ça ! (p. 40)

Par contre, une majorité des sujets de cette étude ont indiqué qu'ils devaient accepter d'enseigner l'éducation physique afin de pouvoir être entraîneur.

Segrave (1981) a rapporté, dans une étude portant sur deux cent soixante-sept enseignants, que soixante-deux pour cent des personnes interrogées préféraient leur rôle d'entraîneur à celui d'enseignant. Il est intéressant de noter que soixante et onze pour cent de ceux qui avaient été des athlètes interuniversitaires pendant leurs études à l'université préféraient leur rôle d'entraîneur alors que cinquante-trois pour cent de ceux n'ayant pas été des athlètes au sein d'équipes universitaires étaient du même avis.

Massengale (1981) prétend que les enseignants-entraîneurs sont rarement congédiés en raison d'un enseignement médiocre. Toutefois, l'habileté et la compétence en enseignement compensent rarement le fait d'entraîner une équipe perdante. Les enseignants qui ne sont pas entraîneurs ne sont pas soumis aux systèmes de récompenses particuliers qui influencent si fortement la vie des enseignants-entraîneurs ; aussi, ils sont relativement peu sensibles au conflit vécu par leurs collègues entraîneurs.

Le conflit de rôles est très réel et très répandu dans les écoles américaines.

Comme cela a été mentionné à plusieurs reprises, l'enseignement efficace exige de pouvoir accomplir une série de tâches complexes avec un dévouement de tous les instants. Il va sans dire que de sérieux conflits peuvent résulter lorsque ce rôle difficile se heurte à celui d'entraîneur.

Un **rôle** est défini comme une série de comportements attendus de la personne assumant un poste précis dans un segment de la société (Locke et Massengale, 1978). Chacun de nous a tenu un rôle d'étudiant, de fils ou de fille. Certains d'entre nous avons joué des rôles de parents, d'enseignants et d'entraîneurs.

Trois sortes de conflits de rôles sont particulièrement dérangeants en éducation physique. Un **conflit interrôles** existe quand une personne assume des rôles différents qui requièrent des comportements incompatibles. Par exemple, un éducateur physique fait l'expérience d'un conflit interrôles quand une séance d'entraînement interfère avec une réunion d'enseignants, quand le dépistage des nouvelles recrues entre en conflit avec ses obligations familiales ou quand la planification des entraînements nuit à la planification des cours.

Un **conflit intrarôle** apparaît quand une personne doit répondre à des attentes incompatibles venant de différentes personnes ou groupes. Ainsi, un entraîneur doit composer avec des parents de joueurs qui veulent absolument gagner et d'autres qui voient la participation dans le sport comme une expérience de croissance. Un enseignant peut avoir à composer avec des élèves qui préfèrent une approche centrée sur la condition physique et d'autres qui sont plus intéressés au développement d'habiletés en sports collectifs.

Finalement, les **conflits inhérents à l'emploi** dans son ensemble font référence aux attentes incompatibles qui surviennent lorsqu'une personne combine les tâches d'entraîneur et d'enseignant. Ce type de conflit est souvent associé au conflit interrôles. Par exemple, cela se produit quand la personne est souvent à l'extérieur de la ville, qu'elle est soumise à beaucoup de stress psychologique, en plus d'être épuisée par ses longues journées de travail. Les enseignants-entraîneurs arrivent souvent à l'école très tôt le matin, ils enseignent toute la journée et commencent leur entraînement vers seize heures. Leur séance d'entraînement peut se terminer vers dix-sept heures trente ou dix-huit heures, mais ils peuvent rarement quitter avant dix-neuf heures, après avoir rangé l'équipement et attendu que les athlètes soient partis. Pendant la saison, des compétitions, des voyages de dépistage et des sorties pour participer à des compétitions à l'extérieur s'ajoutent à cet horaire déjà chargé.

Le rôle d'éducateur physique auprès d'élèves réguliers et celui d'entraîneur des équipes interscolaires diffèrent sous plusieurs angles importants (Locke et Massengale, 1978). Ainsi, leur influence sur l'avancement professionnel varie considérablement. La préparation technique et les compétences requises sont fort différentes. Les exigences de la préparation quotidienne et les besoins de formation continue varient. De plus, la performance des entraîneurs est évaluée régulièrement par divers groupes de personnes très engagées dans le processus tels que les athlètes, les autres élèves, les parents des élèves, les administrateurs, etc. Cette évaluation régulière de la performance entraîne un certain consensus général sur la qualité de la prestation des entraîneurs.

Les participants auxquels les éducateurs s'adressent dans les deux rôles sont différents : ils ont tendance à être homogènes dans les équipes sportives et hétérogènes dans les cours d'éducation physique. Ils sont toujours volontaires dans le premier et rarement dans l'autre. Le type d'interaction de l'intervenant avec les participants est aussi différent dans les deux rôles. L'enseignant est en contact avec un grand nombre d'élèves pendant de courtes périodes de temps, dans un climat plutôt détendu mais pas très intime. Par contre, l'entraîneur rencontre fréquemment ses athlètes pendant de longues périodes et il vit avec eux des expériences intenses et souvent intimes. Ces différences sont résumées au tableau 15.1. Il importe de souligner que les contingences associées au rôle d'entraîneur sont généralement beaucoup plus puissantes que celles associées au rôle d'enseignant. En conséquence, il n'est pas surprenant de constater qu'une bonne proportion d'enseignants-entraîneurs aient tendance à privilégier leur rôle d'entraîneur.

Il importe de souligner encore une fois que ces caractéristiques ne s'appliquent pas à tous les éducateurs physiques. Toutefois, elles tendent à renforcer le stéréotype traditionnel de l'entraîneur qui se contente de « sortir des ballons » pendant ses cours d'éducation physique, qui se repose pendant la journée et qui se transforme en « dynamo humain » lors des pratiques de son équipe. Il arrive souvent qu'un entraîneur soit considéré parmi les excellents intervenants d'une école alors que cette même personne est perçue comme un mauvais éducateur physique. Les différentes contingences présentées au tableau 15.1 fournissent des explications à ce phénomène.

Locke et Massengale (1978) ont constaté que la description présentée au tableau 15.1 était relativement appropriée.

Les entraîneurs-éducateurs vivent fréquemment et intensément des problèmes causés par les conflits entre leurs rôles. Plus de la moitié des répondants ont jugé que leurs problèmes étaient très importants.

Tableau 15.1 :   Les différences entre le rôle d'enseignant et celui d'entraîneur

Caractéristiques du rôle	Enseignant	Entraîneur
1- Pertinence du rôle pour l'avancement dans la carrière	Faible	Élevée
2- Préparation technique requise à l'engagement	Faible	Élevée
3- Les besoins en perfectionnement (cliniques, etc.)	Faibles	Élevés
4- Les exigences de la préparation quotidienne	Minimes	Grandes
5- La fréquence des évaluations publiques de la performance	Faible	Élevée
6- L'implication émotive des évaluateurs	Basse	Élevée
7- Le consensus par rapport à la performance attendue	Absent	Précis
8- L'intensité des contacts avec les participants	Basse	Élevée
9- L'homogénéité des participants	Basse	Élevée
10- Le nombre de participants qui s'engagent volontairement	Habituellement bas	Toujours élevé
11- La motivation des participants	Diffère considérablement	Grande, la plupart du temps
12- Le niveau d'habileté des participants	Diffère grandement	Le plus haut de l'école
13- L'intimité des contacts avec les participants	Basse la plupart du temps	Souvent très élevée

De plus, leurs données indiquent que le conflit interrôles semblait plus sérieux pour les éducateurs physiques que pour les enseignants des autres matières. La littérature sur le conflit interrôles indique clairement que, lorsqu'un tel conflit existe, les personnes ont tendance à opter pour l'un ou l'autre rôle. Ils utilisent ensuite les demandes et les exigences de ce rôle pour se donner une structure de base pour prendre leurs décisions. Ainsi, un enseignant-entraîneur qui choisit comme rôle dominant celui d'entraîneur prend ses décisions d'enseignant en se basant sur les exigences et les besoins de son rôle d'entraîneur. Son rôle d'enseignant devient secondaire, le temps et l'effort qu'il y consacre deviennent de plus en plus proportionnés au statut qu'il lui accorde. La littérature laisse entendre aussi que cette stratégie de prise de décisions tend à réduire la tension et l'anxiété créées par le conflit de rôles.

Bien que les politiques scolaires suggèrent que l'enseignement est la première priorité des intervenants, les faits semblent indiquer qu'aux États-Unis la réalité diffère considérablement de la rhétorique officielle (voir l'encadré 15.3).

Encadré 15.3 : Entraîner les équipes sportives interscolaires : le salaire est bas et les heures sont nombreuses

Le travail supplémentaire de l'enseignant-entraîneur est habituellement rémunéré par un salaire additionnel établi dans un contrat spécial. Chu (1981) rapporte que les enseignants-entraîneurs de son étude recevaient entre 1,74 $ et 0,32 $ l'heure pour le temps consacré à l'entraînement. Les entraîneurs reçoivent un salaire moyen de 1 $ l'heure consacrée à cette tâche. Il ne s'agit donc pas d'un emploi permettant de s'enrichir rapidement !

Combien de temps y consacrent-ils ? Les chiffres présentés au tableau 15.2 sont tirés de l'étude de Chu (1981) et révèlent le déséquilibre entre le temps consacré à l'enseignement et celui consacré à l'entraînement.

Il est intéressant de noter que, selon ces données, les enseignants et les entraîneurs ne semblent pas consacrer plus de temps à la préparation de leur enseignement lors des périodes où ils n'ont pas d'entraînement.

Tableau 15.2 : Partage du temps

	Hommes			Femmes		
	Présence en classe	Préparation des cours	Entraînement	Présence en classe	Préparation des cours	Entraînement
A) Pendant la saison d'entraînement	18,4	2,7	44,2	18,8	4,1	27,2
B) En dehors de la saison d'entraînement	18,4	2,7	2,5	18,8	5,4	3,7

Massengale (1981, p. 51) fait l'observation suivante en se basant sur une revue des recherches disponibles : « Pour diverses raisons pratiques, il apparaît que la plupart des enseignants-entraîneurs ne réussissent pas à résoudre leur conflit interrôles ; ils le contournent en s'engageant à fond dans leur rôle d'entraîneur et en tentant de réduire les exigences de leur rôle d'enseignant. » Cet engagement dans l'entraînement est souvent encouragé de façon tacite par les administrateurs qui acceptent d'adapter les répartitions de tâches (Templin, 1981). Par exemple, on assigne souvent aux entraîneurs une période de « planification » pendant la dernière période d'une journée officielle d'école. Bien que les périodes de planification soient supposées être utilisées pour la préparation des cours, tout le monde comprend que l'enseignant-entraîneur utilise cette période pour préparer sa séance d'entraînement. On donne souvent aux enseignants-entraîneurs des tâches de surveillance à la place des cours afin que cette responsabilité réduite leur donne une chance de planifier leurs entraînements, de visionner des films et de s'occuper des autres tâches associées à leur rôle d'entraîneur.

Même si ce portrait n'est pas très reluisant, il y a tout lieu de croire qu'il est juste. De plus, le conflit entre le rôle d'entraîneur et d'enseignant semble étroitement lié à « l'épuisement professionnel » qui survient généralement lorsque les demandes rattachées au rôle d'un professionnel dépassent ses habiletés et ses ressources et que la personne ne peut plus les assumer de façon adéquate.

Il n'y a pas véritablement de solution au conflit de rôles en éducation physique. Une des solutions souhaitables consiste à permettre aux personnes qui veulent se consacrer à leur enseignement de le faire sans devoir « économiser leur énergie » pour leur entraînement. Cependant, il n'est pas réaliste dans le futur immédiat de s'attendre à des changements majeurs dans la façon d'assigner les tâches aux enseignants. Le mieux à faire pour le moment est de sensibiliser les futurs enseignants-entraîneurs au problème du conflit de rôles et à souligner l'importance de maintenir un effort soutenu pour réaliser un enseignement responsable. Il va sans dire qu'il n'est pas suffisant de favoriser et d'encourager les professionnels à se centrer sur leur enseignement. Lorsque la dualité des rôles existe, il est important de développer des mécanismes sérieux pour évaluer l'enseignement.

L'AMÉLIORATION DU SYSTÈME

L'éducation est souvent critiquée pour diverses raisons. Les écoles s'amélioreront-elles ? La plupart d'entre nous répondront sans hésiter positivement parce que nous avons grandi en croyant que les choses s'améliorent et parce que nous croyons encore que nous pouvons faire quelque chose pour aider. Mais l'amélioration ne se produit pas « automatiquement » avec le temps. La situation dans les écoles peut empirer ; si l'appui du public continue à diminuer, les programmes et les installations vont continuer à se détériorer, l'insatisfaction deviendra plus répandue et les critiques plus acerbes. Il est donc important de réfléchir sérieusement aux améliorations souhaitables.

Les nouveaux enseignants ont toujours été une source majeure d'amélioration dans les écoles. Ils amènent de nouvelles idées, un enthousiasme frais et un optimisme contagieux. Cependant, dans les dernières décennies, de moins en moins de nouveaux enseignants ont été engagés. Les enseignants ont tendance à rester plus longtemps en poste parce que les conditions économiques ont réduit leur mobilité. L'absence de fonds dans les milieux scolaires entraînent des coupures administratives dans le personnel enseignant et des postes vacants ne sont pas comblés. Malgré tout, les quelques nouveaux enseignants peuvent encore contribuer à l'amélioration des écoles s'ils décident « qu'opérer des changements » fait partie du rôle d'un enseignant professionnel. Ryan (1970) a argumenté avec force que les nouveaux enseignants doivent saisir l'occasion de susciter des changements.

> La première année d'enseignement constitue l'initiation du débutant dans la profession. Comme pour les autres rites initiatiques, que ce soit dans le rôle de soldat d'infanterie ou pour faire partie d'une confrérie, cette période d'apprentissage est intense et elle représente aussi une période de mise à l'essai... Les initiations façonnent donc des défenseurs du système. Il semble bien que c'est également le cas pour les nouveaux enseignants. Une fois qu'il a réussi le test de la première année, le jeune enseignant n'est généralement plus aussi critique envers le système et son allégeance au *statu quo* peut être particulièrement malsaine. En effet, la communauté prend conscience progressivement du besoin de changements fondamentaux si les écoles veulent avoir une influence dans la vie des enfants. Les nouveaux enseignants doivent être des agents de réforme, sinon les chances de changements véritables semblent minimes (p. 190).

Le problème majeur avec ce scénario vient du fait que la plupart des enseignants qui entreprennent leur première année d'enseignement ne se sont pas préparés à être des agents de changements! Le nouvel enseignant n'a pas développé d'habiletés et il n'a pas d'expérience en tant qu'agent de changements.

Nos écoles peuvent-elles s'améliorer? Bien sûr qu'elles le peuvent! Cependant, comme Goodlad l'a suggéré, les changements se produiront quand les éducateurs en prendront le commandement et qu'ils s'y engageront directement.

> Nos écoles peuvent et devraient être meilleures. Cependant, pour ce faire, les éducateurs doivent mettre en commun leurs initiatives, montrer le chemin et donner l'exemple. Je crois qu'un grand nombre de parents et d'élèves sont prêts à se joindre à eux pour rendre les écoles plus agréables et plus productives. Il faut renoncer aux slogans trop rhétoriques. Nos écoles doivent être restructurées, une à une, par les citoyens et les éducateurs travaillant ensemble. Rien d'autre ne suffira (Goodlad, 1969, p. 9).

Les enseignants doivent continuer à faire des efforts individuels pour surmonter les obstacles qui se dressent contre la poursuite de l'excellence en éducation physique ; de plus, il importe de développer des mécanismes systématiques dans le but de favoriser leur croissance professionnelle. De tels mécanismes impliquent des modifications importantes du système scolaire dont les suivantes :

1. **Former des directeurs d'école capables d'évaluer l'éducation physique.** L'évaluation est un ingrédient clé dans le développement des enseignants et des programmes. Aussi, il est important que ceux qui évaluent l'enseignement de l'éducation physique et les programmes soient mieux formés et plus renseignés sur les caractéristiques des programmes efficaces pour le développement des habiletés motrices et de la condition physique.

2. **Instaurer des stratégies d'assistance aux nouveaux enseignants.** Apprendre à enseigner efficacement est un long processus dont la formation initiale constitue seulement une première étape. Plusieurs experts considèrent que les premières années d'enseignement, c'est-à-dire la phase d'induction, sont des années cruciales pour le succès à long terme des enseignants. Les programmes de supervision où les nouveaux enseignants sont jumelés avec des enseignants vétérans facilitent grandement la transition et réduit les angoisses suscitées par les débuts de l'enseignement à temps complet. Les stratégies d'assistance sont encore plus efficaces si la charge des nouveaux enseignants est réduite afin de leur donner du temps pour s'engager dans des activités favorisant leur croissance comme enseignants.

3. **Assurer le développement du personnel.** La plupart des professions offrent des programmes de perfectionnement pour obliger leurs membres à se tenir au courant des derniers développements dans leur domaine et à perfectionner continuellement leurs habiletés professionnelles. La tradition dans l'enseignement a été d'accepter les crédits universitaires comme preuve d'une activité de développement professionnel. Les enseignants devraient aussi avoir des programmes de développement précis orientés vers leur matière particulière. Le développement du personnel semble être plus efficace lorsqu'il résulte d'un effort coopératif entre les enseignants et les administrateurs d'un milieu que lorsqu'il est mis en place par les administrateurs qui l'imposent aux enseignants.

4. **Travailler en collaboration.** L'implantation de projets où des professionnels travaillent ensemble dans le but de s'entraider semble être une bonne idée qui demeure difficile à réaliser. Cependant, il existe plusieurs bons exemples de modèles de collaboration en éducation physique. Le programme « Deuxième souffle » mis sur pied par la University of Massachusetts offre des activités de perfec-

tionnement réalisées en collaboration avec les enseignants sur une base individuelle ou pour les éducateurs physiques d'une école ou d'une commission scolaire (Griffin et Hutchinson, 1988). Les programmes de développement de personnel peuvent viser l'amélioration de l'enseignement ou le développement des programmes. Un centre de développement de programmes en éducation physique réunissant des administrateurs et des enseignants de six commissions scolaires a été mis en place par une équipe de la Columbia University (Anderson, 1988). Ce modèle de collaboration est d'autant plus attrayant que l'accent est mis sur l'engagement des administrateurs.

Les enseignants donnent le meilleur d'eux-mêmes quand ils peuvent maîtriser les forces qui influencent leur enseignement. Comme le démontre l'encadré 15.1, l'enseignant devient médiocre en réaction à des conditions particulières. Les améliorations systémiques décrites précédemment créent des conditions favorisant la croissance professionnelle et les enseignants se sentent habilités à maîtriser davantage les facteurs qui nuisent au développement de leur programme et à l'efficacité de leur enseignement. Cependant, le pouvoir additionnel accordé aux enseignants doit être accompagné d'une évaluation de la performance. À l'approche du XXIe siècle, des mécanismes permettant une meilleure évaluation de l'enseignement semblent se développer. Si tel est le cas, il devient impératif que les éducateurs travaillent ensemble pour améliorer leurs conditions de travail et réaliser des performances qui satisfont à ces critères d'évaluation élevés.

RÉSUMÉ

1. L'enseignant en formation est habituellement une personne qui réussissait bien à l'école et qui, étant donné sa familiarité avec la vie des écoles, a l'impression erronée de bien connaître sa future profession.

2. Les nouveaux enseignants augmentent leurs chances d'adaptation et de croissance dans leur carrière s'ils s'organisent bien, s'ils choisissent une stratégie d'enseignement qu'ils maîtrisent bien, s'ils communiquent leurs efforts aux autres, s'ils rendent les espaces physiques et les programmes attrayants, s'ils supervisent leur comportement et s'ils s'impliquent dans les structures formelles et informelles de l'école.

3. Les obstacles auxquels les professeurs d'éducation physique font face dans leur poursuite de l'excellence sont : l'isolement, le manque d'évaluation, l'ennui et la routine, l'absence de soutien administratif, les facteurs contextuels tels que les piètres installations, les classes trop nombreuses, l'équipement inadéquat et l'absence de reconnaissance de la matière qu'ils enseignent.

4. Les obstacles forcent certains enseignants à quitter la profession, d'autres restent mais deviennent des enseignants qui n'enseignent plus et des personnes qui se contentent de « sauver les meubles » ; heureusement, un certain nombre d'enseignants trouvent des façons de surmonter les obstacles.

5. Les enseignants efficaces qui persistent et continuent à s'améliorer trouvent leur motivation dans les progrès réalisés par leurs élèves. Leurs classes sont bien organisées et les problèmes de discipline sont peu fréquents ; ils maintiennent leur enthousiasme en essayant de nouvelles approches. Ils travaillent en collaboration avec le système scolaire afin d'avoir du soutien pour leurs programmes. De plus, ils trouvent des gratifications dans leurs activités personnelles à l'extérieur de l'école.

6. Les éducateurs physiques qui cumulent aussi la tâche d'entraîneur souffrent souvent de conflit de rôles. Il existe trois sortes de conflit de rôles : le conflit interrôles, le conflit intrarôles et le conflit de l'emploi.

7. Les rôles d'enseignant et d'entraîneur sont différents de plusieurs façons. Les récompenses associées à l'entraînement sont beaucoup plus puissantes que celles associées à l'enseignement.

8. Habituellement, quand le conflit de rôles persiste, de plus en plus de temps et d'efforts seront investis dans un des rôles aux dépens de l'autre.

9. Divers changements dans le système scolaire sont nécessaires à la mise en place de mécanismes pour favoriser la croissance professionnelle des enseignants : la formation des directeurs d'école dans le but d'évaluer adéquatement l'éducation physique, les stratégies d'assistance aux nouveaux enseignants, les programmes de développement du personnel axés sur une matière spécifique et le travail de collaboration avec d'autres professionnels.

CHAPITRE **16**

Des instruments pour évaluer l'enseignement et ses effets

En somme, l'enregistrement de données repré-
sente l'étape finale d'une série d'actions
complexes qui débute par la définition de catégo-
ries de comportements d'intérêt, se poursuit par
l'observation et se termine par la production de
résultats. Les résultats permanents qui subsistent
après la définition, l'observation et le codage sont
les seules preuves que la mesure des comporte-
ments a effectivement eu lieu et la qualité de
cette mesure détermine la valeur des résultats.
J. Johnston et H.S. Pennypacker
(1981)

LES OBJECTIFS DU CHAPITRE

- Définir la notion « fidélité des données » et expliquer son importance lors d'une observation systématique ;
- Expliquer les forces et les faiblesses des méthodes tradition-nelles d'évaluation de l'enseignement ;
- Expliquer et donner des exemples de techniques d'observa-tion systématique ;
- Combiner des techniques d'observation pour former un système comportant un but précis ;
- Expliquer les étapes nécessaires au développement d'un système d'observation ;
- Expliquer comment entraîner des observateurs ;
- Calculer correctement la fidélité de données d'observation ;

- Faire la distinction entre les buts de différents systèmes d'observation ;
- Observer fidèlement les comportements d'enseignants et de participants.

L'enseignement s'améliorera dans la mesure où les enseignants en formation auront la possibilité de pratiquer des habiletés précises et d'obtenir des rétroactions fiables concernant leur progrès par rapport à des buts précis. Les personnes qui espèrent que ces améliorations se feront sans rétroactions prennent leurs désirs pour des réalités. La recherche sur la formation des enseignants ne contient pas beaucoup d'informations utiles concernant les effets des stages d'enseignement. Aucune conclusion de recherche n'indique que le simple fait de placer un enseignant en formation dans un milieu réel améliore inévitablement son enseignement. Au contraire, certains résultats de recherche laissent croire que les habiletés d'enseignement acquises par les futurs enseignants pendant leur programme de formation ont tendance à se détériorer pendant les stages.

L'amélioration des habiletés d'enseignement exige l'établissement de buts, d'occasions de pratique et de rétroactions régulières. En conséquence, les expériences d'enseignement doivent être supervisées, c'est-à-dire qu'elles doivent être observées de façon à obtenir des données permettant de fournir des rétroactions au stagiaire. La supervision doit donc inclure la collecte systématique de données. Une supervision intuitive qui consiste uniquement à prendre quelques notes a peu de chances de produire une amélioration notable. Cet énoncé ne reflète pas uniquement l'opinion de l'auteur, il est fondé sur de nombreuses conclusions de recherche. Les résultats de la recherche sur les modèles de supervision traditionnelle sont si sombres que Mosher et Purpel (1972, p. 50) concluent leur revue de cette littérature en affirmant qu'il n'y a virtuellement aucune conclusion qui laisse croire que la supervision de l'enseignement produise le moindre effet, quelle que soit la stratégie utilisée.

Au cours des dernières années, la recherche a clairement indiqué que les enseignants peuvent améliorer leur enseignement, souvent de façon spectaculaire et rapide, quand ils ont des buts précis à atteindre, que leur enseignement est observé et qu'ils reçoivent régulièrement des rétroactions basées sur ces observations (Siedentop, 1986). La recherche dans divers domaines, dont le counseling, arrive aux mêmes conclusions. Ces progrès résultent d'une utilisation plus fréquente d'instruments d'observation systématique. Le nombre d'instruments maintenant disponibles est tellement imposant qu'il existe un livre décrivant les systèmes d'observation en éducation physique et en sport (Darst, Zakrajsek et Mancini, 1989).

LA FIDÉLITÉ DES DONNÉES D'OBSERVATION

La fidélité dans la collecte des données d'observation est très importante. Le terme « fidélité » est défini de diverses façons dans la littérature scientifique ; dans ce volume, la **fidélité** correspond au taux d'accord entre deux analystes utilisant les mêmes définitions et observant la même situation au même moment. Pourquoi la fidélité est-elle importante ? Supposons qu'une personne observe votre enseignement durant la première semaine d'un stage pour coder les rétroactions que vous donnez aux élèves. Ces résultats constituent la mesure de votre performance et serviront de base de comparaison pour l'observation faite la semaine suivante. Supposons que votre taux de rétroactions est beaucoup plus bas lors de la deuxième observation : « Qui a changé, vous ou l'observateur ? » Si l'observateur a modifié son interprétation des définitions ou s'il n'est pas aussi précis, vous obtenez alors une information erronée. C'est pourquoi il est important que les données recueillies soient fidèles afin de pouvoir être sûr que ces données reflètent bien ce qui s'est effectivement passé durant la période d'enseignement. Ce chapitre examine des techniques pour recueillir des données fidèles sur l'enseignement.

La plupart des collectes de données en sciences sont faites par des systèmes d'enregistrement automatique. Les physiologistes de l'exercice enregistrent systématiquement le rythme cardiaque des sujets avant, pendant et après l'exercice. Dans ce cas, le comportement observé est le battement du cœur et il est possible de le mesurer en plaçant des électrodes sur la peau. Ces électrodes transmettent une impulsion à un appareil qui enregistre de façon continue et constante les fluctuations du rythme cardiaque. Les kinésiologistes recueillent des données sur les actions des muscles d'une manière sensiblement comparable. Ces données sont précises et fidèles ; elles fournissent des résultats permanents et pratiques sur des aspects cruciaux du comportement humain. Cependant, les comportements importants en enseignement ne peuvent pas être enregistrés par des impulsions transmises au moyen d'électrodes. La plupart du temps, les comportements en question doivent être observés par un autre être humain. Il est probablement vrai que la plupart des comportements sociaux significatifs sont rarement faciles à observer et exigent généralement le recours à des observateurs.

Quand un analyste observe le comportement d'une autre personne, il importe de prendre des dispositions pour assurer la fidélité de ses observations. La psychologie nous a appris, au cours des cinquante dernières années, que notre perception des faits peut être très différente des faits réels. Si j'observe vos habiletés d'enseignement, je les vois à partir de mon bagage d'expérience et il est probable que je les interprète différemment d'une autre personne. Si je décèle des changements dans votre enseignement lors de sessions d'observation subséquentes, il est important de prendre des dispositions pour s'assurer que le changement s'est produit dans votre enseignement et non pas dans mes observations. Comme vous le savez, nous avons tous tendance à voir ce que nous voulons bien voir et nous sommes particulièrement sensibles aux suggestions. Par exemple, si votre maître de stage dit à votre superviseur que vous avez « réellement amélioré » certains aspects de votre enseignement, il y a tout lieu de croire que votre superviseur aura tendance à percevoir une amélioration, qu'il y ait eu changement ou non. Il est donc important de recueillir des données fidèles qui fournissent des preuves de votre progrès et qui ne soient pas soumises aux aléas des distorsions qui affligent souvent les systèmes d'observation inadéquats. Des méthodes pour évaluer la fidélité des observations sont présentées plus loin dans ce chapitre.

DES MÉTHODES TRADITIONNELLES D'ÉVALUATION DE L'ENSEIGNEMENT

Depuis plusieurs années, les formateurs et les chercheurs en enseignement ont tenté d'évaluer l'enseignement et ses résultats par le biais d'une variété de moyens tels que le jugement intuitif, l'observation globale, l'enregistrement d'anecdotes, les listes de vérification et les échelles d'appréciation. Les chercheurs ont abandonné ces méthodes depuis longtemps parce qu'elles ne sont ni fidèles, ni valides pour mesurer l'enseignement. Par contre, les superviseurs utilisent encore ces méthodes de collecte des données plus régulièrement que les techniques d'observation systématiques.

Jugement intuitif

Le jugement intuitif est utilisé lorsqu'un superviseur d'expérience observe un enseignant en action et porte un jugement global et consciencieux sur ce qu'il voit. Cette méthode présuppose un important bagage de connaissances sur la recherche et la réalité quotidienne de l'enseignement afin d'en faire une évaluation utile et sensible. Cette approche globale de supervision est tout simplement inadéquate si elle est la principale méthode utilisée. Les enseignants en formation ont besoin d'informations beaucoup plus spécifiques. De plus, ces méthodes intuitives ont tendance à être beaucoup trop centrées sur l'enseignant et pas suffisamment sur l'élève. Le jugement intuitif peut être utile s'il est employé en complément à l'observation systématique.

Observation globale

L'observation globale est la forme de rétroaction la plus commune en formation d'enseignants. Le superviseur ou le maître de stage vous observe durant une période de temps. Aucune note n'est prise, aucune liste de vérification n'est utilisée, aucune donnée n'est enregistrée. Après la leçon, le superviseur discute de votre enseignement avec vous. Des incidents particuliers peuvent être relatés. De l'information très utile peut être portée à votre attention, mais il est peu probable que cette information puisse vous aider à améliorer systématiquement vos habiletés d'enseignement. L'observation globale est très sensible aux erreurs de perception dues aux mauvaises conceptions, aux expériences antérieures et aux suggestions. La rétroaction basée sur l'observation globale est généralement peu significative et n'aide pas à améliorer les habiletés d'enseignement.

L'observation globale peut être valable si elle est utilisée en complément à une méthode systématique d'observation des comportements. L'observation globale possède une certaine valeur si l'observateur est un professionnel entraîné à reconnaître des subtilités de l'interaction qui ne peuvent être détectées par un système d'observation. Cependant, si l'observation globale est la principale source utilisée pour donner des rétroactions, il est peu probable que vous obtiendrez des informations valables.

Enregistrement d'anecdotes

Lorsqu'un observateur note des événements qui se déroulent pendant une leçon et qu'il utilise ces notes pour discuter avec vous, la technique utilisée est appelée enregistrement d'anecdotes. L'enregistrement d'anecdotes est une méthode plus élaborée et plus fidèle que le jugement intuitif. L'observateur s'appuie encore sur une perception générale de ce qui se passe ; cependant, étant donné qu'il prend des notes, il a plus de chances d'avoir retenu des informations valables. Les conditions de son efficacité sont les mêmes que pour le jugement intuitif : le degré de compétence de la personne qui observe ainsi que la complexité et la subtilité des événements retenus.

L'enregistrement d'anecdotes présente les mêmes problèmes que le jugement intuitif. Le fait qu'une observation soit écrite n'assure pas que la perception soit juste. De plus, il est peu probable que l'information produite par l'enregistrement d'anecdotes soit suffisamment précise pour permettre de porter un jugement sur les progrès vers des buts précis. L'enregistrement d'anecdotes peut être utilisé pour compléter les données obtenues avec une technique d'observation systématique de comportements définis de façon opérationnelle.

Liste de vérification et échelle d'appréciation

Dans le passé, la méthode d'observation systématique la plus utilisée était la liste de vérification. Elle est composée d'une série de caractéristiques à partir desquelles l'observateur note leur présence ou leur absence. À l'occasion, ce jugement implique l'utilisation d'une échelle graduée permettant une étendue de réponses allant de « souvent », « parfois », « peu » à « jamais ».

La liste de vérification possède un avantage douteux et plusieurs limites sérieuses. Elle donne l'impression qu'il s'agit d'une approche basée sur une collecte de données systématique permettant d'améliorer les habiletés d'enseignement. En évaluant à l'aide d'une liste de vérification, le superviseur a l'impression d'utiliser une approche pseudo-scientifique alors qu'elle est peu structurée. Les listes de vérification profitent surtout au superviseur en lui donnant une fausse impression de sécurité et l'illusion que la rétroaction offerte au stagiaire s'appuie sur des évidences solides plutôt que sur un jugement intuitif.

Il est bien connu que les listes de vérification sont peu fidèles. Les énoncés ou caractéristiques inclus dans les listes ne sont pas définis de façon suffisamment précise pour assurer des observations fidèles. Par exemple, il est pratiquement impossible d'évaluer l'initiative démontrée par un stagiaire, à moins que la caractéristique appelée « initiative » soit définie de telle sorte que le stagiaire, le superviseur et les autres personnes concernées aient une compréhension commune de sa signification et des indices de sa présence ou de son absence.

Les échelles d'appréciation sont souvent perçues comme étant plus précises et plus sophistiquées quand elles présentent un grand nombre de choix de pointage. L'échelle d'appréciation illustrée ci-dessous offre neuf choix s'étendant de « toujours » à « jamais ».

Toujours 1 2 3 4 5 6 7 8 9 Jamais

Ce genre d'échelle est très peu fidèle. L'illusion d'une plus grande précision et sophistication est obtenue aux dépens de la fidélité. En fait, moins il y a de possibilités de choix de pointage, plus grande est la fidélité de l'évaluation. Cependant, cela est contrebalancé par le fait que l'information est moins précise quand il y a moins de possibilités de pointage. Un dilemme subsiste : celui de choisir entre une information moins précise et plus fidèle ou une information plus précise mais moins fidèle. Ni l'un ni l'autre n'est acceptable comme forme majeure de collecte de données dans un programme qui a réellement comme but d'aider des stagiaires à améliorer leurs habiletés d'enseignement.

Les échelles d'appréciation sont utiles pour obtenir des informations simples sur les tâches à réaliser. De telles échelles sont rapides à utiliser, efficaces et fidèles. Les listes de vérification constituent de bons aides-mémoires pour noter le nombre de tâches complétées, leur nature et le moment où elles ont été réalisées. Cependant, les listes de vérification ne devraient pas être utilisées à la place de techniques de collecte de données systématique.

DES TECHNIQUES D'OBSERVATION SYSTÉMATIQUE

L'observation systématique des enseignants en classe a révolutionné la recherche sur l'enseignement et a conduit à d'importantes découvertes sur son efficacité (voir particulièrement les chapitres 2 et 3). L'observation systématique est la technique de base sur laquelle repose la recherche en enseignement. Elle devrait également constituer le fondement des stratégies pour développer les habiletés d'enseignement. L'observation systématique requiert simplement quelques connaissances de base et un peu de pratique. Les données produites à partir d'observations systématiques deviennent les informations utilisées pour aider les enseignants à s'améliorer. Dans la plupart des cas, il suffit d'un simple résumé des données brutes. Les analyses statistiques sophistiquées ne sont pas nécessaires. Les seules opérations requises pour développer une information utile et significative sur l'enseignement sont des additions, des soustractions et des divisions. Les principales techniques d'observation systématique sont l'enregistrement d'événements, l'enregistrement de la durée, l'enregistrement par intervalle, le balayage visuel à la fin d'un intervalle long et l'auto-enregistrement. (Voir en français le volume de Brunelle, Drouin, Godbout et Tousignant, 1988.)

Ces techniques d'observation et d'enregistrement du comportement ont été utilisées abondamment dans plusieurs domaines de recherche sur le comportement humain. Cette utilisation intensive a permis de démontrer leur fidélité. De plus, elles sont faciles à apprendre et à utiliser. Elles ne requièrent pas d'appareils sophistiqués autres qu'un magnétophone ou un chronomètre. Elles ont été utilisées par des chercheurs, des enseignants et des étudiants (Siedentop, 1981).

La précision dans la définition des catégories de comportements détermine la fidélité des données. Ces techniques peuvent habituellement être apprises en une ou deux sessions de pratique. La plupart des difficultés qui se manifestent dans leur utilisation proviennent de problèmes de définition et non d'erreurs techniques associées aux systèmes d'observation eux-mêmes.

L'enregistrement d'événements

Une fois qu'une catégorie de comportement a été définie adéquatement, la façon la plus simple de l'observer est de noter cumulativement le nombre d'apparitions de ce comportement durant une période de temps précise. Cette technique fournit la fréquence des événements au fur et à mesure qu'ils se produisent (Hall, 1970). Ainsi, votre superviseur peut enregistrer le nombre d'interactions positives que vous avez avec vos étudiants. Votre maître de stage peut compter le nombre de fois où les élèves enfreignent certaines règles particulières. Vous pouvez compter le nombre d'essais de deux étudiants réalisant une habileté durant une leçon. L'enregistrement d'événements produit un résultat numérique qui peut facilement être transformé en taux par minute. Ce taux permet de comparer des performances observées dans diverses circonstances puisqu'il est calculé à partir d'une unité commune.

L'enregistrement d'événements est l'une des méthodes les plus utiles pour la collecte de données significatives ; toutes les actions ou réactions des élèves ou de l'enseignant ainsi que divers aspects définissables de l'interaction entre l'enseignant et les élèves peuvent être mesurés en comptant le nombre de fois qu'ils se produisent. Des concepts tels que la coopération, la compétition, l'effort, l'esprit sportif ou l'agressivité peuvent prendre une nouvelle signification s'ils sont définis sous la forme de comportements observables et que ces derniers sont comptés au moment où ils se produisent.

L'enregistrement d'événements peut être fait de façon continue, c'est-à-dire que plusieurs catégories de comportements d'enseignants peuvent être observées à l'aide de cette technique pendant toute une leçon. Les données peuvent être converties en taux par minute, car la durée de la leçon peut être évaluée facilement. Il est souvent fatigant et coûteux d'enregistrer des événements durant toute une leçon ; de plus, il peut s'avérer utile de faire d'autres observations. L'enregistrement d'événements durant de courtes périodes répétées à intervalles durant toute la leçon peut fournir une mesure valide d'un comportement d'enseignant. Par exemple, un enregistrement d'événements durant des périodes de trois minutes répétées cinq fois durant une leçon donne habituellement des résultats satisfaisants. Si les cinq intervalles sont bien espacés, cette observation produira un échantillon valide du comportement de l'enseignant même si seulement quinze minutes ont été consacrées à la collecte de données. Cette stratégie, qui consiste à faire un échantillonnage du comportement plutôt qu'un enregistrement continu, est importante pour toutes les collectes de données d'observation recueillies en vue d'améliorer l'enseignement.

L'enregistrement de la durée

L'enregistrement d'événements est utile quand la fréquence d'apparition du comportement est la façon la plus significative de le décrire. Par exemple, une façon de mieux comprendre l'efficacité d'un milieu d'apprentissage est de calculer le nombre d'essais réalisés par les élèves lors de la pratique d'une habileté. Des intervalles d'enregistrement d'événements espacés régulièrement durant la leçon fournissent une information valide et fidèle lorsque les résultats sont en relation avec le nombre d'essais par minute.

Il arrive parfois que la fréquence du comportement ne fournisse pas l'information la plus utile. Supposons que vous voulez mesurer le taux de participation d'un élève ; la première tâche consisterait à définir la participation et la non-participation. Une seule occasion de participer peut durer plusieurs minutes alors qu'une autre peut être de quelques secondes. Le fait de savoir que ces deux événements se sont produits ne vous aiderait pas à comprendre le taux de participation. Il vaudrait mieux enregistrer la durée pendant laquelle l'élève est vraiment engagé dans une activité donnée. Un chronomètre peut être démarré et arrêté aux moments où l'élève est engagé activement. Le temps cumulatif serait alors la mesure la plus précise de sa participation.

L'**enregistrement de la durée** utilise le temps pour mesurer le comportement. Les données brutes produites par l'enregistrement de la durée sont exprimées en minutes et secondes. Par exemple, un élève peut participer pendant vingt et une minutes et trente secondes au cours d'une leçon de trente minutes. Ces données brutes peuvent être transformées en pourcentage permettant de comparer des élèves ou des leçons. Ce pourcentage est obtenu en divisant le temps de participation observé par le temps total de l'observation. Ce pourcentage représente la proportion de temps consacré à de l'engagement actif.

Tout comme pour l'enregistrement d'événements, il est souvent inefficace d'enregistrer la durée de façon continue pendant toute une leçon ; il est préférable de prendre des échantillons. Trois échantillons d'enregistrement de la durée d'un comportement particulier pendant des intervalles de cinq minutes, espacés de façon régulière durant une leçon, fournissent une information valide sur le pourcentage de temps consacré au comportement observé. Le pourcentage est alors calculé en utilisant le temps total d'observation plutôt que le temps total de la leçon. Le résultat demeure un pourcentage de temps consacré au comportement étudié.

L'enregistrement de la durée est utile pour diverses catégories de comportements où le temps consacré à ce comportement fournit une bonne estimation de son importance, par exemple, le temps consacré par l'enseignant à donner des explications au groupe, le temps consacré par les élèves à des activités d'organisation ou la durée du temps d'engagement dans les tâches d'apprentissage.

L'enregistrement par intervalle court

Une autre technique pour obtenir des données significatives sur l'enseignement est l'enregistrement par intervalle court. L'expression « enregistrement par intervalle court » fait référence à l'observation d'un comportement pendant une courte période et à la prise de décision sur le comportement qui caractérise le mieux cet intervalle. Par exemple, le temps total de la leçon peut être divisé en intervalles de dix secondes. Durant le premier intervalle, l'enseignant est observé. Durant le second intervalle, l'observateur note la catégorie de comportement qui représente le mieux ce qui a été observé. Lors de l'enregistrement par intervalle, les intervalles consécutifs sont utilisés d'abord pour observer, ensuite pour noter. Les intervalles doivent être courts, habituellement moins de vingt secondes, et parfois aussi courts que six secondes. L'intervalle d'observation n'est pas nécessairement de la même longueur que l'intervalle de notation. Habituellement, l'intervalle de notation peut être plus court que l'intervalle d'observation, particulièrement quand les observateurs deviennent plus habiles ou quand un système a peu de catégories ou lorsqu'il y a peu de décisions à prendre.

Les données produites à l'aide de l'enregistrement par intervalle court sont exprimées en pourcentage d'intervalles au cours duquel le comportement se produit. Cependant, la technique peut aussi servir à estimer le temps d'apparition du comportement car les intervalles représentent une mesure précise de temps. L'enregistrement par intervalle est une technique très fidèle. Les directives indiquant les moments d'observation et de notation peuvent être préenregistrées sur une cassette ; l'observateur est informé de ces moments en écoutant la cassette à l'aide d'écouteurs.

L'enregistrement par intervalle court est utilisé avec succès pour observer des comportements d'enseignants, d'élèves et pour mesurer le temps d'apprentissage. Les observateurs doivent utiliser des intervalles aussi courts que possible, tout en obtenant des données fidèles. Les problèmes d'utilisation de l'enregistrement par intervalle court se produisent généralement quand la durée des intervalles est trop longue et que plusieurs comportements peuvent se produire pendant l'intervalle d'observation ; l'observateur a alors de la difficulté à décider quel comportement noter. Un intervalle court d'une durée de six à douze secondes permet habituellement d'éviter ce problème. Si un système par intervalle de dix secondes d'observation et dix secondes de notation est utilisé, une information est notée à toutes les vingt secondes, ce qui représente trois informations par minute et quatre-vingt-dix informations pour une leçon de trente minutes. Ce total de quatre-vingt-dix données est habituellement suffisant pour assurer la validité de la mesure du comportement observé, c'est-à-dire que ce qui a été noté représente réellement ce qui s'est produit dans une situation précise.

Le balayage visuel à la fin d'un intervalle long

Une technique utilisée pour recueillir des données régulièrement sur l'ensemble des membres d'un groupe est le balayage visuel à la fin d'un intervalle long. Le balayage visuel à la fin d'un intervalle long est aussi appelé balayage visuel. À intervalles réguliers, durant la séance d'observation, l'observateur balaie le groupe du regard et compte le nombre de personnes qui adoptent le comportement d'intérêt. Un balayage ne prend guère plus de dix secondes, même pour un grand groupe. Un petit groupe peut être balayé du regard en cinq secondes. Dès qu'une personne a été vue, l'observateur ne revient pas en arrière même si son comportement change. Le but est d'observer chaque individu à un moment précis et de noter le nombre d'individus d'un groupe adoptant une catégorie de comportement prédéterminée. Des observations de comportements pour des catégories telles que l'effort, la participation, la productivité et les comportements appropriés se prêtent bien à l'utilisation de la technique de balayage visuel à la fin d'un intervalle long. Des mesures de variables telles que le temps d'apprentissage peuvent aussi être prises à intervalles réguliers.

L'observateur qui fait un balayage visuel à la fin d'un intervalle long balaie du regard dans une direction prédéterminée, habituellement de gauche à droite. Ce balayage s'effectue en un temps précis, soit environ dix secondes. Cependant, le temps requis dépend de la grosseur du groupe, le balayage exigeant plus de temps si le groupe est plus nombreux. L'observateur compte le nombre d'individus qui adoptent une catégorie de comportement prédéfinie. Il est toujours plus facile de compter la catégorie de comportement où le moins d'individus est engagé. Par exemple, si vous observez les comportements productifs et non productifs et que la majorité des élèves adoptent un comportement productif, il est plus facile de compter ceux qui adoptent un comportement non productif. Le nombre d'élèves engagés dans un comportement productif peut être obtenu en soustrayant ceux qui sont engagés dans un comportement non productif du nombre total d'élèves. Encore une fois, il est préférable de convertir les données brutes en pourcentage en divisant le nombre de ceux qui adoptent le comportement souhaité par le nombre total d'élèves. Ainsi, le pourcentage d'engagement productif peut facilement être calculé en divisant le nombre de ceux qui adoptent ce comportement par le nombre total de participants.

Les balayages visuels à la fin d'un intervalle long doivent être espacés régulièrement durant une leçon. Ces échantillons permettent à l'observateur de faire d'autres observations car ils ne prennent que dix secondes. Huit échantillons pris à intervalles réguliers durant une leçon de quarante minutes n'exigent qu'une minute et vingt secondes d'observation mais ils fournissent une information valide sur le comportement du groupe.

L'AUTO-ENREGISTREMENT POUR RECUEILLIR ET ANALYSER DES DONNÉES RÉGULIÈREMENT

La collecte de données sur l'enseignement et ses effets peut faire partie intégrante du processus d'enseignement. Le chapitre 12 contient des exemples d'instruments d'observation que les élèves peuvent utiliser pour enregistrer leur nombre d'essais (mesure de processus) ou la qualité de leur performance (mesure de produit). Les résultats obtenus pour les tâches pratiquées sur une base régulière peuvent être notés à chaque leçon. Par exemple, la fiche de résultats de tirs au basket-ball présentée à la figure 13.1 pourrait être utilisée lorsque cette tâche est réalisée à chaque séance. La même stratégie peut être utilisée pour mesurer le nombre d'habiletés réussies dans des routines de gymnastique, le temps nécessaire pour compléter un circuit en conditionnement physique ou les performances en athlétisme.

Les enseignants peuvent aussi noter eux-mêmes des comportements qu'ils jugent importants. Au chapitre 15, j'ai indiqué que la production d'un bilan régulier de comportements significatifs est une stratégie positive de développement pour les nouveaux enseignants. De tels bilans peuvent être faits de différentes façons, sans déranger votre enseignement. Par exemple, vous pourriez utiliser un magnétophone pour enregistrer votre comportement verbal afin de l'écouter plus tard et de l'analyser systématiquement par rapport à différentes variables importantes telles que les encouragements, l'utilisation des noms des élèves, les rétroactions sur les habiletés ou sur les comportements sociaux. Les chronomètres étant maintenant peu coûteux, vous pouvez facilement enregistrer comment le temps est utilisé pendant une leçon en utilisant des catégories telles que le temps d'explication, d'organisation et de pratique. L'enregistrement des données peut être fait sur une planche à pince ou dans un cahier. Certains enseignants utilisent des compteurs au poignet comme ceux disponibles dans les magasins de golf pour noter les événements.

Plusieurs écoles possèdent de l'équipement vidéo qui permet d'enregistrer une leçon afin de l'analyser sous divers angles. Il est très utile, lors de l'enregistrement sur vidéo, de porter un microphone sans fil de sorte que votre voix soit enregistrée clairement.

LES SYSTÈMES D'OBSERVATION CONÇUS À L'AIDE DE DIFFÉRENTES TECHNIQUES

Le comportement à observer détermine le choix d'une technique d'observation. Ainsi, par exemple, les rétroactions qu'un enseignant donne à un élève s'observent mieux avec la technique d'enregistrement par événements ; la mesure des rétroactions peut être exprimée sous forme de taux (par exemple, le nombre de rétroactions par minute ou par leçon de trente minutes) ou de ratio (par exemple, le pourcentage de rétroactions contenant de l'information spécifique). L'enregistrement par intervalles peut aussi fournir une information utile. Par contre, l'enregistrement de la durée n'est pas utile car le fait de connaître le temps de rétroaction ne nous renseigne pas beaucoup.

Les occasions d'apprendre peuvent être observées en utilisant l'enregistrement de la durée ou le codage par intervalle. Le temps consacré à l'engagement actif et le pourcentage d'intervalles où les élèves participent à des activités d'apprentissage sont des informations très significatives. Les occasions d'apprendre peuvent aussi être observées par l'enregistrement d'événements en notant le nombre d'essais réalisés pendant une période donnée.

Les comportements appropriés des élèves peuvent être observés de diverses façons : enregistrement d'événements (nombre de comportements non appropriés), enregistrement de la durée (pourcentage de temps total où un participant adopte des comportements appropriés), balayage visuel à la fin d'un intervalle long (pourcentage d'élèves adoptant des comportements non appropriés). Le choix de la technique est le plus souvent dicté par des considérations telles que la fidélité des données et l'utilisation efficace du temps de l'observateur. Le but est d'utiliser le plus efficacement possible le temps de l'observateur pour obtenir le plus de données fidèles concernant des comportements importants (utiliser moins de temps pour recueillir des données fidèles au sujet des comportements appropriés laisse plus de temps pour observer d'autres aspects).

Les systèmes d'observation utilisent souvent un ensemble de techniques pour prélever plusieurs échantillons de différents comportements répartis de façon régulière pendant une leçon. Ainsi, par exemple, si toutes les données sur le comportement de l'enseignant étaient recueillies pendant les quinze premières minutes d'une leçon et celles sur les comportements des élèves durant les quinze minutes suivantes, l'ensemble des données ne fournirait pas une image juste de ce qui s'est effectivement passé durant cette leçon. Il vaut mieux observer le comportement de l'enseignant durant une courte période de temps, puis passer au comportement des élèves, revenir au comportement de l'enseignant, et ainsi de suite pendant toute la période d'observation. Par exemple, un cycle d'observation de quatre minutes peut comprendre l'enregistrement d'événements pour les comportements de l'enseignant et le balayage visuel à la fin d'un intervalle long pour les comportements appropriés des élèves et le temps d'engagement moteur productif (TEMP) :

10 secondes	Balayage visuel à la fin d'un intervalle long : comportements déviants
10 secondes	Notation
10 secondes	Balayage visuel à la fin d'un intervalle long : TEMP
10 secondes	Notation
20 secondes	Repos
60 secondes	Enregistrement d'événements : comportements de l'enseignant
10 secondes	Balayage visuel à la fin d'un intervalle long : comportements déviants
10 secondes	Notation
10 secondes	Balayage visuel à la fin d'un intervalle long : TEMP

10 secondes	Notation
20 secondes	Repos
60 secondes	Enregistrement d'événement : comportements de l'enseignant
4 minutes	Durée totale

Ce cycle de quatre minutes peut être répété sept fois pendant une période d'observation de trente minutes, tout en permettant une période de repos de deux minutes. Sept cycles produiraient quatorze balayages visuels concernant les comportements non appropriés des élèves et leur temps d'engagement moteur productif ainsi que quatorze minutes d'enregistrement de données au sujet des comportements de l'enseignant. L'ensemble de ces données représente une image fidèle de ce qui s'est réellement passé puisque les différents prélèvements sont répartis tout au long de la leçon.

De plus, un seul observateur peut obtenir ces diverses données. Sa tâche sera facilitée et les données auront plus de chances d'être fidèles si des signaux indiquant les moments d'observation sont préenregistrés sur une cassette. Par exemple : « Observez les comportements non appropriés », « Notez les comportements non appropriés », « Cessez l'enregistrement du comportement de l'enseignant » et « Débutez une minute de repos ». Les écouteurs permettent à l'analyste d'être le seul à entendre les signaux et de déranger le moins possible ce qui se passe dans le milieu observé. Idéalement, un petit magnétophone placé dans une poche causerait un minimum de dérangement et l'usage de piles permet à l'observateur de se déplacer. Les piles doivent cependant être vérifiées régulièrement pour s'assurer que la durée des intervalles est précise.

Il est particulièrement important de recueillir une quantité suffisante d'informations lorsque l'observateur prélève des échantillons en utilisant diverses techniques. La personne qui observe peut être un professeur d'université, un collègue, un élève disposé à vous aider, votre maître de stage ou vous-même si la leçon est enregistrée sur vidéo.

LE DÉVELOPPEMENT D'UN SYSTÈME D'OBSERVATION : LES DÉCISIONS IMPORTANTES

Un système d'observation doit avoir un but précis. Lorsque des enseignants ou des formateurs d'enseignants veulent obtenir de l'information concernant des variables particulières, un système d'observation particulier, strictement limité à l'observation de ces variables devrait être élaboré. Il arrive aussi qu'un système plus complet ou plus détaillé soit utile. En définitive, il importe de développer un système d'observation afin d'obtenir l'information permettant d'atteindre des buts préétablis plutôt que de choisir un système existant et ensuite développer les buts en fonction du système.

Lorsqu'une personne comprend et maîtrise bien les différentes techniques d'observation (enregistrement d'événements ou de durée, codage par intervalle ou balayage visuel à la fin d'un intervalle long), il devient assez facile d'adapter les systèmes d'observation existants ou d'en développer de nouveaux. Si l'échantillonnage du comportement est pris en considération et que les catégories de comportement sont bien définies, des systèmes d'observation simples ou complexes peuvent être élaborés et raffinés. Voici les étapes à suivre pour développer un système d'observation.

1. **Définition des buts visés par la collecte de données d'observation.** Plus les raisons d'être du système sont précises, plus les autres étapes du processus sont faciles à réaliser. Supposons que vous voulez de l'information sur les rétroactions données par l'enseignant. Devriez-vous tenter d'évaluer la précision des rétroactions, c'est-à-dire tenter de savoir jusqu'à quel point l'information fournie à l'élève provient d'un diagnostic juste de sa performance ? Des sous-catégories de réactions positives générales, positives spécifiques, correctives sont-elles suffisantes ? Voulez-vous les subdiviser pour savoir combien de rétroactions sont offertes aux garçons et aux filles, aux élèves plus habiles et moins habiles ?

2. **Choix des comportements d'enseignant ou d'élève qui fourniront l'information la plus valide compte tenu des buts.** Cette étape est assez facile si le but consiste à fournir de l'information sur la proportion de temps passé à s'organiser et à faire des transitions. Elle sera plus difficile si vous voulez mesurer le climat de la classe ou l'enthousiasme de l'enseignant. À cette étape du processus, il est très important de concevoir des définitions très explicites, formulées sous la forme de comportements observables. Les problèmes qui surgissent lors de la production de données d'observation valides sont presque toujours reliés à des définitions incomplètes ou ambiguës des catégories de comportement.

3. **Choix de la technique d'observation à utiliser.** Certains comportements, tels que les encouragements de l'enseignant, se prêtent bien à l'enregistrement d'événements alors que des variables telles que le temps d'attente des élèves se mesurent mieux avec l'enregistrement de la durée. L'enregistrement par intervalle peut être utilisé pour observer plusieurs catégories de comportement. Ainsi, lorsque les objectifs sont multiples, des décisions doivent être prises

pour combiner des techniques d'observation afin de produire un bilan valide des comportements rattachés aux buts visés. La fiche de codage des habiletés d'organisation (voir figure 16.7) et l'instrument général de supervision présenté plus loin dans ce chapitre (voir figure 16.11) utilisent des combinaisons de plusieurs techniques d'observation pour produire différents ensembles de données.

4. **Choix de ce qui peut être observé de façon fidèle.** La complexité de l'observation est reliée au nombre de décisions prises par l'observateur et à son expérience dans ce rôle. Un système d'observation du comportement de l'enseignant à cinq catégories est assez facile à utiliser, même pour un observateur débutant. Un système composé de vingt-quatre catégories rend la tâche beaucoup plus difficile, car chaque fois que l'enseignant fait quelque chose, l'observateur doit décider dans quelle catégorie coder ce comportement. Si les enregistrements d'événements et de la durée sont utilisés dans un même système, la complexité augmente puisque l'observateur doit porter attention à deux aspects en même temps. Il est préférable de produire une petite quantité de données fidèles plutôt qu'un grand nombre de données peu fidèles. La convention généralement acceptée en recherche appliquée est que des observateurs indépendants devraient obtenir un pourcentage d'accord d'au moins quatre-vingt pour cent pour que les données soient considérées comme fidèles.

L'élaboration d'un système d'observation

La première étape de l'élaboration d'un système d'observation consiste à **choisir les variables à observer.** Le choix de la technique d'observation se fait à la deuxième étape. Il s'agit alors de décider si les variables choisies s'observent mieux par enregistrement d'événements, par calcul de la durée, par intervalle ou par balayage visuel à la fin d'un intervalle long. Cette décision est prise en considérant deux facteurs : 1) la concordance entre la technique et la variable ; 2) l'intégration des diverses techniques dans un système. Si un système d'observation est de moindre envergure et se limite à une ou quelques variables, la concordance entre la technique et la variable devrait orienter la décision. Premièrement, la plupart des comportements d'enseignants s'observent mieux à l'aide de l'enregistrement d'événements. Deuxièmement, certaines dimensions de l'enseignement telles que les épisodes d'organisation se mesurent mieux avec l'enregistrement de la durée, le simple calcul de la fréquence des épisodes d'organisation ne révélant rien d'intéressant. C'est leur durée qui est significative ! Troisièmement, une variable de processus telle que le

Encadré 16.1 : Exemples de variables à observer pour évaluer l'enseignement et ses effets

Il sera utile de revoir la figure 4.1, le modèle d'évaluation et l'information du chapitre 4 sur les variables de processus et de produit. Voici des exemples de variables en relation avec des comportements d'enseignants et d'élèves qui peuvent être observés.

Variables de processus en relation avec le comportement de l'enseignant

Directives données pendant un épisode d'organisation

Ratio de réactions positives et négatives aux comportements des élèves (autres que les réponses motrices)

Répartition de l'attention selon le sexe (garçons par rapport aux filles) ou le niveau d'habileté (faibles, moyens ou forts)

Communications d'attentes aux élèves

Habileté à offrir des rétroactions

Proportion de temps consacré aux explications des habiletés et des stratégies

Directives pour enseigner des routines d'organisation au début de l'année

Clarté des explications des tâches d'apprentissage

Séquence des tâches : initiation, raffinement, enrichissement et application

Variables de processus en relation avec le comportement de l'élève

Temps d'attente

Temps d'engagement pendant les explications, l'organisation et les périodes de pratique

Qualité des réponses en rapport avec les tâches d'apprentissage proposées (congruentes, modifiées, déviantes)

Forme et résultat des réponses motrices

Nature des réponses motrices (appropriées, réussies, etc.)

Comportements déviants

Comportements d'aide et d'encouragement envers les autres élèves

Aspects particuliers des épisodes d'organisation

Nombre et durée des épisodes d'organisation

Justesse du cycle : directive – réponse de l'élève – rétroaction de l'enseignant

---

Encadré 16.1 : Exemples de variables à observer pour évaluer l'enseignement et ses effets (suite)

Durée du délai entre une directive de l'enseignant et la réponse des élèves ainsi que la pertinence de la réponse

Relation entre la stratégie de supervision de l'enseignant et le type d'engagement des élèves

Critères d'efficacité de l'enseignement qui peuvent être observés pendant le processus

Temps d'engagement moteur productif

Occasions de répondre (forme appropriée et réponse réussie)

Variables de produit en relation avec les apprentissages à court terme

Résultats à un test de conditionnement physique ou d'habiletés motrices

Statistiques de match

Résultats à un test de connaissances

Des exemples de **variables de produit à long terme** sont présentés dans l'encadré 4.2.

---

temps d'engagement moteur productif s'observe mieux avec l'enregistrement par intervalle court. Lorsqu'il y a plusieurs variables à observer, le système doit être élaboré de façon à permettre à l'observateur d'obtenir plusieurs types de données. Ainsi, des mesures du TEMP peuvent être obtenues à l'aide de balayages visuels à la fin d'un intervalle long ; étant donné que cette technique requiert moins de temps d'observation que l'enregistrement par intervalle court, le temps économisé peut être utilisé pour observer d'autres variables à l'aide d'autres techniques.

Une fois que les variables choisies sont définies soigneusement et que les techniques d'observation sont déterminées, la prochaine étape consiste à développer l'instrument de codage. Il s'agit d'une fiche permettant à l'observateur de noter efficacement ses observations. Plusieurs exemples de fiches d'observation apparaissent dans ce chapitre. Ces fiches doivent être élaborées pour assurer l'efficacité de l'observateur, c'est-à-dire pour que le transfert de l'observation à la fiche soit le plus facile possible. Par exemple, après plusieurs années d'enregistrement de la durée sous forme de colonnes de chiffres notés sur une fiche, une équipe de recherche a découvert une façon plus simple de réaliser cette tâche en utilisant l'échelle de temps. L'utilisation de l'échelle de temps permet à l'observateur de noter le début et la fin d'une activité par un simple trait. Cette façon de faire est non seulement plus simple pour l'observateur, mais elle fournit aussi une image beaucoup plus utile des événements, tout en facilitant l'interprétation pour la personne à qui s'adresse cette information.

Un exemple d'échelle de temps est présentée à la figure 16.1. Cette échelle d'une durée de six minutes est divisée en unités de dix secondes. L'observateur tire simplement un trait vertical pour indiquer le début ou la fin des épisodes d'organisation (O), d'explication (E) ou de pratique (P). Plus tard, cette échelle peut être examinée pour calculer le temps total consacré aux diverses catégories. Cette méthode est simple et efficace. Elle constitue également un moyen utile pour informer l'enseignant parce qu'elle lui permet de visualiser le déroulement des activités pendant la leçon.

Figure 16.1 : Échelle de temps

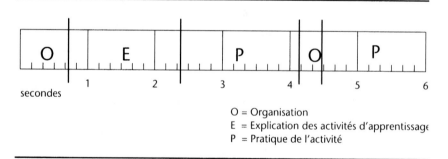

O = Organisation
E = Explication des activités d'apprentissage
P = Pratique de l'activité

Les fiches de codage doivent être conçues en fonction des besoins particuliers. Il est peu probable qu'une fiche créée dans un milieu corresponde exactement aux besoins d'autres personnes. Il importe d'élaborer et d'utiliser des instruments qui reflètent le plus possible les décisions prises concernant les buts visés et les techniques permettant d'observer les variables en cause.

Des fiches d'observation telles que l'instrument général de supervision présenté à la figure 16.11 fournissent beaucoup d'information sur une seule page. Plusieurs techniques sont utilisées et un espace est réservé à la compilation de l'information. Cette fiche permet de donner rapidement des rétroactions à l'enseignant et l'information peut être conservée afin de s'y référer au besoin. Les fiches d'observation doivent toujours comporter un espace permettant d'inscrire des informations sur l'enseignant, le contexte, les élèves, la durée de l'observation et d'autres détails jugés utiles. Grâce à ces informations, une fiche d'observation devient un rapport valable à utiliser pour donner des rétroactions, pour faire de la recherche ou pour établir des buts réalistes lors des expériences d'enseignement futures.

La réalisation des observations

L'élaboration d'un instrument d'observation comprend : 1) le choix de variables significatives et de techniques d'observation compatibles ; 2) le développement d'une fiche permettant d'inscrire les observations et de les transformer en résultats permanents. Il importe ensuite de le tester afin de s'assurer qu'il peut être utilisé de façon fidèle.

Le préenregistrement de signaux sur une cassette audio contribue de façon importante à l'observation systématique, particulièrement pour des systèmes utilisant des techniques d'échantillonnage du comportement ou le codage par intervalles courts. Évidemment, si vous utilisez un système d'enregistrement d'événements à cinq catégories pour observer les rétroactions de l'enseignant, le magnétophone n'est pas nécessaire. Par contre, lorsqu'un observateur doit analyser des comportements variés en utilisant diverses techniques, des signaux sur une cassette préenregistrée peuvent simplifier énormément sa tâche et améliorer ses chances d'obtenir des données fidèles.

L'observateur doit s'organiser pour nuire le moins possible tout en étant placé pour recueillir les données nécessaires. Ainsi, lors du codage du comportement verbal de l'enseignant, l'observateur devrait pouvoir se déplacer pour entendre ce dernier, tout en le dérangeant le moins possible. Au début, les élèves ont tendance à réagir à la présence d'un observateur, mais ces réactions diminuent progressivement avec le temps. Les enseignants réagissent aussi ; au début, ils ont tendance à « montrer leur meilleur côté ». Au fil du temps, les exigences de l'enseignement font en sorte qu'ils se comportent normalement, en portant attention aux besoins des élèves et à la situation immédiate plutôt qu'au fait d'être observé. Malgré tout, l'observation doit être faite le plus discrètement possible.

Un observateur doit avoir à la portée de la main tout ce qui est nécessaire pour compléter les observations : 1) des fiches d'observation en nombre suffisant ; 2) des crayons ; 3) une planche à pince ou une surface rigide sur laquelle placer la fiche d'observation ; 4) des piles chargées s'il utilise un magnétophone et une cassette où les signaux sont préenregistrés et 5) une copie des définitions des catégories du système d'observation. L'observateur doit se présenter au site d'observation suffisamment tôt pour être prêt au début de la leçon. Les données peuvent être compilées pendant que l'enseignant termine la leçon et qu'il s'occupe des activités qui suivent une leçon et elle peuvent ensuite être utilisées pour donner des rétroactions à l'enseignant. La rencontre de supervision doit être basée sur les données d'observation qui servent de point de départ pour examiner et interpréter ce qui s'est passé.

L'entraînement des observateurs

Ce chapitre met l'accent sur les habiletés d'observation. Des pairs, des professeurs, des maîtres de stage, des superviseurs ou les enseignants eux-mêmes (s'ils enregistrent leurs leçons sur vidéo) peuvent apprendre à prélever des données. Quelle que soit la situation, l'observateur doit être suffisamment entraîné pour produire des données qui satisfont les normes minimales de fidélité. Les techniques d'observation présentées dans ce chapitre peuvent être maîtrisées dans un temps assez réduit, souvent aussi peu que de deux à quatre heures. Des systèmes plus complexes exigent un peu plus de temps. L'entraînement des observateurs comporte des étapes bien définies qui font l'objet d'un vaste consensus dans la littérature portant sur l'observation systématique.

1. Les observateurs apprennent les définitions à partir d'un matériel écrit. Les définitions doivent fournir suffisamment d'exemples pour aider à distinguer clairement les catégories. La qualité des définitions constitue l'élément clé du processus pour obtenir des données fidèles. Les problèmes auxquels les observateurs se heurtent sont pratiquement toujours reliés à des ambiguïtés dans les définitions.

2. Les observateurs analysent une transcription de leçon et catégorisent les comportements présents. Cette étape peut être un « travail à faire chez soi » ; elle vise à éliminer plusieurs erreurs et à corriger des conceptions erronées.

3. Au besoin, les observateurs discutent les définitions des catégories et le codage des exemples avec des experts.

4. Les observateurs pratiquent à l'aide de matériel enregistré sur cassettes vidéo. Les cassettes doivent avoir été codées par une personne experte, de sorte que l'observateur à l'entraînement puisse comparer ses données à celles produites par cet expert. Ce procédé aide à établir la justesse de l'observateur. Les termes « justesse de l'observateur » sont définis comme le degré d'accord de l'observateur avec un standard préétabli.

5. Les observateurs travaillent sur le terrain. Les observateurs devraient toujours travailler par deux afin qu'il soit possible de calculer une **fidélité interobservateurs**. Le résultat d'un test de fidélité interobservateurs est le taux d'accord entre les données obtenues par deux observateurs codant les mêmes comportements, de façon indépendante, avec les mêmes définitions et observant les mêmes sujets au même moment. Les deux observateurs (ou plus) peuvent discuter des écarts et résoudre leurs désaccords.

6. Tout au long de l'entraînement, des « ententes » doivent être enregistrées par écrit. Le texte de ces ententes contient le résultat des discussions entre les observateurs sur la façon de résoudre les désaccords. Périodiquement, les définitions doivent être révisées à la lumière de l'information recueillie lors de l'établissement des ententes et des changements peuvent être faits pour tenir compte des décisions prises concernant le codage des nouvelles situations.

7. Les observateurs travaillent jusqu'à ce qu'ils aient atteint un standard minimum de fidélité. En recherche sur le comportement où l'observation et les techniques de calcul du pourcentage d'accord entre les observateurs sont utilisées, un critère minimal de quatre-vingts pour cent est requis pour que les observateurs puissent recueillir des données utilisables dans une étude. Un critère un peu moins élevé peut être jugé acceptable si le but de l'observation est de produire des informations afin de donner des rétroactions à des enseignants en formation.

8. La fidélité doit être vérifiée régulièrement afin de s'assurer que les observateurs appliquent le système avec précision. Cette opération s'apparente à la calibration d'une balance. Les observateurs doivent également être « calibrés ».

Le calcul de la fidélité des données d'observation

Il est important de s'assurer que les observations sont fidèles pour plusieurs raisons. Premièrement, des observations fidèles indiquent que les définitions des catégories de comportement de l'enseignant ou des élèves sont claires et adéquates. Des catégories mal définies garantissent pratiquement des données qui ne seront pas fidèles. Si un test de fidélité produit un résultat faible, la situation peut généralement être corrigée en clarifiant la définition des catégories.

Une seconde raison de calculer la fidélité des données vise à s'assurer que les changements notés dans la performance des élèves ou de l'enseignant sont véritablement dus à des modifications dans leurs comportements et non à des différences dans le codage. Les observateurs ont souvent tendance à voir ce qu'ils veulent bien voir, orientant consciemment ou inconsciemment leurs observations dans la direction inspirée par leurs sentiments. Cela ne veut pas dire qu'un observateur est non professionnel ou incompétent. Cela signifie simplement que tous les êtres humains sont susceptibles d'être influencés par leurs attentes.

Une troisième raison pour vérifier la fidélité des données est de s'assurer que les changements notés dans les observations reflètent bien ce qui se passe dans la classe. Si les observations indiquent qu'une stagiaire diminue son temps d'organisation d'une semaine à l'autre, elle peut être fière de cette amélioration dans la mesure où les données sont fidèles. Si elles ne sont pas fidèles, elles n'ont guère plus de signification que celles obtenues par une observation non systématique.

Ce volume met l'accent sur une approche basée sur l'utilisation de données d'observation pour améliorer les habiletés d'enseignement. Si cette approche est utilisée et que des améliorations se produisent dans vos habiletés d'enseignement, il est crucial que vous, l'école où vous enseignez et l'université où vous étudiez puissiez avoir confiance que ces améliorations sont réelles. Une telle confiance est en relation directe avec la fidélité des observations recueillies durant un stage.

Le terme « fidélité » correspond au taux d'accord entre les données obtenues par deux observateurs indépendants. L'expression « observateurs indépendants » signifie qu'un observateur ne peut pas voir ce qui est noté par un autre. Il est habituellement possible de satisfaire ce critère en séparant suffisamment les observateurs pour qu'ils ne puissent pas voir les observations notées. Lorsque la stratégie de codage requiert l'utilisation d'un magnétophone, la vérification de la fidélité peut être faite en ayant deux paires d'écouteurs reliées au même magnétophone et en s'assurant que les observateurs sont assis suffisamment loin l'un de l'autre.

La formule générale pour calculer la fidélité est :

$$\frac{\text{Nombre d'accords}}{\text{Nombre total d'accords et de désaccords}} \times 100 = \% \text{ de fidélité}$$

Pour l'enregistrement d'événements ou de la durée, la fidélité peut être calculée en divisant le résultat obtenu par l'observateur qui a enregistré le plus petit nombre d'apparitions du comportement ou la plus courte durée par celui de l'observateur qui en a le plus. Par exemple, si l'enregistrement d'événements est utilisé pour évaluer le nombre d'interactions sociales avec un élève durant une période et qu'un observateur en note quatorze et le second douze, la fidélité est calculée comme suit :

$$\frac{12}{14} \times 100 = 86\,\% \text{ de fidélité}$$

Si l'enregistrement de la durée est utilisé pour évaluer le temps passé par un enseignant à parler au groupe et qu'un observateur note douze minutes trente secondes alors qu'un autre obtient treize minutes dix secondes, la fidélité est calculée comme suit :

12 min 30 s = 750 s

13 min 10 s = 790 s

$$\frac{750}{790} \times 100 = 95\,\% \text{ de fidélité}$$

Pour l'enregistrement par intervalle court et les balayages visuels à la fin d'un intervalle long, la fidélité est estimée en vérifiant le taux d'accord entre les résultats obtenus par deux observateurs indépendants pour chaque intervalle ou balayage. Supposons que l'enregistrement par intervalle court a été utilisé pour évaluer le degré d'engagement productif de deux élèves durant une leçon d'éducation physique et que les données brutes sont celles qui apparaissent au tableau 16.1.

Tableau 16.1 : Exemple de données obtenues par deux observateurs concernant le degré d'engagement productif de deux élèves

	Observateur n° 1		Observateur n° 2	
Intervalle	Élève n° 1	Élève n° 2	Élève n° 1	Élève n° 2
1	NP	P	NP	P
2	NP	NP	NP	P
3	P	P	P	P
4	NP	P	P	P
5	P	P	NP	NP
6	P	P	NP	P
7	P	NP	P	NP
8	P	P	NP	P
9	NP	NP	P	NP
10	P	P	P	P
11	P	P	P	P
12	NP	P	P	P

P = productif
NP = non productif

Pour calculer la fidélité, il faut comparer les données intervalle par intervalle. Tous les intervalles où les observateurs ont noté le même comportement représentent des accords. Tous ceux où ils ont noté des comportements différents sont des désaccords. Lorsque les données brutes sont réarrangées pour faciliter la comparaison des données des deux observateurs pour chaque élève, les accords et les désaccords deviennent immédiatement évidents.

Tableau 16.2 :   Réorganisation des données du tableau 16.1 pour faciliter le calcul des désaccords entre les observateurs

Intervalle	Élève n° 1		Élève n° 2	
	Observateur A	Observateur B	Observateur A	Observateur B
1	NP	NP	P	P
2	NP	NP	NP	P
3	P	P	P	P
4	NP	P	P	P
5	P	NP	P	NP
6	P	NP	P	P
7	P	NP	NP	NP
8	P	NP	P	P
9	NP	P	NP	NP
10	P	P	P	P
11	P	P	P	P
12	NP	P	P	P

P   = productif
NP = non productif

Le tableau 16.2 illustre clairement les intervalles où il y a désaccord. Pour l'élève n° 1, les sept intervalles encerclés indiquent qu'il y a eu sept désaccords. Pour l'élève n° 2, les deux intervalles encerclés indiquent deux désaccords. La fidélité peut être calculée comme suit :

élève n° 1

$$\frac{5}{5 + 7} \times 100 = 42\,\%$$

élève n° 2

$$\frac{10}{10 + 2} \times 100 = 83\,\%$$

Ces données révèlent la présence d'un problème. En recherche, une fidélité de quatre-vingts pour cent est habituellement considérée comme essentielle. Avec un aussi petit nombre d'intervalles (douze), une fidélité de soixante-quinze pour cent pourrait peut-être suffire. Mais ces données indiquent des écarts substantiels et ne peuvent être considérées fidèles. Les observateurs devraient tenter de clarifier les définitions de comportements d'engagement productif et non productif en utilisant des exemples afin d'arriver à un plus haut taux d'accord dans le codage de ces comportements.

La fidélité concernant les balayages visuels à la fin d'un intervalle long s'obtient en calculant le degré d'accord d'observateurs indépendants pour chaque observation. Supposons que vous voulez vérifier le temps d'engagement de vos élèves. Après avoir défini le concept d'engagement moteur, vous pourriez observer ce comportement en faisant des balayages visuels toutes les trois minutes durant une période de trente minutes, ce qui représente dix données par période. Vous auriez alors une bonne idée de leur temps d'engagement. Supposons qu'il y a vingt-quatre élèves dans votre classe et que votre maître de stage fait un test de fidélité avec vous. Les données brutes pour chacun des balayages visuels pourraient être celles présentées au tableau 16.3.

Tableau 16.3 : Données recueillies à l'aide de balayages visuels à la fin d'un intervalle long

Balayages visuels	Vos observations	Observations de votre maître de stage
1	12/24	14/24
2	18/24	19/24
3	17/24	17/24
4	14/24	14/24
5	10/24	12/24
6	12/24	10/24
7	14/24	14/24
8	20/24	21/24
9	22/24	22/24
10	20/24	20/24

La façon la plus facile de calculer la fidélité est de compter le nombre de désaccords pour chaque balayage visuel. Lors du premier

---

Encadré 16.2 : Vérification de vos progrès

Calculez les cœfficients de fidélité à partir des données qui suivent.

1- En utilisant une technique d'échantillonnage dans le temps, un observateur indépendant et vous avez obtenu quarante-huit accords et onze désaccords.

2- Deux observateurs indépendants ont utilisé l'enregistrement de la durée, ils ont obtenu les résultats suivants : huit minutes trente-quatre secondes et neuf minutes une seconde. (N'oubliez pas de transformer les données en secondes avant de faire le calcul du cœfficient de fidélité.)

3- Deux observateurs indépendants ont utilisé la technique du balayage visuel à la fin d'un intervalle long, un observateur a noté que vingt et un élèves étaient engagés alors que le deuxième en a noté dix-sept.

4- Votre équipe de supervision a analysé vos rétroactions positives et négatives. Votre maître de stage a noté quatorze rétroactions positives et huit négatives alors que votre superviseur en a noté quinze positives et sept négatives. A) Calculez le cœfficient de fidélité de ces données ; B) Transformez ensuite les données obtenues par votre maître de stage en taux par minute ; tenez pour acquis que la durée de la période d'observation avait été de vingt minutes.

Réponses

1- 81 % de fidélité.

2- 95 % de fidélité.

3- 81 % de fidélité. (Notez que vous pouvez calculer la fidélité de ces données sans connaître le nombre d'étudiants dans la classe.)

4- A) Rétroactions positives = 95 % de fidélité. B) Taux = 0,7 par minute.

A) Rétroactions négatives = 88 % de fidélité. B) Taux = 0,4 par minute.

---

balayage, vous avez noté que douze élèves étaient engagés et le maître de stage en a noté quatorze, il y a donc deux désaccords. Dans les dix balayages notés ici, il y a un total de huit désaccords qui, soustraits du total possible de deux cent quarante (dix multiplié par vingt-quatre élèves), donnent deux cent trente-deux accords. La fidélité se calcule alors comme d'habitude.

$$\frac{232}{232 + 8} \times 100 = 97\,\%$$

Ces résultats indiquent un très haut degré de fidélité, ce qui devrait vous donner confiance dans la précision de ces données sur le temps d'engagement de vos élèves. Ces données révèlent qu'au milieu de la leçon le pourcentage d'élèves engagés était à peine de cinquante pour cent. Cette observation pourrait vous encourager à examiner les facteurs qui ont causé ces comportements inactifs pendant une portion importante de la leçon.

DES EXEMPLES DE SYSTÈMES D'OBSERVATION

Voici des exemples de diverses stratégies d'observation systématique. Ces instruments utilisent les techniques d'observation suivantes : enregistrement d'événements, enregistrement de la durée, enregistrement par intervalle, balayage visuel ou des combinaisons de celles-ci. Ces stratégies d'observation ont été choisies pour illustrer une variété de techniques d'enregistrement allant de systèmes qui mettent l'accent sur des catégories de comportements généraux à des systèmes plus particuliers.

1. **Analyse de l'utilisation du temps par les élèves.** L'information sur la façon dont les participants occupent leur temps permet de juger de l'efficacité générale d'une leçon. Ces analyses se font à l'aide d'enregistrement de la durée. La figure 16.2 présente un exemple d'analyse simple du temps à partir de trois catégories où chaque épisode est inscrit dans la colonne appropriée : « explications et démonstration par l'enseignant », « organisation » et « pratique ». De telles données peuvent être transformées en pourcentage du temps total de la leçon, ce qui permet de comparer les résultats provenant de leçons de durées variables. Notez que, dans cet exemple, la durée totale des « explication et démonstration » et de l'« organisation » est plus élevée que le temps consacré à la « pratique ».

2. **Analyse de l'utilisation du temps par les élèves à l'aide d'une échelle de temps.** L'exemple suivant utilise un système à cinq catégories afin de permettre une analyse plus détaillée que dans l'exemple précédent. L'utilisation d'une échelle de temps produit aussi une illustration de la séquence des épisodes tout au long de la leçon (voir la figure 16.3). Les enseignants qui examinent les résultats d'une échelle de temps voient immédiatement les périodes de temps consacrées à l'organisation ainsi que les moments où les élèves ont attendu. D'un autre côté, les données issues

Figure 16.2 : Analyse de la répartition du temps avec enregistrement des données en colonnes

Analyse de la répartition du temps pendant une leçon

Classe : *Secondaire III*   **Date :** *9 janvier*   **Heure :** *14 h - 14 h 40*
Enseignant : *M. Beaudoin*

Explications et démonstration par l'enseignant	Organisation	Pratique
3 min 6 s	*1 min 17 s*	*6 min 18 s*
1 min 8 s	*1 min 24 s*	*4 min 20 s*
4 min 30 s	*46 s*	*3 min 50 s*
2 min 6 s	*40 s*	*4 min 25 s*
1 min 10 s	*2 min 50 s*	————
————	*50 s*	*18 min 53 s*
12 min	*1 min*	
	20 s	
	————	
	9 min 7 s	

d'une échelle de temps sont un peu plus longues à compiler que celles inscrites en colonnes comme dans l'exemple précédent.

3. **Analyse des rétroactions de l'enseignant en utilisant l'enregistrement d'événements.** Les enseignants réagissent de diverses façons aux comportements des élèves durant une leçon. Ces événements se produisent fréquemment et souvent si rapidement que les enseignants ont rarement une idée juste de leur patron général de réactions. Il s'avère utile de coder ces événements pour les en informer. Il est souvent utile de distinguer entre les réactions à des comportements sociaux et d'organisation et les réactions aux réponses motrices émises pendant les situations d'apprentissage ou les situations de jeu. Des exemples de ces comportements sont présentés au tableau 7.1 et à l'encadré 12.2.

Figure 16.3 : Analyse de l'utilisation du temps par les élèves à l'aide d'une échelle de temps

Enseignant : _____ École :_____ Activité : _____ Date : _____

Niveau : _____ Début : _____ Fin : _____ Nombre de participants : _____

Définitions des catégories permettant d'analyser ce que font les élèves

Attente	(A)	Période de non-engagement dans des activités d'apprentissage.
Transmission	(T)	Période de changement d'une activité à une autre incluant les regroupements en vue d'écouter des explications ou les déplacements vers la prochaine activité.
Gestion	(G)	Temps consacré à des activités qui ne sont pas directement reliées aux tâches d'apprentissage.
Pratique	(P)	Moments où les élèves sont engagés dans des mises en situation d'apprentissage et où ils pratiquent activement des habiletés, du jeu simulé, des activités de conditionnement physique ou toutes autres activités reliées directement à l'atteinte des objectifs de la leçon.
Explication et démonstration	(E)	Périodes où les élèves prêtent attention aux explications et aux démonstrations de l'enseignant ou à toute autre source d'information concernant les tâches d'apprentissage.

```
   1        2        3        4        5        6
[  |  ][  |  ][  |  ][  |  ][  |  ][  |  ]

   7        8        9       10       11       12
[  |  ][  |  ][  |  ][  |  ][  |  ][  |  ]

  13       14       15       16       17       18
[  |  ][  |  ][  |  ][  |  ][  |  ][  |  ]

  19       20       21       22       23       24
[  |  ][  |  ][  |  ][  |  ][  |  ][  |  ]

  25       26       27       28       29       30
[  |  ][  |  ][  |  ][  |  ][  |  ][  |  ]

  31       32       33       34       35       36
[  |  ][  |  ][  |  ][  |  ][  |  ][  |  ]

  37       38       39       40       41       42
[  |  ][  |  ][  |  ][  |  ][  |  ][  |  ]

  43       44       45       46       47       48
[  |  ][  |  ][  |  ][  |  ][  |  ][  |  ]
```

Des systèmes d'enregistrement par événement peuvent être élaborés pour observer diverses combinaisons de ces comportements. L'exemple de la figure 16.4 comporte quatre catégories importantes : deux pour coder les rétroactions aux réponses motrices et deux pour les réactions aux comportements sociaux ou d'organisation. Notez qu'un système d'observation des réactions de l'enseignant pourrait inclure d'autres dimensions telles que la direction de la réaction (par exemple : garçon/fille ou élève peu/moyennement/très habile).

Figure 16.4 : Analyse des rétroactions de l'enseignant par la technique d'enregistrement d'événements

Enseignant : *Aubé*   Date : *9 mars*   École : *Polyvalente Beausoleil*

Activité : *Athlétisme*   Début : *9 h 05*   Fin : *9 h 40*

Durée de l'observation : *35 min*   Observateur : *Denis B.*

Définitions des catégories de rétroactions :

1- *Fournir de l'information positive et spécifique à une réponse motrice.*

2- *Faire un commentaire positif mais général pour encourager l'élève au sujet de ses réponses motrices.*

3- *Faire un commentaire positif au sujet d'un comportement autre qu'une réponse motrice.*

4- *Demander de mettre fin à un comportement non approprié.*

1- Rétroactions positives et spécifiques / réponses motrices	2- Rétroactions positives et générales / réponses motrices	3- Félicitations au sujet du comportement	4- Avertissements
ЖЖ ЖЖ ЖЖ I	ЖЖ ЖЖ ЖЖ ЖЖ ЖЖ ЖЖ ЖЖ ЖЖ ЖЖ ЖЖ ЖЖ III	ЖЖ II	ЖЖ ЖЖ ЖЖ ЖЖ III

Totaux : ___16___   ___58___   ___7___   ___23___

Compilation des données

Comportement	Fréquence totale	Taux par minute
1- *Rétroactions pos. et spéc. / réponses motrices*	*16*	*0,45*
2- *Rétroactions pos. et gén. / réponses motrices*	*58*	*1,65*
3- *Félicitations*	*7*	*0,20*
4- *Avertissements*	*23*	*0,65*

Commentaires : ** Tu donnes plus de rétroactions spécifiques aux garçons.*
* Il me semble nécessaire de travailler tes félicitations; elles sont très importantes en ce moment.
* Sois plus ferme quand tu donnes des avertissements.

Source : « Basic Recording Tactics » par H. van der Mars. Dans *Analyzing Physical Education and Instruction* par Darst *et al.*, 1987, p. 25. Reproduit avec permission.

4. **Analyse du comportement des élèves en utilisant des balayages visuels à la fin d'un intervalle long.** Lors de la mise au point d'une stratégie d'observation du comportement des élèves, il est possible de choisir d'observer une ou plusieurs personnes ou une classe entière. Cette décision doit être prise en tenant compte du but visé par l'observation. À l'occasion, il est utile de recueillir de l'information au sujet de toute la classe. L'exemple présenté ci-dessous utilise les balayages visuels à la fin d'un intervalle long pour évaluer si les élèves se comportent de façon appropriée, c'est-à-dire s'ils accomplissent une tâche d'organisation ou s'ils sont engagés dans une tâche motrice, et si tel est le cas, s'ils ont du succès. En révisant l'encadré 3.2, vous verrez que de telles mesures de l'engagement fournissent une information très importante pour l'enseignant. La technique d'observation appelée « balayage visuel à la fin d'un intervalle long » consiste à balayer le groupe du regard et à compter le nombre d'élèves engagés de façon appropriée. Dans l'exemple présenté à la figure 16.5, un balayage visuel est fait toutes les quatre minutes. Les données indiquent que les élèves de cette classe se comportent bien (quatre-vingt-huit pour cent de comportements appropriés), qu'ils sont engagés dans les tâches motrices à un haut niveau (soixante-neuf pour cent), mais qu'ils ne les réussissent pas très bien (trente-huit pour cent).

Figure 16.5 : Fiche d'observation du comportement des élèves à l'aide des balayages visuels

Analyse du comportement des élèves

Classe : *5ᵉ période de volley-ball*   Enseignant : *Marc Tremblay*   Nombre d'élèves : *30*

Début : *13 h 30*   Fin : *14 h 10*   Durée de l'observation : *40 minutes*

Catégorie de comportements d'élèves	Engagement approprié	20	30	28	26	20	30	30	30	30	20
	Engagement moteur	4	26	16	18	20	30	28	26	24	16
	Engagement moteur avec succès	0	0	14	18	0	24	26	22	0	10

Engagement approprié = *88 %*   Engagement moteur = *69 %*   Taux de succès = *38 %*

5. **Analyse des épisodes d'organisation.** Les épisodes d'organisation sont des composantes importantes de l'enseignement. Le temps total consacré à l'organisation est crucial, tout comme la

conduite efficace de chacun de ces épisodes. Le système d'observation présenté à la figure 16.6 permet d'analyser ces épisodes. Il utilise une technique d'enregistrement d'événements pour coder les moments où l'enseignant donne des rétroactions positives ou négatives sur le comportement des élèves et où il émet des comportements d'organisation, par exemple, donner des directives. De plus, l'enregistrement de la durée permet de connaître la longueur de chaque épisode. Enfin, le balayage visuel est utilisé pour mesurer les comportements appropriés des élèves durant les épisodes d'organisation. Les données présentées dans l'exemple de la figure 16.6 sont des mesures du niveau de base d'un enseignant. Elles révèlent que ce dernier est plutôt négatif dans ses interactions et que les épisodes d'organisation sont longs. Ces résultats seront utilisés pour fixer des objectifs spécifiques visant l'amélioration des habiletés d'organisation de cet enseignant.

Figure 16.6 : Analyse des épisodes d'organisation

Rétroactions sur le comportement des élèves													
Enregistrement d'événements pendant six intervalles de trois minutes (18 min)	+	−	+	−	+	−	+	−	+	−	+	−
	II	JHT I	I	III		IIII		JHT III	I	IIII	II	JHT
Épisodes d'organisation — Durée	2 min 47	0 min 58	3 min 16	1 min 42	1 min 36	2 min 30
Épisodes d'organisation — Nombre de comportements d'organisation par épisode	JHT	III	JHT II	III	JHT	IIII
Balayage visuel des comportements appropriés par épisode	22/28	25/28	24/28	21/28	26/28	22/28

Classe : *Secondaire II Arsenault*   Date : *7 novembre*   Début : *9 h 30*   Fin : *10 h 10*

Compilation des données

Taux de réactions positives par minute = *0,33*   Temps total d'organisation = *12 min 49*

Taux de réactions négatives par minute = *1,67*   Durée moyenne des épisodes = *769/6 = 128s = 2 min 8 s*

Ratio des réactions positives par rapport aux réactions négatives = *6/30 = 1/5*

Nombre moyen de comportements d'organisation par épisode = *4,5*

Pourcentage de comportements appropriés = *140/168 × 100 = 83 %*

Commentaires :
Niveau de base – deuxième observation.
Les premier et dernier épisodes d'organisation sont très longs.
Proportion élevée d'interactions négatives.
Il semble que les longs épisodes d'organisation contribuent à augmenter les comportements non appropriés.

6. **Analyse des habiletés d'organisation.** La figure 16.7 présente un système d'observation qui peut être utilisé pour évaluer et améliorer les habiletés d'organisation. On y retrouve certains éléments de la figure 16.6 tels que la mesure de la durée des épisodes d'organisation et l'observation des comportements appropriés des élèves mesurés à l'aide de balayages visuels. De

Figure 16.7 : Analyse des habiletés d'organisation

Durée de l'enregistrement d'événements = 4 intervalles de 5 min = 20 min	Rétroactions concernant le comportement des élèves												
	Rétroactions positives							Rétroactions négatives					Commentaires
	Cible			Non verbales			Amorcées par des comportements appropriés	Cible			Non verbales		
	I	S	G	F	G	C		I	S	G	F	G	C	
Rétroaction générale sur la tâche d'apprentissage	III		JHT III	II	I	III	JHT I	I			IIII	III	I	Regarde souvent par terre
Rétroaction spécifique sur la tâche d'apprentissage	JHT JHT I					III	III *Insuffisant*	IIII			JHT I			
Valeur générale	I	I	III											
Valeur spécifique	III	III	JHT I				II	II			III		II	

Variété des rétroactions : *Tu répètes souvent « C'est beau! »*
Qualité de la voix : *Bon timbre de voix, clarté*

Épisodes d'organisation	Durée	*0 min 32*	*0 min 47*	*0 min 16*	*1 min 02*	*0 min 18*			
	Nombre de comportements d'organisation	II	III	II	III	II			
Balayage visuel des comportements appropriés		*22/24*	*24/24*	*21/24*	*22/24*	*20/24*	*23/24*	*24/24*	

Utilisation des élèves comme modèles : *Beaucoup mieux – Bonne idée de faire démontrer par Jean après avoir expliqué. La plupart des rétroactions contiennent des informations au sujet de la tâche ou des valeurs.*

Choix de la cible : *Plus de remarques spécifiques et positives en ce qui a trait à la rapidité à s'organiser. Plus positif à l'égard de Gilles et de Nicolas.*

Utilisation de l'extinction : *encore de la difficulté à ignorer Nancy.*
JHT

Synchronisme : *Beaucoup mieux. Attention au regard par terre. Bon avertissement au groupe durant le 1er changement d'activité.*

Classe : *Fortier / 4e année*   Date : *16 mars*   Heure de début : *13 h 10*   Heure de fin : *13 h 52*
Compilation des données   *3e observation après la mesure du niveau de base*
Rétroactions positives/minute = *2,4*   % de rétroactions non verbales = *15/74 = 20 %*   Temps total d'organisation = *2 min 55*
Rétroactions négatives/minute = *1,3*   % de rétroactions non verbales   Temps moyen par épisode = *35 min*
Ratio +/– = *48/26 = 2/1*   comportant un contact physique = *8/15 = 52 %* Comportements d'organisation
% de rétroactions amorcées à la suite   % de rétroactions spécifiques = *43/74 = 58 %*   par épisode = *2,4*
   de comportements appropriés = *23 %*   % de rétroactions – valeur = *26/74 = 35 %*   % de comportements appropriés =
      156/168 = 93 %

plus, ce système inclut une analyse plus détaillée des rétroactions à l'aide de quatre catégories principales : les rétroactions générales ou spécifiques en rapport avec les tâches ; les rétroactions générales ou spécifiques faisant référence à des valeurs véhiculées pendant le cours dans le but de favoriser le développement des attitudes telles que le sens des responsabilités ou l'honnêteté. De plus, une sous-catégorie permet d'indiquer à qui la rétroaction est adressée : un individu (I), un sous-groupe (S) ou le groupe au complet (G). Enfin, le comportement non verbal est codé : expression faciale (F), geste (G), contact physique (C). La fiche contient aussi des espaces pour évaluer la pertinence de l'utilisation d'élèves comme modèles, l'utilisation de l'extinction, le choix des cibles lors des réactions et le synchronisme des réactions. Il y a également un espace pour commenter la qualité de la voix et pour évaluer la variété des comportements de l'enseignant. Ce système exige l'utilisation de l'enregistrement d'événements pendant quatre périodes de cinq minutes ainsi que l'enregistrement de la durée des épisodes d'organisation et les balayages visuels à la fin de chaque intervalle de cinq minutes.

7. **Analyse descriptive du comportement de l'enseignant et de l'élève.** Une des premières fonctions de l'observation systématique est de fournir une image détaillée de ce qui se passe en classe. Dans la figure 16.8, l'enregistrement par intervalle court est utilisé pour produire une description du comportement de l'enseignant et de l'élève. Les espaces pour coder sont divisés par une ligne diagonale permettant de noter le comportement de l'enseignant à gauche et celui de l'élève cible à droite. Ce système a été élaboré pour observer le comportement de jeunes de cinquième et de sixième, ainsi que de leurs instructeurs lors d'un camp, l'observation systématique n'étant pas nécessairement confinée aux gymnases ou aux classes. Les catégories de comportement de l'intervenant et des participants sont inscrites au bas de la fiche d'observation. Elles sont tellement nombreuses que les observateurs peuvent avoir besoin d'y jeter un coup d'œil au moment de prendre leurs décisions. Ce système d'enregistrement par intervalle nécessite que l'observateur prenne une décision sur le comportement de l'enseignant et de l'élève cible à chaque intervalle court. Cette règle de codage pourrait être modifiée de façon à ce que la décision sur le comportement d'un élève soit prise sur la base de ce qui caractérise le mieux le comportement du groupe dans son ensemble. La durée des intervalles pour ce type de système était de huit secondes d'observation suivie de douze

secondes pour inscrire les décisions. Cette stratégie d'observation exige d'avoir un signal préenregistré sur cassette audio, comme nous l'avons décrit précédemment.

Figure 16.8 : Analyse du comportement de l'intervenant et des participants à l'aide de l'enregistrement par intervalle court

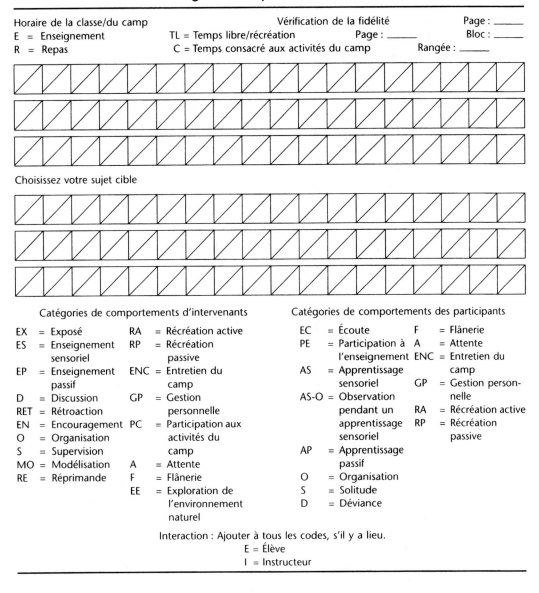

Horaire de la classe/du camp   Vérification de la fidélité   Page : _____
E = Enseignement   TL = Temps libre/récréation   Page : _____   Bloc : _____
R = Repas   C = Temps consacré aux activités du camp   Rangée : _____

Choisissez votre sujet cible

Catégories de comportements d'intervenants

EX	= Exposé	RA = Récréation active
ES	= Enseignement sensoriel	RP = Récréation passive
EP	= Enseignement passif	ENC = Entretien du camp
D	= Discussion	GP = Gestion personnelle
RET	= Rétroaction	
EN	= Encouragement	PC = Participation aux activités du camp
O	= Organisation	
S	= Supervision	
MO	= Modélisation	A = Attente
RE	= Réprimande	F = Flânerie
		EE = Exploration de l'environnement naturel

Catégories de comportements des participants

EC	= Écoute	F = Flânerie
PE	= Participation à l'enseignement	A = Attente ENC = Entretien du camp
AS	= Apprentissage sensoriel	GP = Gestion personnelle
AS-O	= Observation pendant un apprentissage sensoriel	RA = Récréation active RP = Récréation passive
AP	= Apprentissage passif	
O	= Organisation	
S	= Solitude	
D	= Déviance	

Interaction : Ajouter à tous les codes, s'il y a lieu.
E = Élève
I = Instructeur

8. **Analyse du temps d'engagement moteur productif (TEMP).** Le TEMP est une variable de processus fréquemment utilisée pour juger de l'efficacité de l'enseignement en éducation physique. La technique d'observation la plus utilisée pour l'évaluer est l'enregistrement par intervalle court tel qu'illustré à la figure 16.9 (Siedentop, Tousignant et Parker, 1982). Les espaces servant à noter les observations à chaque intervalle sont divisés en deux parties. La partie supérieure sert à inscrire le code correspondant au type de situation proposée au groupe : les sous-catégories sont associées aux situations préparatoires, au développement de connaissances ou au développement moteur. Cette décision est prise en observant ce que fait l'ensemble du groupe ; par exemple, les élèves sont-ils en situation d'échauffement, écoutent-ils une explication sur une stratégie de jeu ou pratiquent-ils une habileté ? La partie inférieure sert à écrire le type d'engagement d'un élève cible ; les catégories sont en rapport avec la qualité de l'engagement moteur ou ce qu'il fait quand il ne pratique pas une tâche motrice. Les codes pour les catégories choisies sont inscrits aux endroits prévus dans les carrés. Ce système fournit une image complète de ce que fait le groupe tout au long de la leçon et une description détaillée de l'engagement des élèves. Généralement, trois élèves de niveaux d'habileté différents sont choisis et ils sont observés en alternance à chaque intervalle. Les intervalles codés « engagement moteur productif » (EM+) indiquent la proportion de temps d'apprentissage (TEMP) obtenu par les élèves durant la leçon.

9. **Analyse des occasions de répondre.** Les occasions de répondre représentent une autre variable de processus permettant d'évaluer l'efficacité de l'enseignement. Lors de l'analyse des occasions de répondre, les comportements moteurs des élèves sont évalués au moment où ils se produisent en utilisant une technique d'enregistrement d'événements. Dans l'exemple de la figure 16.10 inspirée de l'étude de Brown (1989), la forme de chaque réponse motrice est jugée acceptable (A) ou non acceptable (NA) et le résultat obtenu dans la situation d'apprentissage est jugé réussi (R) ou non réussi (NR). Cet exemple propose des catégories permettant de coder des habiletés en soccer ou en volley-ball ; les résultats obtenus sont donc spécifiques aux types d'habiletés pratiquées par l'élève. La stratégie utilisée dans cet exemple permet aussi de savoir à quel moment de la séance la réponse a été réalisée. Ce genre d'observation ne peut être fait pendant toute une leçon. La procédure habituelle consiste à analyser sur vidéo les réponses d'élèves ayant des niveaux d'habileté différents. La feuille de codage de la figure 16.10 contient des données

provenant de l'analyse des réponses de deux élèves lors d'une leçon de volley-ball.

Figure 16.9 : Analyse du temps d'engagement moteur productif en éducation physique (TEMP) à l'aide de l'enregistrement par intervalle court

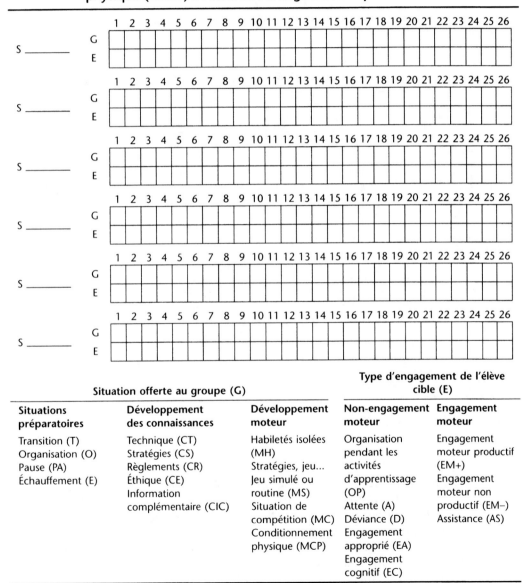

Situation offerte au groupe (G)			Type d'engagement de l'élève cible (E)	
Situations préparatoires	**Développement des connaissances**	**Développement moteur**	**Non-engagement moteur**	**Engagement moteur**
Transition (T)	Technique (CT)	Habiletés isolées (MH)	Organisation pendant les activités d'apprentissage (OP)	Engagement moteur productif (EM+)
Organisation (O)	Stratégies (CS)	Stratégies, jeu...	Attente (A)	Engagement moteur non productif (EM−)
Pause (PA)	Règlements (CR)	Jeu simulé ou routine (MS)	Déviance (D)	Assistance (AS)
Échauffement (E)	Éthique (CE)	Situation de compétition (MC)	Engagement approprié (EA)	
	Information complémentaire (CIC)	Conditionnement physique (MCP)	Engagement cognitif (EC)	

Source : Siedentop, Tousignant et Parker, 1982.

Figure 16.10 : Analyse des occasions de réponse à l'aide de l'enregistrement d'événements

Soccer		Volley-ball		Compteur
Réception—R	Lancer—L	Service—S	Smash—SM	début : 0268
Frappe—F	Gardien—Gr	Touche—T	Contre—C	Compteur fin : 1396
Dribble—D	Absence de réponse—AR	Récupération—R	Placement—P	Chron. arrêt : 16 min 41 s
	Non codable—NC		Absence de réponse—AR	Chron. début : 1 min 26 s
				Durée totale : 15 min 15 s

Classe de volley/soccer n° 1 de 20   Date de l'observation : 17 février
Observateur : Bellefeuille
Sujet : Jacques   Sujet : Anne

Séquence de réponses		Habileté	Forme		Résultat		Séquence de réponses		Habileté	Forme		Résultat	
			A	NA	R	NR				A	NA	R	NR
1	1:29	T	1		1		1	1:35	T		1	1	
2	2:13	T		1	1		2	1:46	C		1		1
3	2:25	AR					3	1:54	AR				
4	2:33	AR					4	2:08	AR				
5	4:20	T		1	1		5	2:12	T		1	1	
6	6:59	T		1		1	6	2:14	T		1		1
7	8:24	T		1		1	7	2:25	AR				
8	8:42	T		1		1	8	3:47	S		1	1	
9	9:23	T		1		1	9	4:02	S		1	1	
10	9:45	T	1		1		10	4:06	T		1	1	
11	12:12	T		1		1	11	5:37	T		1		1
12	14:14	S	1			1	12	5:52	T		1	1	
13	15:01	T		1		1	13	6:43	S		1		
14							14	8:21	S		1	1	1
15							15	9:20	S		1	1	
16							16	9:45	T		1	1	
17							17	10:42	S	1			1
18							18	11:12	T		1	1	
19							19	11:58	S		1		1
20							20	14:11	AR				
21							21	15:20	T		1	1	
Totaux			3	8	4	7	Totaux			1	16	10	7

Source : « L'observation systématique des occasions de répondre des étudiants » par Will Brown. Dans *Analysing Physical Education and Sport Instruction*, 2e édition, Darst *et al.*, 1989, p. 192. Reproduit avec permission.

10. **Un instrument général de supervision.** Durant les stages en milieu scolaire ou toute autre forme de pratique, il est parfois préférable de choisir un système d'observation général qui est utilisé par tous les stagiaires participant à un programme donné. Un tel système remplit plusieurs fonctions : il met l'accent sur l'atteinte des buts majeurs du programme, il permet d'évaluer les progrès en vue de l'atteinte de ces buts, il fournit une évaluation individuelle des stagiaires tout en offrant la possibilité de les

Figure 16.11 : Un instrument général de supervision

Enregistrement du temps des rétroactions sur la tâche motrice et sur les comportements des élèves

Observateur _____ Date _____ École _____ Niveau ____ Environnement ____
Début _____ Fin _____Durée totale de l'observation : _____ minutes
Nombre de participants en classe _____ Activité _____ Stagiaire _____

(Codes pour l'analyse du temps : E = Explication P = Pratique O = Organisation)

Répartition du temps	Rétroactions concernant la tâche motrice					
	Positives		Correctives		Négatives	
	Générales	Spécifiques	Générales	Spécifiques	Générales	Spécifiques
Temps total d'organisation __						
% de temps d'organisation __						
Temps total d'explication __						
% de temps d'explication __						
Temps total de pratique __						
% de temps de pratique __						
Total _____						
Taux / min _____						

Analyse des balayages visuels	Rétroactions sur les comportements des élèves			
	Positives		Négatives	
	Générales	Spécifiques	Générales	Spécifiques
% engagement approprié _____				
% engagement moteur productif _____				
Total _____				
Taux / min _____				

comparer au besoin. Le système d'observation présenté à la figure 16.11 utilise l'enregistrement d'événements pour coder les rétroactions de l'enseignant relativement aux tâches motrices et aux comportements des élèves. Une échelle de temps sert à noter la durée d'aspects importants de la leçon comme le temps consacré aux explications (E), à l'organisation (O) et à la pratique (P). Des balayages visuels (BV) sont utilisés toutes les trois minutes pour évaluer deux facettes importantes du comportement des élèves, soit le nombre de personnes engagées de façon appropriée et leur taux de réussite dans les tâches motrices. La compilation des données est faite au bas de la fiche d'observation. Ce système de supervision peut être utilisé par diverses personnes, soit le superviseur universitaire, le maître de stage ou un pair. Si elles sont fidèles, les données obtenues sont des indicateurs importants d'efficacité. De plus, il est possible de les compiler rapidement afin de les utiliser sur le champ lors d'une rencontre avec le stagiaire observé.

RÉSUMÉ

1. Pour qu'un enseignant s'améliore, il faut définir des buts précis, lui fournir du temps de pratique approprié de même que des rétroactions pertinentes et précises.

2. Des données d'observation sont fidèles quand deux observateurs indépendants, utilisant les mêmes définitions et observant le même enseignant au même moment, arrivent à des résultats similaires.

3. Les méthodes traditionnelles d'observation de l'enseignement sont le jugement intuitif, l'observation globale, l'enregistrement d'anecdotes, la liste de vérification et l'échelle d'appréciation. Ces méthodes présentent toutes des problèmes associés aux biais de l'observateur et à leur manque de fidélité.

4. Les techniques d'observation systématique incluent l'enregistrement d'événements, l'enregistrement de la durée, l'enregistrement par intervalle court et le balayage visuel à la fin d'un intervalle long.

5. Les enseignants peuvent analyser eux-mêmes leurs comportements et ceux de leurs élèves.

6. Des techniques d'observation peuvent être combinées pour produire un système d'observation multidimensionnel qui met l'accent à la fois sur le comportement de l'enseignant et de l'élève.

7. Les décisions à prendre lors de l'élaboration d'un système d'observation concernent le choix des buts poursuivis par les observateurs, le choix des comportements d'enseignants et d'élèves qui sont des indicateurs valides de ces buts, le choix des techniques d'observation les plus appropriées pour mesurer ces indicateurs et la vérification de la fidélité des données obtenues.

8. Les systèmes d'observation sont construits en jumelant adéquatement les techniques d'observation et les variables à observer et en intégrant diverses techniques d'observation dans un système utilisable.

9. Les observateurs doivent avoir à portée de la main tout le matériel nécessaire pour compléter leurs observations. Ils essaient de déranger le moins possible le déroulement de la leçon.

10. Les observateurs doivent être entraînés soigneusement et systématiquement ; ils doivent comprendre les définitions des catégories, s'entraîner à analyser des données sur vidéo puis en milieu réel pour arriver à obtenir des données fidèles comparables à celles d'un observateur entraîné.

11. La fidélité des diverses techniques d'observation est calculée en comparant les notations d'observateurs indépendants et en calculant un pourcentage d'accords.

Bibliographie

Alexander, K. (1982) *Behavior analysis of tasks and accountability.* Thèse de doctorat non publiée, Ohio State University, Columbus.

Allen, J. (1986) Classroom management: Students' perspectives, goals and strategies. *American Educational Research Journal.* 2(3), 437-459.

Anderson, W. (1978) Introduction. Sous la dir. de W. Anderson et G. Barrette, *What's going on in the gym. Motor Skills: Theory Into Practice.* Monographie n° 1.

Anderson, W. (1980) *Analysis of teaching physical education.* St. Louis: C.V. Mosby.

Anderson, W. (1988) A school-centered collaborative model for program development. *Journal of Teaching in Physical Education.* 7(3), 176-183.

Anderson, W. et Barrette, G. (1978) *What's going on in the gym. Motor Skills: Theory Into Practice.* Monographie n° 1.

Armstrong, R., Cornell, R., Kraner, R. et Roberson, E. (1970) *The development and evaluation of behavioral objectives.* Worthington, OH: Jones.

Aufderheide, S. (1983) ALT-PE in mainstreamed physical education classes. *Journal of Teaching in Physical Education.* 1(3), 22-26.

Baird, H., Belt, W., Holder, L. et Webb, C. (1972) *A behavioral approach to teaching.* Dubuque, IA: Wm. C. Brown.

Baley, J. (1965) *Gymnastics in the schools.* Boston: Allyn et Bacon.

Banathy, B. (1968) *Instructional systems.* Belmont, CA: Fearon Publishers.

Bane, M. et Jencks, C. (1972) The schools and equal opportunity. *Saturday Review of Literature.* 55, 37-42.

Barnes, W. (1977) How to improve teacher behavior in multiethnic classrooms. *Educational Leadership.* 35, 511-515.

Beale, H. (1936) *Are American teachers free?* New York: Scribner's.

Becker, E. (1967) *Beyond alienation.* New York: Braziller.

Berliner, D. (1979) Tempus educare. Sous la dir. de P. Peterson et H. Walberg, *Research on teaching: Concepts, findings, and implications.* Berkeley, CA: McCutchan.

Berliner, D. (1985) *Reform in teacher education : The case for pedagogy.* Conférence présentée à l'Association for Colleges and Schools of Education and Land Grant Colleges and Affiliated Private Universities.

Berliner, D. (1986) In pursuit of the expert pedagogue. *Educational Researcher.* 15(7), 5-13.

Birdwell, D. (1980) *The effects of modification of teacher behavior on the academic learning time of selected students in physical education.* Thèse de doctorat non publiée, Ohio State University, Columbus.

Biscan, D. et Hoffman, S. (1976) Movement analysis as a generic ability of physical education teachers and students. *Research Quarterly.* 47(2), 161-163.

Bloom, B. (1978) Learning for mastery. *Evaluation Comment 1,* mai.

Bloom, B. (1980) The new direction in educational research : Alterable variables. *Phi Delta Kappan.* 61(6).

Bloom, B. (1984) The 2 sigma problem : The search for methods of group instructions as effective as one-to-one tutoring. *Educational Researcher.* Juin-juillet, 4-16.

Bloom, B. (1986) Automaticity. *Educational Leadership.* 43(5), 70-77.

Boehm, J. (1974) *The effects of competency-based teaching programs on junior high school physical education student teachers and their pupils.* Thèse de doctorat non publiée, Ohio State University, Columbus.

Boyer, E. (1981) Education issues. *New York Education Quarterly.* Été, 12, 2-4.

Brophy, J. (1981) Teacher praise : A functional analysis. *Review of Educational Research,* 51, 5-32.

Brophy, J. et Good, T. (1974) *Teacher-student relationships : Causes and consequences.* New York : Holt, Rinehart et Winston.

Brophy, J. et Good, T. (1986) Teacher behavior and student achievement. Sous la dir. de M. Wittrock, *Handbook of research on teaching.* New York : Macmillan.

Brown, W. (1986) *The effects of game modifications on children's opportunity to respond in soccer and volleyball.* Thèse de doctorat non publiée, Ohio State University, Columbus.

Brown, W. (1989) Systematic observation of student opportunities to respond. Sous la dir. de P. Darst, D. Zakrajsek et V. Mancini, *Analyzing physical education and sport instruction.* Champaign, IL : Human Kinetics.

Brun, H. et Tremblay, G. (1987) *Droit constitutionnel.* Cowansville : Les Éditions Yvon Blais inc.

Brunelle, J., Drouin, D., Godbout, P. et Tousignant, M. (1988) *La supervision de l'intervention en activité physique.* Montréal : Gaëtan Morin Éditeur.

Burlingame, M. (1972) Socialization constructs and the teaching of teachers. *Quest*. 18, 40-56.

Cassidy, R. et Caldwell, S. (1974) *Humanizing physical education*. 5e éd., Dubuque, IA : Wm. C. Brown.

Cheffers, J. (1977) Observing teaching systematically. *Quest*. 28, 17-28.

Cheffers, J. et Mancini, V. (1978) Teacher-student interaction. Sous la dir. de W. Anderson et G. Barrette, *What's going on in the gym. Motor Skills : Theory Into Practice*. Monographie n° 1.

Chu, D. (1981) Functional myths of educational organizations : College as career training and the relationship of formal title to actual duties upon secondary school employment. Sous la dir. de V. Crafts, *1980 National Association of Physical Education in Higher Education Proceedings*. Champaign, IL : Human Kinetics.

Clark, C. et Yinger, R. (1979) Teachers' thinking. Sous la dir. de P. Peterson et H. Walberg, *Research on teaching : Concepts, findings, and applications*. Berkeley, CA : McCutchan.

Cohen, A. (1970) Technology : Thee or me ? *Educational Technology*. 10, 57-60.

Cohen, S. (1987) Instructional alignment : Searching for a magic bullet. *Educational Researcher*. Novembre, 16-20.

Commission des droits de la personne du Québec (1990) *Charte des droits et libertés de la personne du Québec*. Québec : ministère des Communications.

Cooke, N., Heron, T. et Heward, W. (1983) *Peer tutoring*. Columbus, OH : Special Press.

Cooper, J., Heward, W. et Heron, T. (1987) *Applied behavior analysis*. Columbus, OH : Merrill.

Costello, J. et Laubach, S. (1978) Student behavior. Sous la dir. de W. Anderson et G. Barrette, *What's going on in the gym. Motor Skills : Theory Into Practice*. Monographie n° 1.

Cramer, C. (1977) *The effects of a cooperating teacher training program in applied behavior analysis on teacher behaviors of physical education student teachers*. Thèse de doctorat non publiée, Ohio State University, Columbus.

Crockenberg, V. (1975) Poor teachers are made, not born. *Educational Forum*. 39, 189-198.

Cruickshank, D. et Applegate, J. (1981) Reflective teaching as a strategy for teacher growth. *Educational Leadership*. 38, 553-554.

Darst, P. (1974) *The effects of a competency-based intervention on student-teacher and pupil behavior.* Thèse de doctorat non publiée, Ohio State University, Columbus.

Darst, P., Zakrajsek, D. et Mancini, V. (1989) *Analysing physical education and sport instruction.* 2ᵉ éd., Champaign, IL : Human Kinetics.

DeKnop, P. (1986) Relationships of specified instructional teacher behaviors to students gain on tennis. *Journal of Teaching in Physical Education.* 5(2), 71-78.

DeKnop, P. (1983) Effectiveness of tennis teaching. Sous la dir. de R. Telama, V. Varstala, J. Tiainen, L. Laakso et T. Haajanen, *Research in school physical education,* p. 28-235. Jyvakyla, Finland : The Foundation for Promotion of Physical Culture and Health.

Denemark, G. (1973) *Goals for teacher education : A time for decision. Time for decision in teacher education.* Washington, D.C. : American Association for Colleges of Teacher Education.

Denemark, G. et Espinoza, A. (1974) Educating teacher educators. *Theory Into Practice.* 13, 187-197.

Dodds, P. et Rife, F., (dir.) (1983) Time to learn in physical education. *Journal of Teaching in Physical Education.* Monographie nᵒ 1, été.

Doyle, W. (1979) Classroom tasks and students' abilities. Sous la dir. de P. Peterson et H. Walberg, *Research on teaching : Concepts, findings, and implications.* Berkeley, CA : McCutchan.

Doyle, W. (1980) *Student mediating responses in teaching effectiveness.* Denton, TX : North Texas State University (ERIC nᵒ ED 187 698).

Doyle, W. (1981) Research on classroom contexts. *Journal of Teacher Education.* 32(6), 3-6.

Drowatzky, J. (1978) Liability : You could be sued ! *Journal of Physical Education, Recreation, and Dance.* 49, 17-18.

Dubey, R., Endly, V., Roe, B. et Tollett, D. (1972) *A performance based guide to student teaching.* Danville, IL : Interstate.

Duke, D. (1978) Looking at the school as a rule-governed institution. *Journal of Research and Development in Education.* 2, 116-126.

Dunkin, M. et Biddle, B. (1974) *The study of teaching.* New York : Holt, Rinehart et Winston.

Earls, N. (1979) *Distinctive physical education teachers : Personal qualities, perceptions of teacher education and the realities of teaching.* Thèse de doctorat non publiée, University of North Carolina, Greensboro.

Earls, N. (1981) Distinctive teachers' personal qualities, perceptions of teacher education and the realities of teaching. *Journal of Teaching in Physical Education.* 1, 59-70.

Edmonds, R. (1983) The context of teaching and learning: School effects and teacher effects. Sous la dir. de D. Smith, *Essential knowledge for beginning educators.* Washington, D.C.: American Association for Colleges of Teacher Education.

Eldar, E., Siedentop, D. et Jones, D. (1989) The seven elementary specialists. *Journal of Teaching in Physical Education.* 8(3), 189-197.

Emmer, E. et Evertson, C. (1981) Synthesis of research on classroom management. *Educational Leadership.* 38(4), 342-347.

Evertson, C. (1989) Classroom organization and management. Sous la dir. de M. Reynolds, *Knowledge base for the beginning teacher.* Washington, D.C.: American Association of Colleges for Teacher Education.

Evertson, C., Anderson, C., Anderson, L. et Brophy, J. (1980) Relationships between classroom behaviors and student outcomes in junior high mathematics and English classes. *American Educational Research Journal.* 17, 43-60.

Evertson, C., Hawley, W. et Zlotnik, M. (1984) The characteristics of effective teacher education programs: A review of research. Document non publié, Peabody College, Vanderbilt University, Nashville, TN.

Faucette, N. (1986) Educational reform–enough is enough. *Journal of Physical Education, Recreation and Dance.* 57(4), 44-46.

Fink, J. et Siedentop, D. (1989) The development of routines, rules, and expectations at the start of the school year. *Journal of Teaching in Physical Education.* 8(3), 198-212.

Fishman, S. et Tobey, C. (1978) Augmented feedback. Sous la dir. de W. Anderson, *What's going on in the gym. Motor Skills: Theory Into Practice.* Monographie n° 1.

Gage, N. (1972) *Teacher effectiveness and teacher education.* Palo Alto, CA: Pacific Books.

Gage, N. (1978) *The scientific basis for the art of teaching.* New York: Teachers College Press.

Gallahue, D. (1987) *Developmental physical education for today's elementary school children.* New York: Macmillan.

Galloway, C. (1971) Teaching is more than words. *Quest.* 15, 67-71.

Gentile, A. (1972) A working model for skill acquisition with application to teaching. *Quest.* 27, 3-23.

Glasser, W. (1965) *Reality therapy.* New York: Harper et Row.

Goldberger, M. (1983) A teacher with boundless expectations. *Journal of Physical Education, Recreation and Dance.* 54(7), 21-22.

Goodlad, J. (1969) Can our schools get better? *Phi Delta Kappan*. Janvier.

Graham, G. (1985) Commitment to action: Looking at the future through rear view mirrors. Sous la dir. de H. Hoffman et J. Rink, *Physical education professional preparation: Insights and issues*. Washington, D.C.: American Alliance for Health, Physical Education, Recreation and Dance.

Graham, G., Parker, M. et Holt-Hale, S. (1987) *Children moving*. Mountain View, CA: Mayfield.

Griffin, P. (1981) Observations and suggestions for sex equity in co-educational physical education classes. *Journal of Teaching in Physical Education*. 1, 12-17.

Griffin, P. (1986) Analysis and discussion: What have we learned? *Journal of Physical Education, Recreation and Dance*. 57(4), 57-59.

Griffin, P. et Hutchinson, G. (1988) Second wind: A physical education program development network. *Journal of Teaching in Physical Education*. 7(3), 184-188.

Griffin, P. et Locke, L. (1986) This is not Palo Alto. *Journal of Physical Education, Recreation and Dance*. 57(4), 38-41.

Griffin, P. et Placek, J. (1983) *Fair play in the gym: Race and sex equity in physical education*. Amherst, MA: University of Massachusetts.

Grossman, P., Wilson, S. et Shulman, L. (1989) Subject matter knowledge for teaching. Sous la dir. de M. Reynolds, *Knowledge base for the beginning teacher*. New York: Pergamon Press.

Hall, R.V. (1970) *Managing behavior*. Meriam, KS: H and H Enterprises.

Halverson, P. (1987) *The effects of peer-tutoring on sport skill analytic ability*. Thèse de doctorat non publiée, Ohio State University, Columbus.

Hamilton, K. (1974) *The effects of a competency-based format on the behavior of student-teachers and high school pupils*. Thèse de doctorat non publiée, Ohio State University, Columbus.

Hayman, J. et Moskowitz, G. (1975) Behavior patterns and training needs of first-year teachers in inner-city schools. *Journal of Classroom Interaction*. 10.

Hellison, D. (1973a) *Humanism in physical education*. Conférence présentée à Northwest Conference on Secondary Physical Education. Portland, OR. Novembre.

Hellison, D. (1973b) *Humanistic physical education*. Englewood Cliffs, NJ: Prentice-Hall.

Hoffman, S. (1977) Skill analysis as a teaching competency. Sous la dir. de R. Stadulis, *Research and practice in physical education*. Champaign, IL: Human Kinetics.

Hollaway, S. (1988) Concepts of ability and effort in Japan and the U.S. *Review of Educational Research*. 58(3), 327-346.

Holt, J. (1964) *How children fail*. New York: Pittman.

Housner, L. (1990) Selecting master teachers: Evidence from process-product research. *Journal of Teaching in Physical Education*. 9(3), 201-226.

Howe, B. et Jackson, J. (1985) *Teaching effectiveness research*. Victoria: BC: University of Victoria.

Huber, J. (1973) *The effects of a token economy program on appropriate behavior and motor task performance of educable mentally retarded children in adapted physical education*. Thèse de doctorat non publiée, Ohio State University, Columbus.

Hughley, C. (1973) *Modification of teacher behaviors in physical education*. Thèse de doctorat non publiée, Ohio State University, Columbus.

Hutslar, S. (1977) *The effects of training cooperating teachers in applied behavior analysis on student teacher behavior in physical education*. Thèse de doctorat non publiée, Ohio State University, Columbus.

Jackson, P. (1968) *Life in classrooms*. New York: Holt, Rinehart et Winston.

Jackson, P. (1980) The way teaching is. Sous la dir. de K. Ryan et J. Cooper, *Kaleidoscope: Readings in education*. Boston: Houghton Mifflin.

Jansma, P., French, R. et Horvak, W. (1984) Behavioral engineering in physical education. *Journal of Physical Education, Recreation and Dance*. 55(6), 80-81.

Jensen, E. (1988) *Super-teaching*. Del Mar, CA: Turning Point.

Jewett, A. et Bain, L. (1985) *The curriculum process in physical education*. Dubuque, IA: Wm. C. Brown.

Johnson, D. (1981) *Reaching out: Interpersonal effectiveness and self-actualization*. 2e éd., Englewood Cliffs, NJ: Prentice-Hall.

Johnston, J. et Pennypacker, H.S. (1980) *Strategies and tactics of human behavioral research*. Hillsdale, NJ: L. Erlbaum Associates.

Jones, D. (1989) *Analysis of task structures in elementary physical education classes*. Thèse de doctorat non publiée, Ohio State University, Columbus.

Jones, D., Tannehill, D., O'Sullivan, M. et Stroot, S. (1989) The fifth dimension: Extending the physical education program. *Journal of Teaching in Physical Education*. 8(3), 223-226.

Kagan, S. (1990) The structural approach to cooperative learning. *Educational Leadership*. 47(4), 12-16.

Kalectaca, M. (1974) Competencies for teachers of culturally different children. Sous la dir. de W. Hunter, *Multicultural education*. Washington, D.C. : American Association for Colleges of Teacher Education.

Kent, I. et Nicholls, W. (1972) *I amness : The discovery of self beyond ego*. Indianapolis : Bobbs-Merrill.

Kleibard, H. (1973) The question in teacher education. Sous la dir. de D. McCarty, *New perspectives in teacher education*. San Francisco : Jossey-Bass.

Kneer, M. et Grebner, F. (1983) Teamed for excellence. *Journal of Physical Education, Recreation and Dance*. 54(7), 20.

Kniffen, M. (1985) *The effects of individualized video tape instruction on the ability of undergraduate physical education majors to analyze selected sport skills*. Thèse de doctorat non publiée, Ohio State University, Columbus.

Kounin, J. (1970) *Discipline and group management in classrooms*. New York : Holt, Rinehart et Winston.

Kozol, J. (1972) Free schools fail because they don't teach. *Psychology Today*. 5, 30.

Lambdin, D. (1981) The minus system : A behavior management technique. Document non publié, St. Andrew's School, Austin, TX.

Lambdin, D. (1986) Winning battles, losing the war. *Journal of Physical Education, Recreation and Dance*. 57(4), 34-37.

Lawless, S. (1984) *The effects of volleyball game modifications on children's opportunity to respond and academic learning time*. Thèse de doctorat non publiée, Ohio State University, Columbus.

Lawson, H. et Pacek, J. (1981) *Physical education in the secondary schools : Curricular alternatives*. Boston : Allyn & Bacon.

Leduc, C. et Demassy, P.R. (1988) *Pour mieux vivre ensemble : guide d'interprétation de la Charte des droits et libertés de la personne*. Montréal : Modulo Éditeur.

Leonard, G. (1968) *Education and ecstasy*. New York : Delacorte Press.

Locke, L. (1973) Teacher education : One minute to midnight. *Preparing the elementary specialist*. Washington, D.C. : American Association for Health, Physical Education and Recreation.

Locke, L. (1975) The ecology of the gymnasium : What the tourists never see. *Proceedings of Southern Association for Physical Education of College Women*. (ERIC n° ED 104823).

Locke, L. (1977) Research on teaching physical education : New Hope for a dismal science. *Quest*. 28, 2-16.

Locke, L. (1979) Learning from teaching. Sous la dir. de J. Jackson, *Theory into practice*. University of Victoria Physical Education Series. Victoria, Colombie-Britannique : University of Victoria.

Locke, L. (1982) Research on teaching physical activity : A modest celebration. Sous la dir. de M. Howell et J. Saunders, *Proceedings of the Commonwealth and International Conference on Sport, Physical Education, Recreation and Dance*, Brisbane, Australia : Department of Human Movement Studies.

Locke, L. et Griffin, P. (1986) Introduction. *Journal of Physical Education, Recreation and Dance*. 57(4), 32-33.

Locke, L. et Massengale, J. (1978) Role conflict in teachers/coaches. *Research Quarterly*. 49, 162-174.

Locke, L., Siedentop, D. et Mand, C. (1981) The preparation of physical education teachers : A subject-matter-centered model. *Undergraduate physical education programs : Issues and approaches*. Washington, D.C. : American Association for Health, Physical Education, Recreation and Dance.

Locke, L. (1986) Analysis and discussion : What can we do ? *Journal of Physical Education, Recreation and Dance*. 57(4), 60-63.

Lortie, D. (1975) *Schoolteacher : A sociological study*. Chicago : University of Chicago Press.

Luke, M. (1989) Research on class management and organization : Review with implications for current practice. *Quest*. 41, 55-67.

Lund, J. (1990) *The effects of accountability on response rates in physical education*. Thèse de doctorat non publiée, Ohio State University, Columbus.

McDaniel, T. (1979) The teacher's ten commandments : School law in the classroom. *Phi Delta Kappan*. 60, 703-708.

McKenzie, T. (1976) *Development and evaluation of a behaviorally-based teacher center for physical education*. Thèse de doctorat non publiée, Ohio State University, Columbus.

McKenzie, T. et Rushall, B. (1973) *Effects of various reinforcing contingencies on improvement in a competitive swimming environment*. Document non publié, Department of Physical Education, Dalhousie University.

McLeish, J. (1981) *Effective teaching in physical education*. Document non publié, Department of Physical Education, University of Victoria, Colombie-Britannique.

McLeish, J. (1985) An overall view. Sous la dir. de B. Howe et J. Jackson, *Teaching effectiveness research*. University of Victoria, Colombie-Britannique.

Madsen, C. et Madsen, C. (1972) *Parents, children, discipline : A positive approach.* Boston : Allyn et Bacon.

Mager, R. (1962) *Preparing instructional objectives.* Belmont, CA : Fearon Publishers.

Mager, R. (1973) A universal objective. *Improving Human Performance : A Research Quarterly.* 3, 181-190.

Mancuso, J. (1983) Model of excellence. *Journal of Physical Education, Recreation and Dance.* 54(7), 24-25.

Marks, M. (1988) *Development of a system for the observation of task structures in physical education.* Thèse de doctorat non publiée, Ohio State University, Columbus.

Marks, M. (1988) A ticket out the door. *Strategies.* 1(2), 17, 27.

Massengale, J. (1981) Role conflict and the occupational milieu of the teacher/coach : Some real working world perspective. Sous la dir. de V. Crafts, *1980 National Association of Physical Education in Higher Education Proceedings.* Champaign, IL : Human Kinetics.

McDonald, F. et Elias, P. (1983) *The transition into teaching : The problems of beginning teachers and how to solve them.* Berkeley, CA : Educational Testing Service.

Medley, D. (1977) *Teacher competence and teacher effectiveness.* Washington, D.C. : American Association of Colleges of Teacher Education.

Medley, D. (1979) The effectiveness of teachers. Sous la dir. de P. Peterson et H. Walberg, *Research on teaching : Concepts, findings and applications.* Berkeley, CA : McCutchan.

Metzler, M. (1979) *The measurement of academic learning time in physical education.* Thèse de doctorat non publiée, Ohio State University, Columbus.

Metzler, M. (1989) A review of research on time in sport pedagogy. *Journal of Teaching in Physical Education.* 8(2), 87-103.

Ministère de l'Éducation (1981a) *Programme d'études au primaire – Éducation physique.* Gouvernement du Québec, Direction générale des programmes, Service du primaire au ministère de l'Éducation.

Ministère de l'Éducation (1981b) *Programme d'études au secondaire – Éducation physique.* Gouvernement du Québec, Direction générale des programmes du ministère de l'Éducation.

Ministère du multiculturalisme et de la citoyenneté, direction des droits de la personne (1992) *La Charte des droits et libertés.* Ottawa : ministère des Approvisionnements et Services Canada (n° S2-215/ 1992).

Moore, G. (1977) *Descriptive behavior analysis in a resident school camp.* Thèse de doctorat non publiée, Ohio State University, Columbus.

Morris, J. (1968) Diary of a beginning teacher. *National Association of Secondary School Principals Bulletin.* Octobre, 6-22.

Mosher, R. et Purpel, D. (1972) *Supervision : The reluctant profession.* Boston : Houghton Mifflin.

Mosston, M. (1966) *Teaching physical education.* Columbus, OH : Merrill.

Mosston, M. (1981) *Teaching physical education.* 2ᵉ éd., Columbus, OH : Merrill.

Mosston, M. et Ashworth, S. (1986) *Teaching physical education.* Columbus, OH : Merrill.

Myrick, R. (1969) Growth groups : Implications for teachers and counselors. *Elementary School Guidance and Counseling.* 4, 35-42.

NEA Reporter (1980) janvier.

Novak, M. (1976) *The joy of sports.* New York : Basic Books.

Olivier, B. (1978) *The relationship of teacher and student presage and process criteria to student achievement in physical education.* Thèse de doctorat non publiée, Stanford University, Palo Alto.

Olsen, P. (1974) Graduate education and new jobs in education. *Theory Into Practice.* 13, 151-158.

Ormond, T. (1988) *An analysis of teaching and coaching behavior in invasion game activities.* Thèse de doctorat non publiée, Ohio State University, Columbus.

Osgood, E. *et al.* (1957) *The measurement of meaning.* Urbana : University of Illinois Press.

O'Sullivan, M. (1989) Failing gym is like failing lunch or recess : Two beginning teachers' struggle for legitimacy. *Journal of Teaching in Physical Education.* 8(3), 227-242.

O'Sullivan, M., Stroot, S. et Tannehill, D. (1989) Elementary physical education specialists : A commitment to student learning. *Journal of Teaching in Physical Education.* 8(3), 261-265.

Parker, M. (1984) *The effects of game modifications on the nature and extent of skill involvement in volleyball and softball.* Thèse de doctorat non publiée, Ohio State University, Columbus.

Patterson, A. (1980) Professional malpractice : Small cloud, but growing bigger. *Phi Delta Kappan.* 62, 193-196.

Phillips, A. et Carlisle, C. (1983) A comparison of physical education teachers categorized as most and least effective. *Journal of Teaching in Physical Education.* 2(3), 62-76.

Piéron, M. (1980) *From interaction analysis to research on teaching effectiveness: An overview of studies from the University of Liege.* Document non publié, Department of Physical Education, Ohio State University, Columbus.

Piéron, M. (1981) *Research on teacher change: Effectiveness of teaching a psychomotor task in a microteaching setting.* Conférence présentée à *The American Association for Health, Physical Education, Recreation and Dance Convention.* Boston, avril.

Piéron, M. (1983) Teacher and pupil behavior and the interaction process in P.E. classes. Sous la dir. de R. Telema *et al., Research in school physical education.* Jyvaskyla, Finland: *The Foundation for Promotion of Physical Culture and Health.*

Piéron, M. (1993) *Analyser l'enseignement pour mieux enseigner.* Paris: Éditions EPS.

Piéron, M. et Cheffers, J. (1982) *Studying the teaching in physical education.* Liège, Belgique: Association internationale des écoles supérieures d'éducation physique.

Placek, J. (1983) Conceptions of success in teaching: Busy, happy and good? Sous la dir. de T. Templin et J. Olson, *Teaching in physical education.* Champaign, IL: Human Kinetics.

Popham, W. et Baker, E. (1970) *Systematic instruction.* Englewood Cliffs, NJ: Prentice-Hall.

Postman, N. et Weingartner, C. (1969) *Teaching as a subversive activity.* New York: Delacorte Press.

Powell, L. (1969) *Communication and learning.* New York: American Elsevier.

Premack, D. (1963) Rate differential in monkey manipulation. *Journal of the Experimental Analysis of Behavior.* 6, 81-89.

Premack, D. *et al.* (1964) Reinforcement of drinking by running: Effect of fixed ratio and reinforcement time. *Journal of the Experimental Analysis of Behavior.* 5, 91-96.

Quarterman, J. (1977) *A descriptive analysis of physical education teaching in the elementary school.* Thèse de doctorat non publiée, Ohio State University, Columbus.

Randall, L. et Imwold, C. (1989) The effect of an intervention on academic learning time provided by preservice physical education teachers. *Journal of Teaching in Physical Education.* 8(4), 271-279.

Rate, R. (1980) *A descriptive analysis of academic learning time and coaching behavior in interscholastic athletic practices.* Thèse de doctorat non publiée, Ohio State University, Columbus.

Raths, L., Harmin, M. et Simon, S. (1966) *Values and teaching.* Columbus, OH: Merrill.

Rife, F. (1974) *Modification of student teacher behavior and its effect upon pupil behavior.* Thèse de doctorat non publiée, Ohio State University, Columbus.

Rink, J.E. (1979) *Development of an instrument of the observation of content development in physical education.* Thèse de doctorat non publiée, Ohio State University, Columbus.

Rink, J.E. (1985) *Teaching for learning in physical education.* St. Louis : C.V. Mosby.

Rog, J. (1986) Everyone seems satisfied. *Journal of Physical Education, Recreation and Dance.* 57(4), 54-56.

Rogers, C. (1969) *Freedom to learn.* Columbus, OH : Merrill.

Rogers, J. (1974) On introducing contingency management. *National Society for Programmed Instruction Newsletter*, avril, 13.

Rolider, A. (1979) *The effects of enthusiasm training on the subsequent behavior of physical education teachers.* Thèse de doctorat non publiée, Ohio State University, Columbus.

Rolider, A., Siedentop, D. et Van Houten, R. (1984) Effects of enthusiasm training on subsequent teacher enthusiasm. *Journal of Teaching in Physical Education.* 3(2).

Rosenholtz, S. (1987) Workplace conditions of teacher quality and commitment : Implications for the design of teacher induction programs. Sous la dir. de G. Griffin et S. Millies, *The first year of teaching : Background papers and a proposal.* Chicago : University of Illinois.

Rosenshine, B. (1970) Evaluation of classroom instruction. *Review of Educational Research.* 40, 279-300.

Rosenshine, B. (1979) Content, time, and direct instruction. Sous la dir. de P. Peterson et H. Walberg, *Research on teaching : Concepts, findings, and implications.* Berkeley, CA : McCutchan.

Rosenshine, B. et Stevens, R. (1986) Teaching functions. Sous la dir. de M. Wittrock, *Handbook of research on teaching.* New York : Macmillan.

Rushall, B. et Siedentop, D. (1972) *The development and control of behavior in sport and physical education.* Philadelphia : Lea et Febiger.

Ryan, K. (1970) *Dont'smile until Christmas.* Chicago : University of Chicago Press.

Ryan, K. et Cooper, J. (1972) *Those who can, teach.* Boston : Houghton Mifflin.

Schwager, S. (1986) Battling boredom at mid-career. *Journal of Physical Education, Recreation and Dance.* 57(4), 42-43.

Segrave, J. (1981) Role preferences among prospective physical education teacher/coaches. Sous la dir. de V. Crafts, *National Association of Physical Education in Higher Education Proceedings.* Champaign, IL: Human Kinetics.

Sherman, M. (1979) *Teacher planning: A study of expert and novice gymnastics teachers.* Conférence présentée à la Pennsylvania State Health, Physical Education and Recreation Meetings, Philadelphia.

Shulman, L.S. (1987) Knowledge and teaching: Foundations of the new reform. *Harvard Educational Review.* 57(1), 1-22.

Siedentop, D. (1972) Behavior analysis and teacher training. *Quest.* 19, 26-32.

Siedentop, D. (1980) *Physical education: Introductory analysis,* 3ᵉ éd., Dubuque, IA: Wm. C. Brown.

Siedentop, D. (1981) The Ohio State supervision research program: Summary report. *Journal of Teaching in Physical Education,* printemps, 30-38.

Siedentop, D. (1983) Research on teaching in physical education. Sous la dir. de T. Templin et J. Olson, *Teaching in physical education.* Champaign, IL: Human Kinetics.

Siedentop, D. (1983) *Developing teaching skills in physical education,* 2ᵉ éd., Mountain View, CA: Mayfield.

Siedentop, D. (1986) The modification of teacher behavior. Sous la dir. de M. Piéron et G. Graham, *Sport Pedagogy.* Champaign, IL: Human Kinetics.

Siedentop, D. (1987) High school physical education: Still an endangered species. *Journal of Health, Physical Education, Recreation and Dance.* 58(2)

Siedentop, D. (1989) The effective elementary specialist study. *Journal of Teaching in Physical Education.* 8(3). Monographie.

Siedentop, D. (1990) *Introduction to physical education, sport and fitness.* Mountain View, CA: Mayfield.

Siedentop, D. et Eldar, E. (1989) Expertise, experience, and effectiveness. *Journal of Teaching in Physical Education.* 8(3), 254-260.

Siedentop, D., Herkowitz, J. et Rink, J.E. (1984) *Physical education for elementary children.* Englewood Cliffs, NJ: Prentice-Hall.

Siedentop, D., Mand, C. et Taggart, A. (1986) *Physical education: Teaching and curriculum strategies for grades 5-12.* Mountain View, CA: Mayfield.

Siedentop, D. et Olson, J. (1978) The validity of teacher behavior observation systems in physical education. Sous la dir. de L. Gedvilas, *Proceedings of the National College Physical Education Association for Men.*

Siedentop, D. et Rife, F. (1978) Developing a learning environment for badminton. *Ohio High School Athlete*. 33, 17-19.

Siedentop, D., Rife, F. et Boehm, J. (1974) *Modifying the managerial efficiency of student teachers in physical education*. Document non publié, School of health, Physical Education and Recreation, Ohio State University, Columbus.

Siedentop, D., Tousignant, M. et Parker, M. (1982) *Academic learning time–physical education coding manual*. Columbus, OH: School of Health, Physical Education and Recreation.

Silberman, C. (1970) *Crisis in the classroom*. New York: Random House.

Silmon, S., Howe, L. et Kirchenbaum, H. (1972) *Values clarification*. New York: Hart.

Silverman, S. (1985) Relationship of engagement and practice trials to student achievement. *Journal of Teaching in Physical Education*. 5, 13-21.

Singer, R. et Dick, W. (1974) *Teaching physical education: A system approach*. Boston: Houghton Mifflin.

Slavin, R. (1980) *Cooperative learning*. Review of Educational Research. 50, 317-343.

Slavin, R. (1988) Cooperative learning and student achievement. *Educational Leadership*. 45(2), 31-33.

Slavin, R. (1990) Research on cooperative learning: Consensus and controversy. *Educational Leadership*. 47(4), 52-55.

Smith, B. (1983) Closing: Teacher education in transition. Sous la dir. de D. Smith, *Essential knowledge for beginning educators*. Washington, D.C.: American Association of Colleges for Teacher Education.

Smith, L. et Geoffrey, W. (1969) *The complexities of an urban classroom*. New York: Holt, Rinehart et Winston.

Soar, R. et Soar, R. (1979) Emotional climate and management. Sous la dir. de P. Peterson et H. Walberg, *Research on teaching: Concepts, findings, and implications*. Berkeley, CA: McCutchan.

Son, C-T. (1989) Descriptive analysis of task congruence in Korean middle school physical education classes. Thèse de doctorat non publiée, Ohio State University, Columbus.

Stallings, J. (1976) How instructional processes relate to child outcomes in a national study of follow through. *Journal of Teacher Education*. 27, 43-47.

Stallings, J. (1980) Allocated academic learning time revisited, or beyond time on task. *Educational Researcher*. 9, 11-16.

Stallings, J. et Kaskowitz, D. (1974) *Follow through classroom observation evaluation, 1972-73*. Menlo Park, CA: Stanford Research Institute.

Stephens, T. (1978) *Social skills in the classroom*. Columbus, OH: Cedars Press.

Stewart, M. (1980) Teaching behavior of physical education teachers in the natural environment. *College Student Journal*. 14, 76-82.

Stroot, S. et Baumgarner, S. (1989) Fitness assessment–putting computers to work. *Journal of Physical Education, Recreation and Dance*. 60(6), 44-49.

Stroot, S. et Morton, P. (1989) Blueprints for learning. *Journal of Teaching in Physical Education*. 8(3), 213-222.

Sulzer, B. et Mayer, G. (1972) *Behavior modification procedures for school personnel*. Hinsdale, IL: Dryden Press.

Taggart, A. (1989) The systematic development of teaching skills: A sequence of planned pedagogical experiences. *Journal of Teaching in Physical Education*. 8(1), 73-86.

Taylor, J. et Chiogioji, E. (1987) Implications of educational reform on high school programs. *Journal of Physical Education, Recreation and Dance*. 58(2), 22-23.

Templin, T. (1981) Teacher/coach role conflict and the high school principal. Sous la dir. de V. Crafts, *National Association for Physical Education in Higher Education Proceedings*. Champaign, IL: Human Kinetics.

Templin, T. (1983) Introduction. *Journal of Physical Education, Recreation and Dance*. 54(7), 15.

Tinning, R. et Siedentop, D. (1985) The characteristics of tasks and accountability in student teaching. *Journal of Teaching in Physical Education*. 4(4).

Tousignant, M. (1981) *A qualitative analysis of task structures in required physical education*. Thèse de doctorat non publiée, Ohio State University, Columbus.

Tousignant, M. (1983) PSI in PE–it works! *Journal of Physical Education, Recreation and Dance*. 54(7), 33-34.

Tousignant, M. (1985) Le degré de coopération des étudiants: une source d'hypothèses d'action pour l'enseignant. *La revue québécoise de l'activité physique*. XI(1), 83-102.

Tousignant, M. et Brunelle, J. (1982) Les courants de recherche en enseignement de l'éducation physique. *Revue des sciences de l'éducation*. 8(1), 63-79.

Tousignant, M., Brunelle, J. et Morency, L. (1986) Smooth routines and happy actors. *Journal of Physical Education, Recreation and Dance*. 57(4), 50-53.

Tousignant, M. et Siedentop, D. (1983) The analysis of task structures in physical education. *Journal of Teaching in Physical Education*. 3(1).

Tumin, M. (1977) Schools as social organization. Sous la dir. de R. Corwin and R. Edlefelt, *Perspectives on organizations: The school as a social organization*. Washington, D.C.: American Association of Colleges of Teacher Education.

Tyler, R. (1950) *Basic principles of curriculum and instruction*. Chicago: University of Chicago Press.

Wang, M. et Palincsar, P. (1989) Teaching students to assume an active role in their learning. Sous la dir. de M. Reynolds, *Knowledge base for beginning teachers*. Washington, D.C.: American Association of Colleges for Teacher Education.

Weinstein, G. et Fantini, M. (1971) *Toward humanistic education: A curriculum of affect*. New York: Praeger.

Westcott, W. (1977) *Effects of teacher modeling on the subsequent behavior of students*. Thèse de doctorat non publiée, Ohio State University, Columbus.

Whitehurst, G. (1972) Academic responses and attitudes engendered by a programmed course in child development. *Journal of Applied Behavior Analysis*. 5, 282-292.

Wilkinson, S. (1986) *Effects of a visual discrimination training program on the acquisition and maintenance of physical education students' volleyball skill analytic ability*. Thèse de doctorat non publiée, Ohio State University, Columbus.

Williams, R. et Anandam, K. (1973) *Cooperative classroom management*. Columbus, OH: Merrill.

Williams, T., Almond, L. et Sparkes, A. (1992) *Sport and physical activity – Moving towards excellence*. London: E & FN Spon.

Woods, S. et Dodds, P. (1983) Using equity for professional self-renewal. *Journal of Physical Education, Recreation and Dance*. 54(7), 32, 36.

Wurzer, D. et McKenzie, T. (1987) Constructive alternatives to punishment. *Strategies*. 1(1), 7-9.

Wynn, C. (1974) Teacher competencies for cultural diversity. Sous la dir. de W. Hunter, *Multicultural education*. Washington, D.C.: American Association for Colleges of Teacher Education.

Young, R. (1973) *The effects of various reinforcing contingencies on a second-grade physical education class*. Thèse de doctorat non publiée, Ohio State University, Columbus.

Zakrajsek, D. et Garnes, L. (1986) *Individualizing physical education*. 2e éd., Champaign, IL: Human Kinetics.

Index

A

acquisitions
    des habiletés des joueurs efficaces, 220
    réalisées par les élèves, 77
activité initiale, 132
amélioration de l'enseignement, 63-65, 71,
    397-400
analyse
    de tâches, 265
    des composantes, 267, 268
    des sous-tâches hiérarchisées, 268, 269-271
apprentissage, 10, 39-40
    contrat d'__, 335
    coopératif, 331
    intellectuel, 295
    objectifs d'__, 281-286
    tâches d'__, 97, 254
    voir aussi temps d'apprentissage
approche systématique, 6, 18
art d'enseigner, 7
attente, 58, 134
attitude positive, 80
    envers soi-même, 223
    envers les autres, 224
auto
    -enregistrement, 414
    -enseignement, 332

B

balayage visuel, 444
    à la fin d'un intervalle long, 413, 435
Berliner, 7, 36
bienfaits attendus en éducation physique, 236
bilan de fin de séance, 310
bonne conduite
    contrat de __, 162
    jeux de __, 162
    proclamation de __, 160
Brophy, 30, 151

C

changements, agents de, 398
Charte canadienne des droits et libertés, 207-208
*Charte des droits et libertés de la personne du
    Québec*, 207
châtiments corporels, 364
climat
    d'apprentissage, 171
    d'enseignement, 318

de la classe, 56, 169
et gestion de la classe, 30
éthique, 227
pédagogique, 211, 221
cohérence dans les interventions, 250, 252
communication
    barrières à la __, 194
    habiletés de __, 191
    voir aussi relations
compétence de l'enseignant, 21-22
comportement(s)
    ajustement du __, 178
    appropriés, 140, 148
    d'organisation, 131
    des élèves, 58-63, 77
    des enseignants, 51-57, 77
    modification du __, 145, 158
    non appropriés, 153
    significatifs, 178
    tolérables, 155
compréhension, vérification de la, 297
conceptions de l'enseignement, 19
conflits
    de rôles, 391
        inhérents à l'emploi, 393
    intrarôles, 393
    interrôles, 393, 396
constance dans les interactions, 176
contingence, 145
contrat
    d'apprentissage, 335
    de bonne conduite, 161
croissance
    personnelle, 223
    professionnelle
        obstacles à la __, 378, 384, 387
croyances de l'enseignant, 19-21

D

Darst, 50
débuts en éducation physique
    voir enseignant débutant
degré de réussite, 62
développement socio-affectif, 220
directive, 150
discipline, 350, 356, 357, 388
    définitions, 141
    importance, 142

par défaut, 143
discrimination, 205
   voir aussi élitisme, équité, éthique, langage sexiste
domaines de l'éducation
   affectif, 264, 267
   cognitif, 264, 266
   moteur, 264, 266
Doyle, 97

E
échelles
   d'appréciation, 408-409
   de temps, 422, 431, 444
écoles efficaces, 354-356
   voir aussi enseignement efficace
écologie de l'éducation physique, 95-97
éducation humaniste, 220
effet d'entonnoir, 61
efficacité de l'enseignement, 26, 65-68, 86, 118,
   128, 235, 290
   recherche sur l'__, 31-34, 122
   voir aussi enseignant efficace
élitisme, 218
émotions
   des élèves, 183
   centration sur les __, 185
engagement
   cognitif, 295
   moteur, 59-61
      voir aussi temps d'engagement moteur
enregistrement
   auto-__, 414
   d'anecdotes, 407
   d'événements, 410, 432, 434, 436, 440, 442, 444
   de la durée, 411, 431
   par intervalle court, 412, 438, 439, 440, 441
enrichissement, 250, 252, 253
enseignant
   compétent, 21-22
   débutant, 346-349, 351, 398
      adaptation et survie, 376
      programme d'assistance à l'__, 399
   efficace, 4, 5, 7, 131, 262, 291
   qui n'enseigne plus, 385
   qui « sauve les meubles », 386
   qui surmonte les obstacles, 386
   voir aussi efficacité de l'enseignement
enseignement
   à partir de questions, 323
   actif, 35, 40, 320
   amélioration de l'__, 63-65, 71, 397-400
   définition de l'__, 10
   efficace, *voir* efficacité de l'enseignement
   en sous-groupes, 317
   individualisé, 335

par
   commandement, 317
   découvertes guidées, 317
   les pairs, 326
   programmes individuels, 317
   résolution de problèmes, 317
   tâches, 317, 321
   réciproque, 317
   stratégies d'__, 318
   styles d'__, 317, 318
enthousiasme, 181, 389
environnement physique, 189
épuisement professionnel, 397
équipement, 272
   ratio __/nombre d'élèves, 273
équité, 210, 277-278
   buts éducatifs, 210
   en matière d'apprentissage, 218
   en matière de sexe, 212, 214, 215
      stratégies pour promouvoir l'__, 214-215
   raciale, 215
      stratégies pour promouvoir l'__, 216-218
   voir aussi discrimination, élitisme, éthique,
   langage sexiste
espace, modification de l'__, 273
esquiveurs compétents, 103
éthique, 210, 227
   code d'__, 207-209
   professionnelle, 210
   voir aussi discrimination, élitisme, équité, langage sexiste
études qualitatives, 49
évaluation
   de l'enseignement, 291
      manque d'__, 380
      méthodes traditionnelles d'__, 406
   des comportements isolés, 82
   des élèves, 56, 101, 106, 254, 274-275, 280, 309
   des épisodes d'enseignement, 83
   des variables-critères, 84
   directeurs d'école et __, 399
   en direct, 82
   étapes du processus d'__, 86
   formative, 71
      but, 73
      modèle, 77-79
      validité, 81
   stratégies d'__, 56, 254
extinction, 155, 156

F
félicitation efficace, 151
fêtes et rituels, 222
fidélité

des données d'observation, 405, 406, 419, 425, 430
  interobservateurs, 425
formation d'enseignants, 11
  basée sur l'observation, 14
  buts et rétroactions, 13
  voir aussi habiletés d'enseignement

G
Good, 30

H
habiletés
  d'émetteur, 191
  d'enseignement, 14, 15, 121
    et approche systématique, 6, 18
    stades de développement, 15
  de base, 272
  de communication, 191
  de récepteur, 193
  des joueurs efficaces, 220
  fermées, 253
  ouvertes, 253

I
instruments d'observation systématique, 405
intégration des élèves handicapés, 338
interactions
  positives, 152
  sociales, 99, 107, 173, 195
interruptions, 135
isolement, 351, 380

J
Jackson, 353
jeu
  de bonne conduite, 162
  dirigé, 304
jugement intuitif, 406

K
Kagan, 331
Kounin, 38, 154, 311

L
langage sexiste, 214
leçon, 293
légitimité de l'éducation physique, 352, 383
liste de vérification, 408-409
Locke, 4, 52
Lortie, 353
loyauté, 226

M
Mager, 80
Mancini, 50
match, 304

McLeish, 36, 57
Metzler, 61
mise à l'écart, 157
Mosston, 317

N
National Board for Professional Teaching Standards, 12
National Education Association, 207, 209
négligence professionnelle, 361, 362
négociation
  à l'intérieur du système de tâches, 102
  collective, 368
  entre les systèmes de tâches, 105
niveaux
  d'entrée, 262
  de sortie, 262
nouveaux enseignants
  voir enseignant débutant

O
objectifs
  d'apprentissage, 281, 286
  terminaux, 245, 264, 266
obligations
  juridiques, 361-362
  légales, 210
observateur(s)
  entraînement des, 424
observation
  des élèves, 54
  des enseignants, 14, 29
  fidélité des données d'__, 405, 406, 419, 425, 430
  globale, 407
  justesse de l'__, 424
  stratégies d'__, 29
  systématique, 29
    techniques d'__, 409-414
  système(s) d'__, 49, 416-417, 431
    élaboration d'un __, 419
    exemples, 431
  voir aussi observateur(s)
occasions de
  pratiquer, 38, 43-44, 60-62
  répondre, 85, 440
organisation(s)
  comportements d'__, 131
  efficace, 37, 131, 376
  périodes d'__, 129
  préventive, 118, 131
  professionnelles, 366
  système d'__, 128
  tâches d'__, 59, 122
  temps d'__, 53, 59, 128
O'Sullivan, 350

P

pédagogie, 10
perception de l'enseignant par les élèves, 188-189
personnes handicapées, 336-338
Placek, 5
plan(s)
  d'unités d'enseignement, 275
  des leçons, 277
planification, 260
  d'une unité d'enseignement, 262
  dépendance vis-à-vis de la __, 261
  facteurs à la __, 271
points, attribution de __, 279
postulats erronés, 120
pratiques
  guidées, 299
  indépendantes, 300
proclamation de bonne conduite, 160
programme(s)
  activités, 242
  bienfaits attendus des __, 236
  contenu, 242, 245
  de perfectionnement, 399
  développement d'un __, 234
  équitable, 239
  expansion, 255
  modèles de __, 243
  objectifs terminaux, 245, 264
progressions, 247
punition, 157

Q

questions juridiques et morales, 205

R

raffinement, 250, 252, 253
ralentissements, 135
rappels à l'ordre, 153-154
recherche
  en éducation physique, 48, 50, 63-65, 304
    sur l'amélioration de l'enseignement, 63-64
    sur l'efficacité de l'enseignement, 31-34, 65-68, 122
    sur le climat d'apprentissage, 171
    sur les modèles de supervision, 404
    sur les systèmes de tâches, 110-113
  en enseignement, 27-29, 31-33
reconnaissance de l'éducation physique, 352, 383
règles, 122
  développement des __, 125
  générales, 127
  particulières, 127
relations
  avec les élèves, 186

  humaines, 211
  interpersonnelles, 173-175
  sujets personnels, 180
  voir aussi communication
réponses motrices, 61-62
responsabilisation des élèves, 56, 101, 106, 108, 225, 254, 275, 281, 309
rétroactions, 13, 55, 302
  correctives, 301
  non verbales, 301
  positives
    générales, 301
    spécifiques, 301
risque d'échec, 102
rituels, 222
rôle, 393
  de l'enseignant, 10
  voir aussi conflits de rôles
routine(s)
  développement des __, 123
  et ennui, 381
  et règles, 122
rythme de la leçon, 311

S

sécurité, 293, 360, 361, 364
sens de la communauté, 221
sentiment(s)
  d'appartenance, 221
  des élèves, 183
Slavin, 331
Soar, 30
soutien à l'enseignant, 382, 390
stratégies
  d'auto-enseignement, 332
  d'enseignement, 318
  d'évaluation et de responsabilisation, 56, 254
  d'observation, 29
  d'organisation préventive, 131
  de supervision, 305
  pour adopter des attitudes positives, 224
  pour augmenter les comportements appropriés, 148
  pour développer le comportement, 145
  pour modifier le comportement, 145
  pour promouvoir l'équité
    en matière d'apprentissage, 218
    entre les sexes, 214-215
    raciale, 216-218
styles d'enseignement, 317-318
sujets personnels, 180
supervision, 443
  de l'enseignement, 75
  des élèves, 108

des réponses, 305
traditionnelle, 404
surdose d'initiation, 246
syndicats d'enseignants, 366
système
    d'observation, *voir* observation
        du temps d'apprentissage en éducation
            physique, 49
    de gages, 164
    de tâches, 110-113
    scolaire
        formel, 345
        informel, 335

T
tâche(s)
    ambiguïté des __, 101
    analyse de __, 265
    clarté des __, 101
    d'application, 252, 273, 276, 303, 304
    d'apprentissage, 97, 254
    d'enrichissement, 250, 252
    d'initiation, 250, 299
    d'organisation, 59, 97, 122
    de raffinement, 250, 252
    limites des __, 102
    présentation des __, 296-297
    système de __, 97-98, 110-113, 122
    véritables, 99-100

temps
    d'apprentissage, 36, 49, 85
    d'attente, 58
    d'engagement moteur, 59-61
        productif, 440, 441
    d'information, 54, 59
    d'observation, 54
    d'organisation, 53, 59, 128
    de supervision, 54
Tousignant, 103
transition, 130

U
unités
    d'enseignement
        planification, 262
        plans, 275
    de rendement significatives, 245

V
variables du processus
    d'apprentissage, 77
    d'enseignement, 77
vérification de la compréhension, 297
vie
    dans les écoles, 353
    personnelle, 390

Z
Zakrajsek, 50